PAUL MONES

WENN KINDER TÖTEN

Acht erschütternde Fallgeschichten
von mißbrauchten Kindern, die ihre Eltern
aus Not und Verzweiflung umbrachten

Deutsche Erstausgabe

WILHELM HEYNE VERLAG
MÜNCHEN

HEYNE ALLGEMEINE REIHE
Nr. 01/8558

Titel der Originalausgabe
WHEN A CHILD KILLS
Aus dem Amerikanischen übersetzt
von Beate Gorman

Redaktion: Dr. Uta Kreuter
Copyright © 1991 by Paul Mones
Copyright © der deutschen Ausgabe 1993
by Wilhelm Heyne Verlag GmbH & Co. KG, München
Printed in Germany 1993
Umschlagillustration: ZEFA/W. H. Müller, Düsseldorf
Umschlaggestaltung: Atelier Ingrid Schütz, München
Satz: (1347) IBV Satz- und Datentechnik GmbH, Berlin
Druck und Bindung: Presse-Druck Augsburg

ISBN 3-453-06158-6

Für alle Kinder, die still unter ihren Eltern leiden.

...mich überreden konnt, Euch zu ermorden,
und ich ihm sagte, daß die Rachegötter
auf Vatermord all ihren Donner schleudern
und wie durch vielfach starkes Band dem Vater
das Kind vereinigt sei...

König Lear, Zweiter Akt, 2. Szene

Inhalt

Einleitung

Die 1895 gegründete Jugendstrafanstalt für Mädchen in West Virginia steht am Ende einer kurvenreichen engen Straße. Bei dem Namen mag man an geläuterte junge Frauen denken, die unermüdlich daran arbeiten, sich zu bessern, doch nach einem Blick auf die gewaltigen Kalksteingebäude und die vergitterten Fenster wird einem bewußt, worin der eigentliche Auftrag der Anstalt besteht. Es handelt sich um eine Besserungsanstalt, ein Gefängnis für Kinder.

Im Frühjahr 1980 wurde ich Direktor der Juvenile Advocates, einer Rechtsorganisation für Kinder in West Virginia, die vom amerikanischen Justizministerium gefördert wird. Unser Hauptziel bestand darin, die illegale und unnötige Inhaftierung von Jugendlichen zu verhindern, was bis auf den heutigen Tag ein großes Problem nicht nur in West Virginia, sondern in den gesamten USA darstellt. Leider werden Kinder, die gewohnheitsmäßig das Gesetz brechen, nicht nur vor Gericht schlecht vertreten, sondern sie sitzen auch ihre Strafe in erbärmlichen und oft gefährlichen Gefängnissen und Jugendstrafanstalten ab.

Ein Teil meiner Aufgabe bestand darin, den Jugendlichen, die in den Besserungsanstalten, Gefängnissen und psychiatrischen Kliniken von West Virginia festgehalten wurden, juristische Hilfe zukommen zu lassen. Da es diesen Kindern nicht möglich war, mich aufzusuchen, war ich viel unterwegs und richtete behelfsmäßige Büros in Einrichtungen wie der oben erwähnten Jugendstrafanstalt für Mädchen ein. Wenn ich nicht gerade mit den betroffenen Teenagern sprach, hielt ich mich meistens im Gericht auf, um die Praktiken irgendeiner Institution zu verändern oder die Freilassung eines Kindes zu erzielen. Unter den Juristen habe ich mir nicht viele Freunde gemacht, da ich oft genug Richter, Staatsanwälte, die Gefängnisverwaltung und unfähige Strafverteidiger herausforderte.

Als ich die Jugendstrafanstalt für Mädchen im Sommer 1980 zum erstenmal besuchte, war das alte vierstöckige Gebäude aus dunkelrotem Kalkstein schon lange geschlossen worden. In mehreren hundert Metern Entfernung hatte die Justizbehörde hinter einem Graben ein recht harmlos wirkendes, zweistöckiges Haus errichten lassen, das eher an ein College als an eine Strafanstalt erinnerte.

Etwa alle sechs Wochen besuchte ich diese Besserungsanstalt. Ich richtete mir in einem leeren Klassenzimmer der Schule, die gegenüber dem Wohngebäude lag, ein Büro ein. Bei jedem Besuch klagten mir zwischen fünf und fünfzehn ›Bewohnerinnen‹ ihr Leid und berichteten über unfähige Rechtsanwälte bis zu der Tatsache, daß sie gezwungen wurden, schlechtsitzende Schuhe zu tragen.

Den meisten fiel es schwer, sich zu artikulieren, und viele litten unter Lernstörungen. Rebecca, die ich etwa ein Jahr nach meinem ersten Besuch kennenlernte, bildete eine Ausnahme.

Sie war das letzte von zwölf Mädchen, die mich an diesem Tag aufgesucht hatten. Wie fast alle Insassen hatte sie aufgrund des mangelnden Aufenthalts im Freien eine bläßliche Gesichtsfarbe, aber durch das lange, pechschwarze Haar, das ihr in die Stirn fiel, wirkte sie noch blasser als die anderen. Sie war groß und ungewöhnlich schlank für jemanden, der gezwungen war, sich von fett- und kohlehydrathaltigen Speisen zu ernähren. Bevor ich mich überhaupt vorgestellt hatte, schritt die hübsche Fünfzehnjährige wie ein Soldat, der seinem Offizier Bericht erstattet, auf mich zu und erklärte: »Ich verstehe nicht, warum ich hier bin. Ich habe nichts verbrochen.« Obwohl dies das übliche alte Lied war, sprach sie mit echter Überzeugung und zwang mich, der Geschichte, die sie vor mir ausbreitete, genau zuzuhören.

Rebecca, die ursprünglich des Diebstahls und des illegalen Besitzes einer Handfeuerwaffe vom Kaliber 32 angeklagt worden war, lebte seit etwa acht Monaten in der Besserungsanstalt. Als Teil einer Absprache vor Gericht hatte sie sich des Diebstahls schuldig bekannt, wofür die Staatsanwaltschaft im Gegenzug die Anklage wegen Waffenbesitz hatte fallenlassen. Merkwürdigerweise hatte sie kein Vorstrafenregister, obwohl sie häufig von zu Hause weggelaufen war.

Bevor ich auch nur ein Wort sagen konnte, sprudelte es aus Rebecca nur so heraus. Sie erklärte, daß das Ganze eine ›abgekartete Sache‹ gewesen sei.

»Eine abgekartete Sache? Wer ist deiner Meinung nach schuld daran?« fragte ich skeptisch.

»Alle, einfach alle«, erwiderte sie aufgebracht.

»Bevor wir uns darüber unterhalten, was andere dir angetan haben, sollten wir eine Sache klären. Als die Polizei dich anhielt, hattest du da eine Waffe bei dir?«

Sie nickte und stieß hervor: »Aber Sie müssen verstehen, daß das Ganze viel, viel komplizierter ist.«

Das ist es fast immer.

Rebecca stammte aus einer kleinen Bergarbeiterstadt im Norden von West Virginia, einem Ort, an dem der Kohlenstaub sich, angefangen bei den Lungen bis hin zu den Glühbirnen, auf alles legt. Sie hatte seit der Scheidung ihrer Eltern vor etwa sieben Jahren mit ihrer Mutter und deren Freund in einem engen Wohnwagen mit zwei Schlafkabinen gelebt. Ihr Vater arbeitete sporadisch auf Montage und besuchte seine Tochter nur selten zu Weihnachten oder am Erntedankfest. Sie hatte schon zwei Jahre lang nichts mehr von ihm gehört, als er sie eines Abends kurz nach ihrem vierzehnten Geburtstag anrief. Er erklärte, daß er sich gerade für eine Weile in der Stadt aufhalte und sein ›kleines Mädchen‹ sehen wolle.

Rebecca ergriff die Möglichkeit beim Schopf. Nicht nur, weil sie ihn vermißte – sie wollte unbedingt weg von ihrer Mutter. Die beiden stritten sich ständig, und alles schien zu Auseinandersetzungen zu führen, angefangen beim Frühstück bis zu der Uhrzeit, zu der Rebecca nach der Schule zu Hause sein sollte. »Das einzige, über das Mama und ich uns einigen konnten, war die Farbe des Himmels«, berichtete Rebecca mir.

Mit ihrem Vater kam sie ein paar Tage lang gut aus, bis sie an einem regnerischen Samstagmorgen aufwachte. Er saß rittlings auf ihrer Brust und versuchte, ihr seinen Penis in den Mund zu stecken. Sie kämpften verbissen miteinander, und es gelang ihr, ihn wegszustoßen. Aufgebracht rannte sie nach Hause und eilte gleich an den Nachttisch im Zimmer ihrer Mutter. Sie nahm sich den Revolver mit dem Elfenbeingriff, stopfte ihn in ihre Tasche und rannte zur Tür hinaus.

Ihre Mutter befahl ihr, sofort mit der Waffe zurückzukommen, aber Rebecca lief weiter. »Ich hatte nur einen Gedanken in meinem Kopf«, erzählte sie mir. »Ich wollte diesen gottverdammten Bastard wegpusten.«

Während sie die Straße entlangstapfte, liefen ihr die Tränen übers Gesicht. Sie kochte vor Zorn und fühlte sich gleichzeitig völlig niedergeschlagen. Mein eigener Vater, dachte sie, wie konnte er mir das antun?

Kurz bevor sie das Haus ihres Vaters erreichte, beschloß sie umzukehren. »Er war es einfach nicht wert«, erklärte sie. Innerhalb weniger Minuten hielt ein Polizeiwagen, der von ihrer Mutter gerufen worden war, neben ihr an. Man legte ihr Handschellen an und warf sie auf den Rücksitz.

Rebecca berichtete ihrer Mutter und ihrem Pflichtverteidiger, daß ihr Vater versucht hatte, sie zu vergewaltigen, aber der Rechtsanwalt drängte sie, sich schuldig zu bekennen, um eine geringere Strafe zu erhalten, da der Richter ihr die Geschichte sowieso nicht glauben würde. Zögernd stimmte sie zu.

Bevor ich Rebecca kennenlernte, hatte ich mit unzähligen Insassen in Besserungsanstalten gesprochen. Viele waren von ihren Eltern viel schlimmer als sie mißbraucht worden. Dennoch schien es mir damals einfach keine Bedeutung zu haben, daß keiner sich gegen diese Eltern zur Wehr gesetzt hatte. Die Vergehen dieser Kinder, angefangen bei einfacher Körperverletzung bis hin zum Mord, vom Ladendiebstahl bis zu bewaffnetem Raub, richteten sich gegen Freunde, Nachbarn, Lehrer und Fremde – alles schuldlose Unbeteiligte.

Als ich an diesem Nachmittag die Jugendstrafanstalt verließ, wußte ich, daß Rebeccas Geschichte mich tief berührt hatte. Ihr halbherziger Versuch, ihren Vater umzubringen, schien einerseits nachvollziehbar, aber gleichzeitig völlig entsetzlich.

Rebeccas Anwalt weigerte sich, meine Anrufe oder Briefe

zu beantworten. Als ich eine Woche später mit ihrer Bewährungshelferin telefonierte, erfuhr ich, daß dies nicht der erste Fall von sexuellem Mißbrauch gewesen war. Rebeccas Vater hatte seine Tochter wahrscheinlich schon im Alter von sieben Jahren sexuell benutzt, war aber nicht offiziell angeklagt worden. Mit gespielter Ruhe fragte ich die Bewährungshelferin, warum Rebeccas Anschuldigungen wegen Unzucht und sexuellem Mißbrauch nicht vor Gericht gebracht worden waren.

»Ich weiß nicht, ob Sie das wissen, Mr. Mones«, erklärte sie hochnäsig, »aber Rebecca ist, nun ja, sie hat... einen sehr lockeren Lebenswandel, und wissen Sie...«

»Was ein Mädchen an einem Freitagabend mit einem fünfzehnjährigen Jungen auf dem Rücksitz eines Autos treibt, ist eine Sache«, erwiderte ich verärgert. »Aber in diesem Staat gilt es noch immer als Verbrechen, wenn ein Vater mit seiner vierzehnjährigen Tochter Geschlechtsverkehr hat oder den Versuch unternimmt.«

»Wenn Sie der Meinung sind, daß sie nicht dorthin gehört, haben Sie ja Ihre Möglichkeiten, dagegen etwas zu unternehmen«, erwiderte sie kalt und knallte den Telefonhörer auf die Gabel.

Als ich nach möglichen Verteidigungsrichtlinien für Rebecca suchte, mußte ich mit Erstaunen feststellen, daß bisher nur wenig über das Thema des Elternmordes geschrieben worden war. Nur ein paar Gerichtsurteile befaßten sich mit dem Mord an Vater oder Mutter, und keines beschäftigte sich mit der Familiendynamik, die diesen Verbrechen zugrundelag. In allen Fällen wurden die Eltern als normale, rechtschaffene Leute dargestellt, die von ihren geistesgestörten oder schlechten Kindern hingeschlachtet worden waren. Typisch für diese Gerichtsentscheidungen war ein Fall aus dem Jahr 1954 in New Jersey: der Staat gegen Beard. Nachdem der Sohn wegen des Mordes an seiner Mutter verurteilt worden war, kommentierte das Oberste Bundesgericht von New Jersey den Fall folgendermaßen: »Schon der Gedanke daran, die eigene Mutter zu töten, ist entsetzlich.«

Was mich beunruhigte, war die Tatsache, daß der Mangel an Informationen zu diesem Thema darauf hinzudeuten schien, daß Elternmord in unserer Gesellschaft fast unbekannt ist, obwohl die Kriminalstatistiken eine ganz andere Sprache sprechen. 1976 begann das FBI, Morde nach der Beziehung zwischen Opfer und Täter statistisch zu erfassen. Morde an Vater oder Mutter machen zwischen 1,5 und 2,5 Prozent aller Tötungsdelikte aus, das heißt in den USA allein gibt es jährlich drei- bis vierhundert dieser Fälle. Obwohl diese Zahlen statistisch gesehen vergleichsweise unbedeutend scheinen, sind sie unter dem menschlichen Aspekt sehr beunruhigend.

Elternmord scheint der Aufmerksamkeit von Rechtsanwälten, Psychologen, Psychiatern, Sozialarbeitern und Soziologen zum größten Teil entgangen zu sein, aber in den Volkskulturen und in der Literatur ist er seit langem als tragischer Mythos fest etabliert.

Schon die alten Griechen waren im Töten ihrer Eltern sehr versiert. Der große Dramatiker Sophokles erzählte die Geschichte von Ödipus, dem mythischen König von Theben, der seinen Vater Laius tötete und seine Mutter Jokaste heiratete. Euripides und Äschylus, zwei andere griechische Dramatiker, schrieben über Orest und Elektra – die Kinder des Kriegers Agamemnon –, die ihre Mutter Klytemnestra töteten.

Vater- und Muttermord spielen auch eine große Rolle in den Werken von Shakespeare (*Hamlet* und *König Lear*), Dostojewski (*Schuld und Sühne* und *Die Brüder Karamasow*), Eugene O'Neill (*Trauer muß Elektra tragen*) und Albert Camus (*Der Fremde*). Zweifellos die berühmteste Geschichte von Elternmod in der amerikanischen Kultur ist die der Lizzie Borden.

Obwohl Lizzie Borden tatsächlich lebte und für den Mord an ihren Eltern, Andrew und Abby Borden, die sie 1892 in Fall River, Massachussetts, mit einer Axt erschlagen hatte, verhaftet wurde, verwende ich das Wort Geschichte, da dieser Fall mythische Dimensionen angenommen hat. Mindestens zwei Dramen, ein Musical und unzählige Bücher und

Essays wurden über diesen Fall geschrieben. Und dann gibt es da natürlich noch diesen Kinderreim:

> Lizzie Borden nahm 'ne Axt
> und verpaßte ihrer Mutter vierzig Hiebe;
> als sie sah, was sie angerichtet hatte,
> verpaßte sie ihrem Vater einundvierzig.

Entgegen der bändefüllenden Geschichten, die um den Borden-Fall herum entstanden, wurde Lizzie *nicht* schuldig gesprochen, und zwar nicht, weil man sie für geistesgestört hielt oder meinte, daß sie in Notwehr gehandelt habe. Wie Ann Jones in *Women Who Kill* erklärte, wurde Lizzie Borden freigesprochen, weil dieses Verbrechen einfach über das Begriffsvermögen der Gesellschaft hinausging; niemand wollte trotz all der überzeugenden Beweise so recht glauben, daß die nette und anständige Lizzie einer derartigen Tat fähig war.

Der Staatsanwalt Hosea Knowlton erkärte in seinem Schlußplädoyer, daß Elternmord »das schrecklichste Wort ist, das unsere Sprache kennt«. Lizzies Verteidiger George Robinson sah die Sache ähnlich und erklärte den Geschworenen in seinem Plädoyer: »Es ist nicht unmöglich, daß ein guter Mensch einen Fehler macht. Ein Mensch, der bisher immer gut war, kann einen Fehler machen und seinen Ruf durch eine ungesetzliche Handlung vernichten, aber unsere menschliche Erfahrung lehrt uns, daß eine Tochter, die in einem anständigen Zuhause aufwächst... in unseren Schulen erzogen wird, sich in unserer Gemeinde aufhält, nur mit den besten Menschen zusammentrifft, gottesgläubig ist und sich den Menschen widmet... der menschlichen Erfahrung zufolge nicht plötzlich zu einer schrecklichen und armseligen Mörderin wird. Dies wäre allem, was uns das menschliche Leben gelehrt hat, so entgegengesetzt, daß unser Herz und unsere Gefühle sich dieser Vorstellung widersetzen.« Diese Worte klingen heute noch genauso wahr wie vor fast einhundert Jahren; den meisten fällt es schwer zu glauben, daß ein Kind aus irgendeinem Grund seine Mutter oder seinen Vater töten könnte. Sie werden auch bei den hier vorgestellten Fällen feststellen, daß sich Ungläubigkeit und Schock in der Familie des Kindes, im Gerichtssaal und in der ganzen Gemeinde wie ein roter Faden durch diese Fälle hindurchziehen.

Elternmord, schon immer ein großes Tabu in unserer und jeder anderen Gesellschaft, steht in direktem Widerspruch zu einem universellen und kulturellen Prinzip – Kinder sollen ihre Eltern ehren. Das bekannte biblische Gebot ›Du sollst Vater und Mutter ehren‹ klingt sogar relativ gemäßigt, wenn man es mit der chinesischen Lehre des Konfuzius von der ›kindlichen Ergebenheit‹ vergleicht. In der Feudalgesellschaft Chinas arrangierten die Eltern nicht nur Ehen und lenkten die Ausbildung und Karriere ihrer Kinder, auch jede geplante Handlung des Kindes wurde erst im Licht ihrer Auswirkung auf das elterliche Wohl und die Familienehre betrachtet.

Elternmord ist so beunruhigend für uns, weil er über religiöse Grundsätze hinausgeht und die Struktur unserer Gesellschaft herausfordert; er stellt tatsächlich den äußersten Akt der Rebellion gegen die Gesetze und die Ordnung der Gesellschaft dar. In unserer Kultur spiegelt unsere Familienloyalität und -ehre unsere Treue gegenüber der größeren Gruppe und gegenüber unserem Land im kleinen wider. Unser Gehorsam den Eltern gegenüber wird daher mit Vaterlandstreue gleichgesetzt.

Im kaiserlichen Japan vor dem Zweiten Weltkrieg wurde die Treue gegenüber dem Vater *wortwörtlich* mit Loyalität und Respekt für den Kaiser gleichgesetzt. Alte japanische Sitten forderten, daß ein Kind ›die Gunst und Freundlichkeit der Eltern‹ bedingungslos mit absolutem Gehorsam ›bezahlen‹ mußte. Das blasphemischste Verbrechen, das ein japanischer Bürger neben dem Mord am Kaiser begehen konnte, war daher *akugyaku*.

Akugyaku, ›Schurkerei‹, bedeutete Mord am Vater oder einem direkten männlichen Nachkommen und war eine Form des Landesverrats. *Akugyaku* und *muhon* (die Ermordung des Kaisers) waren die schwersten Verbrechen überhaupt und wurden mit der Todesstrafe oder lebenslänglich Gefängnis bestraft. Alle anderen Tötungsdelikte, beispielsweise der Mord an der Mutter, an einem Freund oder Ladenbesitzer galten als ›normaler Mord‹ und wurden mit drei Jahren Gefängnis bis lebenslänglich bestraft. Während der Vatermord die schlimmste Strafe nach sich zog, galt der Kindermord als die unbedenklichste Form des Mordes und wurde mit weniger als drei Jahren Haft bestraft.

Im Verlauf meiner Untersuchungen stellte ich fest, daß selbst in der heutigen Zeit die Berichterstattung über Elternmorde in Zeitungen und Zeitschriften minimal ist. Das wenige, das berichtet wurde, bezog sich in erster Linie fast ausschließlich auf die schrecklichen Einzelheiten des Mordes oder auf den guten Ruf der Eltern. Der kindliche Mörder wurde als geisteskrank oder durch und durch böswillig dargestellt. Es schien unmöglich, daß die Eltern irgendwie dazu beigetragen hatten, daß dieser Mord geschah. Schon allein die Vorstellung wäre völlig frevlerisch gewesen.

1979 erschien ein Artikel mit dem Titel ›Mord am heimischen Herd‹ in der Zeitschrift *National Review*. Bei der Motivsuche in einem Mordfall, in dem ein junger Mann beide Eltern getötet hatte, schrieb der Autor (der ein enger Freund des getöteten Paares gewesen war): ›Was hatte diesen Jungen, der mich seinen Onkel nannte, zu diesem verrückten Akt der Grausamkeit getrieben? Eine innere, geistige Instabilität? Hatte die Anti-Kriegs-Hysterie und die Gegenkultur irgendwie seine Persönlichkeit zersetzt? Oder wahrscheinlicher noch der Konsum von Drogen? Bei bestimmten Menschen ist es möglich, daß eine einzige Dosis LSD das geistige Gleichgewicht für immer stört.‹

In der Berichterstattung der Medien über diese Fälle, im Bewußtsein der Gesellschaft, in der Einstellung der Juristen sowie in der Psychohygiene fehlte, historisch gesehen, ein wichtiges Element völlig – die Kenntnis und das Verstehen des Mißbrauchs von Kindern. Warum kam dieses versteckte Motiv nicht schon eher ans Tageslicht? Tatsache ist, daß das Thema Kindesmißbrauch so behandelt wurde, als ob es nicht vorhanden wäre, bis es Ende der siebziger Jahre ins nationale

Bewußtsein rückte. Kinder erzählten von ihren körperlichen, sexuellen und emotionalen Mißhandlungen; und kein Arzt, Rechtsanwalt oder Richter stellte jemals Fragen dazu. Dieser Aspekt bei Tötungsdelikten an Eltern wurde erst ernsthaft in Betracht gezogen, nachdem am Abend des 16. Novembers 1982 ein scheinbar unerklärlicher Mord geschehen war.

Der sechzehnjährige Richard Jahnke lebte mit seinen Eltern und seiner Schwester in einem Wohnviertel der gehobenen Mittelklasse in Cheyenne, Wyoming. Mr. Jahnke, ein Finanzbeamter, war in der Gemeinde als strenger Zuchtmeister bekannt. Oft schlug er seine Kinder, wenn sie mit offenem Mund aßen oder sich nicht gründlich die Zähne putzten. Richard war durchaus kein Unruhestifter; ganz im Gegenteil – er war ein verantwortungsbewußter Teenager, der in der Schule gute Leistungen zeigte und Mitglied des örtlichen Jugendklubs war.

Bevor der Vater eines Abends zum Essen ausging, fuhr er seinen Sohn wieder einmal an: »Du bist zu einem Nichtsnutz geworden, und du widerst mich an. Ich will dich hier nicht mehr sehen, wenn ich zurückkomme.« Als der Vater mit dem Wagen aus der Einfahrt fuhr, rannte Richard um das Haus herum und griff sich die Waffen seines Vaters. Er bewaffnete sich mit einer Pistole vom Kaliber 38, einem Buschmesser und einer Schrotflinte. Seiner Schwester gab er einen Karabiner und befahl ihr, im Wohnzimmer zu warten. Sie sollte ihm helfen, falls es dem Vater gelingen sollte, ins Haus zu kommen. Dann begab Richard sich in die Garage und wartete. Als Mr. Jahnke einige Stunden später aus seinem Wagen stieg, bereitete Richard dem Leben seines Vaters ein Ende.

Als Richard kurz darauf wegen vorsätzlichen Mordes verhaftet und angeklagt wurde, erkärte er der Polizei: »Ich konnte es einfach nicht mehr aushalten.« Dies war der erste Vatermord, der seit Lizzie Borden landesweit Aufmerksamkeit erregte, da Richard erklärte, er habe in Notwehr gehandelt. In allen Einzelheiten berichteten Richard und andere Zeugen den Geschworenen, wie er seit dem zweiten Lebensjahr brutal mißhandelt worden war und daß Mr. Jahnke seine Frau und Richards Schwester Deborah sexuell und körperlich mißbraucht hatte. Obwohl die Geschworenen von Richards Schicksal berührt waren, sprachen sie ihn des Totschlags schuldig. Der Richter ließ keine Gnade walten und verurteilte ihn zu fünf bis fünfzehn Jahren Gefängnis. Das Bundesgericht von Wyoming bestätigte Urteil und Strafmaß im Jahr 1984, aber der Schrei der Entrüstung in der Öffentlichkeit war so groß, daß Gouverneur Ed Herschler Richards Strafe milderte, so daß er aus dem Gefängnis entlassen wurde. Durch diesen Fall wurde mir eine wichtige Lektion erteilt: der Verteidigung in einem Mordfall wie diesem sollte die Strafverfolgung des Kindesmißbrauchs durch den toten Elternteil zugrundeliegen. Der Elternteil muß nach seinem Tod für die Mißhandlungen an seinem Kind zur Verantwortung gezogen werden. Eine solche Verteidigung macht es erforderlich, daß der Strafverteidiger die Beziehung zwischen Kind und Elternteil bis ins kleinste Detail rekonstruiert, ein Prozeß, der schwer und emotional belastend ist.

In fast Dreiviertel meiner Fälle geht es um Jungen, die ihren Vater umgebracht haben, eine Zahl, die die statistische Gesamtzahl dieser Tötungsdelikte widerspiegelt. Aus diesem Grund nehmen diese Fälle den größten Teil dieses Buches ein. Am anderen Ende des Spektrums finden wir die Muttermorde, die von Mädchen ausgeführt wurden, Fälle, mit denen ich nur selten konfrontiert werde. Zwischen diesen beiden Extremen liegen die Fälle, in denen Jungen ihre Mutter umbringen, Mädchen, die den Vater töten, Verschwörungen von Geschwistern, die Eltern umzubringen, Kinder, die die ganze Kernfamilie töten, und Kinder, die andere, meistens Verwandte oder Freunde, beauftragen, einen Elternteil oder beide Eltern umzubringen. Unabhängig vom jeweiligen Szenarium sind Elternmorde sich jedoch so ähnlich, daß schon ein paar skizzenhafte Tatsachen des Mordes ausreichen, um das psychologische Profil, das Verhaltensprofil des Kindes und das Muster des Mißbrauchs recht gut vorhersagen zu können, genau wie die tatsächlichen Ereignisse, die schließlich den Mord ausgelöst haben.

In der unverhältnismäßig großen Mehrheit dieser Fälle geht es um Jungen aus der weißen Mittel- oder oberen Mittelklasse, die zwischen sechzehn und achtzehn Jahre alt sind und polizeilich noch nie aufgefallen waren – nicht einmal wegen verkehrswidrigen Verhaltens. Falls es eine Polizeiakte über sie gibt, handelt es sich meistens um Verbrechen ohne Opfer, wie beispielsweise Vandalismus, Ladendiebstahl oder Schuleschwänzen. Es handelt sich *mit Bestimmtheit* nicht um Teenager, die schon so oft mit dem Gesetz in Konflikt geraten sind, daß die Besserungsanstalt für sie schon so etwas wie eine zweite Heimat geworden ist. Auch ähneln sie nicht den Gangmitgliedern, die ab und zu an dem Hamburger-Stand in der Nähe meiner Wohnung vorfahren und mit einer Automatik herumballern, weil jemand ein Hemd in der ›falschen‹ Farbe trägt. Bei meinen Klienten handelt es sich um mittelmäßige oder überdurchschnittlich gute Schüler. Die meisten sind Einzelgänger, immer bemüht, ihren Freunden einen Gefallen zu tun, und äußerst höflich Erwachsenen gegenüber.

Diese Friedfertigkeit und Unterwürfigkeit ist jedoch nur Fassade. Ihr Leben ist die reinste Hölle, denn sie wachsen in einem Elternhaus auf, in dem Chaos und Schikane auf der Tagesordnung stehen. Diese Kinder erleiden das Extremste, was es an Mißbrauch an Kindern gibt. Sie sind Opfer dessen, was ich als ›mehrfachen Mißbrauch‹ bezeichne. Sie wurden nicht nur körperlich, geistig und oft auch sexuell von Kindheit an (oft schon im Säuglingsalter) mißbraucht, sondern waren auch Zeuge des wiederholten Mißbrauchs anderer Familienmitglieder.

Das Schwierigste an diesen Fällen ist für mich die moralische Zweideutigkeit, da Schuld und Unschuld nie klar definiert werden. Ja, diese Kinder haben ihren Eltern das Leben genommen, oft scheinbar vorsätzlich und auf sehr brutale Weise. Aber, so frage ich mich, war es allein ihre Schuld? Sind die Eltern aufgrund der Mißhandlungen, die ihre Kinder durch sie erlitten haben, nicht verantwortlich für den eigenen Tod? Oder sind die Eltern noch tragischere Opfer als ihre Kinder, weil sie wahrscheinlich selbst von den eigenen Eltern mißbraucht worden sind? Und wie steht es mit der übrigen Familie, den Freunden, Nachbarn, Pfarrern und Lehrern, die die blauen Flecken sehen, die Schreie gehört oder zumindest gewußt haben, daß irgend etwas ›nicht in Ordnung‹ war? Können sie in irgendeiner Weise zur Verantwortung gezogen werden?

Obwohl ich für diese Kinder tiefe Sorge und Mitleid empfinde, bin ich durch ihre Taten auch zutiefst bestürzt. Ich habe unzählige Kinder in den USA vertreten, ich kenne die Dynamik von Elternmorden und die psychologische Forschung über Mißbrauch, ich kenne die Tatsachen, die jeweils zu einer bestimmten Tat führten, aber dennoch schlage ich mich mit der einfachen Frage herum, warum dieses Kind nicht passiv geblieben ist wie der größte Teil der anderen mißbrauchten Kinder.

Meine erste Reaktion gegenüber dem ermordeten Elternteil ist im allgemeinen von Verachtung und Feindseligkeit gekennzeichnet. Aber wenn die Tatsachen ans Licht kommen und mein Verständnis für Kind und Elternteil wächst, geht mein Zorn zurück und wird durch Mitleid ersetzt. Denn trotz all der verwerflichen Taten, die diese Eltern ihren Kindern angetan haben, handelt es sich um gequälte, geplagte Seelen, die oft bewußt und bisweilen unbewußt zu ihrem eigenen Tod beigetragen haben.

Diese Fälle werfen weitreichende und komplexe Fragen auf, da sie die fundamentalen Widersprüche, die Vorurteile und die Doppelmoral in unserer Einstellung zur Rolle der Eltern, in der Behandlung von Kindern und in der Verpflichtung des einzelnen und der Gesellschaft offenlegen. Niemand, der in einen solchen Fall verwickelt ist, kommt heil davon, wie auch Sie als Leser bald feststellen werden. Bevor Sie über die einzelnen Fälle lesen, sollten Sie sich fragen, wie Sie reagiert hätten, wenn Lisa Steinberg, Jessica Cortez (eine Fünfjährige, die 1988 in New York von ihrer Mutter und deren Freund zu Tode geprügelt wurde), Matthew Eli Creekmore (ein Dreijähriger, der 1986 in Seattle von seinem Vater erschlagen wurde) oder irgendein anderes der schätzungsweise fünftausend Kinder, die jedes Jahr von ihren Eltern getötet werden, nicht gestorben wäre, sondern nach Jahren der Mißhandlung statt dessen die Eltern umgebracht hätte? Dieses Buch beschäftigt sich mit Kindern, die genau das getan haben, und mit der Gerechtigkeit und dem Mitgefühl, das wir ihnen entgegenbringen.

Es handelt sich jedoch um mehr als nur um Fallgeschichten. Es geht auch darum, wie enge Familienmitglieder, Freunde, Nachbarn und die Gesellschaft sich jeden Tag mit den verheerenden Auswirkungen von Gewalt in der Familie auseinandersetzen. Es ist meine große Hoffnung, daß dieses Buch uns allen hilft, Kindesmißbrauch und Gewalt in der Familie besser zu verstehen und damit umzugehen, weil körperliche Gewalt und die Ausbeutung unserer Kinder das Fundament unserer Gesellschaft untergraben.

Das Vermächtnis
mißbrauchter Kinder

Das folgende Gespräch könnte überall stattfinden. Und es hat sich auch so zugetragen – die Notrufannahme nahm diesen Anruf am 16. April 1985 um 1 Uhr 58 morgens entgegen. Er kam aus einem bescheidenen, graugedeckten Häuschen in einer ruhigen Straße in einer malerischen Stadt in Neuengland.

»Neun eins eins.«

»Könnten Sie bitte einen Krankenwagen und die Polizei schicken?«

»Natürlich, zu welcher Adresse?«

»Mmh...«

»Beruhige dich. Wie lautet die Adresse?«

»Dreiundvierzig Lantern Road.«

»Okay. Was ist passiert?«

»Mmh... ich habe geschlafen, und irgend jemand hat auf jemanden geschossen.«

»Jemand hat was? Geschossen?«

»Ja.«

»Wurdest du verletzt?«

»Nein, aber fast.«

»Wofür soll dann ein Krankenwagen kommen?«

»Weil mein Vater, mein Vater...«

»Schon gut, beruhige dich. Was ist mit deinem Vater?«

»Er wurde erschossen.«

»Hat er sich selbst erschossen?«

»Nein, jemand hat auf ihn geschossen...«

»Jemand hat ihn erschossen?«

»Ja.«

Der erste Polizeiwagen fuhr genau zwei Minuten und einundzwanzig Sekunden später an dem Haus vor, gefolgt von einer ganzen Ansammlung von Wagen, die mit Martinshorn und Blaulicht vorfuhren und alle Nachbarn trotz der Kälte vor die Tür lockten. Morde gab es nur selten in dieser Stadt, besonders in diesem Viertel, in dem vorwiegend Menschen aus der Mittelklasse lebten, und niemand wollte etwas verpassen.

Im Wohnzimmer saß Tim, ein schmächtiger Junge mit kastanienbraunem Haar, nur mit seiner Unterwäsche bekleidet, auf dem Sofa. Tränen liefen ihm übers Gesicht, und er zitterte wie Espenlaub. Obwohl er gerade achtzehn geworden war, wirkte er durch die rundlichen Wangen und das bartlose Gesicht einige Jahre jünger. In dem dunklen Schlafzimmer fanden die Polizeibeamten Clyde, Tims achtundvierzigjährigen Vater, der unter der Bettdecke auf der Seite lag. Das lange, gelockte, graumelierte Haar war mit Blut verschmiert, das aus Einschußlöchern im Hinterkopf sickerte. Die Matratze war von Blut, Knochensplittern und Hirnmasse durchtränkt. Am Schlafzimmereingang lagen mehrere Patronenhülsen des Kalibers 0,22 neben Clydes leerer Brieftasche auf dem Boden.

»Dad und ich haben uns noch unterhalten, bevor er ins Bett ging«, berichtete Tim, während er sich an seinen struppigen Hund klammerte.

»Er war gutgelaunt, und wir haben uns nicht gestritten. Mein Vater ist eingeschlafen, und ich habe noch ein bißchen ferngesehen. Dann habe ich die Lichter ausgeschaltet und bin auch ins Bett gegangen... Plötzlich wachte ich auf und hörte Schüsse, die aus Dads Schlafzimmer kamen. Fünf oder sechs Schüsse, ich kann mich nicht so genau erinnern. Als ich sie hörte, versuchte ich, mich aus dem Bett auf den Boden zu rollen. Genau in diesem Augenblick wurde meine Zimmertür aufgestoßen, und dieser Mann richtete sein Gewehr auf mich und drückte zweimal ab.«

»Kannst du das Gesicht des Täters beschreiben?« fragte ein Beamter.

»Nein, es war zu dunkel, aber ich konnte ihn durch das Mündungsfeuer kurz sehen«, erwiderte Tim. Er beschrieb den klassischen Einbrecher – den großen Mann, den wir alle fürchten und der in der Stille der Nacht in unser Haus einbricht, der große Unbekannte, der sich eine Wollmütze übers Gesicht gezogen hat und dunkle Kleidung trägt. Tim berichtete, daß er gehört hatte, wie der Mann durch die Terrassentür im Wohnzimmer entkommen war.

Einer der Polizisten schrieb später in seinem Bericht, daß ›Tim während der ganzen Zeit höflich und zuvorkommend zu den Beamten war‹. Trotz seiner Bereitwilligkeit zur Zusammenarbeit und seines Verhaltens war den Untersuchungsbeamten klar, daß der Junge log. Obwohl angeblich ein Fremder in das Haus eingestiegen war, fanden sie nirgendwo zerbrochene Fensterscheiben oder aufgebrochene Schlösser. Nachdem die Kriminalbeamten den Rahmen der Schiebetür zur Terrasse untersucht hatten, kamen sie aufgrund der Art und Weise, wie die Spinnweben abgerissen waren, zu dem Schluß, daß die Tür *von innen* geöffnet worden war. Der Boden draußen war schneebedeckt, aber merkwürdigerweise fand die Polizei keine Fußabdrücke oder Beweise, daß irgend jemand sich vor kurzem im Garten herumgetrieben hatte. Zwei hochtrainierte Hundestaffeln wurden angefordert, aber auch die Hunde konnten keine Spur aufnehmen.

Außerdem war da noch ein weiterer erdrückender Beweis – die winzigen Blutspritzer an Tims Körper. Das Blut auf seiner Unterhose stammte angeblich von Pickeln, die er auf dem Oberschenkel ausgedrückt hatte. Er erklärte den Beamten, daß es im Haus keine Waffen gebe, aber sie bemerkten zwei dunkle Flecken an seiner rechten Hand, die an Schmauchspuren erinnerten, und einen Kratzer über dem Schlüsselbein, wo normalerweise der Gewehrkolben aufliegt.

Als sie Tims Schlafzimmer untersuchten, ein typisches Jungenzimmer mit Rock-Postern an der Wand und einem Hockeyschläger, der in der Ecke an der Wand lehnte, entdeckten sie unter einem Kleiderhaufen eine Klapptür. In dem darunterliegenden Stauraum fanden sie Clydes Führerschein und mehrere Kreditkarten neben einem Gewehr mit dem Kaliber 0,22, das weniger als eine Stunde vor Ankunft der Polizei abgefeuert worden war.

Da so viele Beweise auf den Jungen als Täter hinwiesen,

fragten die Beamten Tim wieder nach seiner Beziehung zu seinem Vater. Er erzählte, daß er seit der Scheidung seiner Eltern vor etwa zehn Jahren bei seinem Vater, der als Werkmeister im örtlichen Sägewerk arbeitete, lebte. Sein jüngerer Bruder Rusty lebte bei seiner Mutter Doreen am anderen Ende der Stadt. Tims Bericht zufolge war Clyde ein sehr großzügiger Vater, der sehr um das Wohl seiner Kinder und seiner Ex-Ehefrau bemüht war.

»Bist du dir ganz sicher, daß zwischen dir und deinem Vater alles in Ordnung war?« fragte einer der Kripobeamten.

»Ich habe Ihnen doch gesagt, daß es zwischen uns keinen Streit gab«, protestierte Tim lautstark. »Ich habe meinen Dad sehr geliebt.« In diesem Augenblick erkannte Tim, daß man seiner Geschichte keinen Glauben mehr schenkte, und erklärte den Beamten, daß er nur noch im Beisein eines Anwalts Fragen beantworten würde.

Zweieinhalb Stunden, nachdem Tim die Notrufnummer 911 gewählt hatte, wurde er über seine Rechte belehrt und wegen des Verdachts des vorsätzlichen Mordes festgenommen. Ein Beamter begleitete ihn in sein Zimmer, damit er sich anziehen konnte. Als er auf seinem Bett saß und seine Turnschuhe zuband, starrte er mit leerem Blick in den Stauraum.

Im örtlichen Stadtanzeiger wurde auf der ersten Seite von Clydes Tod berichtet. Das Foto unter der Schlagzeile zeigte einen lächelnden Mann, fotografiert während eines Picknicks am Sägewerk am vierten Juli des letzten Jahres. Er war nicht sehr groß, aber von schwerer Gestalt, mit kräftigen Schultern und muskulösen Unterarmen.

Da die Waylens in dieser Region eine große, alteingesessene Familie waren, kannten wahrscheinlich viele, die an diesem Abend die Zeitung lasen, irgendein Mitglied des Clans. Obwohl Clyde in der Stadt keine herausragende Persönlichkeit gewesen war, hielten die meisten ihn für einen verläßlichen, fleißigen Mann. Er hatte die High-School des Ortes besucht und anschließend einen Job in einem der Sägewerke vor der Stadt angenommen. Er gehörte dem Kiwanis Club an und ging jeden Freitagabend auf ein Bier in die White Owl Bar and Grill.

Er war ein »glücklicher, sympathischer, unbeschwerter Mann, der mit allen gut zurechtkam«, erklärten die Bewohner der Stadt. »Er tat mehr für andere, als sie für ihn taten. Wir sind völlig überrascht, daß so etwas passieren konnte. Ein Mensch wie er hat einfach keine Feinde.«

SOHN DES OPFERS UNTER ANKLAGE verkündete die Schlagzeile am nächsten Morgen. Auf dem Begleitfoto trug Tim einen schlechtsitzenden, gräulichen Gefängniskittel, und sein Haar war zerzaust. Von zwei bulligen Beamten flankiert, starrte er auf seine Hände, die mit Handschellen an einer schweren Kette um seine Taille befestigt waren. Er wirkte klein, jung und verloren.

Tims Mutter, sein Bruder, seine verschiedenen Onkel, Tanten, Cousins und Cousins zweiten Grades konnten es einfach nicht glauben, genausowenig wie alle anderen, die Tim oder seinen Vater je kennengelernt hatten. Sie waren völlig verblüfft, da Tim genau wie sein Vater ein ›ganz normaler Typ‹ gewesen war. Er besuchte dieselbe High-School wie sein Vater, und nach der Schule arbeitete er in der Pizzeria des Ortes. Niemand, der ihn kannte, hätte ihn einen Schläger oder Raufbold genannt; kein einziger konnte sich erinnern, daß er sich jemals gestritten hätte. Er war weder niederträchtig noch gewalttätig. Nichts an Tims Charakter ließ darauf schließen, daß er in der Lage war, einen Menschen umzubringen – schon gar nicht den eigenen Vater.

Doreen hatte noch am Abend des Mordes mit ihrem Sohn und ihrem Ex-Mann gesprochen. Am Spätnachmittag hatte sie sich angeregt mit Tim unterhalten, der sich freute, weil Clyde ihm für den Sommer einen Job im Sägewerk besorgen wollte. Später, etwa drei Stunden vor der Tat, hatte Clyde sie angerufen, da er Rusty am Wochenende zu sich holen wollte. Es war ein ganz normales Gespräch gewesen. Genau wie alle anderen beteuerte Doreen, daß es zwischen Tim und ihrem Ex-Mann keine Probleme gegeben hatte.

Die übereinstimmende Meinung der Familie wurde von einer Tante zusammengefaßt: »Natürlich gab es Probleme – in welcher Familie gibt es die nicht? Aber Tim hat seinen Vater auf keinen Fall erschossen. Das ist einfach unmöglich.«

Freunde empfanden genauso. Einer der engsten Freunde von Tim meinte: »Sie hatten eine gute Vater-Sohn-Beziehung. Clyde unterstützte Tim in allem, und Tim war sehr stolz auf seinen Vater.«

Zu Anfang stellte die Polizei mit einigen recht überzeugenden Beweisen die Theorie auf, daß Drogen eine Rolle gespielt hatten. Einige Wochen vor dem Mord hatte Tim angeblich etwas Marihuana erhalten. Statt es, wie vorgesehen, weiterzuverkaufen, rauchte er schließlich alles, und der Dealer verlangte seine 200 Dollar. Tim war blank, mußte schnell 200 Dollar auftreiben und bat seinen Dad darum. Verständlicherweise war Clyde schrecklich wütend, und es kam sogar vor einem von Tims Freunden zu einem lauten Wortwechsel zwischen Vater und Sohn. Trotz seines Mißfallens gab Clyde seinem Sohn die Hälfte der Summe, was sehr überraschend war, um es gelinde auszudrücken.

Die Kripo war sich jedoch nicht sicher, in welcher Weise Drogen bei dem Mord eine Rolle spielten. Tötete Tim seinen Vater, weil dieser ihm nicht die ganze Summe geben wollte? Oder tötete Tim ihn aufgrund einer komplizierten kriminellen Verschwörung, von der sie noch nichts wußten?

Selbst als die Polizei eine hieb- und stichfeste Anklage gegen Tim aufgestellt hatte, konnten Freunde und Verwandte immer noch nicht glauben, daß er seinen Vater tatsächlich getötet hatte. Mehrere Familienmitglieder stellten ihre eigene Theorie auf: Die Drogendealer, denen Tim das Geld schuldete, waren in jener Nacht in das Haus eingedrungen, planten, Tim zu töten, erschossen aber aus Versehen Clyde. Nach zwei weiteren Wochen war jedoch selbst die Familie davon überzeugt, daß die Polizei recht hatte.

Die Tatsache, daß Tim seinen Vater getötet hatte, war schwer genug zu akzeptieren, aber das Motiv, das schließlich ans Licht kam, war noch schrecklicher. Tims Antwort auf das ›Warum‹ brach wie ein erbarmungsloses Gewitter über sie herein und ließ sie ungläubig und zornig, verwirrt und ängstlich zurück.

Tims Fall, der in allen Einzelheiten weiter unten behandelt wird, war ein klassischer Vatermord. Wie alle anderen Fälle in diesem Buch können die meisten von uns dieses Tötungsdelikt nur schwer akzeptieren, geschweige denn verstehen. Es ist viel leichter zu verstehen, daß Fremde – verrückt gewordene Drogendealer oder verzweifelte Einbrecher – die Clydes dieser Welt umbringen, aber nicht das eigene Fleisch und Blut.

Wenn wir an Morde denken, stellen wir uns die dunklen Straßenschluchten der großen Städte vor, die bevölkert sind von kalten, berechnenden und unbarmherzigen Individuen. Der Täter ist ein gesichts- und seelenloser Fremder, der in einem Hinterhalt wartet, um junge Schülerinnen zu verstümmeln. Ohne jede Provokation richtet diese Inkarnation des Bösen die kleine Büroangestellte für 9 Dollar 34 Cent hin oder den neuen Verkehrspolizisten, der für eine Frau und drei Kinder sorgt und den Täter gerade wegen Geschwindigkeitsüberschreitung angehalten hat. Er ist Ihnen bekannt. Und mit Sicherheit lebt er nicht in Ihrem Viertel und schon gar nicht nebenan.

Entgegen der öffentlichen Meinung, die durch die Nachrichten und die Unterhaltungsmedien angeheizt wird, machen Schießereien unter Gangs, Raubmorde und andere Morde, bei denen Unschuldige einem Fremden zum Opfer fallen, jedes Jahr nur wenig mehr als 20 Prozent der Mordfälle aus. Etwa vier von fünf Mordopfern sind mit ihren Mördern verwandt oder zählen zu deren Bekanntenkreis. Mordfälle in Familien machen etwa ein Fünftel aller Tötungsdelikte aus, wobei Ehemänner, die ihre Frau töten, die größte Einzelgruppe ausmachen, gefolgt von Kindern, die von ihren Eltern umgebracht werden. Morde, die von Freunden, Kollegen und der äußerst wichtigen Kategorie der Freunde und Freundinnen ausgeführt werden, machen weitere 60 Prozent der Gesamtzahl aus.

Eine weitere vorherrschende Auffassung lautet, daß besonders Teenager zur Gewalttätigkeit neigen und mehr Morde begehen als Erwachsene; aber tatsächlich machen die unter Achtzehnjährigen 19 Prozent der Bevölkerung aus, be-

gehen jedoch nur 9 Prozent der Morde. Wenn man das Mord-
diagramm mit dem Altersdiagramm vergleicht, verläuft er-
steres in einer glockenartigen Kurve. Es steigt vom Jugendalter bis Anfang Dreißig kontinuierlich an und fällt danach ab.
Siebzehnjährige beispielsweise begehen *fünfmal* mehr Morde
als die Dreizehn- bis Vierzehnjährigen; die Altersgruppe der
Fünfundzwanzig- bis Neunundzwanzigjährigen ist jedoch
die gewalttätigste und begeht viermal so viel Morde wie die
Siebzehnjährigen.

Abgesehen von der Kategorie, in der Brüder ihre Schwestern umbringen, ist die Tötung der Eltern die seltenste Form
des Mordes innerhalb der Familie. Seit 1976 hat es jedes Jahr
mehr als 300 Elternmorde gegeben. Aber diese Zahl schließt
nicht die höhere Zahl von ungelösten Mordfällen ein. 1984
betrug diese Zahl beispielsweise 374. Murray Straus, Sozio-
loge an der Universität von New Hampshire und einer der
führenden Forscher im Bereich Gewalt in der Familie, ist jedoch der Meinung, daß diese Zahl eher bei 500 liegt.

1989, in einem statistisch repräsentativen Jahr, wurden
21 500 Morde begangen. Bei 1,6 Prozent oder 344 handelte es
sich um Vatermord (194) und Muttermord (150). Söhne begehen etwa 90 Prozent dieser Verbrechen, wobei es sich in der
Mehrzahl um Vatermorde handelt, während es in den selten-
sten Fällen Töchter sind, die ihre Mutter umbringen.

Es gibt jedoch ein weiterverbreitetes Klischee, was Mordfälle betrifft, das relativ zutreffend ist. Unabhängig von der
Beziehung zwischen Opfer und Täter oder vom Alter des
Mörders handelt es sich bei der Mordwaffe fast immer um ein
Gewehr oder einen Revolver. Es sollte daher nicht überraschen, daß die Waffe, mit der der Elternteil von seinem Kind
getötet wurde, normalerweise von dem Elternteil gekauft
worden war.

Genau wie es überrascht, daß die meisten Morde nicht von
Fremden verübt werden, sondern von Tätern, die den Opfern bekannt, wenn nicht sogar verwandt mit ihnen sind,
sind wir uns nicht bewußt, wie häufig tätliche Angriffe, versuchter Mord und andere Gewaltverbrechen, die nicht mit
dem Tod enden, zu Hause stattfinden. Nach der Durchsicht

der Mordstatistik läßt sich leicht ausrechnen, daß täglich Zehntausende von Menschen in ihrem Zuhause fast zu Mordopfern werden.

Statistiken, die sich mit der Gewalt in der Familie – Mißhandlungen von Kindern, des Ehepartners, älterer Familienangehöriger oder Mißbrauch unter Geschwistern – befassen, sind nicht so akkurat wie jene, die sich mit Mord beschäftigen, weil der Durchschnittsbürger nur sehr zögernd über Mißhandlungen spricht und diese schon gar nicht anzeigt. Dennoch sind Wissenschaftler zu dem Schluß gekommen, daß es Millionen von Menschen gibt, die jedes Jahr von engen Familienmitgliedern geschlagen und zum Krüppel gemacht werden.

1980 veröffentlichten die Soziologen Murray Straus, Richard Gelles und Susan Steinmetz eine Arbeit, die bis auf den heutigen Tag für die Gewalt in der Familie maßgeblich ist: *Hinter verschlossenen Türen: Gewalt in amerikanischen Familien.* In dieser ersten nationalen Untersuchung kamen die Autoren zu dem Ergebnis, daß eins von sechs Paaren (etwa 8,6 Millionen Paare) im vorangegangenen Jahr einen Vorfall erlebt hat, bei dem es zu einem körperlichen Angriff kam. Obwohl die Wissenschaftler die Mehrzahl dieser Tätlichkeiten – Schubsen, Ohrfeigen, Stoßen oder das Werfen von Gegenständen – als ›gering‹ bezeichneten, war ein Drittel ernsterer Art. In diesen Fällen wurde getreten, mit der Faust geschlagen und gewürgt.

Die meisten Gewalttaten in der Familie werden jedoch von Eltern an ihren Kindern begangen. Die Wissenschaftler unterschieden zwischen drei Hauptkategorien der Gewalt gegenüber Kindern. ›Normale‹ Gewalt wie Schlagen und Ohrfeigen machte bei weitem den größten Teil aus – etwa 97 Prozent aller Kinder werden mindestens einmal pro Jahr geschlagen. Zweitens waren 8,8 Millionen im Alter von drei bis siebzehn Jahren Opfer von ›schwerer‹ Gewalt, von ›Angriffen‹, die über Schubsen, Schlagen und das Werfen von Gegenständen hinausgehen und die daher ein hohes Risiko bergen, daß Verletzungen verursacht werden, die so ernst sind, daß sie medizinisch versorgt werden müssen. Die Kinder werden getreten, mit der Faust geschlagen, verprügelt, mit dem Messer oder der Schußwaffe verletzt‹. 2,2 Millionen unserer jungen Mitbürger waren Opfer ›sehr ernster‹ Gewalttaten.

Tragischerweise sind nicht nur Väter, Mütter, Söhne und Töchter das Opfer häuslicher Gewalt. Straus und Gelles weisen in ihrem Buch *Intimate Violence* darauf hin, daß ›zwischen 1972 und 1984 69 Polizeibeamte getötet wurden, die wegen häuslicher Streitigkeiten zu Hilfe gerufen worden waren... Diese Zahl ist geringer als die 210 Polizeibeamten, die bei Diensteinsätzen wegen Raubes getötet wurden, aber selbst diese Zahl ist hoch, wenn man von der Annahme ausgeht, daß das Risiko auf der Straße viel höher ist als zu Hause.‹

Trotz dieser dunklen Realität fahren wir mit der Idealisierung der Familie als Insel des Friedens in einer brutalen, chaotischen Welt fort. Vorfälle von familiärer Gewalt werden fast nie angezeigt, während Berichte über Gewalttaten, die von Fremden ausgeübt wurden, ständig in den Schlagzeilen auftauchen. Nirgendwo ist unsere Kurzsichtigkeit jedoch auffälliger als im Fernsehen. In jeder Familienserie, angefangen bei ›Leave It to Beaver‹ bis zur ›Cosby-Show‹, wird die Familie als Ort dargestellt, an dem Frieden herrscht und die Eltern Probleme mit salomonischer Weisheit lösen. Es dürfte schwerfallen, in den Familienserien der letzten fünfunddreißig Jahre auch nur eine Fernsehsendung zu finden, in der ein Vater oder eine Mutter dem Kind aus Wut einen Klaps oder eine Ohrfeige gegeben hat, ganz abgesehen von den allzu häufigen härteren Strafen.

Obwohl die Weigerung der Gesellschaft, die schreckliche Realität von Gewalt in der Familie anzuerkennen und sich mit ihr auseinanderzusetzen, oberflächlich betrachtet, verwirrend scheint, ist sie durchaus verständlich, wenn man die ungeheure Bedeutung der Familie für die Gesellschaft bedenkt. Die Familie ist in der Tat wahrscheinlich die wichtigste Institution, die die Gesellschaft biologisch erhält und den einzelnen aufzieht. Und obwohl andere Institutionen, beispielsweise die Kirche und die Schule für die soziale, ethische und moralische Erziehung verantwortlich sind, gilt allgemein, daß Sitten und Werte am wirkungsvollsten in der Familie von einer Generation an die nächste weitergegeben werden. Aus diesem Grund erklärt Murray Straus, Fachmann für Gewalt in der Familie: »Wir sagen nicht gerne lästerhafte Dinge über eine heilige Institution. Die Familie ist eine absolut zentrale Einrichtung, die sehr wichtige Funktionen erfüllt. Aus diesem Grund zögert man, etwas Schlechtes über sie zu sagen.«

Historisch betrachtet, konnten diese wichtigen Funktionen (Fortpflanzung und die Weitervermittlung von Werten) unserem kollektiven Wissen zufolge am besten ausgeführt werden, wenn die Regierung die Familien und besonders die Eltern in Ruhe ließ. Und genau das ist geschehen.

In westlichen sowie östlichen Kulturen hatten traditionell die Eltern, und hier besonders die Väter, uneingeschränkte Autorität über das Leben ihrer Kinder.

In *The Battered Child* schreibt Samuel Radbill: ›In der Frühzeit, als Macht alles war, hatte das Kind keine Rechte, bis ihm das Recht zu leben rituell verliehen wurde. Bis zu diesem Zeitpunkt war das Kind ein Nichts und konnte vernichtet werden, ähnlich wie ein abgetriebener Fötus. Das Neugeborene mußte vom Vater anerkannt werden; was der Vater hervorbrachte, gehörte ihm, und er konnte damit tun, was er wollte.‹

Im alten Rom beispielsweise bedeutete die Geburt eines gesunden Kindes nicht, daß es das Recht hatte zu leben, wie die Soziologen Russell und Rachel Dobash herausfanden – diese Entscheidung lag vielmehr einzig und allein beim Vater. Ganz ähnlich hatten in asiatischen Kulturen bis in die Neuzeit hinein die Eltern große Macht über das Leben ihrer Kinder; in der chinesischen Gesellschaft kann die Tötung von Töchtern als Antwort auf wirtschaftliche Not Tausende von Jahren zurückverfolgt werden. Es gibt Berichte, daß diese Praxis in letzter Zeit aufgrund der strengen Ein-Kind-Familienpolitik und des traditionellen chinesischen Vertrauens auf männliche Nachfolger als Altersversorgung für die Eltern wieder zugenommen hat.

In der westlichen Gesellschaft hält die ungezügelte Herrschaft durch die Eltern noch immer an, eine Tradition, deren Wurzel auf das Alte Testament zurückgeht.

Spätere Generationen nahmen dieses biblische Gebot ziemlich wörtlich. Dem alten englischen Gewohnheitsrecht zufolge konnten sie dazu auffordern, für sie zu arbeiten, oder sie gegen Bezahlung als Knechte verdingen. Absoluter Gehorsam war keine strittige Frage, denn Kinder, die versuchten zu rebellieren, wurden ausgepeitscht und geschlagen oder ins Arbeitshaus gebracht. In ihrem Buch *The Legal Rights of Children* schreiben Davidson und Horowitz, daß die grausame Behandlung von Kindern mit der vorherrschenden Moral und dem religiösen Glauben einherging, daß ›die Kindheit ein an sich böser Zustand‹ war. Diese Tradition schwappte auch nach Amerika über, als 1646 die neu eingetroffenen Siedler (die ironischerweise vor der Unterdrückung geflohen waren) in der Massachussetts Bay Colony ein Gesetz gegen trotzige Kinder erließen. Eltern, die behaupteten, ihre Kinder seien ›dickköpfig und aufsässig‹ und ›ungehorsam‹, konnten eine von mehreren ›Maßregelungen‹, einschließlich der Hinrichtung, erwirken. Offenbar waren Demokratie und ordentliche Verfahren bei den Pilgervätern im eigenen Heim nicht erwünscht.

Obwohl es keine Berichte gibt, daß ungehorsame Kinder tatsächlich getötet wurden, setzte man über die Jahre hinweg alle anderen Formen der Strafe ein, um das Elternrecht zu erzwingen. Heute beschränken die meisten Eltern die körperliche Züchtigung auf Ohrfeigen und Schubsen, aber eine recht große Zahl peitscht, prügelt, boxt und fesselt ihre Kinder noch immer oder läßt sie hungern, um Disziplin zu erzwingen. Tatsächlich erkennen wir erst heute an, daß exzessive Strafen Körper und Geist eines Kindes schädigen.

Der Spruch ›Wer die Rute spart, verzieht das Kind‹ spiegelt den noch immer weit verbreiteten und praktizierten Glauben wider, daß körperliche Gewalt irgendwie ›gut‹ für Kinder sei. In der Tat halten viele Menschen der körperlichen Strafe eine therapeutische Wirkung zugute, als ob Kinder ›ab und zu eine ordentliche Tracht Prügel brauchen‹, genau wie sie Spinat essen und sich die Ohren waschen müssen. Murray

Straus weist auf ein weiteres irriges Motiv hin – die Strafe als symbolische und religiöse Reinigung –, das sich in dem oft gehörten Satz ›dem Kind den Teufel austreiben‹ widerspiegelt.

»Früher einmal hatte dieser Satz theologische Bedeutung«, erklärte Straus in einem Interview. »In dem Buch *The Changing American Parent* von Miller und Swanson führten die Autoren einige der Briefe zwischen John Wesley, dem Gründer der Methodistenkirche, und seiner Mutter Suzanna auf. Suzanna war eine beispielhafte Mutter... die sich ihrem Sohn ganz widmete. Wesley schrieb ihr und fragte sinngemäß: ›Was hast du getan, daß aus uns allen ordentliche Menschen geworden sind?‹ Sie schrieb zurück und erklärte, daß sie ihnen den Teufel durch Schläge ausgetrieben habe. Ihr Ziel war es, die Kinder wimmernd ins Bett zu schicken.« Wie viele Eltern ihrer Zeit war Suzanna Wesley der Meinung, daß der Teufel tatsächlich körperlich in einem Kind vorhanden war.

Niemand bezweifelt, daß die Ausübung starker Autorität durch die Eltern, besonders in den Entwicklungsjahren eines Kindes von wesentlicher Bedeutung für seine gesunde, normale Entwicklung ist. Infolgedessen haben Eltern jedoch ein beispielloses Maß an Einfluß und Macht über ihre Kinder, die von ihnen völlig abhängig sind. In dieser Hinsicht ist die Eltern-Kind-Beziehung einmalig, die *einzige* soziale Verbindung, die nicht auf einer Wahl beruht. Wie der New Yorker Psychiater Albert Shengold in seinem aufschlußreichen Buch *Soul Murder* über die langfristigen Folgen des Mißbrauchs von Kindern schreibt, ›erleichtert die fast völlige körperliche und emotionale Abhängigkeit des Kindes von den Erwachsenen die Tyrannei durch die Eltern und damit Mißhandlungen.‹ Tragischerweise mißbrauchen Zehntausende von Eltern aus Gründen, die von Unwissenheit und Unreife bis zu emotionalen Erkrankungen und Sadismus (und der Tatsache, daß sie von den eigenen Eltern selbst mißhandelt worden sind) reichen, ihre ungeheure Macht *tatsächlich* und malträtieren ihre Kinder mit Fäusten, Worten und sexuellen Wünschen auf brutalste Weise.

Erst in den letzten Jahren hat die Gesellschaft offen zugegeben, daß manche Eltern die heilige Macht, mit der sie ausgestattet sind, ausnutzen. Tatsächlich haben wir erst in den letzten einhundert Jahren durch Gesetze und soziale Praktiken erkannt, daß Kinder unabhängige Wesen sind, die das Recht auf Schutz vor den Exzessen ihrer Eltern haben. Zum erstenmal wurde das elterliche Privileg 1874 in New York unter recht ironischen Umständen angegriffen. Ein junges Mädchen namens Mary Ellen wurde fast völlig verhungert und an ein Bett in der elterlichen Wohnung gefesselt aufgefunden. Damals gab es noch keine Einrichtung zum Schutz von Kindern; statt dessen wurde das Mädchen von der Tierschutzorganisation aus der Wohnung befreit. Dieser Vorfall führte zur Gründung der New Yorker Gesellschaft zur Verhinderung von Grausamkeiten an Kindern, die noch heute existiert.

In den letzten fünfundzwanzig Jahren des neunzehnten Jahrhunderts entstanden überall in den großen Städten Gruppen zum Schutz von Kindern, aber dennoch konzentrierten sich diese privaten, wohltätigen Organisationen nicht direkt auf den Mißbrauch von Kindern, sondern auf den Schutz Jugendlicher, besonders unter den gerade eingetroffenen Einwanderern, um sie durch Gesetze zur Kinderarbeit beispielsweise vor den verheerenden Auswirkungen der Armut zu schützen. Um die Jahrhundertwende erkannte die staatliche Legislative, daß es dringend neuer Gesetze bedurfte, um zu verhindern, daß Kinder zu Hause von ihren Eltern und Verwandten mißbraucht und vernachlässigt wurden.

Trotz des Inkrafttretens jener ersten Gesetze gegen den Mißbrauch von Kindern war die Durchsetzung nicht sehr effektiv. Damals wurde die Durchsetzung genau wie heute durch unser chronisches Zögern, Probleme in der Familie publik zu machen, behindert. Ein weiteres Hindernis in der damaligen Zeit war das Fehlen eines ausreichenden juristischen Systems für die Anzeige und die Untersuchung von Mißhandlungen. Was diese Probleme weiter komplizierte, war die Tatsache, daß niemand im Gesetzesvollzug, unter den Sozialarbeitern oder in den ärztlichen Berufen ohne einen Augenzeugen in der Lage war, eine spezielle Verletzung auf elterlichen Mißbrauch zurückzuführen. Diese Situation änderte sich auch in den nächsten fünfzig Jahren nicht.

Samuel Radbill schrieb in *The Battered Child* über die Geschichte des Mißbrauchs von Kindern:

Die Medizin beachtete den Mißbrauch von Kindern nicht weiter, bis man sich aufgrund von Dr. John Caffeys Beunruhigung wegen der merkwürdigen Röntgenaufnahmen einiger Kinder stärker damit befaßte... Röntgenärzte waren ebenso wie Pathologen im Grunde Wissenschaftler, die selten direkten Kontakt zu den Patienten hatten. Caffey jedoch war ausgebildeter Kinderarzt und in der Lage, diese unerklärlichen Röntgenaufnahmen mit klinischen Bildern in Zusammenhang zu bringen. Obwohl er bald herausfand, daß Mehrfachfrakturen auf ein Trauma zurückzuführen waren (und nicht, wie zuvor angenommen, auf Rachitis oder Skorbut), konnte er seine Kollegen nicht davon überzeugen, daß die Eltern für dieses Trauma verantwortlich waren. 1946 veröffentlichte Caffey einen Bericht mit dem Titel ›Multiple Brüche in den langen Knochen von Kindern, die unter chronischen subduralen Hämatomen leiden‹. Dies lenkte die Aufmerksamkeit der Kinderärzte auf die indirekten Folgen des Mißbrauchs von Kindern, aber im Grunde wurde das Thema jahrelang nicht ernst genug genommen.

In den fünfziger Jahren führten die Röntgen- und Kinderärzte Nachfolgeuntersuchungen durch, in denen Mißhandlungen bei Kindern schließlich in einem wichtigen Artikel, der vom *Journal of the American Medical Association* (AMA) 1962 veröffentlicht wurde, formell anerkannt wurden. In diesem Artikel beschrieb C. Henry Kempe, ein Kinderarzt aus Denver, wie Ärzte ein körperlich mißhandeltes Kind medizinisch identifizieren können. Er bezeichnete dieses Symdrom als ›mißhandeltes Kind-Syndrom‹:

Das Syndrom des mißhandelten Kindes... charakterisiert den klinischen Zustand bei kleinen Kindern, die körperlich von den eigenen Eltern oder Stiefeltern ernsthaft mißhandelt worden sind. Der Zustand wurde von Radiologen, Orthopäden, Kinderärzten und Sozialarbeitern als unerkanntes Trauma beschrieben. Es ist eine wichtige Ursache von Krankheiten und Todesfällen in der Kindheit. Unglücklicherweise werden derartige Fälle häufig nicht erkannt oder, falls sie diagnostiziert werden, vom Arzt unzureichend gehandhabt, da diese Fälle nur zögernd den entsprechenden Behörden bekannt gegeben werden.

Kempes Untersuchungsergebnisse waren äußerst wichtig, da sie den Ärzten zum erstenmal spezielle klinische Vorgehensweisen vermittelten, um zwischen Unfall- und absichtlichen Verletzungen zu unterscheiden. Obwohl wiederholte Schläge auf die Arme oder Beine eines Kindes nicht unbedingt zu einem gebrochenen oder verrenkten Knochen führen, können sie zu Haarrißfrakturen führen, die noch sechs Monate und länger nach dem Verschwinden des Hämatoms sichtbar sind. Neben dem Durchbruch in der Diagnostik führte Kempes Arbeit zu zwei weiteren wichtigen Ergebnissen. Obwohl sich seine Arbeit hauptsächlich auf den körperlichen Mißbrauch konzentrierte, führten seine Bemühungen zu ergänzenden Forschungsarbeiten, die alle Aspekte des sexuellen und psychologischen Mißbrauchs einschlossen. Außerdem bewies seine Arbeit schlüssig und wissenschaftlich, daß der Mißbrauch von Kindern ein kritisches und überall vorhandenes Problem darstellt. Kempes Untersuchungsergebnisse erwiesen sich als so dramatisch, daß sie die AMA anregten, einen Leitartikel zu schreiben, in dem es hieß: ›Wahrscheinlich wird sich das [Syndrom des mißhandelten Kindes] als viel häufigere Todesursache erweisen als die wohlbekannten und gründlich untersuchten Krankheiten wie Leukämie, Muskoviszidose und Muskelschwund.‹ Wie Straus und Gelles in *Intimate Violence* erklärten, ›begannen Politiker, Journalisten und sozial Engagierte bald nach der Veröffentlichung des Leitartikels diesen zu zitieren. Zuerst wurde die Einschränkung ‚wahrscheinlich' fallengelassen, anschließend wurde das Zitat so umgeändert, daß Kindesmißhandlung schließlich die fünfthäufigste Todesursache bei kleinen Kindern war.‹

Diese Erkenntnis führten Ende der sechziger Jahre und zu Beginn der siebziger Jahre zu einer Überarbeitung und Verbesserung der Gesetze gegen den Mißbrauch von Kindern. Im ganzen Land arbeitete die Justiz daran, ein umfassendes Meldesystem für derartige Fälle zu finanzieren und einzurichten.

Trotz dieser Schritte bleibt das Vorrecht der Eltern in vielerlei Hinsicht unangetastet. Dies hat zu einer auffälligen, noch überall in der Gesellschaft bestehenden Doppelmoral bei der Beurteilung der Opfer und der Täter, die Kinder mißbrauchen, geführt. Diese Doppelmoral spiegelt sich in unserer sozialen Einstellung und in unserem Rechtssystem wider; und sie ist in allen vier vorgestellten Fällen offensichtlich.

Das eklatanteste Beispiel für unsere Heuchelei findet sich in unserer Sprache wieder. Wissenschaftler, Ärzte, Gesetzgeber und Rechtsanwälte haben ein Vokabular entwickelt, das die heimtückische Natur dieser brutalen Taten aufpoliert. *Mißbrauch* ist ein viel zu freundliches Wort, um das zu beschreiben, was einige Eltern ihren Kindern antun.

Dieses aufpolierte Vokabular gestattet es, über derartige Taten zu sprechen, ohne sich vorstellen zu müssen, was tatsächlich passiert ist – es ist die Speerspitze einer stumpfen, institutionellen Reaktion auf das Problem. *Kindesmißbrauch* mag wie ein Schimpfwort klingen, aber es kann nicht die Häßlichkeit der Taten selbst vermitteln. Wenn eine erwachsene Frau gegen ihren Willen vaginal und anal von einem Mann penetriert wird, wird der Täter wegen Vergewaltigung und Unzucht angeklagt. Aber wenn ein Vater seiner zweijährigen Tochter auf dieselbe, verwerfliche Weise Gewalt antut, wird dies als sexueller Mißbrauch bezeichnet. Es handelt sich nicht um eine Vergewaltigung, weil juristisch die unwiderlegbare Annahme besteht, daß keine Gewalt angewendet wurde. Und wenn John senior seinen Trinkkumpanen mit einem Knüppel zu einer blutigen Masse zusammenschlägt, wird er wegen versuchten Mordes festgenommen; aber wenn er Johnny junior fast zu Tode prügelt, bezeichnen wir dies als ›Gefährdung eines Kindes‹, da wir juristisch davon ausgehen, daß der Vater sein Kind nicht töten, sondern es nur züchtigen wollte.

Unser Unbehagen bei Gesprächen über Kindesmißbrauch ist nur eine Schwierigkeit unter vielen, wenn wir alle Aspekte dieser Tragödie behandeln, angefangen bei der Anzeige bis zur strafrechtlichen Verfolgung des Täters. Man sollte bedenken, daß es sich meistens um junge Opfer handelt, deren Leiden nicht mit den normalen Gesetzen gehandhabt werden können.

FBI-Berichte zeigen beispielsweise, daß etwa fünf- bis sechshundert Kinder jedes Jahr von ihren Eltern getötet werden, dennoch ist dies wahrscheinlich die ungenaueste aller Mordstatistiken des FBI, da eine ungeheuer hohe Zahl von Todesfällen in Zusammenhang mit Mißhandlungen als Unfälle getarnt werden. Dem Chicagoer Nationalen Komitee für die Verhinderung von Kindesmißbrauch und Vernachlässigung zufolge liegt die Zahl eher bei *fünftausend* Kindern (die fünfzehnfache Anzahl von Vater- und Muttermorden). Die meisten Opfer, die jedes Jahr von ihren Eltern oder einem Vormund getötet werden, sind jünger als drei Jahre. (Die USA sind nicht das einzige Land mit einer derart hohen Mordrate bei Kindern; in der Bundesrepublik Deutschland starben 1989 fast eintausend Kinder durch körperliche Mißhandlungen.)

Trotz dieser Zahlen läßt sich Kindes*mord* nur schwer beweisen. Das Hauptproblem, vor dem die Strafverfolger stehen, besteht darin, daß es fast unmöglich ist zu beweisen, daß Eltern ihr Kind absichtlich oder böswillig getötet haben, selbst wenn das Kind ständig geschlagen und gequält wurde. Da die Eltern oft die einzigen Zeugen sind und immer angeben, daß sie das Kind nur bestrafen wollten, sind Verurteilungen wegen vorsätzlichem Mord, einem Verbrechen, bei dem Vorsatz unterstellt und das schwer bestraft wird, selten. Unabhängig von der Schwere des Mißbrauchs, der zum Tod des Kindes geführt hat, akzeptieren die Geschworenen nur zögernd, daß Eltern die Fähigkeit haben, ihre Kinder zu töten und dies auch tun. Da die Staatsanwaltschaft dies weiß, wird oft ein Schuldbekenntnis für fahrlässige Tötung akzeptiert, statt eine Verurteilung wegen vorsätzlichen Mordes durchzusetzen. In vielen derartigen Fällen erhält der Täter eine Strafe von nur zwei bis sechs Jahren.

Ein kleiner Artikel, den ich im September 1989 in der *New York Times* las, führte mir vor Augen, wie wenig sich verändert hat, seit die kleine Mary Ellen vor über einhundert Jahren aus ihrem Zuhause befreit worden war:

Muskogee, Okla. (AP) – Die Großeltern eines vierjährigen Jungen werden angeklagt, das Kind tagsüber vor ihrem Wohnmobil, in dem sie lebten, in einen Käfig gesperrt zu haben. Er hatte keine Toilette und nur eine Flasche Wasser... [Sie] gaben an, daß sie auf diese Weise verhindern wollten, daß der Junge auf die nahegelegene Autobahn laufen würde... Die Großeltern werden wahrscheinlich wegen eines minderschweren Delikts angeklagt werden, wie es beispielsweise der Fall ist, wenn keine Alimente gezahlt werden. Die Strafe kann ein Jahr Gefängnis betragen oder eine Fünfhundert-Dollar-Geldstrafe, die bei der Verurteilung fällig ist. [Der Staatsanwalt] erklärte, daß dies die einzig mögliche Anklage sei. »Wir haben uns die Statuten für Kindesmißhandlungen sehr genau angesehen«, sagte er, »und unserer Meinung nach bedarf es einer Verletzung oder Verstümmelung des Opfers, was in diesem Fall nicht gegeben ist.«

Genau wie die Gesellschaft nicht in der Lage ist, das Ausmaß und die Schwere der Kindesmißhandlungen exakt einzuschätzen, ist sie auch unfähig, die Verletzlichkeit von Kindern zu erkennen und der Tatsache Rechnung zu tragen, daß sie nicht in der Lage sind, sich selbst zu schützen. Im Klartext heißt das, daß diejenigen, die von Berufs wegen eingreifen könnten – Sozialarbeiter, Lehrer, Polizeibeamte, Richter und Geschworene und bisweilen auch Ärzte und Psychologen – immer wieder die Fähigkeit des Opfers überschätzen, den Mißbrauch zu offenbaren und um Hilfe zu bitten. Allzuoft wird erst eingegriffen, wenn es sowohl für das Kind als auch für die Eltern zu spät ist, wenn beispielsweise ein Elternteil das Kind bereits schwer verletzt hat oder das Kind sich zur Wehr gesetzt hat.

Für Erwachsene ist es schwer zu begreifen, daß ein Kind jeden Mißbrauch ertragen würde, ohne einem Außenstehenden davon zu berichten und um Hilfe zu bitten. Meiner Erfahrung nach stellt jeder sofort die Frage: »Warum hat das Kind nicht um Hilfe gebeten?«, wenn schwere Mißhandlungen zu einem Mord an den Eltern geführt hat. Es gibt jedoch zwingende psychologische Gründe, die die Bitte um Hilfe eher zur Ausnahme als zur Regel machen.

Erstens haben Kinder, psychologisch gesehen, keine andere Wahl, als sich jenen, die für sie sorgen, anzuschließen und sich mit ihnen zu identifizieren. Der Psychiater Bessel Van der Kolk von der Harvard Medical School, ein Experte für die Behandlung mißhandelter Kinder, erklärt dazu in *Psychological Trauma*:

Die emotionale Entwicklung von Kindern ist sehr eng mit der Sicherheit und Pflege verbunden, die sie aus ihrer Umgebung erhalten. Kinder schließen sich generell denen an, die für sie sorgen. Dies ist ein Überlebensmechanismus, der nötig ist, um die Bedürfnisse zu erfüllen, die ein Kind nicht allein befriedigen kann. Die Sicherheit, daß eine ›sichere Grundlage‹ vorhanden ist, gestattet eine normale emotionale und kognitive Entwicklung... Fehlt eine solche sichere Basis, wie es in Fällen von Kindesmißbrauch und Vernachlässigung der Fall ist, führt ein Kind eine Vielfalt an psychologischen Manövern durch, um für sich den größtmöglichen Schutz zu gewährleisten. Mißbrauchte und vernachlässigte Kinder schließen sich ihren Eltern oft auf ängstliche und liebeshungrige Weise und mit schüchternem Gehorsam an. Offensichtlich beschäftigt sie der Gedanke, daß sie verlassen werden könnten, was sie zu verhindern suchen.

Obwohl dies dem Durchschnittsbürger unbegreiflich scheint, kann bei Mißbrauch eines Kindes dessen Bindung an den Täter sogar noch stärker werden. Die Tatsache, daß das mißbrauchte Kind bei dem mißhandelnden Elternteil Schutz vor dem Mißbrauch sucht, ist, wie Dr. Van der Kolk bemerkte, vielleicht der heimtückischste Aspekt in diesen Fällen. Die Abhängigkeit eines Kindes von den Eltern ist so stark und so allumfassend, daß die Eltern selbst bei drakonischer Behandlung des Kindes die Hauptquelle für Liebe bleiben.

Zweitens wird dieser überwältigende Drang, die Bindung an den Elternteil, selbst wenn dieser das Kind mißhandelt, aufrechtzuerhalten und zu stärken, durch Gefühle von Verwirrung und Schuld an einer derartigen Episode kompliziert. ›Wenn das Kind sich von dem Angriff erholt‹, schreibt Dr. Albert Shengold in *Soul Murder*, wobei er den Psychiater Sandor Ferenczi zitiert, ›ist es ungeheuer wichtig, ja im Grunde gespalten – gleichzeitig unschuldig und schuldig –, und das Zutrauen in seine eigenen Sinne ist zerbrochen.‹

Um dieses Martyrium zu überleben, fährt Shengold fort, muß das Kind ›das Schlechte… als gut‹ wahrnehmen. ›Das ist der Prozeß, der den Geist spaltet und fragmentiert… Diese Kinder müssen in einem Teil ihres Geistes die Selbsttäuschung bewahren, daß die Eltern gut sind, und das trügerische Versprechen, daß all ihre Qual, ihr Schmerz und ihr Haß sich in Liebe verwandeln wird.‹ Statt sich von den Eltern abzuwenden, indem sie sie herausfordern oder verdammen, suchen mißbrauchte Kinder oft einen Ausweg und geben sich selbst die Schuld.

Neben dem fast universellen Drang, sich an den mißbrauchenden Elternteil zu klammern, indem das Kind die Schuld für den Mißbrauch auf sich nimmt, müssen viele Opfer auch mit offenen Drohungen des Täters leben. Die Täter drohen dem Kind oft, daß es, falls es etwas verraten sollte, geschlagen oder getötet wird, oder schlimmer noch, daß der Täter einem anderen Familienmitglied, das das Kind liebt, etwa einer Schwester oder einem Bruder oder dem anderen Elternteil, ein Leid zufügen wird. Sich dem Wunsch von Vater und Mutter zu widersetzen, fällt selbst einem normalen Kind schwer. Wenn das Versprechen zu schweigen durch die Drohungen eines Menschen verstärkt wird, dessen Gewalt es gespürt hat, wird es dem Kind fast unmöglich gemacht, sich anderen anzuvertrauen.

Selbst wenn man annimmt, daß das mißbrauchte Kind die ungeheure emotionale Stärke hat, diese Grenzen zu durchbrechen, ist es sehr wahrscheinlich, daß ihm niemand seine Geschichte glauben wird. Alle Kinder lernen früher oder später, daß die Worte eines Erwachsenen viel mehr Gewicht haben als die eigenen. Und wenn man Erwachsene, die ihre Kinder mißbrauchen, damit konfrontiert, werden sie ihre Taten im allgemeinen leugnen. Wenn das Kind in der Vergangenheit schon im Krankenhaus war oder von einem Sozialarbeiter befragt worden ist, hat es die Geschichten und Entschuldigungen der Eltern bereits gehört: »Er ist die Treppe hinuntergefallen«, »Er hat aus Versehen einen Topf mit kochendem Wasser über sich geschüttet«. »Sie kratzt sich ständig an der Scheide«. Ein Kind, das sieht, daß die Lügen seiner Eltern auch nur einmal akzeptiert wurden, weiß, daß sein Schicksal besiegelt ist. Die Hoffnung, daß irgend jemand es retten wird, besteht nicht mehr.

Mißbrauchte Kinder lernen wie andere unterdrückte Menschen auch, sich ihrer Umgebung anzupassen. Sie beklagen sich nur selten bei den Eltern und versuchen ironischerweise sogar oft, ihnen Freude zu machen. Viele kommen mit ihrem Schicksal zurecht, indem sie das Muster bei ihrer Mißhandlung zu verstehen suchen: Sie wissen, wann sie mißhandelt werden, und wann es aufhört. Einer meiner Schützlinge berichtete folgendes über seinen Vater:

»Er war dann immer ganz ruhig und befahl mir, das Lineal zu holen. Es war ein Maßstock aus Metall. Dann mußte ich ihn meinem Vater geben, und er begann, mich zu verprügeln. Zuerst meinen Hintern und dann meine Beine und Arme. Dann begann er, schwer zu atmen. Und nach etwa zwanzig Minuten, glaube ich, hörte er auf. Er war erledigt. Er warf den Maßstock hin und setzte sich in seinen großen, grünen Sessel. Dann schlief er ein.«

Die meisten Kinder, die kein anderes Leben kennen, betrachten sich nicht einmal als mißbraucht. Obwohl wir meistens annehmen, daß die Eltern-Kind-Beziehung bei Mißbrauch immer gewalttätig und unglücklich ist, gibt es oft liebevolle Zeiten, sogar ungeheure Demonstrationen von Zuneigung; diese Eltern mißbrauchen ihre Kinder nicht vierundzwanzig Stunden am Tag. Und es sind diese guten, sogar großartigen Zeiten, an die mißbrauchte Kinder ihre illusorische Hoffnung hängen, daß sich alles zum Besseren wenden wird.

Andere überleben, indem sie sich von allen Gefühlen abschließen. Für viele ist dies die einzige Möglichkeit, damit zurechtzukommen, daß ihnen der Penis in den Mund gesteckt, mit der Faust ins Gesicht geschlagen oder sie auf brutalste Weise beschimpft werden.

Da diese Kinder gezwungen werden, all ihre Gefühle zu unterdrücken, ist ihre Persönlichkeit ernsthaft gefährdet. Einige Wissenschaftler, beispielsweise Shengold, gehen sogar so weit, dies als Seelenmord zu bezeichnen. ›Seelenmord‹, schreibt er, ›ist weder eine Diagnose noch ein Zustand. Es ist der vorsätzliche Versuch, die getrennt vorhandene Identität eines anderen Menschen auszulöschen oder zu gefährden. Die Opfer des Seelenmordes sind meistens von einem anderen besessen, ihre Seele ist von einem anderen versklavt... Folter und Vernachlässigung haben in den Zustand völliger Abhängigkeit zu einer schrecklichen und erschreckenden Kombination von Hilflosigkeit und Zorn geführt – unerträgliche Gefühle, die unterdrückt werden müssen, damit das Opfer überleben kann.‹

Überleben ist ein relativer Begriff für diese Kinder, denn die Folgen des Mißbrauchs können viel schwerwiegender sein, als nur eine Unterdrückung von Gefühlen. Obwohl dies noch ein sehr neues Forschungsgebiet ist, glauben die Fachleute, daß die kurz- und langfristige Reaktion des Kindes von Faktoren wie Art, Dauer und Schwere des Mißbrauchs und von der emotionalen Ausstattung des einzelnen abhängt. Einige Opfer sind in der Lage, ein funktionales Leben zu leben, während sie gleichzeitig häufig mit Problemen wie schwerem Zorn, geringer Selbstachtung, Angst und Depression kämpfen. Was beispielsweise den sexuellen Mißbrauch betrifft, so erklärt David Finkelhor, einer der führenden amerikanischen Wissenschaftler auf dem Gebiet des Kindesmißbrauchs, daß Frauen eher unter Depressionen leiden, während Männer eher zu aggressiven Reaktionen neigen. Andere sind jedoch ihr Leben lang seelische Krüppel, die unter Drogen- und Alkoholabhängigkeit leiden oder einer Reihe von chronischen, psychischen Krankheiten wie dissoziativen Störungen, der posttraumatischen Störung der Streßreaktion, der Borderline-Persönlichkeitsstörung oder der multiplen Persönlichkeitsstörung.

Der heimtückischste Effekt des Mißbrauchs ist jedoch die Tatsache, daß er die Wahrscheinlichkeit steigert, daß das Opfer später in der Ehe ebenfalls zu einem Opfer wird oder, noch schlimmer, selbst seine Kinder mißhandelt. Das Trauma des Mißbrauchs verzerrt das Konzept der Familie für das Kind so sehr, daß das Unnormale das Normale verdrängt, und der Mißbrauch durch die Eltern normal scheint. »Eltern, die als Kinder ausgebeutet wurden«, erklärte Van der Kolk, »sind der Meinung, daß sie von ihren eigenen Kindern Zufriedenstellung und Fürsorge erwarten dürfen. Wenn das Kind sie nicht zufriedenstellt oder Forderungen nicht erfüllt, die es aufgrund seines Entwicklungsstandes nicht erfüllen kann, ergießt sich der elterliche Zorn über sie mit geringem oder ohne jedes Mitleid.«

Nicht alle mißbrauchten Kinder werden später selbst zu Tätern. Trotz ihrer Narben können mißbrauchte Kinder mit einiger Einsicht, mit der Hilfe von fürsorglichen Menschen und mit Glück später ein erfülltes Leben führen und gute Eltern werden. Aber die Chance ist gering.

Die psychologischen Faktoren, die es wahrscheinlich machen, daß ein mißbrauchtes Kind zu einem mißhandelnden Elternteil wird, sind auch dafür verantwortlich, daß Opfer von Mißbrauch, besonders Männer, die körperlich und sexuell brutal behandelt worden sind, eher dazu neigen, sich gegenüber Menschen außerhalb ihrer Familie aggressiv und gewalttätig zu verhalten. Und diese Aggression ist nicht einfach nur das Produkt von Zorn. Durch die erlittenen Mißhandlungen lernen die Kinder fälschlicherweise, daß Streit und Gewalt akzeptable Möglichkeiten sind, um Probleme zu lösen. Da diese Opfer von ihren Eltern im Grunde als ein

Nichts behandelt wurden, ist ihre Fähigkeit, einfühlend zu reagieren und mit Fremden Mitleid zu haben, stark reduziert. Jahre der Mißhandlung haben sie gezwungen, den eigenen Schmerz abzutöten, so daß sie den Schmerz, den sie anderen zufügen, nicht fühlen können.

Obwohl die Beziehung zwischen Mißbrauch und Gewaltverbrechen erst Mitte der achtziger Jahre untersucht wurde, haben mehrere Studien einige beunruhigende Trends offenbart. Eine Untersuchung neueren Datums zeigte, daß 90 Prozent der Insassen im Folsom-Gefängnis, die dort wegen Mordes saßen, als Kinder schwer mißhandelt worden waren. 1988 führte Dr. Dorothy Lewis von der medizinischen Fakultät der New Yorker Universität eine Untersuchung bei vierzehn jugendlichen Mördern durch. Dr. Lewis, die zu den führenden amerikanischen Wissenschaftlern zählt, die sich mit Kindern, die töten, befassen, fand heraus, daß ›zwölf der Teenager auf brutale Weise körperlich und sexuell mißbraucht worden waren, und daß in fünf Fällen ältere, männliche Verwandte Unzucht an ihnen begangen hatten‹.

Wenn man die Realität der elterlichen Kontrolle und die verheerenden psychologischen Auswirkungen des Mißbrauchs bedenkt, welche Möglichkeiten stehen unseren mißbrauchten Kindern dann *realistisch* offen? Die meisten gehen, unabhängig von ihrem Alter, den Weg des geringsten Widerstands, lernen, sich ihrer Umwelt anzupassen und die Gewalt zu akzeptieren, die ihnen als ihr Schicksal auferlegt wurde. Über die Situation mit Freunden zu reden oder bei den Behörden Anzeige zu erstatten, steht ganz außer Frage.

Trotz dieser ungeheuren Hindernisse werden dennoch jedes Jahr mehr als 1,5 Millionen Anzeigen wegen Kindesmißbrauch und gröblicher Vernachlässigung der Fürsorgepflicht erstattet. Einige wenige stammen von jenen Kindern, die die Kraft haben, selbst um Hilfe zu ersuchen, aber die meisten Fälle werden den Behörden von Außenstehenden gemeldet – von Lehrern, Ärzten, Freunden und Nachbarn.

Und was geschieht, wenn Anzeige erstattet wird? Für manche Kinder funktioniert der soziale Apparat gut. Die Kinder werden mitfühlend und therapeutisch behandelt, während ihre Eltern eine Beratung erhalten und die häusliche Situation genau überprüft wird. Dieser Prozeß ist langwierig und beschwerlich, aber schließlich von Vorteil für die Familie. Leider ist dieses rosige Szenarium eher die Ausnahme als die Regel.

Das Kind, das bereits unter einem Trauma leidet, gerät im Dschungel der Gesetze zu seinem Schutz praktisch vom Regen in die Traufe. In der Rechtsprechung ist es häufig so, daß der gesamte Prozeß des Kindesmißbrauchs kriminalisiert wurde, so daß das Kind von Erstattung der Anzeige an wieder zum Opfer wird. Das Kind wird unlogischerweise aus seiner häuslichen Umgebung gerissen, während der Täter dort bleibt. Ein Sozialarbeiter, der oft von einem Polizeibeamten begleitet wird, holt das Kind von zu Hause ab und bringt es ins Krankenhaus oder Kinderheim. Es kommt jedoch auch vor, daß das Polizeirevier die erste Station ist. Bis 1986 war es beispielsweise in Long Beach, Kalifornien, üblich, diese Kinder durch den Haupteingang in die Polizeistation zu bringen und sie bis zu drei Tagen in einer Zelle auf demselben Korridor wie weibliche Kriminelle einzuschließen.

Anschließend stößt eine ganze Armee von Spezialisten – Sozialarbeiter, Ärzte, Rechtsanwälte, Richter, Therapeuten – das Kind herum. Es wird befragt, getestet, beobachtet und dann wieder von ›Fachleuten‹, die überarbeitet, unterbezahlt und schlecht ausgebildet sind, befragt, erneut getestet und beobachtet. Einige Kinder und ihre Familien gehen intakt aus diesem Prozeß hervor. Traurigerweise gehen jedoch viele Kinder in Pflegefamilien unter, in denen sie die ganze Kindheit und Jugend hindurch weitergereicht werden.

»Wenn der Mißbrauch so schlimm war und das Kind Angst hatte, irgend jemandem davon zu erzählen, warum ist es dann nicht von zu Hause weggelaufen?« lautet eine weitere automatische Reaktion der Erwachsenen. Die meisten laufen aus denselben Gründen nicht davon, aus denen sie auch niemandem von dem Mißbrauch erzählen: Sie haben Angst vor der Strafe, die ihnen blüht, wenn man sie findet; Angst, daß die Mutter ihren Zorn an dem kleinen Bruder ausläßt oder daß der Vater die jüngere Schwester vergewaltigt; sie wollen ihre Freunde und ihre Familie nicht verlassen, denn sie bedeuten die einzige Welt, die sie kennen. Außerdem sind sie wirtschaftlich abhängig von den Eltern.

Die Möglichkeit, von zu Hause wegzulaufen, wurde genauso wie das Ideal der amerikanischen Familie hoffnungslos romantisch verklärt. Ja, ein paar Kindern, die weglaufen, gelingt es, ihr Leben in Ordnung zu bringen, aber jene, die mit solchen Ausreißern arbeiten, wissen, daß dies die Ausnahme ist. Den meisten gelingt es nicht, ihr Leben zu ändern; sie sind zwar keine Opfer mehr zu Hause, dafür aber Opfer und Täter auf der Straße. Und obwohl es in einigen Städten Programme für Ausreißer gibt, ist die Wahrscheinlichkeit, daß das erste Hilfsangebot von einer Nutte kommt und nicht von einem Sozialarbeiter, groß. Das Leben auf dem Hollywood Boulevard oder auf dem Times Square unter den Zuhältern und Drogenhändlern ist Tausende von Meilen entfernt von Huck Finns faulen Nachmittagen auf dem Mississippi. Wir wissen heute, daß die meisten Kinder nicht weglaufen, weil sie Aufregung und Abenteuer suchen, sondern eher, um dem Mißbrauch zu Hause zu entkommen. Lois Lee, Leiterin des Programms ›Kinder der Nacht‹, das seinen Hauptsitz in Hollywood, Kalifornien, hat und eins der führenden Programme für Ausreißer ist, berichtete mir 1990, daß 100 Prozent der Kinder, die sie erreicht, Opfer von Mißbrauch sind. Dies soll nicht heißen, daß Kinder nie ein gutes, sicheres, unterstützendes Zuhause verlassen – auch das geschieht, aber es kommt selten vor.

Es gibt eine Gruppe von mißbrauchten Kindern, die ihren Mißbrauch nicht ruhig ertragen, die aber auch nicht ihre Eltern anzeigen oder von zu Hause fortlaufen. Sie weigern sich, sich ruhig zu verhalten, und durchbrechen die Stille, die das schreckliche Geheimnis der Familie umhüllt, mit der Salve eines Gewehrs. Es sind meine Klienten und das Thema dieses Buches – Kinder, die ihre Eltern töten.

I.
Jungen, die ihren Vater töten

Man muß kein Experte für menschliches Verhalten sein, um zu wissen, daß Gewalt, geschichtlich betrachtet, schon immer eine wichtige Rolle unter den Menschen gespielt hat. Männer haben sich traditionell viel eher als Frauen der Gewalt zugewandt, um Probleme, angefangen bei politischen Konflikten bis hin zu persönlichen Streitereien, zu lösen. In der Tat ist die Geschichte der Gewalt in den USA zum großen Teil die Geschichte der Gewalt unter Männern. Männer üben 90 Prozent der Morde aus und sind zu 90 Prozent die Opfer von Tötungsdelikten, während Männer und Jungen als Gruppe 90 Prozent aller Gewalttaten begehen. 98 Prozent aller Hingerichteten in der Geschichte der USA, deren Zahl sich auf etwa 16000 beläuft, waren Männer.

Von Geburt an werden die meisten Männer durch kulturelle Einstellungen und Normen sozialisiert, die Gewalt zur Lösung eines Konflikts und als Methode zur Durchsetzung der Autorität akzeptieren. Jungen erhalten nicht nur den Hauptanteil von körperlichen Strafen, sondern viele Väter sind auch der Meinung, daß Prügel noch niemandem geschadet haben.

Der vielleicht berühmteste Vatermord, der von einem Sohn ausgeführt wurde, ist der Fall des sagenhaften Königs von Theben, der seinen Vater Laius umbrachte und später seine Mutter Jokaste heiratete. Angeblich wußte Ödipus nicht, daß der Mann, den er umbrachte, sein Vater war – zumindest behauptete er das. Nachdem er die Wahrheit erfahren hatte, wurde er so von Schuld gequält, daß er sich die Augen ausstach. Bereits seit über 2500 Jahren versuchen Philosophen und Bühnenschriftsteller, seine Motive zu erklären.

Sigmund Freud war von diesem Fall so fasziniert, daß er ihn zu einem Eckstein seiner Theorie der Psychoanalyse machte. Er stellte die Theorie auf, daß Ödipus als junger

Mann unbewußt sexuell von seiner Mutter angezogen wurde, aber schreckliche Angst hatte, daß sein Vater dieses erotische Verlangen entdecken und ihn kastrieren lassen würde. Alle kleinen Jungen, erklärte Freud, erleben diesen Ödipuskonflikt, aber die gesunden (die glücklicherweise die Mehrheit ausmachen) unterdrücken ihre Gefühle, so daß sie ein normales Leben führen können. Etwa im Alter von fünf Jahren übersteigt die Angst des Jungen vor der Kastration die Gefühle für die Mutter, er verzichtet auf die sexuelle Liebe und identifiziert sich langsam mit dem Vater.

Der klassischen Freudschen psychoanalytischen Theorie zufolge liegt der innere Konflikt des Sohnes, der sich zu sehr an den Vater bindet, dem Vatermord zugrunde. Diese überstarke Bindung hat auffällige, homosexuelle Untertöne. Der Sohn tötet den Vater, weil er dies für die einzige Möglichkeit hält, sich von ihm zu befreien.

Obwohl diese beiden Erklärungen uns gelegen kommen, indem sie die Frage der Schuld und Unschuld von Sohn und Vater verwirren und einerseits der Gesellschaft die Schuld geben und andererseits einen tiefverwurzelten Impuls, der allen Männern gemein ist, dafür verantwortlich machen, helfen sie uns im Grunde nicht, die Auswirkungen und die Bedeutung dieser Tat wirklich zu verstehen. Auf keinen Fall können sie die schrecklichen Umstände, die zu dieser Tat führen, erklären.

Die Ermordung des Vaters durch den Sohn ist die weitaus häufigste Form des Elternmordes und macht fast 70 Prozent derartiger Tötungsdelikte aus. Bei der eindeutigen Mehrzahl dieser Fälle handelt es sich um Jungen, die körperlich und seelisch schwer mißbraucht worden sind. Fälle von rein emotionalem oder sexuellem Mißbrauch gibt es ebenfalls, aber auch ihnen ist eine Geschichte von körperlichem Mißbrauch vom frühen Kindesalter an gemein. Ich glaube jedoch, daß der sexuelle Mißbrauch sich in diesen Fällen mehr, als man es je für möglich gehalten hat, als herausragender Faktor erweisen wird, wenn in diesen beiden Bereichen, besonders beim männlichen Inzest, weitere Untersuchungen angestellt werden.

Tim

Tim Waylens, den ich in ›Das Vermächtnis der mißbrauchten Kinder‹ vorgestellt habe, verdiente bei seinem Aushilfsjob in der Pizzeria nicht genug Geld, um einen Rechtsanwalt bezahlen zu können, daher mußte für ihn ein Pflichtverteidiger gestellt werden. Aber der erste, den Tim befragte, war kein Rechtsanwalt, sondern Larry Steele, der einzige Untersuchungsbeamte in dem achtköpfigen Büro.

Anders als die meisten Untersuchungsbeamten, die für die Verteidigung arbeiten, Beweise sammeln und Zeugen finden, ist Steele kein ehemaliger Polizeibeamter. Bevor er Privatdetektiv wurde, hatte der fünfundzwanzigjährige Steele als Krabbenfischer gearbeitet. Obwohl er in seinem alten Beruf mit rutschigen Schiffsdecks in den stürmischen Gewässern des Atlantiks zurechtkommen mußte, statt Streife zu gehen, wurde Steele schnell zu einem ausgezeichneten Ermittler. Es gelingt ihm, selbst störrische Zeugen zum Sprechen zu bringen, eine seltene und wertvolle Begabung in diesem Geschäft. Nur selten muß er laut werden, und zwar nicht, weil er so groß wie ein Linienrichter ist, obwohl das natürlich hilft. Vielleicht sind es seine freundlichen blauen Augen und sein entwaffnendes Lächeln. Die Jahre auf dem offenen Meer haben tiefe Falten in sein Gesicht eingegraben, so daß sein breites Lächeln zwischen den buschigen Koteletten sogar noch breiter erscheint.

Tim war zwei Tage in dem einhundert Jahre alten Distriktgefängnis eingesperrt gewesen, bevor Steele dort eine erste Befragung durchführte. Steele hatte noch nie an einem solchen Mordfall gearbeitet, aber er hatte einige Erfahrung bei der Beurteilung des menschlichen Charakters. Er erwartete, einen verzweifelten, zornigen jungen Mann vorzufinden, der von Schuldgefühlen gequält wurde. Statt dessen war Tim, wie er mir später erzählte, »ein höflicher, sehr ruhiger Junge, der jedoch kaum seine Gefühle zeigte. Nachdem ich mich vorgestellt hatte, fragte ich ihn: ›Tim, was zum Teufel, ist da passiert?‹ Er erzählte nichts, sondern wiederholte immer nur: ›Irgend etwas ist passiert, es ist einfach passiert.‹«

So sehr er sich auch darum bemühte, gelang es Steele nicht, aus Tim herauszubekommen, warum er Clyde erschossen hatte. Er gab es auf und kam auf andere Themen zu sprechen. Überrascht stellte er fest, daß Tim sich schnell entspannte und offener von sich als von der schlimmen Tat erzählte. Nachdem Steele eine halbe Stunde lang mit ihm über Motorräder und schnelle Autos gesprochen hatte, wandte er sich wieder der Mordnacht zu. Tim war unzugänglich, daher mußte Steele eine etwas härtere Gangart einsetzen.

»Wir werden echte Probleme bekommen mit dem, was du mir erzählst«, sagte er zu Tim, »weil die Polizei die Waffe, die Brieftasche deines Vaters und seine persönliche Habe in dem Stauraum unter *deinem* Zimmerboden gefunden hat. Du sitzt ganz schön in der Patsche, und man wird deiner Geschichte keinen Glauben schenken.«

Aber die verschleierten Drohungen taten keine Wirkung. Steele biß auf Granit. Der Junge machte einfach nicht den Mund auf. Als Steele an diesem Tag das Gefängnis verließ, war er der Meinung, daß Tim einfach ein ›selbstsüchtiger, dummer‹ Kerl war.

Tims Verteidigung wurde von dem erfahrensten Rechtsanwalt unter den Pflichtverteidigern übernommen, Bill Latham. Die meisten Pflichtverteidiger üben ihren Beruf drei bis vier Jahre lang aus, bevor sie eine Anwaltskanzlei eröffnen, was viel lukrativer ist. Latham hingegen war seinem Beruf seit fünfzehn Jahren verfallen. Schon seit seinen Tagen als Stürmer in der Schulmannschaft, hat er Spaß an einem guten Kampf gegen einen gleichwertigen Gegner gehabt. Und nichts befriedigt dieses Bedürfnis mehr als die Verteidigung eines sicheren Verlierers.

Seine ruhige Erscheinung, das dunkle, gewellte Haar und die tiefliegenden, schwarzen Augen täuschen über die Heftigkeit hinweg, mit der er jeden Fall vor Gericht in Angriff nimmt. Aber wie alle Polizeibeamten und Staatsanwälte, die fast ihr ganzes Leben in den verpesteten Schützengräben des

Strafrechtssystems verbringen, ist er durch und durch zynisch. Als ich ihn später darum bat, seinen Job, den er liebt, zu beschreiben, sagte er: »Es ist immer ein mühseliger Kampf, der wenig Positives hat. Meistens teilt einem der Klient nicht viel mit, mit dem man arbeiten könnte... Der Auftritt vor Gericht ist wie ein Kampf, bei dem einem die Hände gebunden sind. Einen Woche lang wird man wie Dreck behandelt, dann sprechen die Geschworenen deinen Klienten für schuldig, und du fragst dich, warum du den Fall überhaupt angenommen hast.«

Nachdem Latham mit Steele gesprochen hatte, schien Tims Fall sich in nichts von all den anderen zu unterscheiden.

Latham wußte, daß irgend etwas mit Tim nicht stimmte, aber er konnte nicht genau sagen, was es war. »Vielleicht ist der Junge ein Psychopath. Vielleicht hat er LSD genommen und war zu einem verrückten Killer geworden«, sagte Latham zu Steele. Da beide wußten, daß sie aus Tim nichts herausholen konnten, wandte Latham sich an einen Psychologen, den sie bei der Beurteilung ihrer Klienten schon oft eingesetzt hatten.

Dr. Stevensen rief Latham an, nachdem er sein Gutachten fertiggestellt hatte. »Bill, mit dem Jungen ist alles in Ordnung. Ich glaube, er wußte, was er tat. Ich weiß wirklich nicht, wie Sie ihn verteidigen wollen. Viel Glück.«

›Dieser junge Mann ist emotional egozentrisch‹, schrieb Stevenson in seinem Bericht, ›und sieht die Situation, in der er sich befindet, mit einer gewissen Naivität. Er versteht emotional nicht einmal, daß er wegen Mordes angeklagt ist... Das einzige, über das er sich Gedanken zu machen schien, war, wie schwer es für ihn sein wird, wenn er aus dem Gefängnis kommt.‹

In der für ihn typischen hämischen Art sagte Latham: »Ich hatte einen glücklichen, gut angepaßten jugendlichen Mörder am Hals.«

Für Steele und Latham war es mehr als ein Verdacht, daß Tim etwas vor ihnen versteckte, denn die Polizei hatte mehr als nur die Mordwaffe und Clydes Brieftasche in dem Stauraum gefunden. Ein Dildo und ein ganzer Haufen Porno-

Zeitschriften – Gegenstände, die die Polizei in ihren Zeitungsinterviews nie erwähnt hatte – waren ebenfalls aufgetaucht. Bei seiner eigenen Durchsuchung des Hauses bemerkte Steele auf dem Nachttisch neben Clydes Bett eine riesige Dose Vaseline, die voller Schamhaare war.

»Wir dachten sofort an sexuellen Mißbrauch, aber ich glaube, niemand konzentrierte sich wirklich darauf«, berichtete Latham mir. Und selbst als sie den Fall aus diesem Blickwinkel betrachteten, sahen sie Tim nicht als das Opfer; statt dessen stellten sie sich vor, daß Clyde getötet wurde, weil er möglicherweise Tims Freundin oder eine Verwandte mißbraucht hatte.

Nachdem sie Tims Verwandte, seine Schulfreunde, die Freundin, Lehrer, Arbeitskollegen und Nachbarn befragt hatten, war Steeles und Lathams Ergebnis wie das der Polizei gleich Null. Das war gut für die Beamten, die es nicht kümmerte, warum Tim seinen Vater umgebracht hatte, aber für Tims Fall war es sehr negativ. »Sein Vater war der ideale Vater aus den Fernsehserien«, meinte Latham trocken. »Ein furchtbar netter Kerl.«

Instinktiv wußten sie, daß Tims Mutter, Doreen, etwas Licht auf die Untersuchung werfen konnte. Schließlich war Tim ihr Sohn. Unter Schluchzen erklärte die müde wirkende Vierzigjährige wiederholt, daß ihr Sohn nichts mit Clydes Tod zu tun hatte. Sie war überzeugt, daß zwischen Tim und Clyde eine ›liebevolle Beziehung‹ bestanden hatte. Als Doreen und Clyde sich zehn Jahre zuvor hatten scheiden lassen, hatten sie beschlossen, daß der zehnjährige Tim bei seinem Vater blieb, während Rusty, der fünf Jahre jünger war, bei ihr leben sollte. Doreen erklärte, daß Clyde seinem älteren Sohn immer nähergestanden hatte und unbedingt das Sorgerecht für Tim erhalten wollte.

Obwohl es ungewöhnlich für einen Vater war, das Sorgerecht für ein Kind zu beantragen, war Doreen froh, daß Clyde so eine aktive Rolle im Leben seiner Kinder spielen wollte. Seit der Scheidung hatte Clyde sich als hingebungsvoller Vater erwiesen, der versuchte, seinen Kindern alle Wünsche zu erfüllen. Anders als andere geschiedene Väter besuchte

Clyde Rusty regelmäßig und nahm ihn mit nach Hause, damit er Zeit mit Tim verbringen konnte. Bis zu dem letzten Gespräch, das Doreen am Abend des Mordes mit Clyde geführt hatte, schien ihren Worten zufolge alles normal. Eine genauere Befragung des kleinen Rusty ergab, daß Doreens Behauptungen alle stimmten: Clyde war ein liebevoller, aufmerksamer Vater. Rusty liebte ihn und konnte sich absolut nicht vorstellen, warum *irgend jemand*, und schon gar nicht sein Bruder, ihn töten wollte.

Der letzte, der Clyde lebend gesehen hatte, war sein alter Freund und Kegelbruder Stu, der an diesem Abend mit Clyde zu Abend gegessen und ihn dann gegen 23.15 Uhr nach Hause gebracht hatte. »Zwischen ihnen schien es keine Probleme zu geben... nur das übliche Vater-Sohn-Geplänkel über den Abwasch und so was.« Falls Clyde Probleme mit seinem Sohn gehabt hatte, war das eher unwahrscheinlich, daß Stu davon wußte, denn Stu berichtete, daß ›Clyde ein sehr zurückhaltender Mensch war‹.

Steele war immer noch nicht davon überzeugt, daß Clyde so harmlos war. Vielleicht wußten die Verwandten, Freunde und Mitarbeiter nichts Negatives über ihn zu berichten, aber er hatte das Gefühl, daß eine Durchsicht der Gerichtsakten ihm weiterhelfen würde. Sein Verdacht erwies sich als richtig – jedenfalls fast. Obwohl keine Akten über Clyde vorhanden waren, gab es eine über Millard Waylens, Clydes Vater. Er hatte sogar im Gefängnis gesessen, weil er ›eine Frau unter achtzehn Jahren sexuell mißbraucht hatte‹. Bei dieser Frau handelte es sich nicht um eine Fremde, sondern um die eigene Tochter. Dieser sexuelle Mißbrauch – einer dieser antiseptischen, beschönigenden Ausdrücke für Vergewaltigung – hatte ein Baby hervorgebracht, und Großvater Waylens hatte ein paar Jahre im Gefängnis gesessen. Steele hatte das Gefühl, daß die Tür sich ein wenig geöffnet hatte, wenn auch nur einen Spalt breit.

Als Steele Tim deshalb befragte, konnte sich dieser nur daran erinnern, daß seine Eltern den Großvater im Gefängnis besucht hatten. Niemand hatte je erwähnt, warum er saß.

Großvater Waylens Verurteilung verlieh ihrer Theorie, daß

möglicherweise sexueller Mißbrauch das Motiv für Tims Mord an seinem Vater gewesen war, mehr Glaubwürdigkeit. Obwohl sie keine Experten waren, was den Mißbrauch von Kindern betraf, war ihre Annahme, daß Inzest sich von Generation zu Generation fortsetzt, richtig. Natürlich mißbrauchen nicht *alle* Inzestopfer und ihre Geschwister die eigenen Kinder; dennoch ist fast allen Tätern gemein, daß sie selbst einmal Opfer waren. Die Aufdeckung dieses streng gehüteten Familiengeheimnisses unterstützte Steeles und Lathams Theorie weiter, daß Tim seinen Vater getötet hatte, damit dieser eine Freundin oder Verwandte nicht weiter sexuell mißbrauchen würde, aber ihnen lagen keine konkreten Beweise vor. Die Verhandlung sollte in sechs Monaten stattfinden, und langsam machte sich bei ihnen Verzweiflung breit.

Sie hatten bereits alle Beweisstücke überprüft und selbst das Haus inspiziert. Obwohl sie noch mit unzähligen Freunden und Verwandten sprechen mußten, war durch die bereits geführten Gespräche nichts Ungewöhnliches ans Licht gekommen. Am beunruhigendsten war, daß Tim nicht von seiner Behauptung abwich, daß ›es einfach irgendwie passiert war‹. Da Steele die meiste Überzeugungskraft hatte, fiel ihm die Aufgabe zu, Tim dazu zu bewegen, sich zu offenbaren.

»Tim, weißt du überhaupt, wie deine Zukunft aussehen wird? Ich will es dir erzählen. Wir haben nichts, mit dem wir arbeiten können. Versetz dich einmal in die Lage der Geschworenen, die über deinen Fall entscheiden müssen. Denk mal darüber nach, wie sie deine Tat sehen werden. Wie wird sich das alles anhören, wenn du im Zeugenstand sitzt? Meiner Meinung nach wird es nicht sehr lange dauern, dich zu verurteilen.« Aber Tim saß einfach passiv, mit gesenktem Blick da und zeigte keinerlei Reaktion.

Steele wußte, wovon er sprach. Er war in der kleinen Stadt geboren und aufgewachsen. »Etwa achtzehn Prozent der nationalen Bevölkerung ist über fünfundsechzig, aber hier sind es über dreißig Prozent«, erzählte er mir. »Es ist eine alte, äußerst konservative, sehr religiöse Gemeinde. Es gibt einige Gegenden in dieser Stadt, wo *wirklich* jeder Block eine Kirche hat. Die Leute dachten, hier handelt es sich wieder um ein wildgewordenes Kind, das Drogen und Alkohol genommen hat und einfach ausgeflippt ist.«

Nachdem Steele die Gerichtsverhandlung beschrieben hatte, erzählte er Tim vom Gefängnis. »Tim war kein verweichlichter Typ, aber in vielerlei Hinsicht war er *sehr* weich. Ich sagte ihm, daß man ihn auffressen würde.«

»Tim«, begann Steele energisch, »du wirst nicht einmal zu den normalen Insassen kommen. Wir werden darum bitten, daß du in Schutzhaft genommen wirst. Sonst wirst du für ein paar Packungen Zigaretten verkauft. Du wirst herumgereicht werden und dann einem Knastbruder gehören.«

Latham begleitete Steele auf mehreren Besuchen und packte die Sache härter an. »Ich erklärte ihm geradeheraus, daß das Gefängnis das Todesurteil für ihn bedeutete.« Aber Tim schwieg noch immer. Sie konnten sagen, was sie wollten – er starrte die ganze Zeit über in die Luft.

Obwohl die Sache schlecht aussah, waren Steele und Latham von dem Fall besessen und legten alle anderen Fälle und Nachforschungen auf Eis. Wie Latham später bemerkte, war dies nicht der typische Mordfall, bei dem ›irgendein Typ, der total von Kokain benebelt ist, seine Freundin erschießt‹. Tim war kein gefühlloser Straffälliger, sondern ein normaler Junge, der aus irgendeinem unerklärlichen Grund dazu getrieben worden war, seinen Vater zu töten. Der Fall bot eine dieser seltenen Möglichkeiten, ›Gerechtigkeit zu üben‹, und Latham wollte sich diese Chance nicht entgehen lassen.

Selbst zu Hause gelang es Steele nicht, dieses seltsame Verbrechen zu vergessen. »Ich saß mit meiner kleinen Tochter da«, erzählte Steele später, »und überlegte, was zum Teufel ich wohl würde tun müssen, damit sie mich mit dem Gewehr aus dem Weg räumen würde.«

Es dauerte keinen Monat mehr bis zur Verhandlung, und Steele und Latham, die keinen Schritt weitergekommen waren, wußten nicht weiter. »Wir hatten kein Motiv«, sagte Latham später, »keine Strategie, keine Verteidigung.« Vier Tage vor der Verhandlung besuchte Steele Tim noch einmal, um sein Glück erneut zu versuchen.

»Als ich Tim an diesem Tag besuchte«, erzählte Steele mir später, »sagte ich: ›Weißt du, was bald kommt? In vier Tagen werden wir im Gericht die Geschworenen auswählen. Sie werden dich beobachten. Und sie werden sich sagen: Natürlich werde ich behaupten, daß ich unparteiisch und fair sein kann und bei der Beweisaufnahme genau zuhören werde, aber warum zum Teufel hat dieser Junge seinen Vater umgebracht?‹ Was um alles in der Welt werden wir tun? Dein Leben steht auf dem Spiel. Wenn es irgend etwas gibt, das zwischen dir und deinem Vater passiert ist, solltest du mir besser jetzt davon erzählen, denn *wir haben nicht mehr viel Zeit.*‹ Tim traten Tränen in die Augen. Er wurde so emotional, wie ich es bei ihm noch nie erlebt hatte.«

Er schluchzte ein paar Minuten lang, bevor er überhaupt einen Ton herausbrachte. Dann begann er stockend zu berichten, welche Sünden sein Vater an ihm begangen hatte.

»Mein Vater hat mich sexuell mißbraucht. Nachdem meine Mutter und mein Vater geschieden worden waren, als ich zehn Jahre alt war, schlief ich mit meinem Vater in einem Bett, weil ich mich dort beschützt fühlte. Ich hatte immer meine Mutter und meinen Vater gehabt, und jetzt war meine Mutter nicht mehr da. Ich brauchte mehr Schutz... Etwa sechs Monate nach der Scheidung rief mein Vater mich zu sich ins Schlafzimmer. Er masturbierte. Er zeigte mir, wie ich es machen mußte, und ich tat es für ihn... Dann masturbierte er mich. Ich bekam eine Erektion, aber ich ejakulierte nicht. Als es vorbei war, sagte er: ›Das ist unser Geheimnis, klar?‹ So fing es an. Zu Anfang sagte er nie, daß ich niemandem etwas davon erzählen durfte, aber als ich älter war, begann er, mir zu drohen. ›Du darfst niemandem davon erzählen, oder du bekommst Prügel.‹«

Tim skizzierte die Einzelheiten nur, sagte, daß sein Vater schließlich auch oralen und analen Sex forderte, als Tim etwa vierzehn war. Während der ersten paar Jahre, drängte Clyde sich seinem Sohn einfach auf, aber als Tim heranwuchs, änderte sich das Muster. Sein Vater setzte die Sexualität ein, um ihn zu bestrafen – wenn sein Zimmer nicht sauber, das Geschirr nicht abgespült war oder wenn er zu spät nach Hause kam.

Als Tim älter wurde, wurden die sexuellen Spiele grober. Clyde benutzte nicht nur einen Dildo bei seinem Sohn, sondern Tim berichtete Steele voller Scham auch folgendes: »Er fesselte mich ans Bett oder auf den Stuhl und hatte oralen und analen Sex mit mir. Zum Schluß schlug er mich, wenn er Sex mit mir hatte.«

Am Tag des Mordes war sein Vater wütend, weil die Schule angerufen und ihm mitgeteilt hatte, daß Tim die Schule schwänzte. Sein Vater war gerade vom Kegeln nach Hause gekommen. Ironischerweise hatte Tim an diesem Abend Superman-Comics gelesen, bevor er ins Bett ging.

Er saß aufrecht im Bett, als sein Vater ins Zimmer trat. »Ich wußte, worauf er hinaus wollte, als er begann, über die Schulprobleme zu reden. Er wollte Sex mit mir haben. Ich sagte nein! Mein Vater ging hinaus, aber er sagte dabei: ›Du weißt ja, was früher oder später passiert.‹ Ich saß in meinem Zimmer und dachte: Ich werde nie hier rauskommen. Niemals.«

Es war kurz nach Mitternacht. Tim starrte das Gewehr an, das in der Ecke seines Zimmers stand. Er hätte aufstehen, an dem Gewehr vorbeigehen und das Haus verlassen können. Statt dessen stand er auf, griff sich das Gewehr und ging den dunklen Flur entlang zum Schlafzimmer seines Vaters. Er richtete den Lauf in dreißig Zentimeter Entfernung auf Clydes Kopf, schloß die Augen und schoß das ganze Magazin leer.

Als Lathm die Geschichte hörte, war sein erster Gedanke: ›Erzählt der Junge die Wahrheit, oder will er nur seinen Kopf retten?‹ Latham schickte Tim wieder zu Dr. Stevenson.

Tim erzählte Stevenson dieselbe Geschichte, ging aber viel mehr ins Detail. Trotz seiner ursprünglichen Schlußfolgerungen war Stevenson überzeugt, daß Tim die Wahrheit sagte. In seinem Bericht kam er zu folgendem Schluß: ›Als Tim von dem Mord erzählte, zeigte er zum erstenmal eine Gefühlsregung... Vorher war er völlig ruhig geblieben, als er seinen

Vater beschrieb. Unter Tränen schrie er: ‚Mein Vater hat mich in den Arsch gefickt.'‹ Latham bat das Gericht um eine Verlängerung der Untersuchungszeit, da es ›neue Beweise‹ gab. Zwölf kostbare Wochen, um von neuem zu beginnen und zu beweisen, daß die Behauptungen seines Klienten stimmten.

Obwohl es schon zu Beginn der Untersuchung einige Hinweise gegeben hatte, daß Tim sexuell mißbraucht worden war – sein unverständliches Schweigen, was sein Motiv betraf, die Dose Vaseline, Clydes Bemühungen, das Sorgerecht für Tim zu erhalten und Großvater Waylens Verurteilung –, hätten Steele und Latham sich wahrscheinlich nicht auf Inzest konzentriert, wenn Tim nicht zusammengebrochen und selbst davon erzählt hätte. Dies ist keine Kritik an Steele und Latham oder an Dr. Stevenson, sondern vielmehr ein Hinweis darauf, wie sehr das Problem des männlichen Inzests im Verborgenen liegt und mißverstanden wird. Obwohl Steele und Latham geschickt, erfahren und engagiert waren, lag es einfach außerhalb ihrer Vorstellungskraft, daß Clyde seinen Sohn sexuell mißbraucht haben könnte.

Trotz des momentanen Aufschubs hatte Latham noch zwei Probleme. Er betrachtete den Wahrheitsgehalt von Tims ›neuer Geschichte‹ sehr zynisch. »Die meisten Klienten, die wegen Mordes angeklagt werden, sind klug genug zu wissen, daß sie keine lebenslange Haftstrafe ohne Bewährung bekommen wollen, und finden irgendeine Verteidigungsstrategie«, erzählte Latham mir. Und er hatte noch ein anderes Problem. Selbst wenn er beweisen konnte, daß Tim mißbraucht worden war, war er sich nicht sicher, wie er den Mißbrauch mit einer überzeugenden Verteidigung verknüpfen konnte.

Zufällig sah Steeles Frau einen Tag, nachdem der Aufschub gewährt worden war, im Fernsehen eine Talkshow mit dem Thema: Kinder, die ihre Eltern töten. In der Sendung waren nicht nur zwei Jugendliche aufgetreten, die ihre Eltern umgebracht hatten, Mrs. Steele berichtete ihrem Mann auch, daß dort ein Rechtsanwalt befragt worden war, der sich auf die Verteidigung derartiger Mordfälle spezialisiert hatte.

Bei den Jugendlichen handelte es sich um Nick, der mit

sechzehn Jahren seinen Stiefvater umgebracht hatte, und um Carla, die als Neunzehnjährige ihren Vater tötete, der sie sexuell mißbraucht hatte. Ich erhielt etwa fünfundzwanzig Telefonanrufe in den Tagen nach der Show, die meisten von Erwachsenen, die ihr Mitgefühl für Nick und Carla ausdrückten. Da sie als Kinder selbst mißbraucht worden waren, erklärten sie, hatten sie oft selbst daran gedacht, Vater oder Mutter zu töten. Zwei weitere Anrufe erhielt ich von Strafgefangenen, die einen Elternteil getötet hatten und um meine Hilfe baten; und dann war da noch dieser Anruf von Bill Latham.

Sobald ich mich am Telefon gemeldet hatte, sagte Latham abrupt: »Hallo! Sind Sie der Mann, der sich darauf spezialisiert hat, Kinder zu verteidigen, die ihre Eltern umgebracht haben?«

»Ja«, antwortete ich vorsichtig.

»Also, ich heiße Bill Latham. Ich bin Rechtsanwalt, und ich vertrete zur Zet einen solchen Fall. Ich weiß, daß ich eine überzeugende Verteidigungsstrategie habe, aber irgendwie ist sie nicht ganz ausgefeilt. Können Sie mir helfen?«

Ich könnte von der Wahl der Geschworenen bis zum Schlußplädoyer helfen, erklärte ich. »Ich möchte, daß Sie mich in allem unterstützen. Dieser Fall ist ungeheuer wichtig. Wann können wir anfangen?« fragte er aufgeregt.

Als erstes mußte ich mir den Polizeibericht ansehen und andere Beweisstücke. »Wissen Sie was, statt Ihnen die Unterlagen zu schicken, werde ich selbst ins Flugzeug steigen«, schlug Latham vor. Eine Woche später stand er in meinem Büro.

Die wichtigste Hilfe, die ich Rechtsanwälten anbieten kann, ist die Strategie der Verteidigung, um zwei wichtige Punkte zu beweisen: daß das Mordopfer das Kind mißbraucht hat und daß dieser Mißbrauch das Motiv für den Mord war. Obwohl dies einfach scheint, ist die Etablierung dieser beiden Elemente kompliziert, weil der Verteidiger zwei unterschiedliche Aufgaben wahrnehmen muß. Dazu ist es erforderlich, daß der Verteidiger zeitweilig zum Staatsanwalt wird und den Toten wegen der Verbrechen, die dieser an seinem Kind begangen hat, anklagt. Wenn der Mißbrauch vor Gericht akzeptiert wurde, muß der Verteidiger wieder in seine traditionelle Rolle schlüpfen und beweisen, daß es nicht zu dem Mord gekommen wäre, wenn dieser Mißbrauch nicht stattgefunden hätte.

Die Verteidigung derartiger Mordfälle ist besonders schwierig, wenn ein sexueller Mißbrauch vorgelegen hat, weil Beweise für den Mißbrauch bestenfalls vorübergehender Natur sind. Körperliche Beweise wie eine Schwangerschaft oder eine Geschlechtskrankheit bei dem Opfer sind selten. Aufgrund der Natur dieser Akte – sie brechen das letzte Tabu, sind unanständig und finden im Verborgenen statt, wenn der Elternteil mit dem Kind allein ist – ist das Opfer der einzige Augenzeuge.

Nachdem wir alle Beweise durchgegangen waren und ich mich mit Latham beraten hatte, war offensichtlich, daß wir noch einmal ganz von vorn beginnen mußten. Der erste Punkt war, alle Spuren am Tatort erneut zu überprüfen und nach einem Beweis für Tims Behauptungen zu suchen. Außerdem mußten wir im Licht von Tims Enthüllungen die Familienmitglieder, Freunde, Lehrer und andere erneut befragen. Schließlich war es unbedingt erforderlich, Fachleute für den sexuellen Mißbrauch bei Jugendlichen und jugendliche Gewalt hinzuzuziehen, die Tim begutachten sollten.

Abgesehen von dem Dildo und der Vaseline gab es wenig greifbare Beweise, was nicht weiter überraschte. Steele sollte erneut in das Haus gehen und beide Matratzen, alle Laken und Decken und Tims und Clydes Unterwäsche mitnehmen, da sich an diesen Sachen möglicherweise Samenspuren und Schamhaare befanden. Falls sich Tims Schamhaare auf dem Bett seines Vaters oder in der Unterwäsche seines Vaters befanden oder umgekehrt, würde Tims Geschichte viel glaubhafter werden. Samenspuren nachzuweisen, war schon schwieriger, denn nach so langer Zeit (seit dem Mord waren sechs Monate vergangen) würde es schwierig, vielleicht sogar unmöglich sein, sie zu identifizieren und zu bestimmen. Da sexueller Mißbrauch überhaupt nicht in Betracht gezogen worden war, hatte der Gerichtsarzt nicht nach Samenspuren am Körper des Opfers gesucht. Ich empfahl außerdem, alle Fotoalben, Tagebücher und alles andere, das Licht auf Clyde und die Beziehung zu seinem Sohn werfen konnte, dazuzunehmen.

Als Steele in das Haus zurückkehrte, mußte er schockiert feststellen, daß es fast leer war. Zu unserem Entsetzen mußten wir feststellen, daß Clydes Familie alles zerstört hatte. Wie Steele mir später berichtete, »verbrannten sie alle Sachen von Clyde, all seine Unterwäsche, seine Kleidung. Ein großer Teil von Tims Kleidung wurde ebenfalls zerstört. Selbst die Dose Vaseline war weggeworfen worden«. Wir hatten nur noch den Dildo und die Pornozeitschriften, die die Polizei mitgenommen hatte.

Da keine greifbaren Beweise vorlagen, mußten wir unbedingt Zeugen finden, die Licht auf Tims Beziehung zu seinem Vater werfen konnten. Ich wußte, daß wir niemanden finden würden, der Zeuge von sexuellen Akten gewesen war, aber vielleicht konnte ein Freund oder Nachbar dabei helfen, die angeblich ›großartige Beziehung‹ zwischen Vater und Sohn ernsthaft in Frage zu stellen.

Clydes Familie weigerte sich standhaft, irgendeinen Teil von Tims Geschichte zu glauben. Sie wußten nicht, warum er seinen Vater umgebracht hatte, aber sicherlich nicht wegen sexuellen Mißbrauchs. Tims Mutter, seine Tante Magde und mehrere andere Verwandte glaubten, daß er die Wahrheit sagte, aber keiner von ihnen hatte direkt etwas gesehen oder gehört, und sie besaßen auch keine Beweise, die vor Gericht standhalten würden. Was sie jedoch hatten – eine gute Waffe, wenn sie weise eingesetzt wurde –, waren detaillierte und intime Kenntnisse der Geschichte des Mißbrauchs in Clydes Familie, die zwei Generationen zurückreichte. In jeder hatte mindestens ein männlicher Verwandter eine Rolle gespielt.

Doreen und ihre Schwester Magde erzählten die ganze Geschichte, die Tims Großvater umgab. Seine Verhaftung, die sie als ›Familiengeheimnis‹ bezeichneten, war vor seinen Enkeln natürlich geheimgehalten worden. Wenn Tim als Kind fragte: »Was ist mit Großvater passiert?«, wurde er absichtlich ignoriert. Und der Großvater hatte nicht nur die eine Tochter, Josephine, mißbraucht, wie wir herausfanden. Es ging weit darüber hinaus. Doreen erzählte Steele von einer unangenehmen Situation, als sie mit Clyde ging. »Als ich Clydes Haus betreten hatte, kamen der Vater und Daphne, die Schwester meines Mannes, aus dem Schlafzimmer, wo sie miteinander geschlafen hatten. Daphne erzählte uns später, daß sie lieber mit ihrem Vater schlief als mit ihrem Ehemann.« Außerdem erfuhr Steele, daß der Großvater nicht das einzige Familienmitglied war, das eines Sexualverbrechens überführt worden war.

Doreen erzählte, daß Tims Onkel Mel aus der Armee entlassen, verhaftet und verurteilt worden war, weil er seine Tochter – Tims erste Kusine – sexuell mißbraucht hatte. Mel kannte sich in der Familiengeschichte gut aus, meinte Doreen, aber wahrscheinlich würde er nicht reden wollen. Sie hatte recht. Aber bis zur Verhandlung hatten wir noch zehn Wochen, und Steele hatte noch etwas Zeit, diese Spuren zu verfolgen und sich durch Tims Leben hindurchzuarbeiten, um andere Beweise für die Belästigungen durch seinen Vater zu finden.

Obwohl Freunde und Verwandte nicht viel Licht auf den Fall werfen konnten, erwies sich die Durchsicht von Tims Schulzeugnissen und von seinem Krankenblatt als hilfreich bei der Bestätigung seiner Geschichte. Seine Zeugnisse belegten, daß er vom Kindergarten bis zur fünften Klasse ein durchschnittlicher Schüler gewesen war. Seine Lehrer schrieben in der fünften Klasse, daß er ›ein netter und hilfsbereiter Junge‹ war, ›aber uninteressiert und nicht motiviert‹.

Nachdem er jedoch in die sechste Klasse gekommen war und der Mißbrauch ernstere Züge annahm, verschlechterten sich Tims Schulleistungen zusehends – ein Trend, der sich in seinem ersten Jahr auf der High-School fortsetzte. In der siebenten bis zur zwölften Klasse waren seine Noten kaum je besser als ausreichend, trotz der Tatsache, daß er durchschnittlich begabt und ein höflicher, wohlerzogener Schüler war.

Seine Lehrer führten Tims schlechte Leistungen darauf zu-

rück, daß er oft lustlos schien und häufig im Unterricht ein-
schlief. Tatsächlich hatten mehrere empfohlen, daß er einen
Arzt aufsuchen solle. Er beklagte sich so häufig über gesund-
heitliche Probleme (die etwa im Alter von neun Jahren ein-
setzten), daß er öfter zum Arzt ging als jemand, der zehnmal
so alt war wie er. In der fünften Klasse war er fünfundzwanzigmal beim Kinderarzt gewesen.

Tim klagte ständig über Schmerzen im unteren Rückenbereich, über Bauchschmerzen sowie über Verstopfung. Der
Kinderarzt, Dr. Andrews, führte die Leiden des kleinen Jungen ursprünglich auf den Streß, der durch die Scheidung der
Eltern hervorgerufen wurde, und auf die Zerrüttung der Familie zurück. Nachdem wir den Arzt mit Tims Aussage über
den sexuellen Mißbrauch konfrontiert hatten, machte Dr.
Andrews ein überraschendes Eingeständnis: Wenn er damals (in den siebziger Jahren) die Dinge gewußt hätte, die
ihm jetzt über den Mißbrauch von Kindern bekannt waren,
hätte er Tim sicherlich als sexuell mißbrauchtes Kind gemeldet. Aber damals war die Gesellschaft für dieses Thema nicht
empfänglich, und die Ärzte waren nicht wie heute dazu ausgebildet, mißbrauchte Kinder zu erkennen. Schmerzen im
unteren Rückenbereich, häufige Verstopfung und eine übermäßig unterwürfige Persönlichkeit sind zusammen mit dem
Verlust der Konzentrationsfähigkeit in der Schule Warnzeichen, die mit sexuellem Mißbrauch in Verbindung gebracht
werden.

Latham, Steele und ich waren der Meinung, daß Tim wahrscheinlich die Wahrheit sagte, aber wir hatten nur ein paar
Indizienbeweise. Wir brauchten einen Psychologen, der sich
auf sexuellen Mißbrauch spezialisiert hatte, vorzugsweise
mit Erfahrungen in Mordfällen, damit wir die Beweise zu-
sammensetzen konnten. Diesen Fachmann zu finden, war
meine Aufgabe.

Ich kannte mehrere gute Fachleute für Kindesmißbrauch,
die helfen konnten, aber sie lebten alle in anderen Staaten.
Wäre Tim in einer großen Stadt aufgewachsen, hätte man jeden einzelnen von ihnen auswählen können. Aber da es sich
um eine kleine, konservative Stadt handelte, zögerte ich

sehr, einen Fachmann aus einem anderen Staat hinzuzuziehen. Ich rief meine Kontaktleute in der Nähe an und erhielt bald den Namen eines Psychologen, der in der näheren Umgebung lebte.

Dr. Kevin Drazune wohnte nur vier Fahrstunden entfernt und hatte sich auf die Begutachtung und Behandlung von sexuell mißbrauchten Kindern spezialisiert. Obwohl er eine Privatpraxis hatte, arbeitete er hauptsächlich als Experte für die Staatsanwaltschaft in Fällen, in denen Eltern angeklagt wurden, ihre Kinder sexuell mißbraucht zu haben. Wie viele Psychologen und Psychiater, mit denen ich arbeite, hatte Drazune jedoch noch nie ein Opfer begutachtet, das Vater oder Mutter getötet hatte.

Nachdem ich ihm den Fall in groben Zügen dargelegt hatte, zeigte Drazune sofort Interesse, sorgte sich aber auch gleichzeitig, daß seine Kollegen und andere meinen könnten, er sei ›gekauft‹ worden. Fachleute, besonders Psychologen und Psychiater, werden oft dafür kritisiert, daß sie in den Händen derer, die sie bezahlen, wie Knete sind und sich ihre Meinungen und Aussagen für die Seite, für die sie auftreten, zurechtlegen. Für Drazune war die eigene Unabhängigkeit von großer Bedeutung, und er erklärte uns, daß er Tim begutachten und sich ohne Einmischung von meiner oder Lathams Seite eine Meinung bilden wolle. Er fühle sich am wohlsten, wenn er dem Gericht helfen könnte, ein gerechtes Ergebnis zu erzielen, statt als Sachverständiger für die Verteidigung aufzutreten. Obwohl mich seine Einstellung etwas beunruhigte – schließlich ist es notwendig, daß der Sachverständige sich zumindest mit der Seite, für die er auftritt, identifiziert –, gefiel mir seine Aufrichtigkeit und Integrität, denn dies sind seltene Eigenschaften in der häufig doppelbödigen Welt der Sachverständigen vor Gericht.

Dr. Drazune sollte sich als unser Trumpf erweisen. Nachdem er Tim mehr als zwanzig Stunden lang befragt und getestet hatte, glaubte er an die Geschichte des Jungen – und zwar aus eigenem Antrieb. Noch vorhandene Zweifel, die Steele, Latham oder ich gegenüber Tim gehabt hatten, wurden aus dem Weg geräumt, als wir Drazunes Bericht lasen.

Obwohl Tim vor uns zugegeben hatte, daß er über einen Zeitraum von mindestens acht Jahren wiederholt mißbraucht worden war, war er nicht in der Lage, uns konkrete Ereignisse und Vorfälle zu nennen, die unseren Fall illustrieren und unterstützen konnten. Verlegenheit und schreckliche, psychologische Qualen führen oft zu einem amnesieähnlichen Zustand bei den Opfern, und da dies auch bei Tim der Fall war, brauchten wir jemanden mit Drazunes Erfahrung, um Tims Erinnerungsvermögen auf die Sprünge zu helfen, was eine schwierige Aufgabe war.

Obwohl Tim sich nie an all das erinnern wird, was sein Vater ihm angetan hat, konnte Drazune mehr als fünfundzwanzig verschiedene Vorfälle sexuellen Mißbrauchs peinlich genau dokumentieren. Obwohl ich durch meine Arbeit routinemäßig die groteskesten und düstersten Ecken der menschlichen Seele kennenlerne, fiel es selbst mir schwer, ruhig zu bleiben, als ich den Bericht des Arztes las. Drazune schrieb:

Der vierte Vorfall ereignete sich etwa zwei Monate später, gegen Ende des Schuljahres. Es war der erste Vorfall in Tims Erinnerung, der ihm nicht gefiel. Sein Vater rief ihn zu sich ins Schlafzimmer und forderte ihn auf, ihm die Füße zu reiben... dann bat er Tim, ihm ›einen zu blasen‹. Tim suchte nach einer Entschuldigung, um es nicht tun zu müssen, weil ihm der sexuelle Kontakt zuwider war, aber sein Vater sagte: »Du kannst es ruhig tun«, und Tim gehorchte. Anschließend holte Tim ein Handtuch und wischte das Sperma seines Vaters auf. Danach schauten sie gemeinsam fern...

Tim hatte es versäumt, einige Aufgaben zu erledigen, die sein Vater ihm aufgetragen hatte. Als Clyde aus der Kneipe zurückkehrte, wo er mit zwei Freunden getrunken hatte, stellte er Tim vor die Wahl, eine Tracht Prügel zu beziehen oder ihn mit dem Mund zu befriedigen. Sein Vater zwang ihn, ihn auf den Knien hockend zu fellatieren, während er sich auf der Couch im Wohnzimmer zurücklehnte. Dann führte sein Vater bei ihm Fellatio durch, und Tim erinnerte sich, daß er bei dieser Gelegenheit zum erstenmal selbst ejakulierte, während sein Vater ihn sexuell stimulierte...

Mit Beginn des siebenten Schuljahrs beunruhigte der Mißbrauch Tim immer stärker. Er begann, sich für Mädchen zu interessieren und erkannte, daß das, was sich zwischen ihm und seinem Vater abspielte, nicht richtig war. Er war gehemmt in der Gemeinschaft mit anderen und hatte besonders Schwierigkeiten bei Kontakten zu Mädchen... diese Schwierigkeiten führte er auf die sich entwickelnde Angst zurück, daß er homosexuell sein könnte... Tim war nach einem Tanzabend in der Schule nach Hause gekommen... und sein Vater forderte ihn auf, ihn mit dem Mund zu befriedigen. Tim weigerte sich. Clyde sagte: »Dann wirst du eben etwas anderes machen.« Wieder weigerte Tim sich, aber sein Vater wurde immer wütender, und Tim war überzeugt, daß er ihn schlagen würde... Daher sagte er: »Okay, also gut«, oder etwas ähnliches und gestattete es seinem Vater, daß er ihn anal vergewaltigte. Die Penetration war schmerzhaft, obwohl sein Vater seinen After mit Vaseline anfeuchtete... Anschließend wollte Clyde Tim fellatrieren, aber Tim weigerte sich, woraufhin Clyde wütend zu Bett ging.

Obwohl Drazune wußte, daß es keine Möglichkeit gab, Tims Anschuldigungen hundertprozentig zu beweisen, da kein Geständnis von Clyde vorlag, standen ihm andere Methoden zur Verfügung, um die Wahrheit herauszufinden. Drazune untersuchte Dinge wie die Detailgenauigkeit, mit der Tim von diesen Vorfällen berichten konnte, seinen emotionalen Zustand und seine Haltung, während er von den Ereignissen erzählte, und die Übereinstimmung der Geschichten im Verlauf mehrerer Befragungen.

Drazune suchte auch nach äußeren Übereinstimmungen der Tatsachen, die Tim liefern konnte. Von großer Bedeutung war ein Pflegekind, das bei den Waylens gelebt hatte und das bestätigte, daß Tim tatsächlich fast jede Nacht nach der Scheidung bei seinem Vater geschlafen hatte. Drazune war auch überzeugt, daß Clydes lange Familiengeschichte von Inzest und Mißbrauch zwar kein positiver Beweis war, aber Tims Bericht von den Untaten seines Vaters sehr viel glaubhafter machte.

Durch die Bemühungen des Psychologen, eine Chronologie des Mißbrauchs zu entwickeln, nahm unsere Verteidigungsstrategie langsam Form an. Drazune hatte eine Reihe von Umständen und Ereignissen in den sechs Monaten vor dem Mord identifizieren können, die zwar für sich nicht ausreichten, Tim zu der Tat zu treiben, aber insgesamt dazu geführt hatten, daß Tim seinen Vater tötete.

Nach seinem siebzehnten Geburtstag wurde Tim aufgrund der immer mehr eskalierenden Forderungen seines Vaters und der Unmöglichkeit, ihnen zu entkommen, immer depressiver. Er versuchte, sich etwas zu ›gönnen‹, indem er sich betrank und häufig Marihuana rauchte. Diese chronische Depression hatte ihn auch dazu gebracht, all das Marihuana, das ihm ein Drogenhändler zum Verkaufen gegeben hatte, selbst zu rauchen. Wie die Polizei später herausfand, war Tim aus diesem Grund gezwungen, seinen Vater um Geld zu bitten, ein Angelpunkt, da Clyde seinen Sohn zu sexuellen Gefälligkeiten drängte, damit er den Drohungen des Drogenhändlers entging. Selbst nach seiner Verhaftung hörte Tim seinen Vater noch sagen: »Für diese Sache werde ich dich noch eine Weile haben.«

Etwa zur gleichen Zeit schlief Tim zum erstenmal mit einem Mädchen, was ihn ungeheuer freute, aber gleichzeitig seine Frustration und Angst wegen seiner, wie er es empfand, hoffnungslosen Situation steigerte. Tims erste sexuelle Erfahrung mit einem Mädchen machte ihm den Widerspruch seines Lebens so richtig bewußt. »Es war ganz toll, mit einem Mädchen zu schlafen«, erzählte Tim, »aber andererseits fühlte ich mich sehr schlecht wegen der Sachen, die ich mit meinem Vater tat.«

Obwohl Drazune unseren Glauben an Tim bestätigt und uns wertvolle Einsichten und Tatsachen geliefert hatte, waren wir immer noch nicht am Ziel. Wir mußten Drazunes Schlußfolgerungen und alles andere, was wir hatten, in eine hieb- und stichfeste juristische Verteidigung übersetzen.

Die Staatsanwaltschaft hatte Tim des vorsätzlichen Mordes angeklagt, wofür ihm eine lebenslange Gefängnisstrafe ohne Bewährung drohte. Mord wird normalerweise als die vorsätzliche Tötung eines Menschen definiert. Dabei beabsichtigt der Täter zu töten und handelt mit Vorsatz, das heißt, er denkt vor der Ausführung über die Handlung nach, selbst wenn es nur für eine Minute ist. Außerdem führt er die Tat überlegt aus, er denkt über die Handlung nach und begeht das Verbrechen kalt und nüchtern. Bei Totschlag hat der Täter zwar die Absicht zu töten, aber er führt die Tat *nicht* mit Vorsatz und Überlegung aus. Wenn der Angeklagte beweisen kann, daß er die Tat aufgrund einer geistigen Störung (die aber nicht an Wahnsinn heranreicht) beging oder weil er zur Zeit des Mordes unter dem Einfluß von Drogen oder Alkohol stand, sind Überlegung und Vorsatz nicht gegeben.

Wir waren uns bewußt, daß die Staatsanwaltschaft den Fall als vorsätzlichen Mord überzeugend darstellen konnte, was meiner Erfahrung nach für die Mehrzahl dieser Fälle zutrifft. Die Täter präsentieren der Polizei bei einem Elternmord den vorsätzlichen Mord meistens auf einem Silbertablett. Die Polizei konnte beweisen, daß Tim Clyde erschossen hatte, während er schlief, und daß Tim die Mordwaffe etwa zwei Wochen zuvor von dem Nachbarn nebenan gestohlen hatte. Er war zur Tatzeit nicht betrunken oder high, auch gab es keine Hinweise, daß er über seine Stereoanlage Stimmen gehört hatte, die ihn aufforderten, seinen Vater zu töten.

Wir hatten wenig Hoffnung, daß die Geschworenen Tim aufgrund einer minderschweren Anklage wegen Totschlags verurteilen würden. Dabei hat der Täter zwar die Absicht zu töten, aber es sind ›mildernde Umstände‹ vorhanden, wenn beispielsweise die Tat im Affekt begangen wurde. Um diesen Umstand zu begründen, muß der Angeklagte beweisen, daß er die Handlung nur beging, weil er durch das Opfer auf eine Weise provoziert worden war, die selbst den vernünftigsten und normalsten Menschen in Wut bringen würde, beispielsweise weil er vom Opfer heftig geschlagen wurde oder sah, wie das Opfer ein anderes Familienmitglied angriff. Zweitens verlangt das Gesetz, daß die Tötung innerhalb eines Zeitraums stattfindet, in dem ein vernünftiger Mensch nicht über das vorhergehende Ereignis nachdenken und daher seine Emotionen nicht kontrollieren kann. Da Tims Vater nach Tims Eingeständnis zur Zeit der Tat schon mindestens vier Stunden geschlafen hatte, konnten wir kaum argumentieren, daß Clyde seinen Sohn zu einer Mordswut provoziert hatte.

Um zu beweisen, daß Tim in Notwehr gehandelt hatte, mußten wir zeigen, daß Tim sich der drohenden Gefahr, getötet zu werden, oder eines gefährlichen Verbrechens, etwa einer bevorstehenden Vergewaltigung, ausgesetzt sah. Um aus Gründen der Notwehr als nicht schuldig zu gelten, muß der Täter berechtigte Angst haben, daß ihm unmittelbar ein Leid zugefügt wird. Das Problem, die Verteidigung in Fällen von Elternmord auf Notwehr aufzubauen, besonders in Fällen wie Tims, wo der Elternteil schläft oder sich des Angriffs aus anderen Gründen nicht bewußt ist, liegt darin, daß das Gesetz traditionell (und bis auf den heutigen Tag) den Begriff ›berechtigt‹ nach dem Maßstab des Erwachsenen definiert hat.

Das der Notwehr zugrundeliegende Gleichgewichtsprinzip besagt, daß ein Mensch nur mit dem Maß an Gewalt reagieren kann, das notwendig ist, um den Angreifer abzuwehren. Der traditionellen Auffassung zufolge mußte der Täter also mit einem tödlichen Instrument auf tödliche Weise angegriffen worden sein, d. h. es reichte nicht, daß das Opfer zufällig mit einem Messer herumwedelte, sondern es mußte gezielt zustoßen. Wenn der Angreifer den Täter nur mit den Fäusten angriff (ausgenommen er war ein Karateexperte oder ein professioneller Boxer) oder ihn auf nicht tödliche Weise angriff, bestand keine Berechtigung, tödliche Gewalt einzusetzen.

Auf der Grundlage dieser traditionellen Vorstellungsweise bedeutete ›drohende Gefahr‹, daß der Angriff sofort stattfinden würde oder in Kürze. Wenn der Angreifer drohte, irgendwann in der Zukunft zu töten, konnte der Täter nach dem Gesetz keine Notwehr für sich beanspruchen, da man billigerweise nicht annehmen konnte, daß die Gefahr unmittelbar war.

Die Angriffe, denen ein Kind ausgesetzt ist, können nicht einmal im entferntesten mit den Mustern der traditionellen

Notwehr verglichen werden. Die ungleiche Macht- und Gewaltverteilung innerhalb der Eltern-Kind-Beziehung ändert zusammen mit den Auswirkungen des Mißbrauchs die Parameter bei der Definition und Bestimmung des Vorhandenseins von drohender Gewalt auf fundamentale Weise. Ein Kind, das den körperlich oder sexuell mißbrauchenden Elternteil tötet, reagiert nicht auf ein oder zwei Vorfälle, sondern auf eine Serie von Hunderten, vielleicht sogar Tausenden von Angriffen auf sein Leben. Und obwohl wahrscheinlich nicht jeder Angriff lebensbedrohend ist, ist die kumulative Wirkung der routinemäßig durchgeführten Angriffe für das Verständnis der kindlichen Wahrnehmung unerläßlich.

Das Hauptproblem für Latham und mich bestand darin, den Richter und die Geschworenen davon zu überzeugen, daß Gefahr drohte, obwohl Clyde schlief. Und es würde die Aufgabe des Sachverständigen sein, den Geschworenen zu erklären, wie der Mißbrauch die Wahrnehmung von drohender Gefahr fundamental ändert.

Wie die meisten mißbrauchten Kinder, die ihre Eltern umbringen, litt Tim unter einer posttraumatischen Störung der Streßsituation. Darunter versteht man eine psychiatrische Störung im Zusammenhang mit außergewöhnlichen Ereignissen oder Traumen, die außerhalb der Reichweite normaler menschlicher Erfahrung liegen. Diese Störung wurde nicht nur bei Opfern von Kindesmißbrauch diagnostiziert, sondern auch bei Veteranen des Vietnamkriegs, bei Opfern der Konzentrationslager und bei Menschen, die vergewaltigt wurden. Obwohl die Störung technisch als geistige Störung klassifiziert wird, gehört sie zu den wenigen psychiatrischen Störungen, die als *normale Reaktion* auf eine *unnormale Situation* gelten.

Die beiden relevantesten Aspekte dieser posttraumatischen Störung im Wahrnehmungsbereich eines mißbrauchten Kindes, das Vater oder Mutter tötet, sind übergroße Wachsamkeit und das Wiedererleben des Traumas. Obwohl es viele klinische Definitionen dieser Störung gibt, stammt die vielleicht prägnanteste von Dr. Leonore Walker, einer führenden amerikanischen Psychologin, die sich besonders mit mißhandelten Frauen beschäftigt hat, die ihren Ehemann getötet haben:

Übergroße Wachsamkeit ist die normale Folge eines Mißbrauchs und Traumas. Eine der bedeutendsten Auswirkungen für jemanden, der ein Trauma erlitten hat, besteht darin, daß er lernt, daß die Welt für ihn kein sicherer Ort ist und daß er wahrscheinlich nicht in der Lage sein wird, sich die ganze Zeit über zu schützen. Dies führt dazu, daß die Betroffenen gegenüber potentiellen Hinweisen für Gefahren, die in ihrer Umgebung lauern, übergroße Wachsamkeit zeigen. Es ist fast so, als ob sie eine sehr fein eingestellte Antenne für drohende Gefahr haben, die geringe Hinweise, die Menschen ohne Trauma nicht sehen würden, wahrnimmt. Diese Menschen haben meistens eine sehr genaue Vorstellung [dessen, was mit ihnen passieren wird]. Bisweilen achten sie so genau auf diese Hinweise, daß man sie als paranoid bezeichnen könnte. [Oft], wenn ein überwachsamer Mensch einen Gefahrenhinweis wahrnimmt, löst dies eine sich aufdrängende Wiederholung [eines ähnlichen Traumas] aus. Im Geist erleben sie jetzt nicht nur die Gefahr, die ihrer Meinung nach im Augenblick vorhanden ist, sondern erinnern sich auch an vorhergegangene Vorfälle, bei denen ähnliche Gefahr bestanden hat.

Obwohl man den Geschworenen effektiv würde erklären können, wie Tim Gefahr wahrnahm, würde es schwer sein, ihnen den Fall als Notwehr zu verkaufen, da nach Tims eigener Aussage der letzte sexuelle Mißbrauch mindestens drei Monate *vor* dem Mord stattgefunden hatte. Am Abend der Tat drohte Clyde ihm, ›früher oder später‹ mit ihm Sex zu haben, also nicht in allernächster Zukunft. Außerdem erwähnte Tim niemals, daß sein Vater jemals in irgendeiner Weise sein Leben bedroht hatte.

Trotz dieser Probleme waren Latham und ich der Meinung, daß wir eine stichhaltige Verteidigungsstrategie hatten. Unser Hauptanliegen bestand jedoch darin, Tim vor dem Staatsgefängnis zu bewahren. Steele und Latham hatten

Tim keinen Schrecken einjagen wollen, als sie ihm erklärten, daß er im Staatsgefängnis keine Chance haben würde. Tim war von kleiner Gestalt, und trotz der gewalttätigen Natur seines Verbrechens war er keinesfalls ein erfahrener Schläger. Tim würde nicht einmal, wie Latham wiederholt erklärte, die Zeit bis zu seiner Berufungsverhandlug überstehen.

Kurz nach Tims Verhaftung bot Staatsanwalt Rudy Clinton einen Handel an: Tim würde sich des vorsätzlichen Mordes schuldig bekennen, und die Staatsanwaltschaft würde eine Bewährungsstrafe empfehlen. Eine Bewährungsstrafe war nicht garantiert, und wir glaubten nicht, daß es Clinton überhaupt gelingen würde, die Anklage auf vorsätzlichen Mord durchzubringen. Um den Staatsanwalt zu einer versöhnlicheren Haltung zu bewegen, schlug ich eine unorthodoxe Praxis vor – Staatsanwalt Clinton sollte Drazune vor der Verhandlung befragen dürfen. Ich kannte Clinton nicht persönlich, aber ich hatte gehört, daß er ein konservativer Staatsanwalt war, der sich nicht wohl dabei fühlen würde, ein Opfer sexuellen Mißbrauchs öffentlich wegen vorsätzlichen Mordes anzuklagen, wenn er die näheren Umstände kannte.

Ein Hauptprinzip bei der Strafverteidigung lautet, dem Staatsanwalt keinerlei Hinweise auf die eigene Taktik zu geben; wie in Kriegszeiten ist auch hier die Überraschung die beste Taktik. Aber wir wollten den Staatsanwalt eigentlich nicht überraschen, sondern für das Problem sensibilisieren. Wir hofften, daß Drazune, ein zweiundfünfzigjähriger Brillenträger und nicht bedrohlich wirkender Akademiker, der am liebsten Cordjacken mit Flicken an den Ärmeln trug, in der Lage sein würde, den Staatsanwalt davon zu überzeugen, daß der Mord das Ergebnis einer Reihe von sehr spezifischen Umständen war, die sich nicht wiederholen würden. Auch Clinton würde von Drazunes Referenzen als Zeuge der Anklage beeindruckt sein.

Drazune konnte Clinton zwar davon überzeugen, daß Clyde Waylens seinen Sohn sexuell mißbraucht hatte, aber Clinton weigerte sich, die Anklage wegen vorsätzlichen Mordes fallenzulassen. Sexueller Mißbrauch sei zwar tragisch, meinte er später, aber keine Entschuldigung für einen Mord. Kein Handel. Wir würden uns vor Gericht wiedersehen.

Ich flog vier Tage vor der Verhandlung in die kleine Stadt. Latham sorgte für eine erstklassige Unterbringung für mich in dem Gästezimmer seines kleinen Hauses. Innerhalb von zwei Stunden war sein Eßzimmer zu unserer Einsatzzentrale geworden. Als die Nacht hereinbrach, lag der ganze Raum voll mit halbleeren Tüten Kartoffelchips und Salzstangen, Kaffeetassen und leeren Bierdosen unter Haufen von Dokumenten, in denen wir mit Textmarkern Passagen in Gelb und Blau angestrichen hatten.

Als erstes besuchte ich Tim am nächsten Morgen. Bis zu diesem Zeitpunkt war Tim Waylens ein Jugendlicher gewesen, den ich nur aus Zeitungsberichten, psychologischen Gutachten, Schulzeugnissen und Gesprächen mit anderen kannte. Tatsachen aus seinem Leben waren mir bekannt, aber ich hatte keine klare Vorstellung von seiner Persönlichkeit.

Nachdem uns der Polizeibeamte im Gefängnis hereingelassen hatte, gingen Latham und ich einen trüben, grüngestrichenen Gang mit Zementboden entlang, der von den Zellen gesäumt war. Augenpaare verfolgten uns durch die winzigen Fenster, die in die Stahltüren geschnitten worden waren. Am Ende des Gangs hielten wir vor Besuchszimmer sechs an. Das elektronische Schloß öffnete sich krachend, und wir öffneten die Tür und setzten uns an den mit Graffiti verschmierten Tisch. Eine Sekunde später öffnete sich die Tür auf der anderen Seite des Raumes ebenfalls mit Getöse. Ein Teenager mit sanften Augen und einem Babygesicht trat ein und starrte konzentriert auf den grauen Betonboden. Obwohl er keine Hand- oder Fußschellen trug, schlurfte er herein, als ob er in Ketten lag. Seine Handgelenke hielt er in Taillenhöhe zusammengepreßt.

Als ich ihm die Hand schüttelte, schaute er eine Sekunde lang auf und schenkte mir ein halbherziges Lächeln, bevor er wieder den Boden anstarrte. Latham sagte: »Dies ist der Mann, von dem ich dir erzählt habe.« Tim schwieg.

»Komm schon«, bettelte Latham mit einem Anflug von Müdigkeit, »du *weißt* doch, von wem ich spreche. Dies ist der Mann, der sich darauf spezialisiert hat, Jungens wie dir zu helfen – Jungens, die ihre Eltern umgebracht haben. Er möchte sich nur mit dir für eine Weile unterhalten.«

Tim warf mir einen kurzen, forschenden Blick zu, und ich erkannte ein Gesicht, das ich schon oft gesehen hatte – ein Gesicht, aus dem jede Freude gewichen war. Ein Kind, das sein Leben lang einen emotionalen Seiltanz vollführen mußte, und nie wußte, wann es herunterfallen würde. Und das aus Verzweiflung schließlich das Leben desjenigen nahm, der ihm das Leben geschenkt hatte, statt in den sicheren Tod zu gehen.

Ich sprach mit Tim darüber, was er zu erwarten hatte, wenn in drei Tagen die Gerichtsverhandlung beginnen würde. Stumm nickte er mit dem Kopf. Er war nicht schüchtern oder störrisch; er war einfach gelähmt vor Furcht, weil er bald in einem vollbesetzten Gerichtssaal erzählen sollte, daß er sexuell mißbraucht worden war. Nach etwa einer halben Stunde begann Tim jedoch, sich zu öffnen. Er unterbrach mich mitten in einer Frage und sagte: »Ich weiß, daß Sie Bill und Larry sehr geholfen haben, und ich möchte, daß Sie wissen, wie sehr ich das zu schätzen weiß.« Ich dankte ihm lächelnd, denn wir waren einander nähergekommen.

Obwohl ich seine Beschreibungen von seinem Martyrium immer wieder gelesen hatte, wollte ich es in Tims eigenen Worten hören. Speziell wollte ich Antworten auf die Fragen wissen, an die die Geschworenen denken würden, sobald sie ihre Plätze eingenommen hatten. Er berichtete mir folgendes:

P: Warum bist du nicht von zu Hause weggelaufen?

T: Weil ich dann meine Mutter und meinen Bruder zurückgelassen hätte. Mom hatte kein sehr gutes Leben. Sie hatte die High-School nie beendet – sie war immer sehr arm gewesen. Sie brauchte mich. Ich wollte für sie und meinen Bruder keine Last sein. Und ich wollte nicht auf der Straße leben, das wollte ich absolut nicht. Außerdem liebte ich auch meinen

Vater. Obwohl er ein Arschloch war, hatten wir auch ziemlich gute Zeiten. Wir spielten Billard zusammen. Als er sich ein Motorrad kaufte, machten wir gemeinsame Ausflüge. Er zeigte mir, wie man ein Gewehr gebraucht, als ich noch sehr klein war. Mein Vater kaufte meinem Bruder und mir Eis und fuhr mit uns aufs Land – Dinge eben, die Väter und Söhne zusammen unternehmen. Ich mochte ihn und haßte ihn gleichzeitig. Ich wußte einfach nicht, was ich tun sollte...

P: Hast du jemals daran gedacht, irgend jemandem von dem Mißbrauch zu erzählen?

T: Nein, aber einmal hatte ich vor, es meiner Mutter zu erzählen. Das war etwa einen Monat, bevor ich ihn umbrachte. Es war einfach alles zuviel für mich geworden. Es war ungefähr sechs Uhr morgens an einem Samstag. Ich fuhr zu ihrem Haus und ging nach oben. Ich stehe am Fußende ihres Betts, und sie wacht auf. Ich wollte es ihr sagen. Und sie sagt: »Einen Augenblick, wir gehen nach unten.« Sie zog sich an und kam nach unten, aber ich hatte es mir anders überlegt. Ich erzählte ihr, daß ich Probleme mit einem Mädchen hätte.

P: Wie war dein Leben in den Monaten, bevor du deinen Vater getötet hast?

T: In den letzten sechs Monaten trank ich viel und rauchte Haschisch, um zu vergessen, was mein Vater mir antat. Ich versuchte, so viel Zeit wie möglich von zu Hause weg zu verbringen, denn ich wußte, was passierte, wenn ich zu Hause war... Damals hat er mich oft gefesselt. Er kam einfach in mein Zimmer und tat es. Und ich hielt still, ließ es über mich ergehen. Er machte es vier-, fünfmal die Woche. Er wurde grober. Er hatte immer öfter Analverkehr mit mir. Er steckte Dinge in mich hinein, Kugelschreiber und Stifte... Schließlich hatte ich Selbstmordgedanken. Etwa einen Monat vor dem Mord hatte ich ein Gewehr aus dem Haus der Nachbarn gestohlen. Das war mein Ausweg. Ich weiß noch, daß ich daran dachte, entweder ihn oder mich selbst zu töten. Ich erzählte auch meinen Freunden, daß ich mir wünschte, tot zu sein. Ich setzte mich nicht hin und legte mir einen Plan zurecht. Ich dachte nur, daß ich ihn vielleicht töten würde. Entweder er oder ich. Und dann beging ein Freund etwa vier

Tage vor dem Mord Selbstmord, und ich konnte mich nicht umbringen. Ich wußte, daß ich das niemandem zumuten konnte.

P: Warum hast du niemandem von dem sexuellen Mißbrauch erzählt, nachdem du verhaftet worden warst?

T: Ich wollte nicht, daß man mich für schwul halten würde. Ich habe niemandem vertraut, weil ich dachte, daß niemand mir glauben würde... Die Leute würden denken: ›Sein Vater ist ein großartiger Typ, er würde seinem Sohn so etwas nicht antun. Er denkt sich diese Sachen einfach aus.‹

Ich war mir sicher, daß er die Wahrheit sprach, aber ich fragte mich, ob es die ganze *Wahrheit* war. Tim hatte uns nie genau erzählt, was er zwischen Mitternacht, als sein Vater ihm drohte, und vier Uhr morgens, als er Clyde erschoß, gemacht hatte. Er sagte nur, daß er in dieser Zeit im Halbschlaf dagelegen habe. Wir alle, Drazune eingeschlossen, glaubten, daß etwas passiert war, das Tim uns nicht sagen wollte oder konnte. Zwei Tage, bevor die Wahl der Geschworenen beginnen sollte, saßen Latham und ich zu Hause bei ihm im Eßzimmer und bereiteten fieberhaft unsere Fragen vor, als das Telefon klingelte. Es war Steele, der aus dem Gefängnis anrief, wo er Tim jeden Tag besuchte. Als Steele gerade gehen wollte und Tim noch einmal ermahnt hatte, die Wahrheit über die Mordnacht zu sagen, traten dem Jungen Tränen in die Augen, und er begann unkontrollierbar zu schluchzen.

Clyde hatte seinem Sohn nicht nur gedroht, Sex mit ihm zu haben – er zwang Tim dazu, ihn mit dem Mund zu befriedigen. Nach der sexuellen Handlung bettelte Tim, daß sein Vater ihn nicht weiter belästigen sollte. Clyde erklärte seinem Sohn, daß sich nie etwas ändern würde, daß er immer ihm gehören würde. Anschließend ging Clyde zurück in sein Zimmer, las eine Weile und schlief dann ein. ›Ich werde immer ihm gehören; es wird sich nie etwas ändern‹, waren Tims Gedanken. »Ich konnte es einfach nicht mehr aushalten«, erzählte er Steele. »Ich stand auf und erschoß ihn.«

Das war zu einfach, dachten Latham und ich. Schlimmer noch – diese neue Information stellte unsere ganze Theorie auf den Kopf, nämlich daß Tim tötete, weil er glaubte, daß ihm weitere sexuelle Mißhandlungen drohten. Andererseits wußte ich, daß Opfer nach ihrer Entfernung aus der Umgebung, in der sie mißbraucht wurden, nie sofort alle Einzelheiten offenbaren. Das trifft besonders auf Jungen zu, die sexuell von ihrem Vater mißbraucht wurden. Die Informationen kommen über einen langen Zeitraum nur stückweise heraus. Es ist nichts Ungewöhnliches, daß ein Kind selbst nach der Gerichtsverhandlung und der Verurteilung weiter neue Informationen preisgibt.

Obwohl es für jeden Menschen schwer ist zuzugeben, daß er von seinem Vater oder einem anderen erwachsenen Mann sexuell mißbraucht worden ist, fällt dies Jungen noch schwerer als Mädchen. Sie lernen von frühester Kindheit an, ihre Gefühle zu unterdrücken und Ängste zu verstecken. Und da sie bereits in einem frühen Alter mit Machismo und einer krankhaften Angst vor der Homosexualität vollgestopft werden, wird die Tatsache, daß er eine sexuelle Beziehung zu seinem Vater hatte, das letzte sein, das ein Junge zugibt. Die Psychiaterin Dr. Dorothy Lewis von der New Yorker Universität, die mit Häftlingen im Todestrakt arbeitet, berichtete mir: »Ich habe Menschen in der Todeszelle kennengelernt, die erklärten, daß sie lieber sterben als zugeben würden, daß sie sexuell mißbraucht worden sind.«

Leider sind es nicht nur die Opfer selbst, denen es schwerfällt, über den Mißbrauch zu sprechen; die meisten von uns wollen die Existenz einer solch entarteten sexuellen Praxis nicht einmal zugeben. Ein Verteidiger vor Gericht darf jedoch in diesen Dingen nicht zimperlich sein. Im Gericht muß der Verteidiger die schwierige Aufgabe übernehmen, ein realistisches Bild des Schreckens zu malen, das das Kind dazu brachte, einen anderen Menschen zu töten, ohne die Gefühle des Durchschnittsbürgers zu verletzen. Glücklicherweise waren Latham und Steele dazu in der Lage – tatsächlich waren sie zu allem bereit. Leider sind es einige Rechtsanwälte nicht, wie beispielsweise der Anwalt, der mich einige Wochen vor Latham anrief.

Dieser Anwalt aus einer kleinen Stadt im mittleren Westen

war von der Nationalen Kinderrechtsorganisation an mich verwiesen worden. Obwohl er seit etwa zwanzig Jahren Jurist war, hatte er einen solchen Fall in seiner gesamten Karriere noch nie erlebt. Dies waren die Tatsachen: Ein vierzehnjähriger Junge, der noch nie die Schule geschwänzt hatte, hatte seinen Stiefvater auf brutale Weise mit einer Schrotflinte umgebracht, als die beiden auf der Jagd waren. Es war eindeutig kein Unfall gewesen: Der Junge hatte seinen Freunden erzählt, daß er seinen Vater umbringen würde, und er hatte seinen Stiefvater zweimal aus nächster Nähe in den Rücken geschossen, wobei er das Gewehr während der Schüsse neu geladen hatte.

Der Rechtsanwalt war freundlich und respektvoll. Dies ging so weit, daß ich eine Stunde brauchte, bis wir auf die eigentliche Sache zu sprechen kamen. Nachdem ich vergeblich nach einem Motiv gefragt hatte, meinte ich, daß vielleicht etwas anderes vorgefallen wäre.

Er machte eine lange Pause. »Ja, vielleicht. Einer Aussage des Jungen zufolge ist es möglich, daß der Stiefvater des Jungen, nun ja, ihn in einer bestimmten Weise ausnutzte«, sagte er.

»›Ihn ausnutzte?‹ Meinen Sie damit, daß der Vater ihn sexuell mißbrauchte?« fragte ich. »Was genau hat Ihnen Ihr Klient erzählt?«

»Sein Vater zwang ihn, seinen Kopf in seinen Schoß zu legen.«

Er schwieg, da ihm die Sache offenbar peinlich war, daher ging ich es langsam an. »Und was hat sein Vater noch gemacht? Ich weiß, daß es schwierig ist, aber die Geschworenen brauchen Einzelheiten, um zu seinen Gunsten zu entscheiden. Öffnete der Vater den Reißverschluß seiner Hose und zeigte seinen Penis?«

»Ja, das schon«, erwiderte der Anwalt verlegen.

»Zwang der Stiefvater Ihren Klienten, ihm einen zu blasen? Ich meine, ihn zu fellatieren?«

»Ich denke schon, vielleicht.«

Und dann kam die politische Geographiestunde, etwas, das mir immer wieder passiert. Wahrscheinlich liegt es daran, daß ich immer noch einen leichten New Yorker Akzent habe, obwohl ich seit über zwanzig Jahren nicht mehr dort lebe.

»Ich muß Sie hier unterbrechen und Ihnen sagen, daß dies ein sehr konservatives Land ist«, sagte er steif. »Die Leute hier leben nicht in einer großen Stadt; sie sind empfindlich, was solche Sachen betrifft. Ich muß sehr darauf achten, wie ich die Dinge darstelle, wenn Sie wissen, was ich meine.«

Ich wußte genau, was er meinte, aber seine Einstellung machte mich wütend. Er war die Art Anwalt, der auf Nummer Sicher ging und sich mehr Gedanken darüber machte, was die Geschworenen denken würden, statt sich für seinen Klienten einzusetzen.

Ich verstand sein Problem, aber er verstand es offensichtlich nicht. »Wie oft hat der Stiefvater ihn ›ausgenutzt‹? Einmal pro Woche?«

»So ungefähr«, erwiderte er kalt.

»Versuchte er, den Jungen zu masturbieren oder ihn oral zum Höhepunkt zu bringen?« Ich konnte mir vorstellen, wie der Anwalt am anderen Ende angewidert den Hörer von seinem Gesicht weghielt und sich fragte: »Warum um alles in der Welt habe ich diesen Typ überhaupt angerufen?«

»Ich verstehe es wirklich nicht, warum um alles in der Welt es nötig sein soll, in alle Einzelheiten zu gehen«, erwiderte er angewidert. »Es reicht doch wohl, wenn wir sagen, daß er seinen Sohn zwang, seinen Kopf in seinen Schoß zu legen.«

»Ihr Klient ist des vorsätzlichen Mordes angeklagt, und der Staatsanwalt ist nicht bereit zu verhandeln, richtig?«

»Richtig«, sagte er leicht resigniert.

»Dann dürfen Sie sich nicht zurückhalten. Ich möchte genauer werden. Erst einmal werden die Geschworenen dem Jungen nicht glauben. Also muß er die Sache jedem einzelnen Geschworenen genau klarmachen, oder er geht für immer ins Gefängnis. Wie genau? Während er den oralen Sex beschreibt, sollte jeder der Geschworenen in der Lage sein zu sehen, wie das Sperma seines Vaters über seine Wange lief.«

Es entstand eine lange Pause. »Ich glaube, ich verstehe, was Sie meinen.«

Ich habe immer verstanden, daß mißbrauchte Kinder nur sehr zögerlich über ihr Martyrium berichten, aber während meiner ersten Jahre war es ein ständiger Kampf, tolerant gegenüber jenen Verteidigern zu bleiben, die die zerstörerische Wirkung des Mißbrauchs einfach ignorieren oder zögern, die Sache direkt anzugehen. Mit der Zeit erkannte ich, daß meine Ungeduld auf eins zurückzuführen war: Kindesmißbrauch war in den achtziger Jahren noch immer ein Tabuthema, selbst unter Verteidigern.

In den drei Tagen vor der Verhandlung arbeiteten Steele, Latham und ich achtzehn Stunden pro Tag, wobei wir abwechselnd kommentierte Entscheidungssammlungen durchsahen und Befragungen von Zeugen in letzter Minute durchführten. Am Vorabend der Gerichtsverhandlung war es ein Uhr dreißig morgens, als wir bei kaltem Wodka in einer Kneipe des Ortes unsere letzten Strategien besprachen. Wir hatten wie verrückt gearbeitet, und trotz aller Mängel in diesem Fall konnten wir es kaum abwarten, in sieben Stunden in den Gerichtssaal zu stürmen. Als wir davon faselten, was für ein Coup es wäre, falls Tim nicht schuldig gesprochen werden würde, hielten wir plötzlich inne.

Ein Freispruch bedeutete nicht, daß Tims Leben ein Sahneschlecken sein würde. Was konnte Tim tun? Er litt unter einem Trauma, und er hatte keine unterstützende Familienstruktur. Seine Mutter hatte mit eigenen Problemen zu kämpfen; die Familie seines Vaters haßte ihn. Er besaß kein Geld, um für sich zu sorgen, geschweige denn für die Psychotherapie zu zahlen, die er dringend brauchte. Er war selbstmordgefährdet und hatte bereits früher in Alkohol und Drogen Zuflucht gesucht, wenn er schwere Zeiten durchlebte. Die Straße würde eine grausame Alternative sein, aber wen kümmerte das schon. Alle hatten ihren Job getan.

Der Fall war in vielfacher Hinsicht deprimierend; es war nicht nötig, daß wir das Bild noch schwärzer malten. Manchmal gibt es einfach keine Antwort. Schweigend tranken wir unsere Gläser leer und verließen die Bar.

Bevor wir zu Bett gingen, mußten wir uns mit einem Problem in letzter Minute befassen. Alle Verhandlungen sind Dramen im kleinen. Es ist nicht nur wichtig, was die Schauspieler sagen und wie sie dies tun, sondern auch, wie sie aussehen. Steele hatte Tim bereits einen neuen dunkelblauen, dreiteiligen Anzug gekauft, was die richtige Wahl für den durchschnittlichen Angeklagten in einer durchschnittlichen Mordverhandlung war. Aber es war nicht die richtige Wahl für Tim, da er darin älter aussah, als er war. Die Geschworenen mußten Tim so sehen wie er war, als Teenager, nicht als Erwachsenen. Wir durchsuchten Lathams begrenzte Garderobe und fanden zwei Pullover. Nachdem wir schnell einen alten Soßenfleck von einem hellblauen Pullover entfernt hatten, steckten wir ihn in Lathams Aktenkoffer.

Steele, Latham und ich trafen am nächsten Morgen um acht Uhr dreißig in dem nichtssagenden Gerichtsgebäude ein. Obwohl der Gerichtssaal erst in einer Stunde geöffnet wurde, hatte sich bereits eine Schlange von Familienmitgliedern, Freunden und anderen Zuschauern gebildet. Die Gefängniswärter hatten Tim aus seiner Zelle geholt und ihn in ein Befragungszimmer für Rechtsanwälte in der Nähe des Gerichtssaals gebracht.

Als wir eintraten, stand er auf und fragte zögernd: »Wie sehe ich aus?«

»Großartig, mein Junge, du siehst großartig aus«, antwortete Latham, »aber der Modekönig hier möchte, daß du noch besser aussiehst.« Latham holte den blauen Pulli aus seinem Aktenkoffer und bat Tim, sein Jackett und die Krawatte abzulegen. Tim schaute ein wenig erschreckt drein. Es war der erste Anzug, den er je getragen hatte, und er war mit seinem Aussehen zufrieden. Aber als er den Pullover anzog, wirkte er gleich fünf Jahre jünger.

Aus Respekt vor Tim (er gehörte zu den Lieblingen der Justizbeamten) und weil sie wußten, daß er keinen Fluchtversuch unternehmen würde, gestatteten sie es ihm, allein mit uns in den Gerichtssaal zu gehen. Mit Steele im Rücken und Latham und mir an der Seite stieg Tim nervös die zwanzig Stufen zur Tür des Gerichtssaals hinauf. Sobald die Tür sich öffnete, gingen die Jupiterlampen der Fernsehanstalt an, und auf der vollgepackten Zuschauertribüne wurde es still. Alle Augen waren jetzt auf den Jungen gerichtet, der seinen Vater umgebracht hatte. Wir nahmen unsere Plätze an dem großen, hölzernen Konferenztisch vor dem Richtertisch ein. Die Wahl der Geschworenen würde gleich beginnen.

Unseren Gesetzen zufolge wird jedem Angeklagten eine Verhandlung mit einer Jury garantiert, die aus zwölf ›guten und getreuen Bürgern‹ besteht, die speziell ausgewählt werden. Das Problem bei Elternmordfällen besteht darin, daß sich die Jury technisch gesehen aus dem Kind ›ebenbürtigen‹ Menschen zusammensetzt, was jedoch in Wirklichkeit überhaupt nicht der Fall ist.

Erwachsene vergessen oft, wie sie sich als Jugendliche gefühlt haben. Nur wenige haben ein realistisches Bild dieser Zeit: Einige verklären ihre Jugend, andere würden sie am liebsten aus ihrem Gedächtnis streichen. Meine Erfahrung bei solchen Verhandlungen ist, daß die Geschworenen zuerst als Eltern reagieren, dann als die Kinder, die sie einmal waren, und erst an dritter Stelle als die unparteilichen Entscheidungsträger, die sie ihrem Eid zufolge sein sollten.

Die Wahl der Geschworenen, die vor den einleitenden Plädoyers erfolgt, gibt dem Verteidiger die Möglichkeit, die Einstellung der Geschworenen, ihre Meinungen und Vorurteile bei Themen wie Kindererziehung, Gewalt in der Familie und Notwehr zu überprüfen. Es ist *die* Gelegenheit für den Verteidiger, potentielle Geschworene einzustimmen und gegenüber den Punkten, die in dem Fall selbst auftauchen werden, zu sensibilisieren.

Ich habe eine Liste mit fünfundsechzig Fragen entwickelt, die die Einstellung eines Menschen in Fragen der Kindererziehung und des Kindesmißbrauchs bis hin zur Notwehr in der Familie beleuchten soll.

Ein zusätzlicher Vorteil dieses Auswahlprozesses liegt darin, daß der Richter und manchmal auch der Staatsanwalt in diesen Punkten eingestimmt werden. Die Juristen glauben gerne, daß sie unabhängig von persönlichen und sozialen Vorurteilen operieren und daß das ›Gesetz‹ in zeitloser Objektivität begründet ist.

Ich glaube fest daran, daß der durchschnittliche Richter, der seine schwarze Robe anzieht, um den Vorsitz bei einem Elternmordfall zu übernehmen, sich in nichts von den Geschworenen unterscheidet. Auch er denkt und reagiert zuerst als Elternteil, dann als Kind seiner Eltern und nur zuletzt als Richter. Von dem Augenblick an, in dem der Hammer in einem Elternmordfall niedergeht und das Gericht einberufen wird, sind die Einstellungen und Vorurteile eines Richters oft so auffällig wie die Diplome, die er stolz in seinem Büro hängen hat.

Neunzig angehende Geschworene betraten den Gerichtssaal. Einige schlurften, andere traten festentschlossen auf. Zwölf von ihnen würden über Tims Schicksal entscheiden. Ich erinnerte mich an das, was Steele über die Menschen hier gesagt hatte. Sie nahmen ihre Pflicht ernst. Ein Blick auf sie sagte mir, daß er recht hatte. Frauen und Männer waren in etwa gleicher Zahl vertreten. Die meisten schienen über fünfunddreißig zu sein; einige trugen formelle Geschäftskleidung, während andere Jeans oder Overalls trugen. Nur wenige unterhielten sich miteinander, und noch weniger lächelten. Es war in der Tat ein todernster Haufen, und sie hatten noch nicht einmal die Tatsachen vernommen. Man hatte das Gefühl, daß sie sich darauf vorbereiteten, eine Predigt zu hören. Aber als ich die Gruppe anstarrte und versuchte, sie einzuschätzen, ging mir nur ein Gedanke durch den Kopf: Diese Leute hatten absolut keine Ahnung, was auf sie zukommen würde.

In vielen Gerichtsbezirken ist es üblich, daß jeder Geschworene einen Fragebogen ausfüllt, besonders bei Fällen, in denen es um sensible Themen geht. Bevor anschließend Fragen gestellt werden, sehen der Richter und die Anwälte die einzelnen Fragebögen durch, um zu entscheiden, ob es in den Umständen des Geschworenen irgend etwas gibt, daß ihn verlegen machen könnte, sollte er im Gerichtssaal offen darüber sprechen müssen.

Der Fragebogen für Tims Fall enthielt sieben Fragen, von denen die kritischste lautete: ›Waren Sie oder ein Ihnen nahestehender Mensch das Opfer von Inzest, Vergewaltigung, sexuellem oder körperlichem Mißbrauch oder eines ähnlichen Verhaltens oder in irgendeiner Weise daran beteiligt? Falls ja, beschreiben Sie bitte kurz Ihre Erfahrung.‹

Etwa 90 Prozent antworteten mit einem klaren NEIN oder schrieben gar nichts. Das war zu erwarten. Es passiert bei allen Elternmordfällen, obwohl den Statistiken zufolge bei mindestens 25 Prozent die Frage hätte bejaht werden müssen. Die Namen von zwölf angehenden Geschworenen wurden ausgewählt, und alle nahmen hinter dem verschnörkelten Holzgeländer, das die Geschworenenbank abgrenzte, Platz. Verteidigung und Staatsanwaltschaft konnten je bis zu sechsundzwanzig Geschworene entlassen, ohne einen besonderen Grund zu nennen. Andererseits haben die Anwälte die Möglichkeit, unbegrenzt viele Geschworene aus bestimmten Gründen zu streichen. Eine solche Entlassung wird nur selten gewährt, nämlich nur dann, wenn eine Person offensichtlich ungeeignet ist, fair und unparteiisch zu sein.

Der erste Geschworene war ein grauhaariger, dreiundsechzigjähriger Maschinenarbeiter, der sein Leben lang in diesem Ort gelebt hatte. Er trug ein Arbeitshemd und ausgewaschene Jeans. Sein finsterer Blick sagte mir, daß es ihm mißfiel, hier im Gerichtssaal zu sein.

Staatsanwalt Rudy Clinton erhob sich, um allgemeine Fragen zu stellen und das Thema Kindesmißbrauch möglichst nicht anzusprechen. Clinton war fest entschlossen, diesen Mord so zu behandeln, als ob es sich um einen ganz normalen Kriminalfall handelte.

»Sind Sie sich darüber im klaren, daß es eine wichtige Verantwortung als Bürger ist, Mitglied einer Geschworenenjury zu sein?«

»Ja.«

»Nachdem, was man Ihnen über diesen Fall berichtet hat, bei dem es darum geht, daß ein Junge seinen Vater getötet hat, glauben Sie, daß Sie fair und unparteilich sein können?«

»Ja.«

»Können Sie den Anweisungen des Richters folgen, wenn er sie Ihnen vorliest?«

»Ja.«

Nach etwa zehn Minuten dieses langweiligen Austauschs dankte Clinton dem Geschworenen für seine Ehrlichkeit und setzte sich. Jetzt waren wir an der Reihe.

Latham und ich beschlossen, uns bei der Befragung abzuwechseln. Da Latham Heimvorteil hatte, begann er als erster. Im Flüsterton sagte er zu Tim: »Bist du bereit?« Ein nervöses Lächeln zuckte über Tims Gesicht, und er nickte. »Dann bin ich auch bereit«, erklärte Latham, erhob sich von seinem Sitz und ging zur Geschworenenbank hinüber, bis er etwa zwei Meter von dem ersten Geschworenen entfernt stand.

»Guten Morgen, Sir. Wie Sie wissen, heiße ich William Latham, und ich vertrete Tim Waylens zusammen mit Mr. Mones. Ich verspreche Ihnen, mich kurz zu fassen, okay?«

Der Mann nickte.

»Als erstes möchte ich, daß Sie für mich den Begriff Inzest definieren.«

Der Maschinist brauchte eine Minute, um sich zu sammeln. Dann antwortete er leise: »Nun, mmh, Sex unter Angehörigen einer Familie, zum Beispiel zwischen einem Onkel und seiner Nichte.«

Ich warf einen Blick auf die übrigen Geschworenen, die fast alle dreinschauten, als ob jemand ihnen kaltes Wasser ins Gesicht geschüttet hätte. Sie setzten sich aufrecht hin und legten die Sicherheitsgurte an. Es würde eine wilde Fahrt werden.

»Glauben Sie, daß Inzest auch zwischen Vater und Sohn stattfinden kann?« fuhr Latham fort.

Eine lange Pause. »Ich nehme an, so was kommt vor.«

Ich schaute auf Tim, und es war offensichtlich, daß er versuchte, die Tränen zurückzuhalten. Eine rollte über seine Wange, und ich drückte seine Hand, damit er wußte, daß er ruhig weinen durfte. Obwohl Tim dies nicht erkannte, befand er sich in einer riesigen Gruppentherapie-Sitzung.

Während der nächsten zwanzig Minuten wurden dem Geschworenen ein Dutzend Fragen zu Themen gestellt, über die er wahrscheinlich während seiner gesamten Existenz auf diesem Planeten noch nie nachgedacht hatte: Glauben Sie, daß Gewalt in der Familie ein privates Problem ist, das ausschließlich innerhalb der Familie gehandhabt werden sollte? Manche Menschen sind der Meinung, daß ein mißbrauchter Teenager es sich selbst zuzuschreiben hat, wenn er nicht von zu Hause wegläuft. Was meinen Sie dazu? Wir dankten ihm und nutzten später unsere Möglichkeit, ihn aus der Liste zu streichen, weil er der Meinung gewesen war, daß das Problem des Kindesmißbrauchs übertrieben dargestellt würde.

Jetzt wandte Clinton sich an den zweiten Geschworenen. So ging es den ganzen Morgen lang weiter. Die Geschworenen erzählten von ihren Theorien zur Kindererziehung, darüber, wie sie als Kinder behandelt worden waren, was sie von der Prügelstrafe hielten und ob sie selbst von ihren Eltern geschlagen worden waren. Kurz vor der Mittagspause wurde die sechste Geschworene aufgerufen. Sie hatte die Frage nach erlittenem Mißbrauch auf dem Fragebogen mit Ja beantwortet. Zum erstenmal suchten wir zusammen das Richterzimmer auf.

Eine kleine, schwer gebaute Frau Mitte Zwanzig saß in der Mitte des kleinen Büros. Sie wickelte ein Papiertaschentuch wie eine Aderpresse um ihren Zeigefinger, bis die Fingerspitze rot leuchtete und kleine, weiße Papiertaschentuchfetzen auf ihren puderblauen Rock fielen. Ihr Blick huschte im Zimmer umher, und überall sah sie nur Männer: den Richter, den Staatsanwalt, zwei Verteidiger, einen Gerichtsdiener und den Gerichtsstenographen. Im Zimmer war es abgesehen von dem Gesumme der Heizung still. Trotz all unserer Erfahrung wußte niemand so recht, wo er anfangen sollte. Uns war fast so unbehaglich zumute wie ihr.

Richter Murdoch, ein freundlicher, erfahrener Jurist, brach vorsichtig das Eis, indem er sie fragte, ob ihr Martyrium sie möglicherweise davon abhalten würde, unparteiisch zu sein. Mehr brauchte es nicht – die Tränen strömten über ihre rosigen Wangen. Der Gerichtsdiener mußte ihr weitere Taschentücher holen, weil sie das ihre völlig zerrissen hatte. Sie konnte die Frage nicht einmal beantworten. Das einzige, was sie unter Schluchzen hervorbrachte, war, daß ihr Vater sie als Teenager sexuell mißbraucht hatte und ihr Leben seitdem nicht mehr in Ordnung gewesen war. Weinend erklärte sie, daß sie nicht Mitglied der Jury sein wolle. Der Richter fragte sie, ob der Staatsanwalt oder die Verteidigung irgend etwas dagegen hatte, diese Geschworene zu entlassen. Beide Seiten murmelten: »Kein Einspruch.«

Die junge Frau stand schnell auf und verließ das Büro vor uns. Sie betrat den vollbesetzten Gerichtssaal mit gerötetem, verweintem Gesicht, und wir folgten ihr verlegen mit hängenden Köpfen. Schließlich waren wir es gewesen, die sie zum Weinen gebracht hatten. So schrecklich es klingt, aber ihr Weinen half unserem Fall, da er einer bisher recht abstrakten Sache eine menschliche Dimension verliehen hatte. Ihr Schmerz zeigte selbst dem zynischsten Geschworenen, daß Mißbrauch etwas ganz Reales war. Ihre Tränen waren der erste Schritt, allen klarzumachen, worum es hier ging.

Als wir zur Nachmittagssitzung wieder zusammenkamen, bat Richter Murdoch uns in sein Zimmer. Während er zwischen den Fingerspitzen eine nicht angezündete Zigarette drehte, fragte er uns direkt, ob man die Sache auf dem Verhandlungsweg klären könne. Durch die Ereignisse beunruhigt, war er offenbar nicht begeistert, bei diesem Fall den Vorsitz zu übernehmen.

»Wenn die Beteiligten sich nicht irgendwo in der Mitte treffen können«, begann er, »werden wir uns *alle* in einer Situation wiederfinden, in der *niemand* stecken möchte.« Es war nur eine dunkle Bemerkung, aber wir verstanden sie genau: Niemand würde hier eindeutig als Sieger hervorgehen.

Clinton erklärte, daß jede Abmachung eine Gefängnisstrafe im Staatsgefängnis beinhalten müßte.

»Also, Richter«, sagte Latham und erhob sich schnell von seinem Stuhl, »wenn das die Einstellung des Staatsanwalts ist, haben wir nichts weiter zu besprechen. Ich habe ihm bereits mehrmals erklärt, daß wir keine Abmachung annehmen, die eine Gefängnisstrafe im Staatsgefängnis beinhaltet.«

Der Richter warf Clinton einen Blick zu, aber dieser zuckte nur mit den Schultern und erhob sich. Wir begaben uns zurück in den Gerichtssaal, um mit der Auswahl fortzufahren.

Ein fünfundzwanzigjähriger Arbeiter, Vater eines acht Monate alten Kindes, war als nächster an der Reihe. Er war ein echter Macho, der den ganzen Vormittag über ein Grinsen zur Schau gestellt hatte. Machos sind gefährliche Geschworene in einem Fall, in dem es um Elternmord geht, besonders in den Fällen, in denen ein Sohn seinen Vater umgebracht hat. Solche Männer sind der Meinung, daß ein Sohn in der Lage sein sollte, mit allem fertigzuwerden. Wenn der Junge sich nicht wehrt oder von zu Hause wegläuft, hat er sich das verdammt noch mal selbst zuzuschreiben.

Dieser Geschworene wich allen Fragen, die ich stellte, aus. Er war fest entschlossen, seine Gefühle für sich selbst zu behalten, und es gelang ihm großartig. Nach zehn Minuten fruchtlosem Hin und Her, drehte ich mich um und ging zurück an meinen Platz, fest entschlossen, ihn von der Liste zu streichen. Auf halbem Weg zum Tisch der Verteidigung kam mir plötzlich eine Frage in den Sinn.

»Was ist wichtiger für Sie, Ihr Job oder Ihr Kind?« fragte ich abrupt.

Er lehnte sich in seinem Sitz nach vorn und stützte sich auf das Holzgeländer der Geschworenenbank, um zu antworten. Offenbar war er verärgert, daß ich eine solch dumme Frage überhaupt stellen konnte. »Mein Sohn, natürlich. Er ist mir wichtiger als alles andere auf der Welt. Alle Kinder sind das!« Das genügte mir. Er hatte meine Stimme.

Am Nachmittag des zweiten Tages der Geschworenenwahl war Steele mit der Nachricht gekommen, daß er Mel, Tims Onkel, gefunden hatte. Es war Steele sogar gelungen, Mel als Zeugen für die Verteidigung zu gewinnen, was keine geringe Leistung gewesen war, wenn man bedenkt, daß alle anderen Familienmitglieder von Clydes Seite sich weigerten, überhaupt mit uns zu sprechen. Mel hatte zugestimmt, mit uns zusammenzuarbeiten, um ein wenig das Leid, das Clyde seinen eigenen Kindern angetan hatte, wiedergutzumachen. Er würde in allen Einzelheiten über den Mißbrauch seines Vaters an seinen älteren Schwestern, seinen Brüdern, einschließlich Clyde, seiner Mutter und überraschenderweise auch an ihm selbst berichten. Endlich hatten wir den Schlüssel gefunden, um den Mißbrauch in Tims Familie, der sich über Generationen fortgesetzt hatte, zu bestätigen.

Am Ende des zweiten Tages hatten wir die Gefühle von Dutzenden potentieller Geschworener gründlich erforscht, was vielfältige Fragen aus dem Bereich der Kindererziehung und Familienfragen betraf. Wichtiger noch – wir hatten einige sehr aufschlußreiche Antworten zu den äußerst schlimmen Folgen von Kindesmißbrauch, besonders von sexuellem Mißbrauch gehört. Einer nach dem anderen erklärte, daß er es verstehen könne, daß ein mißbrauchtes Kind nicht von zu Hause wegläuft oder den Täter anzeigt. Sie hatten ihre Ansichten über andere Themen, die in dieser Verhandlung wichtig waren – der Einsatz tödlicher Gewalt in einer Notwehrsituation und die Zuverlässigkeit von Psychologen und Psychiatern bei der Beurteilung menschlichen Verhaltens –, kundgetan. Da unser Fall zum größten Teil auf den Aussagen von solchen Fachleuten beruhte, mußten wir uns mit diesem Bereich besonders befassen. Tatsächlich mußten wir einen Herrn, einen Apotheker, von der Liste streichen, da er der Meinung war, daß Psychologie und Psychiatrie bestenfalls ›unpräzise‹ Wissenschaften seien.

Eine meiner Grundregeln in Fällen, in denen Jungen ihren Vater umbringen, lautet, bei der Geschworenenwahl Männer über 55 zu meiden; sie haben das geringste Mitleid und sind am ehesten bereit, harte Strafen auszusprechen. Sie sind in einer Zeit aufgewachsen, in denen man von Kindesmißbrauch nicht sprach, aber Kinder dennoch mißhandelt wurden. Daher beschreiben diese Männer ihre Macho-Philosophie etwa so: ›Mein Vater hat mich windelweich geprügelt und trotzdem ist was aus mir geworden‹, und ›Wenn dir die Hitze mißfällt, solltest du verdammt noch mal aus der Küche verschwinden.‹ Als Vater empfinden sie einen solchen Mord zudem als Angriff gegen die Autorität aller Väter. Ich war mir daher am Morgen des dritten Tages bei der Wahl der Geschworenen ziemlich sicher, was ein vornehm wirkender, weißhaariger Geschworener, den ich Matthew nennen möchte, antworten würde, als er bei der Befragung an der Reihe war.

Matthews Befragung fand im Richterzimmer statt, da er auf seinem Fragebogen vermerkt hatte, daß ihn ›Kindesmißbrauch sehr stark bewege‹. Matthew, ein großer, muskulöser Mann Anfang Sechzig, arbeitete bei der Schulverwaltung. Anders als die anderen, die wir im Richterzimmer befragt hatten, wirkte er selbstsicher, wie er aufrecht auf seinem Stuhl saß und unsere Fragen ohne jedes Zögern beantwortete. Clinton begann mit allgemeinen Fragen. Als Matthew ihm berichtete, daß er durch seinen Beruf oft Kontakt zu Polizeibeamten hatte, merkte ich, wie mein geschätzter Gegner sich entspannt auf seinem Stuhl zurücklehnte. ›Dieser Mann ist auf meiner Seite‹, schien sein Lächeln zu sagen. Als Matthew erklärte, daß er für die Disziplin an Schulen verantwortlich sei, warf Latham mir einen Blick zu. Dieser Mann würde uns im Geschworenenzimmer vernichten. In diesem Augenblick war es uns ziemlich egal, warum ihn Kindesmißbrauch so betroffen machte. Kein Verteidiger, der einigermaßen vernünftig war, würde einen Geschworenen wählen, der im Grunde genommen selbst ein Polizist war.

Selbstbewußt fragte Clinton Matthew anschließend wegen seiner Antwort auf die Frage nach dem Kindesmißbrauch. Matthew holte tief Luft, räusperte sich und nagelte Clinton mit seinem Blick fest.

»Als ich ein kleiner Junge war«, begann er, »hatte ich einen Stiefvater, der mich zur Strafe immer mit einem Stock verprügelte.« Mit jedem Wort wurde seine Stimme lauter und zorniger. »Als er mich eines Tages wieder schlagen wollte, nahm ich ihm den Stock aus der Hand und ging ihm an die Gurgel. Ich würgte ihn so lange, daß er fast sein erbärmliches, kleines Leben verlor.«

Clinton versuchte, sein plötzlich auftretendes Unbehagen zu verbergen und bemerkte im Plauderton: »Aber *natürlich* haben Sie ihn nicht getötet, oder?«

»Nein, Sir. Ich hatte Glück, großes Glück.« Die Richtigkeit seiner Antwort machte einen so tiefen Eindruck, daß niemand es wagte zu sprechen. Für einen Bruchteil einer Sekunde stellten wir uns alle vor, wie Matthew vor fast fünfzig Jahren seinen Stiefvater gewürgt hatte.

Der Richter wandte sich an Clinton: »Noch weitere Fragen?« Er kannte die Antwort, aber er fragte trotzdem. Leise erwiderte Clinton: »Nein.«

Latham und ich waren der Meinung, daß wir bereits alles gehört hatten, was wir wissen mußten, und stellten keine weiteren Fragen. Der Richter jedoch war beunruhigt. Würde Matthews Erfahrung in diesem Fall nicht seine Unparteilichkeit beeinflussen? Matthew beteuerte beharrlich, daß er sein Privatleben von seiner öffentlichen Pflicht trennen könne. Natürlich muß ich nicht weiter erwähnen, daß Clinton Matthew von der Liste strich, als wir wieder im Gerichtssaal waren. Matthews Befragung war so faszinierend gewesen, daß ich mehr über ihn herausfinden wollte. Zu Anfang zögerte er, da er das Leid seiner Kindheit nicht noch einmal durchleben wollte. Mehrere Wochen lang dachte er über meine Bitte nach, bis er schließlich zu einem Gespräch am Telefon bereit war.

Wie schon im Richterzimmer begann er in ruhigem, bedächtigem Ton zu sprechen:

»Mein Stiefvater war ein hartarbeitender Mann, der uns Kinder und meine Mutter ständig anschrie, beschimpfte und lächerlich machte. Meine Mutter war ein liebevoller und fürsorglicher Mensch, aber sie war psychisch und physisch nicht in der Lage, mit ihm fertigzuwerden. Sis und ich hörten des Nachts oft, wie er unsere Mutter schlug und sie beschimpfte. Dies passierte etwa zehnmal pro Monat. Sie entschied sich zu bleiben, aber Kinder haben diese Wahl nicht... ich erinnere mich, daß wir einen großen Garten voller Kartoffeln und Getreide hatten. Er sagte: ›Komm her, du arbeitest im Garten‹, und legte mir ein Ponygeschirr mit einem Kultivator an. Ich war zwölf. Bis auf den heutigen Tag muß ich daran zurückdenken. Ich zog den Kultivator vier Stunden lang, während er hinter mir herging. Ich erinnere mich, daß meine Mutter und die Nachbarn herauskamen und ihm zu erklären versuchten, daß es nicht menschlich ist, einen Sohn so zu behandeln. Und je mehr Leute versuchten, ihn zu überzeugen, desto störrischer wurde er.«

Matthew wäre ein großartiger Geschworener gewesen. Und obwohl ich bei Männern mit silbergrauen Haaren noch immer vorsichtig bin, bin ich heute eher gewillt, ihnen eine Chance zu geben.

Die Wahl der Geschworenen war schließlich am dritten Tag abgeschlossen. Als wir an diesem Nachmittag in das Richterzimmer zurückkehrten, wiederholte Murdoch seine Warnung. Er wollte nicht, daß dieser Fall vor Gericht verhandelt würde. Er legte die Füße auf den Schreibtisch, zündete sich eine Zigarette an und erklärte: »Meine Herren, sagen Sie mir, wie wir diese Kluft schließen können.«

Vom ersten Tag der Geschworenenwahl an hatten beide Seiten versucht, einen Kompromiß zu finden. Am Ende des ersten Tages forderte Clinton ein Schuldbekenntnis für Totschlag und die Mindeststrafe von zwanzig Jahren Gefängnis; am Ende des zweiten Tages bot er für ein Schuldbekenntnis wegen Totschlags eine Mindeststrafe von neunzig Tagen in einer staatlichen Besserungsanstalt und Bewährung für die verbleibende Gefängnisstrafe an. An diesem letzten Nachmittag waren wir an der Reihe, dem Staatsanwalt ein Angebot zu machen.

»Richter«, erklärte Latham mit müder Stimme, »mit einem Schuldbekenntnis auf Totschlag können wir leben, aber mit der Gefängnisstrafe können wir einfach nicht einverstanden sein.« Clinton erklärte, daß er kein Schuldbekenntnis annehmen könne, bei dem Tim nur eine Bewährungsstrafe erhalten würde. Ich bewertete seine Antwort als wichtiges Zugeständnis, weil er zum erstenmal das Gefängnis nicht erwähnt hatte.

Würde Clinton zustimmen, daß Tim seine ›Strafe‹ in einem streng überwachten Therapieprogramm außerhalb des Staates verbringen würde, fragte ich. Das Programm, das ich schon mehrmals in der Vergangenheit eingesetzt hatte, spezialisierte sich auf die Behandlung von jugendlichen Gewalttätern. Die Insassen saßen nicht hinter Gittern, aber sie wurden vierundzwanzig Stunden am Tag überwacht. Tim würde sich des Totschlags schuldig bekennen und drei Jahre lang an diesem Programm teilnehmen.

Da der Fall politisch gesehen so heikel war, griffen Murdoch und Clinton diesen Vorschlag gleich auf. Clinton befand sich in einer besonders schwierigen Situation: Er konnte Tim nicht einfach mit einer Bewährungsstrafe davonkommen lassen, da man ihn dann Verbrechern gegenüber als weich einstufen würde. Aber er konnte auch keinen Freispruch riskieren, was durchaus im Bereich des Möglichen lag.

Clinton gab seine Zustimmung nicht, weil er plötzlich in letzter Minute Mitleid mit Tim verspürte. Ihm waren die Einzelheiten unserer Verteidigungsstrategie mindestens vier Monate vor der Verhandlung bekannt gewesen – wir hatten ihm sogar unseren Hauptsachverständigen drei Stunden lang zur Verfügung gestellt –, aber er hatte nie ein Interesse an Verhandlungen gezeigt. Was das Blatt gewendet hatte, war die Wahl der Geschworenen gewesen, besonders Matthews Befragung. Clinton »hatte einfach die emotionale Wirkung eines solchen Szenarios unterschätzt«, bemerkte Latham. »Er war nicht darauf vorbereitet, wie die einzelnen Geschworenen sich entscheiden würden.«

In den Monaten vor der Verhandlung hatten Clydes Familie und Freunde wiederholt darauf bestanden, daß der Staatsanwalt die Höchststrafe für Tim fordern würde. Dieser Meinung waren sie noch immer, nachdem Clinton ihnen gesagt hatte, daß er davon überzeugt sei, daß Clyde seinen Sohn sexuell mißbraucht hatte. Dennoch war ihre Reaktion verständlich, denn sie hatten einen nahen Verwandten auf gewaltsame Weise verloren und wollten, daß der Killer, selbst wenn er zur Familie gehörte, den Preis bezahlte. Als ich Clinton fragte, wie die Familie auf die Absprache reagiert hatte, erwiderte er: »Ich kann nur sagen, daß sie es nicht gut aufgenommen haben.«

Ein paar Stunden, bevor die Absprache formell im Gerichtssaal bekanntgegeben wurde, mußte Steele sich um ein letztes Detail kümmern. Niemand konnte voraussagen, wie die Zuschauer im Gerichtssaal auf die Nachricht reagieren würden, daß Tim nicht ins Gefängnis gehen würde, und Steele überließ nichts dem Zufall. Als ich zwei Stunden später den Gerichtssaal betrat, war dieser von einem eindrucksvollen Aufgebot an Polizeibeamten bevölkert. Alle hatten die Hände vor dem Körper gefaltet, und in ihren Jacken waren große Ausbuchtungen sichtbar.

Als Richter Murdoch aus seinem Zimmer kam, warteten alle Geschworenen darauf, daß die Verhandlung beginnen würde. Statt dessen erklärte er den Anwesenden, daß man eine Übereinkunft erzielt habe, dankte für ihre Teilnahme und entließ sie nach Hause. Alle seufzten vor Erleichterung. Niemand hatte über das Schicksal dieses Jungen entscheiden wollen. Aber sie wollten den Gerichtssaal auch nicht verlassen, bis sie gehört hatten, was Tim zu sagen hatte.

Der Gerichtssaal war vollbesetzt mit Mitgliedern aus Tims Familie und mit Freunden, sowie mit Klassenkameraden und vielen Bürgern, die seine letzte Erklärung hören wollten. Murdoch fragte, ob er irgend etwas zu sagen habe, bevor die Strafe verkündet würde. Tim erhob sich und trat ruhig und gefaßt an das Holzgeländer vor dem Richtertisch. Weder Latham noch ich hatten irgendeine Vorstellung, was Tim sagen würde. Während er krampfhaft das Geländer umfaßte, sprach er in einem weinerlichen, aber merkwürdig ruhigen und erleichterten Ton.

»Ich wurde neun Jahre lang mißbraucht. Ich habe meinen Vater geliebt, aber ich kann nichts tun, um ihn wieder lebendig zu machen. Ich brauche Hilfe, und ich möchte dem Gericht danken, daß es mir diese Hilfe gibt.« Er hätte fortfahren können, aber im Grunde war nicht mehr zu sagen.

Der Ort, an dem das Therapieprogramm durchgeführt wird, ist geheim. Die Öffentlichkeit weiß nur, daß er in einem anderen Staat liegt. Tim lebt mit einem männlichen Mitglied des Mitarbeiterstabs in einer einfach ausgestatteten Wohnung in der Nähe der Büros, die dieses Programm durchführen. Er verbringt den Tag mit Hilfsarbeiten im Büro und erhält an fünf Tagen der Woche seine Therapie.

Das Ziel besteht darin, seine Persönlichkeit neu aufzubauen. In den Wochen vor und nach dem Totschlag hatte Tim Selbstmordabsichten geäußert. Vor seiner Tat hatte er daran gedacht, sich selbst zu töten, da er keinen anderen Ausweg aus seiner Notlage sah; in den Monaten nach Clydes Tod und selbst nachdem er mit der Therapie begonnen hatte, dachte Tim aufgrund der großen Schuld, die er durch seine Tat auf sich geladen hatte, an Selbstmord. Oft erklärte er mir: »Ich haßte meinen Vater, aber gleichzeitig liebte ich ihn.« Es war diese Liebe, die ihn fast dazu trieb, sein eigenes Leben zu beenden.

Wie viele sexuell mißbrauchte Jugendliche hatte Tim eine schlechte Meinung von sich selbst. Eins der Hauptziele seiner Therapie liegt darin, daß er die Wirklichkeit seiner Kindheit im Detail wiedererlebt. Wenn Tim sich bewußt wird, daß er das Opfer seines Vaters war, wird er den Glauben abschütteln können, daß er für den Mißbrauch verantwortlich war.

Ich besuchte Tim, nachdem er etwa ein Jahr an dem Behandlungsprogramm teilgenommen hatte. Als wir in dem Café meines Hotels saßen, war offensichtlich, daß er ein anderer Mensch geworden war. Er sah mir direkt in die Augen und sprach selbstbewußt und klar. Ich wußte, daß er noch sehr litt, aber er bemühte sich heldenhaft, sein Leben in die Hand zu nehmen.

Der interessanteste Aspekt für mich ist die Tatsache, daß er an einer Therapiegruppe teilnimmt, die sich aus erwachsenen, männlichen Sexualverbrechern zusammensetzt. »Die Gruppe besteht aus Voyeuren, aus Exhibitionisten und aus Männern, die Kinder belästigt haben«, erklärte er, »und die meisten von ihnen haben irgendwelche sexuellen Erfahrungen in der Kindheit gemacht.« Obwohl Tim ein Opfer war, war sein Therapeut der Meinung, daß diese Männer ihm Einsichten vermitteln könnten, die ihm helfen würden, seine Beziehung zu Clyde zu verstehen.

»Bereitet es dir Sorgen, daß sie Opfer waren, die zu Tätern wurden?« fragte ich. »Ja«, antwortete er leise, »aber da ich jetzt Hilfe bekomme, werde ich in der Lage sein, die Symptome, die sie hatten, zu erkennen, weil wir darüber gesprochen haben. Falls also irgend etwas passiert, werde ich es wissen.«

»Machst du dir Gedanken darüber, daß du möglicherweise

deine eigenen Kinder einmal mißbrauchen könntest?« fragte ich vorsichtig.

»Ich habe zur Zeit Angst davor, eine Familie zu gründen, denn ich möchte nicht, daß meinen Kindern widerfährt, was ich erlebt habe«, erklärte er. »Aber in fünf Jahren vielleicht oder später werde ich diese Angst nicht mehr haben. Ich meine, ich bezweifle, daß so etwas passiert. Ach, ich weiß einfach nicht. Ich weiß nur, daß ich noch eine Menge loswerden muß, und ich glaube, daß das noch lange Zeit dauern wird.«

Mike

Im Frühjahr 1985 gingen Michael Alborgeden und sein Vater Craig zu Verwandten zum Essen. Michael, der nur knapp über 1,65 m groß war und etwa 63 Kilogramm wog, wirkte genau wie jeder andere Sechzehnjährige in der Highschool, die er in einem Vorort einer Stadt im Südwesten besuchte. Was zuerst an Mike auffiel, waren seine größen, wassergrünen Augen. Unabhängig von seiner Stimmung schienen sie melancholisch. An diesem Tag jedoch waren sie hinter einer Pilotenbrille mit Spiegelglas versteckt, und er trug die Brille nicht wegen des Wetters, das bedeckt und regnerisch war. Mike hatte die Brille auch nicht aufgesetzt, weil sie cool wirkte und diesen distanzierten Look widerspiegelte, der bei Jungen in seinem Alter so populär war.

»Wo hast du dir denn das blaue Auge geholt?« fragte seine Tante Barbara, als er durch die Tür hereinspazierte.

»Ich bin gestolpert und habe mir das Auge am Couchtisch angeschlagen«, erwiderte er schnell und tat die Ernsthaftigkeit der Verletzung ab.

»Stimmt gar nicht, ich habe ihm eins draufgegeben«, gab Craig spöttisch an. Verlegen schaute Michael zu Boden, aber sein Vater gluckste vor Lachen.

Zwei Tage zuvor hatten Craig und Michael eine ihrer typischen Streitereien gehabt – es ging darum, ob Michael die schmutzige Wäsche gefaltet und eingeräumt hatte, ohne sie zuerst zu waschen. Da Craig der Meinung war, daß sein Sohn ihn angelogen hatte, hatte er ihm ein blaues Auge verpaßt.

Das war am Freitag, dem 11. April, gewesen.

Die Verletzung am Freitag bildete keine Ausnahme; Mike hatte seit zwölf Jahren Übung darin, sich für Armprellungen, aufgeplatzte Lippen und Beulen am Kopf zu entschuldigen. Obwohl er ein starkes und athletisches Kind und keineswegs linkisch war, hatten andere den Eindruck, daß er ständig ausrutschte, stolperte, sich an irgend etwas stieß oder sich an scharfen Gegenständen schnitt. Er hatte viel Übung darin, die Wahrheit zu verdrehen.

Craig, ein kleiner, stämmiger Mann Anfang Vierzig mit Vollbart und krausem, pechschwarzem Haar war ein leidenschaftlicher Verfechter der körperlichen Züchtigung. Er war auf diese Weise erzogen worden und meinte, daß die Schläge seinen Sohn zu einem besseren Menschen machen würden.

Michael lernte schnell, daß Kindheit nur etwas für Weichlinge war. Craig, der eine Tankstelle besaß, hielt seinen Sohn schon zur Arbeit an, als Michael gerade laufen konnte. Die Ferien verbrachte er nicht im Zeltlager bei den Pfadfindern oder beim Baseballspiel. Statt dessen verbrachte Michael jeden Sommer vom Kindergartenalter bis zur Highschool mit Aufräumarbeiten oder Benzinzapfen.

Die meisten kleinen Jungen verbringen ihre Zeit damit, daß sie mit kleinen Rennautos, G.I. Joe-Puppen und Wasserpistolen spielen, aber nicht Craigs Sohn – solche Spielsachen waren nur etwas für Kinder. Als Michael fünf Jahre alt war, schenkte Craig ihm sein erstes Motorrad; mit sieben Jahren erhielt Michael seine erste Waffe, eine Schrotflinte.

Mit diesen Spielsachen für Erwachsene kam auch die Pflicht, sie zu pflegen. Mit fünf Jahren durfte Michael sein Motorrad selbst betanken, aber er mußte die Kanne zurück in die Werkstatt bringen. Als Craig eines Tages von der Arbeit zurückkehrte, sah er, daß sein Sohn die Kanne in der Einfahrt hatte stehen lassen. Wütend stürmte er aus seinem Wagen und stürzte sich auf Michael, der auf seinem Motorrad saß. Bevor Michael irgend etwas sagen konnte, hatte Craig ihn heruntergestoßen und hieb mit der Kanne auf ihn ein. Während er seinen Sohn mit der Metallkanne schlug, schrie er: »Du wirst es nicht noch einmal vergessen, die Kanne wegzuräumen.« Michael vergaß es nie wieder.

Aus diesem Grund warnte Tante Barbara, nachdem sie gehört hatte, wie Craig sich damit brüstete, daß er Michael ›eins draufgegeben hatte‹, ihren Bruder an diesem Sonntagnachmittag: »Eines Tages wird er sich wehren, und dann wirst du es bereuen.«

»Von mir aus, nur zu!« erwiderte Craig verächtlich. »Nur zu!«

Etwa eine Woche nach dieser Familienzusammenkunft gab Michael eine Vermißtenanzeige für seinen Vater auf. Er hatte seit drei Tagen nichts mehr von ihm gehört oder gesehen, teilte er den beiden Polizeibeamten mit. Nachdem die beiden jedoch das Haus durchsucht hatten, bezweifelten sie, daß Craig einfach verschwunden war. Beide Wagen standen in der Einfahrt, und Craigs Brieftasche und Uhr lagen auf seinem Nachttisch.

Auch Craigs Verwandte hatten den Verdacht, daß irgend etwas an Michaels Geschichte nicht stimmte, da er sich an diesem Wochenende ungewöhnlich verhalten hatte. Er hatte zwei Partys gefeiert, die die ganze Nacht über andauerten, und er hatte an zwei Tagen die Schule geschwänzt. Craig führte den Haushalt mit eiserner Hand, so daß Michael normalerweise nicht einmal davon zu träumen wagte, eine Party zu geben, wenn sein Vater geschäftlich unterwegs war, geschweige denn die ganze Nacht gegen die strikte Anordnung seines Vaters von zu Hause wegbleiben würde.

Drei Tage, nachdem Michael seinen Vater vermißt gemeldet hatte, fand ein Fischer Craig Alborgedens von Schüssen durchlöcherte Leiche unter einem Anlegesteg für Boote. Die Polizei stellte fest, daß er etwa vier Tage zuvor erschossen worden war. Michael wurde fünf Stunden später festgenommen, und zu diesem Zeitpunkt besaß die Polizei mehr als nur Indizienbeweise, die auf ihn als Täter hindeuteten. Viele Freunde von Michael, die geholfen hatten, die Tat zu vertuschen, waren bereits geständig.

Nach der formellen polizeilichen Identifizierung von Craigs Leichnam hatte Billy Eckhart, einer der engsten Freunde von Michael, sich bereits bei der Polizei gestellt. Der sommersprossige Siebzehnjährige berichtete nervös, daß er am vorhergehenden Freitagabend spät von Michael bei sich zu Hause geweckt worden war.

»Ich hab's getan, ich hab's getan«, erzählte Michael seinem Freund aufgeregt. Zuerst wollte Eckhart nicht glauben, daß

Mike seinen Vater getötet hatte. Mike hatte solche Angst vor seinem Vater, daß er es nicht einmal wagte, ihm zu widersprechen, daher schien Mikes Geständnis einfach unglaubhaft. Um seine Geschichte zu beweisen, bat Mike seinen Freund, zu ihm nach Hause zu kommen, wo Eckhart den leblosen Körper sah. Mike wurde plötzlich furchtbar nervös und bat den Jungen, ihm bei seinem nächsten Schritt zu helfen.

Mike und Billy wickelten Craigs Leiche in eine Decke, legten sie in den Kofferraum von Eckharts Wagen und fuhren durch die Dunkelheit, bis sie den Jachthafen erreichten. Nachdem sie den Leichnam versteckt hatten, fuhren sie schweigend nach Hause. Beide schienen nicht so recht zu verstehen, was sie gerade getan hatten.

Am Freitagabend nach Craigs Verschwinden besuchten die Kriminalbeamten Richard Caspar und Joe Angeli, ausgerüstet mit Eckharts Geständnis und Bergen von Indizienbeweisen, Craigs Schwester Barbara und seinen Bruder Dana, um ihnen mitzuteilen, wie ihr Bruder ums Leben gekommen war. Die Nachricht schockierte sie nicht, denn sie hatten bereits das Schlimmste befürchtet. Dennoch konnten sie nicht so recht glauben, daß ihr Neffe seinen Vater umgebracht hatte, es sei denn, daß er es selbst zugeben würde. Während die Kriminalbeamten in seinem Haus blieben, holte der Onkel Michael ab. Nach ihrer Rückkehr sagte er vor den Beamten und anderen Verwandten: »Bitte, Michael, sag, daß du es nicht warst.« Michael schwieg einen Augenblick, bevor er unter Schluchzen erklärte, daß er Craig getötet hatte.

An jenem verhängnisvollen Abend war Michael mit seinen Freunden Schlittschuhlaufen gegangen. Zuerst hatte Craig darauf bestanden, daß sein Sohn um 21 Uhr 30 wieder zu Hause sein sollte, aber nachdem Michael gebettelt hatte, gab sein Vater nach. Michael konnte bis 23 Uhr ausgehen, aber der Junge kehrte erst um 1 Uhr 30 zurück. Er hatte sich sehr verspätet und wußte, daß sein Vater fuchsteufelswild sein würde.

Wie immer lag sein Vater scheinbar schlafend auf der Couch, während der Fernseher lief. Als Michael auf Zehenspitzen an ihm vorbei in sein Zimmer schlich, brüllte Craig:

»Du mußt es immer übertreiben. Immer, wenn ich dir etwas erlaube, mußt du es übertreiben! Komm sofort hierher!«

Craig stützte sich auf einen Arm, während sein 22 Kaliber-Gewehr auf dem Boden an der Kopfstütze lehnte. »Du hast zwei Möglichkeiten«, fuhr sein Vater zornig fort. Michael glaubte, daß er dreißig Tage Besserungsanstalt oder vierzig Tage Hausarrest sagen würde, die Wahlmöglichkeit, vor die man ihn vor einigen Wochen gestellt hatte, als er die Schule geschwänzt hatte.

»Entweder du tötest mich, oder ich bringe dich um«, sagte sein Vater. Da Craig regelmäßig drohte, seinen Sohn umzubringen, ignorierte Michael ihn und ging zurück in sein Zimmer. Dann hörte er zweimal das klickende Geräusch von Metall, hörte, wie die Patronen in die Kammer eingelegt wurden, und dann das Spannen des Gewehrhahns.

»Komm her, ich mein' es ernst«, schrie sein Vater ihm hinterher. Michael war sich nicht einmal sicher, ob das Gewehr überhaupt geladen war, aber der Ton seines Vaters brachte ihn dazu, sich umzudrehen. Als er sich umwandte, schaute er direkt in den Lauf. Erneut wiederholte Craig seine Drohung. Obwohl Michael nicht glauben mochte, daß sein Vater es ernst meinte, tat er das ihm einzig Mögliche – er ergriff den Schaft des Gewehrs.

Starr hielt Michael das Gewehr in der Hand, die Trommel keine dreißig Zentimeter vom Kopf seines Vaters entfernt. Dann kam es zu den üblichen Beschimpfungen.

»Ich hasse dich«, schrie Craig. »Du bist nicht mein Sohn! Ich habe dich nie gewollt. Ich hasse dich!« Tränen traten dem Jungen in die Augen, als Craig seine ehemalige Frau zur Zielscheibe seiner Angriffe machte. »Ich hasse deine Mutter. Sie ist eine Nutte. Wenn du mich nicht umbringst, bringe ich dich um, dann sie und dann mich selbst!«

»Ich weiß nicht mehr, wie oft ich abdrückte«, erzählte Michael später traurig. »Nachdem ich das erstemal abgedrückt hatte, war mein Kopf völlig leer... ich habe einfach immer weiter abgedrückt, bis es nicht mehr ging.« Als das Gewehr leer war, lag Craig mit fünf Kugeln im Kopf tot auf der Couch.

Nach seinem Geständnis gestand Michael voller Scham

ein, daß sein Vater ihn häufig geschlagen und beschimpft hatte, aber die Kriminalbeamten wollten nicht zuhören. Sie hielten ihn für einen dieser gewalttätigen, aufsässigen, degenerierten Jugendlichen. Nach Michaels Verhaftung wurde der Fall sofort an Maurice Aton übergeben, den erfahrensten Staatsanwalt.

Aton war einer Meinung mit den Kriminalbeamten: Michael war nichts weiter als ein kaltblütiger Mörder. Nach einer Anhörung, bei der der Richter die Kautionssumme auf 250000 Dollar festsetzte und Michael die Erlaubnis verweigerte, das Begräbnis seines Vaters zu besuchen, erklärte Aton vor den Journalisten, daß »eine turbulente Beziehung... keine Entschuldigung für einen Mord ist.«

Aufgrund der Brutalität, mit der Morde an Vätern und Müttern verübt werden, verschließen sich Staatsanwälte den tieferen Motiven, den Ursachen, die derartigen Verbrechen tatsächlich zugrundeliegen. Aus diesem Grund werfen Staatsanwälte diese Taten meistens mit Morden, die von Fremden ausgeübt wurden, in einen Topf – der Teenager, der einen Fremden wegen einer Zigarette ersticht, oder das Bandenmitglied, das ein unschuldiges Kind im Vorbeifahren aus dem Auto heraus erschießt. Obwohl dieser Vergleich für viele Staatsanwälte politisch opportun sein mag, stimmt er nicht.

Die Mehrzahl der Kinder, die ihre Eltern umbringen, sind vorher nicht wegen besonderer Gewalttätigkeiten aufgefallen. Wenn sie einmal festgenommen wurden, dann wegen Eigentumsdelikten wie Ladendiebstahl, Vandalismus oder Diebstahl, bei denen es keine Opfer gab. Zum größten Teil handelte es sich um unterwürfige und nicht um aggressive Persönlichkeiten.

Eine Untersuchung, die 1987 von der Psychiaterin Elissa Benedek und dem Psychologen Dewey Cornell von der Universität von Michigan durchgeführt wurde und die neueste und umfassendste Studie von jugendlichen Mördern darstellt, offenbarte, daß Jugendliche, die Fremde töten, bereits lange vorher wegen ernster Straftaten und aggressiven Verhaltens aufgefallen waren. Teenager, die Fremde töten, hatten mehr Probleme mit der Impulskontrolle als Kinder, die ihre Eltern umbrachten, wie ältere Untersuchungen zeigten. Tatsächlich treten die meisten Morde an Fremden, die von Minderjährigen begangen werden, im Zusammenhang mit einem anderen Verbrechen, etwa Raub, auf. Ihnen fehlen die emotionalen Elemente, die den Elternmorden gemein sind. Anders als Kinder, die ihre Eltern töten, ›betrachten diese Jugendlichen ihr Opfer als ein Hindernis, das irgendeinem unmittelbaren Bedürfnis nach Befriedigung im Weg stand‹.

Aton konzentrierte sich ganz und gar auf die Ereignisse in der Mordnacht. Frühere Vorfälle, die Jahre oder Tage vor dem Mord stattfanden, waren fast unbedeutend – auch dies ist in derartigen Fällen eine weitere Position, die in der Staatsanwaltschaft häufig ist. Aton weigerte sich sogar zu glauben, daß es überhaupt zu einem Streit gekommen war. Er glaubte, daß Craig fest geschlafen hatte, als Michael nach Hause kam. Aton rekonstruierte den Fall folgendermaßen: Michael, der viel zu spät nach Hause gekommen war und sich vor der unausweichlichen Strafe fürchtete und sowieso von all den Vorschriften, die ihm gemacht wurden, genug hatte, hatte sich von hinten herangeschlichen und seinen wehrlosen Vater einfach hingerichtet.

Zum größten Teil basierte Atons Analyse auf der Autopsie, die offenbarte, daß alle sechs Einschüsse sich *hinter* dem linken Ohr befanden. Aufgrund dieses Musters kamen die Gerichtsmediziner zu dem Schluß, daß diese Wunden nur entstehen konnten, wenn der Täter hinter, *nicht vor* Craig gestanden hatte, wie Mike den Tathergang geschildert hatte.

Atons Theorie wurde außerdem durch Michaels Verhalten nach dem Verbrechen unterstützt. Es gab genug Beweise, daß der Junge versucht hatte, das Verbrechen zu vertuschen, und genug Hinweise, daß er gleich nach dem Mord keinerlei Reue empfunden oder gezeigt hatte – eine Tatsache, die Aton und die Kriminalbeamten besonders störte. In den Tagen nach dem Verbrechen hatte Michael keinerlei Trauer gezeigt: Er hatte in dem Haus zwei wilde Partys gefeiert, die die ganze Nacht über andauerten. Selbst nach seiner Verhaftung hatte sich sein Verhalten nicht geändert. Obwohl er bei seinem

Verhör bisweilen weinte, war er die meiste Zeit über entspannt und teilnahmslos gewesen.

Michael war zwar kein gefühlloser jugendlicher Straftäter, aber er war auch kein Heiliger. Im vorangegangenen Frühjahr war der Junge, der damals bei seiner Mutter in einem anderen Teil des Staates lebte, verhaftet worden, weil er in das leere Haus eines Nachbarn eingebrochen war. Er hatte eine Bewährungsstrafe erhalten, und seine Familie hielt es für das Beste, daß er sich nicht länger dort aufhielt. Aus diesem Grund zog er zu seinem Vater, der vier Monate zuvor von Michaels Mutter geschieden worden war. Der Staatsanwalt war der Meinung, daß Craig streng sein mußte, weil er durch die Bewährungsstrafe seines Sohnes gezwungen war, dessen Verhalten zu überwachen, eine Einstellung, die auch Craigs Verwandte teilten.

Craigs Geschwister betonten gegenüber den Kriminalbeamten, daß Craig seinen Sohn sehr liebte. Michael war immer mit seinem Vater zusammen, arbeitete an den Wochenenden mit ihm, und beide machten immer gemeinsam Urlaub.

Mikes Tante und Onkel beschrieben ihn als eigensinnigen Teenager, der sich von seinem Vater immer schwerer bändigen ließ, besonders während der letzten zwei Jahre. Er schwänzte die Schule, kümmerte sich nicht um seine Aufgaben im Haushalt und blieb abends länger aus, als sein Vater es ihm gestattet hatte – sein unverbesserliches Verhalten hätte auch bei anderen Eltern Zorn erregt. Obwohl Craig Michael gelegentlich geschlagen hatte, unterscheide sich diese Strafe in nichts von dem, was sie selbst von ihren Vätern gewohnt waren und lief mit Sicherheit nie auf Kindesmißhandlung hinaus. Mikes Problem bestünde darin, daß er zu sehr sein eigener Herr sein wollte. Er habe sich geweigert, seinem Vater zu gehorchen, und tötete ihn schließlich, weil er es einfach müde war, auf ihn zu hören.

Als Marty Griffin, Michaels Verteidiger, mich etwa fünfzehn Monate später um Hilfe bat, waren die Verhandlungen mit der Staatsanwaltschaft abgebrochen worden, und die Verhandlung vor dem Strafgericht sollte in acht Wochen stattfinden. Griffin, ein angespannter, kleiner, drahtiger Mann, der auf die Fünfzig zugeht, ist das typische Mädchen für alles. Seine Anwaltspraxis ist für Menschen mit bescheidenen Mitteln und mit mittlerem Einkommen da. Er kümmert sich um alle Fälle, angefangen bei Bankrotten, Gesellschaftsgründungen und Immobiliengeschäften bis hin zu Fällen, bei denen Alkohol am Steuer eine Rolle spielt. Michaels Fall war offensichtlich etwas ganz Neues, das gleichermaßen herausfordernd und schwierig war.

Griffin kümmerte sich leidenschaftlich um seinen neuen Fall. In dem Jahr, seit die Familie von Michaels Mutter ihn mit der Verteidigung des Jungen betraut hatte, war er sogar so etwas wie ein Ersatzvater für ihn geworden. Eine solch starke Bindung zwischen einem Verteidiger und seinem Klienten ist normalerweise ungewöhnlich, aber es kommt bei derartigen Mordfällen überraschend häufig dazu, wie ich herausgefunden habe. Diese Bindung wird durch die Tatsache verstärkt, daß diese Jugendlichen äußerst mitleiderregend sind, besonders für einen abgestumpften Verteidiger, der es gewöhnt ist, sich mit höchst unliebsamen Zeitgenossen herumzuschlagen. Der Teenager wiederum klammert sich mit leidenschaftlicher Intensität an den Verteidiger. Der Anwalt ist nicht nur der erste, der sich wirklich für die Leidensgeschichte des Kindes interessiert, sondern er ist auch oft der erste, der sagt: »Ich glaube dir, und ich werde dir helfen.«

Nach unserem ersten, langen Gespräch stellte sich heraus, daß dieses Jahr Griffin stark überfordert hatte. Die lange Vorbereitung des Falles für das Gericht schien ihn zu überwältigen, und die Aggressivität, mit der Aton den Fall verfolgte, überraschte ihn. Die Marschroute der Staatsanwaltschaft war kurz nach Michaels Verhaftung klargeworden, als Aton ein Verhandlungsangebot machte, das Griffin wenig Raum für Manöver bot.

Michael war ursprünglich vor dem Jugendgericht wegen vorsätzlichen Mordes mit einer Schußwaffe angeklagt worden. Als Jugendlicher hätte er bei einer Verurteilung eine Mindeststrafe von neun Jahren absitzen müssen. Wenn sein Fall statt dessen vor einem regulären Strafgericht verhandelt würde, drohte ihm eine Strafe von siebenundzwanzig Jahren bis lebenslänglich. Aton machte das Angebot, Michael als Erwachsener vor dem Strafgericht anzuklagen, wo dieser sich wegen Totschlags mit einer Schußwaffe schuldig bekennen sollte. Eine solche Tat wurde mit siebzehn Jahren bis lebenslänglich bestraft. Griffin machte folgendes Angebot: Michael sollte als Erwachsener behandelt werden, aber er würde sich der vorsätzlichen Körperverletzung mit Todesfolge schuldig bekennen und eine Höchststrafe von dreizehn Jahren verbüßen. Aton wies dieses Angebot gleich zurück; er hatte, wie er sagte, sein bestes Angebot gemacht. Griffin merkte, daß es dem Staatsanwalt ernst war, als derselbe Richter, der Michaels hohe Kaution festgelegt und es Michael nicht gestattet hatte, an der Beerdigung seines Vaters teilzunehmen, Griffin einige Tage nach dem Angebot ›inoffiziell‹ erklärte, daß es ein großer Fehler sein würde, das Angebot abzulehnen. Die Geschworenen konnten leicht ein Urteil wegen vorsätzlichen Mordes sprechen, sagte der Richter, was zu einer viel härteren Strafe führen würde. Obwohl Griffin unter Druck stand, nahm er Atons Angebot, das eigentlich gar keins war, nicht an, denn wenn man Michaels Alter in Betracht zog, würde selbst die Mindeststrafe von siebzehn Jahren sein Leben zerstören.

Griffin mußte mir nicht sagen, daß man Michaels Fall an das Strafgericht verwiesen hatte. Theoretisch verbieten die Gesetze in allen Staaten der USA es Richtern, ein Kind nur aufgrund der Ernsthaftigkeit des Verbrechens vor ein Strafgericht zu stellen. Das Gericht sollte eigentlich eine ganze Reihe von zusätzlichen Faktoren in Betracht ziehen, beispielsweise die Eignung des Kindes für rehabilitierende Maßnahmen, seine geistige Reife und bisherige Vergehen. In all den Jahren habe ich jedoch nur ein paar solcher Mordfälle erlebt, bei denen das Kind vor ein Jugendgericht gestellt wurde. In den Augen des durchschnittlichen Richters reicht die Tötung eines Elternteils allein aus, um eine Verlegung des Falls an ein Strafgericht zu rechtfertigen, auch wenn das Kind einen positiven Charakter hat und andere Beweise vorliegen.

Ich erklärte mich bereit, Griffin bei Gericht, bei der Wahl der Geschworenen und bei der Überprüfung der Sachverständigen zu helfen. Da die Zeit drängte, flog ich drei Tage später hin, um mich mit ihm zu treffen.

Griffins Büro lag im obersten Stock eines umgebauten viktorianischen Herrenhauses. Ich fühlte mich gleich zu Hause, als ich sein Büro betrat, da es genau wie das meine aussah – überall war Papier auf dem riesigen Mahagonischreibtisch verstreut, und Bücher waren gefährlich nah am Rand gestapelt. Auf dem Kaminsims standen Bronzebüsten von Mozart und Lincoln neben mehreren Plastikbechern mit Kaffee, der wahrscheinlich schon abgestanden war.

In unserem ersten Gespräch hatte Griffin mir berichtet, daß er einige Beweise hatte, die die Mißhandlungen bestätigten. »Bevor wir uns näher mit dem Fall beschäftigen«, sagte er an diesem ersten Tag, »möchte ich, daß Sie sich einmal ansehen, was wir über die Qualen dieses Kindes herausgefunden haben.« Er drehte sich mit seinem Lederstuhl um und hob drei übervolle Pappkartons auf einen Tisch neben seinem Schreibtisch.

»Hier sind sie«, erklärte er stolz.

»Hier ist was?« fragte ich ungläubig.

»Die Beweise, die Aussagen, alles«, erklärte er.

Die Kisten quollen über vor Akten, die Briefe von Freunden und Verwandten enthielten, Aussagen von Zeugen, eidesstattlichen Erklärungen, Zusammenfassungen von Befragungen und Unterlagen aus der Schule und aus Krankenhäusern. Im Gegensatz zu dem normalen Stillschweigen, von dem derartige Fälle umgeben sind, handelte es sich hier um Leute, die gewillt waren, für Mike auszusagen. Ich war platt. Schon nach einer kurzen Inspektion der Akten konnte ich sehen, daß Craig kein heimlicher Täter war, sondern Michael vor anderen herumgestoßen, geschlagen, getreten, ihm Brandwunden zugefügt oder ihn herabgesetzt hatte. Obwohl ich mich über diese große Unterstützung freute, würde es eine ungeheuer große Aufgabe sein, die Daten zu ordnen.

Jeden einzelnen, der Craigs Ausbrüche miterlebt hatte, in

den Zeugenstand zu rufen, stand ganz außer Frage. Obwohl es unser Hauptziel war, die Qualen im Leben dieses Kindes wiederaufleben zu lassen, hatten mich frühere Verhandlungen gelehrt, daß Geschworene nur eine gewisse Menge ertragen können. Man hat das Gefühl, daß die Geschworenen besonders bei Fällen mit ernster und langer körperlicher Mißhandlung einen emotionalen Sättigungspunkt erreichen, nach dem sie auf die Qualen des Kindes nicht mehr sensibel reagieren können. Aus diesem Grund mußten wir die Vorfälle nach ihrer Schwere ordnen, das Alter des Kindes in Betracht ziehen, die Tat selbst und den Vorfall, der der Mißhandlung vorausging. Wenn beispielsweise ein Achtjähriger in den Rücken geboxt wird, weil er Milch auf dem Teppich verschüttet hat, so wird dies als viel verwerflicher empfunden als die Ohrfeige für einen Vierzehnjährigen, der zu spät nach Hause gekommen ist. Nach einer genauen Durchsicht der Dokumente erkannte ich mit nachlassendem Mut, daß wir noch ein anderes Problem hatten. Die meisten potentiellen Zeugen – Kollegen, Freunde und Nachbarn – konnten nur allgemeine Aussagen machen:

›Craig war Michael gegenüber zu hart. Ständig beschimpfte er ihn und nannte ihn Arschloch oder Scheißkerl.‹

›Craig behandelte Michael so, als ob er ihm nie etwas recht machen konnte. Er bezeichnete ihn als wertlos und dumm.‹

›Oft wirkte Michael völlig verschreckt, wenn Craig etwas sagte.‹

Glücklicherweise hatte Craigs rücksichtslose Gewalt auf andere einen unauslöschlichen Eindruck gemacht. Ein Freund der Familie erklärte bei einer Befragung, daß Craig Michael bereits im Kindergartenalter Arbeiten im Haushalt übertrug. Einmal befahl Craig seinem Sohn, vor dem Abendessen den Hof aufzuräumen. ›Als Craig an diesem Abend nach Hause kam, sah er, daß der siebenjährige Michael seine Aufgabe nicht erledigt hatte. Als der kleine Junge auf seinen Vater zugerannt kam, um ihn zu umarmen, schlug Craig ihm auf den Kopf und befahl ihm, ein Stück Papier aufzuheben, das auf dem Boden lag. Und als er sich bückte, trat er ihm in den Hintern.‹

Ein Zeuge, der in der Nachbarschaft lebte, beschrieb einen Vorfall, als Michael etwa zwölf Jahre alt war. ›Ich sah, wie Craig Michael mit einem Holzstecken in den Nacken schlug. Michael hatte den Zaun am Hinterhof reparieren sollen, damit der kleine Hund, den sie hatten, nicht hinauslaufen konnte. Er hatte den Zaun repariert, aber offensichtlich nicht gut genug für Craig, denn dieser zog eines der Bretter heraus und schlug Michael damit. Durch den Schlag ging er zu Boden.‹ Ein anderer Nachbar berichtete folgendes: ›Mike hatte immer blaue Flecken. Ich sah, daß Craig ihn mehrmals mit dem Gartenschlauch auf den Rücken schlug, weil der Junge den Schlauch nicht so aufgerollt hatte, wie Craig es wünschte.

Craig war ein imposanter und einschüchternder Mensch. Nur wenige Erwachsene wagten es, überhaupt über *irgend etwas* mit ihm zu streiten und schon gar nicht darüber, wie er seinen Sohn behandelte. Wenn andere versuchten, sich für Michael einzusetzen, gebot Craig derartiger Einmischung schnell und energisch Einhalt.

Kenny Stuggans, ein Freund und Kollege, sagte aus, daß er in den zehn Jahren, die er Craig gekannt hatte, mindestens eintausendmal Zeuge gewesen war, wie sein Freund Michael geschlagen hatte, ganz abgesehen von den unzähligen Malen, als Craig Michael getreten oder mit einem Gegenstand, etwa einer Schaufel, geschlagen hatte. Einmal hatte Craig seinen elfjährigen Sohn sogar an eine Wand gepreßt, sich ein Messer genommen und geknurrt: »Eigentlich sollte ich dir die verdammte Kehle durchschneiden.«

Nur einmal versuchte Stuggans, sich für den Jungen einzusetzen, aber das war schon einmal zuviel für Craig: »Ich ging nach der Arbeit mit Craig zurück zu ihm nach Hause. Michael [der damals etwa zehn Jahre alt war] hatte nicht alle Arbeiten im Hof erledigt. Craig boxte Michael mit der Faust, so daß dieser zu Boden ging. Dann stürzte er sich auf ihn und schlug und boxte ihn mit den Fäusten.

»›Hör auf!‹ schrie ich. ›Du bringst ihn ja um.‹ Craig stand auf, trat seinem Sohn mit dem Stiefel heftig in die Seite und boxte mir in den Magen, so daß ich mich vor Schmerzen krümmte. Er fuhr mich an: ›Halt dein gottverdammtes Maul, oder du kommst hier nicht lebend weg.‹« Kenny sagte nie mehr etwas.

Joan Daniels, eine Nachbarin, spielte ebenfalls den guten Samariter. Eines Tages erwischte sie ihren Sohn Justin und den achtjährigen Michael dabei, wie die beide mit Streichhölzern spielten. Wie alle Eltern es tun würden, berichtete sie Michaels Vater von dem Vorfall. Niemand wird bestreiten, daß Kinder lernen müssen, nicht mit Streichhölzern zu spielen. Ich erinnere mich noch gut daran, daß mein Vater mir mit sechs Jahren den Hosenboden versohlte, als ich versuchte, auf dem Wohnzimmerteppich in unserer kleinen Wohnung in der Bronx ein Lagerfeuer anzuzünden.

Als Craig hörte, was sein Sohn getan hatte, raste er zur Tür hinaus. Er fand den kleinen Michael im Hof, packte ihn am Handgelenk und hielt die Handfläche des Jungen über die Flamme eines Butanfeuerzeugs.

»Michael schrie, seine Handfläche brannte, und es bildeten sich Brandblasen, aber Craig schrie ihn an, daß er den Mund halten und sich wie ein Mann verhalten solle«, berichtete Joan. »Ich packte mir Craig, damit er aufhörte, und er sagte, daß er mich fertigmachen würde, wenn ich ihn noch einmal anrühren würde.« Joan war Zeugin mehrerer Vorfälle von Craigs Mißhandlungen an seinem Sohn, aber um ihrer eigenen Sicherheit willen hielt sie den Mund.

Obwohl Craig Michael in Gegenwart anderer schlimm behandelte, teilte er noch größere Strafen aus, wenn niemand da war. Und erst nach dem Mord erfuhren die anderen, was hinter der geschlossenen Haustür geschah.

Über die Jahre hinweg gewöhnte Michael sich an eine absonderliche und quälende Behandlung. In den Wochen, die er als ›gut‹ beschrieb, wurde er vielleicht zweimal getreten, geschlagen oder geohrfeigt, aber in den ›schlechten Wochen‹ war er solchen Angriffen jeden Tag ausgesetzt. Dabei handelte es sich nicht um leichte Tritte, sondern sie waren Michaels Worten zufolge ›eher wie die Tritte eines Fußballspielers in den Hintern, so daß ich quer durchs Zimmer flog.‹ In den guten wie schlechten Wochen warf Craig aus allen möglichen Gründen oder völlig grundlos mit Gegenständen nach Michael.

Craig hatte sogar einen bestimmten Namen für diese Bestrafungen. Da gab es die Strafen für ›alle Zwecke‹, die Michael jeden Tag unabhängig davon, wie sein Vater gelaunt war, erhielt. Als Michael später gebeten wurde, zwischen den Strafen für ›alle Zwecke‹ und den anderen zu unterscheiden, berichtete er:

»Die anderen Schläge erhielt ich, wenn er aus irgendeinem Grund wütend auf mich war. Wenn ich dasaß und er zufällig vorbeikam, machte er eine Faust und boxte mich ... auf die Brust, die Arme oder Beine.«

Michael erzählte keiner Menschenseele davon und erfand immer wieder Geschichten, um seine vielen Verletzungen zu erklären. Als kleiner Junge weinte Michael, wenn Craig ihn schlug oder anschrie, aber mit zehn Jahren hörte er auf damit, da Craig wollte, daß sein Sohn ›Strafen wie ein Mann ertrug‹. Wenn es nach den Prügeln Tränen gab, führte dies nur zu weiteren Schlägen. Um zu überleben, bekam er Übung darin, seine Gefühle zu blockieren und seinen Schmerz zu verneinen. Am Anfang biß Michael die Zähne zusammen und ballte die Fäuste. Nach mehreren Jahren immer wiederkehrender Strafen verhielt er sich wie eine Kleiderpuppe – eiskalt und schlaff.

Schließlich vergrub er seine Gefühle so tief in den Winkeln seiner Seele, daß selbst er sie nicht wiederfinden konnte. Sich zu beklagen oder seine Gefühle mit anderen zu diskutieren, stand ganz außer Frage. Die Wahrheit beschämte ihn und machte ihn verlegen, und außerdem erinnerte sein Vater ihn oft daran, daß es seiner Gesundheit schlecht bekommen würde, wenn er dem Jugendamt etwas davon erzählen würde. Michael war klug genug, seinen Vater beim Wort zu nehmen.

Viele Menschen, besonders der Staatsanwalt Maurice Aton, konnten nicht verstehen, warum Michael anderen nicht von seiner schrecklichen Behandlung berichtete.

Michaels Erklärung für sein Verhalten war jedoch sehr logisch: Er hatte Angst und schämte sich. Es gibt auch einen viel tieferen Grund, den die meisten von uns nicht kennen und der unter diesen Umständen normal ist. Als Kinder leisten wir einen Treueeid. Man lehrt und erinnert uns ständig daran, daß ›Familienangelegenheiten‹ unantastbar und privat sind. Vielleicht erinnern Sie sich daran, daß Ihre Eltern irgendwann einmal folgendes zu Ihnen gesagt haben: »Was sich in unseren vier Wänden abspielt, geht niemanden etwas an«, oder »Alles, und ich meine wirklich alles, was dein Vater oder ich zu dir oder zueinander sagen, ist nicht für fremde Ohren bestimmt.« Diese Treue ist wichtig für die menschliche Entwicklung, da sie die Identifizierung des einzelnen mit seiner Familie fördert und die Grenze zwischen der Familie und der Gesellschaft festigt. Auch wenn viele behaupten, sie seien vaterlandstreu, ist der ›Familienpatriotismus‹ oft stärker als unsere Gefühle für die nationale Regierung. Michael erzählte nichts, weil *niemand* so etwas erzählen würde.

Zu allem Unglück wich Michael besonders einem Menschen, nämlich seiner Mutter Peggy, aus. Das ist leicht zu verstehen, wenn man bedenkt, daß er zuallererst von seiner Mutter lernte, die Wahrheit über Craig zu verschweigen.

Fast von dem ersten Augenblick an, als sie Craig noch auf der Schule kennengelernt hatte, begann Peggy, die Wahrheit über ihre Beziehung geheimzuhalten. Für den normalen Teenager ist das Tragen von Make-up in der Schule ein Ritual, das den Übergang ins Erwachsenenalter markiert. In der neunten Klasse bildete Peggy in dieser Hinsicht keine Ausnahme. Sie trug jedoch ihr ›Augen-Make-up‹ nicht, um hübscher auszusehen oder erwachsener zu wirken. Sie versuchte damit zu verbergen, daß Craig ihr am Abend zuvor ein blaues Auge verpaßt hatte. Und da Revlon kein Make-up herstellte, das stark genug war, um ein blaues Auge abzudecken, verwendete sie eins von Colgate. Es erfüllte einen doppelten Zweck, da sie auch ihre Zähne damit putzen konnte. Ein weiterer Trick bestand darin, koste es, was es wolle, nicht am Sportunterricht teilzunehmen (dies ist bei körperlich mißhandelten Jungen und Mädchen sehr häufig der Fall), denn dort hätte sie sich duschen und jene blauen Flecken zeigen müssen, die sie mit Zahnpasta nicht überdecken konnte.

Jung und verliebt, wie sie war, glaubte sie, daß die Schläge irgendwann einmal aufhören würden. Natürlich war dies nicht der Fall. Die Hiebe und Prellungen wurden immer schlimmer. Anschließend drohte Craig immer, sie umzubringen, wenn sie jemandem davon erzählen würde. Dann entschuldigte er sich und versprach ihr, daß er sie nie mehr schlagen würde.

Peggy war bereits schwanger, bevor sie in die neunte Klasse kam, aber nicht einmal jetzt hörte Craig auf, sie zu mißhandeln. Im neunten Monat stieß Craig ihr so heftig in den Bauch, daß die Fruchtblase platzte, was zu Schwierigkeiten bei Michaels Geburt führte. Kurz nach ihrem zwanzigsten Geburtstag erzählte Peggy einer Freundin, daß sie Craig verlassen wolle, aber Angst habe. Craig hatte gedroht, sie aufzuspüren und zu töten, falls sie ihn verließ, und sie glaubte ihm dies aufs Wort. Als sie einundzwanzig war, setzte Craig den zweiten Teil seines Versprechens fast in die Tat um. Das war am Muttertag.

»Michael war damals etwa vier Jahre alt. Ich hatte gerade mit meiner Mutter telefoniert und ihr gesagt, daß ich nach Hause zurückgehen würde. Ich hatte genug von Craigs Prügeln. Aber als ich mich umdrehte, verpaßte er mir zwei Faustschläge ins Gesicht«, berichtete Peggy. Während ihr das Blut aus den Mundwinkeln floß, zwang er seine Frau, erneut ihre Mutter anzurufen, um alles abzustreiten, speziell was ihre Rückkehr nach Hause betraf. Sie kam seinem Wunsch nach. Erst drei Tage später gestattete Craig es ihr, einen Arzt aufzusuchen. Er hatte ihr den Kiefer so schwer gebrochen, daß sie sofort für mehrere Tage ins Krankenhaus eingeliefert und ihr Kiefer über zwei Monate lang verdrahtet wurde. Leider mußte Peggy noch weitere Ausflüge wegen Gehirnerschütterungen, Knochenbrüchen und Schnittwunden ins Krankenhaus unternehmen, bevor sie zwölf Jahre später die Kraft gesammelt hatte, sich von Craig scheiden zu lassen.

So lange sie verheiratet waren, hatte Craig es vermieden, Michael vor seiner Frau zu schlagen, aber er hatte keine Probleme damit, Peggy zu schlagen, wenn Michael dabei war. Peggy beschrieb die Zwickmühle, in der Michael sich befand:

»Craig schlug Michael nie in meiner Gegenwart, weil er wußte, daß ich etwas gegen ihn unternehmen würde. Und Michael erzählte nie von Craigs Gewalttätigkeiten, weil er wußte, daß ich ihm helfen würde und Craig sich an mir rächen würde, was Michael zu vermeiden suchte.«

Selbst nach der Scheidung, als Craig Peggy nichts mehr antun konnte, verheimlichte Michael seine Qualen vor seiner Mutter. Er glaubte, daß die Wahrheit Craig dazu verleiten würde, sich an beiden zu rächen. Michaels Sorge um die Sicherheit seiner Mutter führte sogar so weit, daß er sie anlog, als er eins seiner schlimmsten Martyrien durch Craig erlebt hatte. Der Vorfall hatte sich kurz nach seinem sechzehnten Geburtstag ereignet.

Ich erklärte meinem Vater, daß ich morgens in der Schule am Schulgottesdienst teilnehmen wollte. Ich saß ihm gegenüber, und er befahl mir, mich zu ihm auf die Couch zu setzen. »Du willst also am Schulgottesdienst teilnehmen«, sagte er. Und ich antwortete: »Ja.« – »Nun, nur Schwule gehen dahin«, meinte mein Vater. »Willst du immer noch gehen?«

Ich antwortete mit ja. Er hatte sein Messer in der Hand und schärfte es. Dann befahl er mir, die Hand auf den Tisch zu legen und hielt mein Handgelenk fest. Er hielt das Messer über meine Finger und fragte, ob ich immer noch zur Kirche gehen wollte. Und wieder sagte ich ja. Er drückte die Messerspitze nach unten – das heißt, er stieß sie herab –, und mein Finger begann schrecklich zu bluten.

Und dann sagte er: »O Gott, ich kann nicht glauben, daß ich dich geschnitten habe.« Er versorgte die Wunde und bandagierte den Finger... Später erzählte ich meiner Mutter, daß ich mich beim Abspülen geschnitten hatte.

Glücklicherweise zeigte der erste riesige Aktenordner, der die Aussagen der Augenzeugen enthielt, daß Mikes Bemühungen, seinen Vater zu schützen, nicht hundertprozentig erfolgreich gewesen waren. Aber obwohl ich mich über diese wichtige Unterstützung für Michaels Verteidigung freute, machte mich eine Sache furchtbar wütend. Obwohl unzählige Erwachsene entweder direkt oder indirekt Craigs Jähzorn beobachtet hatten, hatten nur wenige versucht, Mike zu schützen. Leider ist dies kein Einzelfall.

Jeden Tag sehen Verwandte, Freunde, Nachbarn und Fremde einfach zu, während Eltern ihre Kinder mißhandeln, und fast niemand schreitet ein. Unter den Umständen, wie sie sich beispielsweise bei Mikes Fall offenbaren, ist zum Teil sicherlich die Einschüchterung des mißbrauchenden Elternteils verantwortlich, aber auch hier müssen wir wieder mit tief verwurzelten, sozialen Zwängen kämpfen. In unserer Nation ist es nicht üblich, sich in die Familienangelegenheiten anderer einzumischen, selbst wenn eine Situation dies erforderlich macht. Ganz im Gegenteil, die meisten sind regelrecht davon besessen, die Privatsphäre so sehr zu schützen, daß sich niemand verantwortlich fühlt, sich in die Angelegenheiten anderer Familien einzumischen. Obwohl ich auf jene, die Mike leiden ließen, während sie zusahen, wütend war, konnte ich ihre Motive verstehen. Erstaunlicherweise gab es einige, die der Norm nicht entsprachen und wichtige Schritte unternommen hatten, um Mike zu schützen. Wie und warum ihre Bemühungen, dem Jungen zu helfen, scheiterten, ist sogar noch tragischer.

Als Mike nach der Scheidung zu seinem Vater zog, hoffte er inbrünstig, daß die Dinge sich zum Besseren wenden würden. Dies war im Grunde keine vergebliche Hoffnung, denn in den meisten Beziehungen, in denen es zu Mißbrauch kommt, stechen gute, ja sogar großartige Zeiten in den Perioden der Dunkelheit hervor.

Obwohl Craig seinen Sohn regelmäßig verprügelte, war er dennoch ein großzügiger Vater. Er schenkte Michael Motorräder, Autos und mehrere Jagdgewehre. Die Motorräder und Gewehre wurden auf den unzähligen Camping-Ausflügen eingesetzt, die Vater und Sohn miteinander unternahmen. Obwohl es für Michael bedeutete, daß er seine Wochenenden und die Sommerferien mit Freunden opfern mußte, wenn er für seinen Vater arbeitete, war es im Grunde kein schlechter Handel. Als Michael sechzehn Jahre alt war, hatte er nicht nur gelernt, wie man Autos repariert, sondern war

auch so geschickt, daß ihm oft die Aufsicht über die Tankstelle überlassen wurde. Neben all dem Wissen, das Mike
sich aneignete, verdiente er sich zusätzlich einen ansehnli-
chen Lohn.

Für sehr, sehr kurze Zeit schien Mikes Leben glücklich und
erfüllend, und er hatte das Gefühl, daß die Probleme mit seinem Vater nie bestanden hatten. Aber dies war nur von
kurzer Dauer. Einer von Peggys Verwandten beschrieb die
ersten, wenigen Wochen nach seiner Ankunft:

»Als Michael [hierher] kam, schien er ein glücklicher und
zufriedener Teenager, der sehr freundlich war. Aber nachdem er zwei, drei Tage bei Craig gelebt hatte, änderte sich
seine Einstellung merklich. Er wurde still, trübsinnig und
hing im Haus herum... Ständig beschimpfte Craig seinen
Sohn und behauptete seine Autorität ohne ersichtlichen
Grund.«

Michael baute seine Spannungen und Ängste nicht ab, indem er Drogen oder Alkohol nahm, noch zeigte er, wie es bei
vielen mißbrauchten Kindern der Fall ist, offene Anzeichen
einer Depression oder geistigen Störung. Er war weder le-
thargisch noch ständig mißlaunig und isolierte sich auch
nicht, um stundenlang in seiner eigenen Welt einzutauchen.
Statt dessen fand er seinen Frieden, so kurzlebig dieser auch
war, indem er eisern die Realität seiner Existenz verneinte.
Die hungrige Suche nach Freunden und ein aktives Gesell-
schaftsleben ersetzten ihm das Familienleben.

Gleich nach dem Einzug bei seinem Vater wurde Jennifer
seine feste Freundin. Sie war ein beredtes, lebhaftes vier-
zehnjähriges Mädchen, das aber wie achtzehn wirkte. In ihrer lebhaften Art berichtete sie mir, daß Michael ihrem ersten
Eindruck zufolge ›ein sehr lustiger und offener Junge war‹.
Ihre Mutter Anne, Hausfrau und Mutter zweier Kinder,
pflichtete ihr bei: »Er war ein sehr höflicher junger Mann.
Man konnte förmlich spüren, daß er zu allen nett sein
wollte... Er fand zum Beispiel heraus, welches Eis ich am
liebsten esse, und brachte es vorbei.«

Trotz seiner vergnügten Art beobachteten Mutter und
Tochter, daß Mike merkwürdig still war, wenn es darum

ging, von seiner Familie zu erzählen. Als Michael sie seinem Vater vorgestellt hatte, verstand sie sogleich, warum er schwieg.

Eines Tages sahen Jennifer und eine andere Freundin mit Michael bei ihm zu Hause fern. Craig trat zur Tür herein und schrie Michael sogleich an, weil er die Wäsche ungefaltet auf der Wohnzimmercouch hatte liegenlassen. Michael erstarrte, und alle Leichtigkeit fiel von ihm ab; die freundliche Unterhaltung unter Teenagern wich einem verlegenen Schweigen. Um Michael nicht in Verlegenheit zu bringen, gingen die beiden Freundinnen diskret nach draußen. Einige Minuten später rief Craig ihnen zu: »Ihr könnt jetzt wieder hereinkommen. Ich hab' ihm seine Tracht Prügel verabreicht.«

Später berichtete Jennifer: »Als ich ins Haus zurückging, war Michael nicht da. Ich fand ihn auf seinem Zimmer. Im Gesicht und am Hals hatte er überall rote Stellen. Ich fragte ihn, was es damit auf sich habe, aber er sagte: ›Ich möchte im Augenblick nicht darüber sprechen.‹ Er war sehr verlegen. Ich drang nicht weiter in ihn ein, weil ich ihm nicht das Gefühl geben wollte, daß er sich vor mir schämen müßte.«

Dies war nicht das letztemal, das Jennifer am Körper ihres Freundes Striemen sah. »Er erzählte immer, daß es bei der Arbeit passiert sei oder durch irgendwas anderes. Aber so oft kann man sich bei der Arbeit nicht verletzen. Ich meine, er hatte tagtäglich irgendeine Verletzung.« Diese Zeichen von Mißbrauch blieben auch Anne nicht verborgen.

»Sehr oft, wenn er zu uns kam«, erzählte Anne mir, »schien er eine neue Verletzung zu haben – einen blauen Flecken am Arm, eine dicke Lippe oder einen Striemen auf der Wange. Ich fragte ihn, was es damit auf sich habe, aber er hatte immer einen Grund und sagte zum Beispiel, daß er vom Fahrrad gefallen sei. Ich hatte ihn gerade erst kennengelernt und hatte keinen Grund, ihm nicht zu glauben. Aber dann passierte es so häufig, daß ich meiner Tochter sagte, daß hier irgend etwas nicht stimmte und daß ich mir langsam Sorgen machte.«

Eines Tages gab Jennifer nicht mehr vor, daß sie seinen Entschuldigungen glaubte. Mike war gekommen, um sie zu einer Verabredung abzuholen, und seine aufgeplatzte Lippe war nicht zu übersehen.

»Was ist passiert?« fragte sie.

»Das solltest du besser nicht wissen«, erwiderte Mike schüchtern.

»Doch, ich *möchte* es wissen.«

»Nein, lieber nicht«, kam es wie aus der Pistole geschossen, aber dann gab er nach. Er erzählte ihr, was sie bereits wußte und er nicht hatte zugeben wollen. »Mein Vater hat mir gestern einen Kinnhaken verpaßt«, berichtete er verlegen.

Als Jennifer ihrer Mutter davon berichtete, beschlossen die beiden zu helfen, aber sie wußten nicht so recht wie. Anne wollte sich nicht an das Jugendamt wenden, da Michael ihr erzählt hatte, daß er trotz der Prügel, die er bezog, mit seinem Vater leben konnte. Daher versuchten sie zu helfen, indem sie Michael so oft wie möglich zu sich einluden.

Mehrere Abende pro Woche unternahmen Anne, Jennifer und einige Freunde von der Highschool Trainingsläufe auf einem nahegelegenen Sportplatz. Michael erklärte Jennifer, daß sein Vater eher zustimmen würde, wenn sie ihn anrufen und ihn um Erlaubnis bitten würde. Jedesmal, wenn sie anrief, erklärte Craig: »Er kann mitkommen, wenn du eine Leine mitbringst.« Alle hielten dies für einen schlechten Witz, ein weiteres Beispiel dafür, wie Craig seinen Sohn erniedrigte.

»Dieses eine Mal«, sagte Jennifer, wobei ihre Stimme aufgrund der Erinnerung sehr verlegen klang, »sagte sein Vater: ›Ja, [er kann mitgehen], aber du mußt ein Seil mitbringen.‹

›Ein Seil?‹ fragte ich.

›Ja, ein Seil!‹

Irgend etwas war merkwürdig daran, wie er es sagte, und ich dachte bei mir, daß er es ernst meinte. Also sagte ich: ›Okay.‹«

»Als meine Tochter den Hörer auflegte«, berichtete Anne mir später, »sagte ich: ›Sicher macht er nur einen Scherz, nicht wahr?‹«

›Ich glaube nicht‹, antwortete meine Tochter. ›Wir müssen

dieses miese Spielchen mitspielen, wenn wir Michael aus dem Haus bekommen wollen.‹

Jennifer ging also in die Garage und fand ein gelbes Seil, mit dem wir immer unsere Zelte festmachen.‹

Michael und sein Vater saßen im Wohnzimmer, als Jennifer an die Tür klopfte und das gelbe Seil in der Hand hielt. Craig befahl ihr, es wie ein Lasso zu knoten. »Ich hatte Angst... Er schrie mich nicht an, aber ich hatte das Gefühl, daß es besser sei zu gehorchen...«

Einige Minuten später kam Michael die Auffahrt herunter wie ein Hund auf allen vieren, das Ende des gelben Seils um den Hals gebunden, während eine gedemütigte und entsetzte Jennifer nervös das andere Ende in der rechten Hand hielt. Als Mike in den Wagen stieg, war es unheimlich still. »Wir alle hofften, daß es komisch und albern sein würde«, erzählte Anne mir leise, »aber das war es nicht. Es war krankhaft und wir haben es bis zum Schluß nicht begriffen.«

Als sie am Sportplatz ankamen, waren alle noch sprachlos. Alle außer Michael. Wie immer gutgelaunt, machte er Witze und versuchte, die Sache unbeschwert zu nehmen, so als ob nichts geschehen wäre.

Wenn auch Michael das Verhalten seines Vaters unendlich lang zu tolerieren schien, war das seinen Freunden nicht möglich. Miansehen zu müssen, wie Michael ständig abgewertet und schlecht behandelt wurde, störte sie sehr, besonders wenn sie sahen, welch schreckliche Veränderung Michael in der Nähe seines Vaters durchmachte. In Craigs Gegenwart war Mike immer still und irgendwie weit weg von allem. Mikes Freunde ärgerten sich besonders darüber, daß Craig seinen Sohn wie einen Sklaven behandelte und den Jungen für alle anfallenden Arbeiten im Haushalt verantwortlich machte, angefangen beim Einkauf über das Kochen und Saubermachen bis zum Wäschewaschen. Jennifer hörte oft die Anweisungen, die Craig für seinen Sohn auf dem Anrufbeantworter hinterließ – »Wenn du nicht das Haus putzt und die Wäsche zusammenlegst, bist du tot« oder »Wenn du diese Sachen nicht erledigst, versetz ich dir einen solchen Tritt in den Hintern, daß dir Hören und Sehen vergeht«.

Nachdem Michaels Freunde mehrere Monate lang versucht hatten, ihn davon zu überzeugen, daß er selbst etwas unternehmen müsse, nämlich seinen Vater anzuzeigen oder von zu Hause wegzulaufen, beschlossen sie einzugreifen.

An einem frischen Herbstmorgen suchten Jennifer, ihr älterer Bruder Dale und die beiden Freunde Rob und Kirk, die den Vorfall mit der Hundeleine miterlebt hatten, vor dem Unterricht den stellvertretenden Rektor Mr. Hastings auf. Sie erklärten ihm, daß sie einem Freund helfen wollten, der von seinem Vater mißbraucht wurde. Hastings, der einen Ruf als strenger Schulleiter hatte, hörte sich ihre Geschichte unbewegt an und starrte sie an, ohne ein Wort zu sagen. Als er hörte, um welchen Schüler es sich handelte, bat der Leiter der Gruppe hastig, Michael auszurichten, daß er nach dem Mittagessen in sein Büro kommen solle,

In der Mittagspause in einer Highschool-Mensa wird normalerweise über Verabredungen am Wochenende und über Filme geredet, oder man beklagt sich über das langweilige, fade Essen. An diesem Tag drehte sich das Gespräch jedoch um ernstere Dinge.

»Ich werde nicht zu ihm gehen«, protestierte Michael. »Wenn mein Vater das herausfindet, wird er mich umbringen.«

Jennifer lehnte sich über den Tisch. »Du mußt es tun«, erklärte sie nachdrücklich. »Es ist deine einzige Chance.« Rob, ein anderer Freund, mischte sich ein: »Wir sind zu ihm gegangen und haben ihm erzählt, wie schlecht du behandelt wirst. Du mußt es ihm sagen.«

Michael widersetzte sich die ganze Mittagspause über ihren Bitten, gab aber, kurz bevor es klingelte, nach. Um ihre Unterstützung zu zeigen, begleiteten die vier Freunde ihn in das Büro zu dem Gespräch.

Es war nicht das erstemal, daß Michael in Hastings Büro gewesen war. Im vergangenen Jahr war er mehrmals dorthin geschickt worden, weil er die Schule geschwänzt hatte, und es war Hastings, der die Strafen festlegte. Jetzt saß Michael in seinem Büro, nicht weil er irgend etwas ausgefressen hatte, sondern als ›angebliches‹ Opfer von Kindesmißhandlungen.

Hastings, ein kleiner Mann Anfang Fünfzig mit schütterem Haar, saß hinter einem großen polierten Holzschreibtisch. Michael saß in der Mitte des Zimmers, direkt vor dem Schreibtisch, während die vier Freunde hinter ihm standen. Nachdem sie alle ihre Plätze eingenommen hatten, lehnte Hastings sich in seinem imposanten Lederstuhl zurück und fragte brüsk: »Wirst du mißhandelt?«

Michael antwortete nicht, sein Schweigen erschreckte seine Freunde.

Hastings runzelte zweifelnd die Stirn, schaute Jennifer an und sagte entrüstet: »Glaubst du, daß Michael mißhandelt wird?«

»Ja«, erklärte sie leidenschaftlich, »Michael *wird* mißhandelt.«

Michael warf Jennifer einen Blick zu, der Bände sprach. Er konnte kaum glauben, daß sie es gewagt hatte, dies zu sagen. Zu aller Überraschung wandte sich Hastings abrupt an den Jungen: »Ich mag dich nicht«, sagte er barsch. »Und wenn du nicht den Mund aufmachst, kannst du wieder gehen.«

Rob, der wußte, daß er Michael überzeugen mußte, von seinen Qualen zu erzählen, fragte Hastings, ob er sich kurz draußen mit seinem Freund unterhalten könne. Rob brauchte dreißig Sekunden, um Michael dazu zu überreden, wieder ins Büro zu gehen und die Wahrheit zu sagen.

Als die beiden zurückkehrten, fragte Hastings erneut: »Wirst du zu Hause mißhandelt?« Michael senkte den Kopf und antwortete leise: »Ja.«

»Woher kommt diese plötzliche Änderung?« fragte Hastings streng.

»Ich wollte nichts sagen, damit die Sache nicht aufgebauscht wird«, erklärte Michael verlegen.

»Kannst du mir den Tag nennen, an dem du mißhandelt wurdest?« fragte Hastings.

»Nehmen Sie irgendeinen Wochentag«, erwiderte Michael.

Hastings drängte Michael, genauer zu sein. Vor etwa zwei Wochen habe sein Vater ihm einen Kinnhaken verpaßt, erzählte Michael.

Die Skepsis des Schulleiters war offensichtlich. »Ich muß nun deinetwegen diesen Papierkram ausfüllen«, erklärte er. »Und ich weiß nicht einmal, ob du die Wahrheit sagst. Ich hoffe, daß du mir hier nicht einfach nur Lügen auftischst.«

Michael und seine Freunde waren durch dieses Gespräch, dessen Verlauf sie sich ganz anders vorgestellt hatten, erschüttert. »Es war, als ob Michael irgend etwas verbrochen hätte«, berichtete einer von ihnen später. Michael und seine Freunde hatten getan, was sie für richtig hielten, aber ihnen war eine schroffe Abfuhr erteilt worden. Jetzt schien es fast unmöglich, daß Michael sich von seinem Vater befreien konnte. Erst einen Monat später gab Michael jedoch jede Hoffnung auf.

Michael telefonierte mit seiner Mutter, während sein Vater zur Arbeit war. »Mitten im Gespräch meldete sich die Vermittlung. Man bat mich, die Leitung freizumachen, damit ich einen Notruf annehmen konnte«, sagte Michael. »Es war mein Vater. Er wollte wissen, mit wem ich telefonierte, und ich sagte, es sei meine Mutter. Er schrie mich an: ›Ich habe dir doch befohlen, daß du die Finger von dem verdammten Telefon lassen sollst. Wenn ich nach Hause komme, schlag' ich dich zusammen.‹

Ich sagte: ›Aber ich habe doch nur mit meiner Mutter gesprochen.‹

›Das ist mir egal‹, sagte mein Vater. ›Rühr dich nicht von der Stelle! Wenn ich nach Hause komme, schlag' ich dich tot‹.«

Es war nicht die erste Todesdrohung, die sein Vater ausgestoßen hatte. Eigentlich hatte Michael die Todesdrohungen schon lange als gegeben hingenommen. Aber diesmal sagte etwas in Craigs Stimme ihm, daß er es ernst meinte.

»Scheiße«, dachte Michael. Er mußte fliehen. Er rief Rob an, und die Mutter seines Freundes, Sue Ellen, bot Michael an, ihn für diese Nacht bei sich zu Hause aufzunehmen. Es war nur ein vorübergehender Schutz, aber Michael war verzweifelt.

Michael und Rob aßen an diesem Abend bei Jennifer zu Hause zu abend. Als sie eintraten, ging Anne auf Michael zu und sagte streng, aber mitleidsvoll: »Wir müssen etwas unternehmen, nicht wahr?« Michael senkte still den Blick.

Anne versuchte ihn zu überreden, so wie ihre Tochter es schon vor Monaten versucht hatte. »Bitte, bitte, sag mir, was wir tun können. An wen können wir uns wenden? Wie können wir dir helfen?«

»Ich kann niemandem etwas erzählen, denn er würde mich umbringen«, antwortete Michael. Gerade, als er diese Worte sagte, hörten sie ein unheilvolles Klopfen an der Haustür. Das Blut wich aus Michaels Gesicht und seine Augen waren vor Angst weit geöffnet. Jennifer schaute durch den Spion. Bevor sie sagen konnte, daß Craig vor der Tür stand, war Michael durch die Hintertür geflohen und über eine einen Meter achtzig hohe Mauer geklettert.

Craig war sehr höflich. Jennifer verneinte fest, daß sie wüßte, wo Michael sich aufhielt, und nach ein paar Minuten ging Craig wieder. Später an diesem Abend kam Michael zurück. Er fühlte sich gut, weil es ihm zum erstenmal erfolgreich gelungen war, seinem Vater aus dem Weg zu gehen. Vielleicht würde mit der Hilfe von Leuten wie Anne und Robs Eltern alles besser werden, dachte er.

Um sechs Uhr morgens am nächsten Tag fuhr Sue Ellen ihren Sohn und Michael zum Schulgottesdienst. Als sie auf den Parkplatz an der Schule fuhren, stieß Michael einen solchen Schrei aus, daß ihnen das Blut in den Adern gefror: »O nein, da ist mein Vater!«

Wenn Sue Ellen heute von diesem Vorfall berichtet, ist die Angst, die sie an jenem Tag in diesen Minuten empfunden hatte, noch immer offensichtlich.

»Sein Vater raste mit seinem Kleinlaster auf uns zu. Ich wendete mitten auf der Straße und fuhr mit großer Geschwindigkeit davon. Sein Vater rief uns durch das Fenster etwas zu. Dann überholte er uns und hielt meinen Wagen an. Ich war völlig hysterisch. Er stieg aus seinem Wagen aus, warf sich auf die Motorhaube meines Wagens und bearbeitete die Windschutzscheibe mit seinen Fäusten. Er verfluchte meinen Sohn und mich... Dann ließ er von meinem Wagen ab, und ich fuhr um ihn herum. Schließlich gelangten wir in eine Straße, in der er meinen Wagen wieder anhielt. Wir hatten keine Chance.«

»Ich hätte um ihn herumfahren können«, fuhr Sue Ellen atemlos fort, »aber Michael sagte: ›Ich steig aus.‹ ... Sein Vater zog ihn am Arm in seinen Wagen und fuhr davon.«

Die meisten Menschen hätten zuviel Angst gehabt, um sich weiter um die Sache zu kümmern, aber nicht Sue Ellen. »Ich ging nach Hause und rief die Polizei an ... Man erklärte mir, daß Michael ein Kind sei, das Schwierigkeiten mache, und daß sein Vater nur versuche, sein Bestes zu tun. Und wenn ich die Dinge glaubte, die Mike mir erzählte, ich sei dumm ... Sie sagten mir, daß ich selbst Probleme bekommen würde, wenn ich mich weiter einmischte. Sein Vater habe das Recht, Anklage gegen mich zu erheben, weil ich Mike geholfen und ihn dabei unterstützt habe, von zu Hause fortzulaufen. Am besten sei es, wenn ich mich nicht weiter um die Sache kümmere.«

Als Craig und Michael nach der Verfolgung nach Hause kamen, erhielten sie die Nachricht, daß Mr. Hastings Vater und Sohn an diesem Morgen in seinem Büro zu sehen wünschte. »Weißt du, was es damit auf sich hat?« fragte Craig. Michael schüttelte den Kopf und betete, daß wegen seiner Beschwerde vor mehreren Wochen endlich etwas unternommen werden würde. Auf dem Weg zur Schule weinte Craig. Er erklärte Michael, daß er sich in der letzten Nacht Sorgen wegen ihm gemacht hatte. Die Todesdrohung, die er ausgestoßen habe, sei nur ein Scherz gewesen. Michael blieb ungerührt. »Er wollte, daß ich mich schlecht fühle, aber das tat ich nicht«, sagte Michael später.

Das Treffen im Büro des stellvertretenden Leiters endete in einem Fiasko. Auf einer Seite des Zimmers saßen Hastings und Michaels Bewährungshelferin, Miß Haller, auf der anderen Seite Michael und Craig. Michael saß so nah bei seinem Vater, daß er seinen Atem hören konnte.

»Wirst du zu Hause mißhandelt?« fragte Hastings Michael in einem eher anklagenden statt helfenden Ton.

Michael schaute seinen Vater an und dann wieder Mr. Hastings. Er senkte den Kopf. »Nein«, antwortete er leise.

Von diesem Punkt an verwandelte sich die Verhandlung in eine »Was-ist-nur-mit-Michael-los«-Show, wie Mike erzählte. Nachdem Hastings Michael gehörig die Meinung gesagt hatte, kam Haller mit dem vernichtenden Schlag: »Wir glauben, das Problem liegt bei dir.«

Dieses Treffen war das Ergebnis der Untersuchung einer Kindesmißhandlung, die angeblich von Mr. Hastings in die Wege geleitet worden war. Kein Sozialarbeiter befragte Michael oder seinen Vater allein, auch suchte kein Beamter Michaels Freunde oder andere Familienmitglieder auf, die die Aussagen des Jungen sofort hätten bestätigen können.

Später berichtete Michael mir, wie er sich nach dem Treffen mit Hastings und Haller gefühlt hatte. »Sauer... wütend. Ich haßte sie alle. Ich wollte irgend etwas tun, damit man mich verhaften würde, damit ich wieder in den Jugendstrafvollzug kommen würde. Denn ich wollte nicht wieder nach Hause.« Auch wenn es im Gefängnis schlecht war, hatte Michael wahrscheinlich recht, wenn er meinte, daß es ihm dort besser gehen würde, denn als sie nach Hause kamen, schien sein Vater durch sein neues Machtgefühl fast trunken. »Er hielt sich für den König. Er sagte: ›Jetzt lebst du nach meinen Regeln. Du *kannst* nicht weg.‹«

Craig nutzte diesen Vorfall, um Michael noch stärker zu gängeln. Er mußte nach der Schule direkt nach Hause kommen und Craig verbot ihm, an den Wochenenden auszugehen.

In den nächsten Wochen wirkte Michael merklich zurückhaltender und wütend auf seine Freunde. Sein geringes Eigeninteresse offenbarte sich in den Antworten auf eine Umfrage in der Schule.

»Kannst du dich an das letztemal erinnern, als du sehr motiviert warst, etwas zu tun, oder eine Aktivität dich anregte!« *Nein.*

»Kannst du ein Ereignis oder möglicherweise eine Person nennen, die dich daran hindert, dein höchstes Leistungsniveau zu erreichen?« *Mein Vater. Wegen ihm habe ich zu nichts Lust.*

Es waren nicht nur Craigs vermehrte Restriktionen, die Michaels Leben immer unerträglicher gestalteten – er mußte auch mit dem immer schlechter werdenden seelischen Zustand seines Vaters fertig werden. Nachdem vor fünf Monaten das endgültige Scheidungsurteil mit der Post gekommen war, versank Craig in eine Depression, die täglich schlimmer zu werden schien. Seine Laune wechselte zwischen dem Haß auf seine Frau, weil sie ihn verlassen hatte, und Selbsthaß, weil er sie vertrieben hatte. Michael trug natürlich die Hauptlast dieser dramatischen Stimmungsschwankungen, ein greifbares, immer zugängliches Opfer für den Zorn und die Frustration seines Vaters.

»Michael sitzt neben mir«, schrie Craig eines Abends seiner Frau durchs Telefon zu, »und ich habe einen Revolver in der Hand... Ich werde ihn töten und dir das einzige nehmen, das du liebst. Und dann werde ich mich selbst umbringen.«

Peggy hatte schon früher gehört, wie Craig drohte, sich umzubringen – bei einem Telefongespräch vor mehreren Monaten hatte er sogar in ein Kissen geschossen, aber sie hatte ihn noch nie damit drohen gehört, ihren Sohn umzubringen. Sie flehte ihn an, Michael nicht zu töten, und erklärte dann, daß sie die Polizei anrufen würde.

Craig hielt tatsächlich eine 0,357er Magnum in der Hand, aber Michael saß nicht neben ihm – er schlief in seinem Zimmer. Craig, der mit der Waffe in der Hand herumwedelte, weckte seinen Sohn auf und gestand nervös: »Deine Mutter hat die Polizei angerufen, weil ich ihr erzählt habe, daß ich dich und dann mich selbst umbringen würde, aber du weißt ja, daß ich dir nichts antun könnte. Wenn also die Polizei kommt, solltest du nichts weiter sagen.«

Michael berichtete der Polizei, daß er geschlafen und nicht gehört habe, wie sein Vater gedroht hätte. Craig beobachtete ihn von der anderen Seite des Zimmers aus. Nachdem sie mehrere Minuten mit Craig gesprochen hatten, verließen die Beamten das Haus wieder. Sie fragten Michael nicht, ob sein Vater ihn zu irgendeinem anderen Zeitpunkt bedroht hätte, und erkundigten sich auch nicht bei Craig, ob er überhaupt eine Waffe besaß.

Sobald die Haustür geschlossen war, begann Craig, über seine Ex-Frau zu schimpfen. »Was denkst du darüber, daß die die Polizei gerufen hat?« fragte sein Vater.

»Ich möchte mit der Sache nichts zu tun haben«, erwiderte Michael müde, als er wieder in sein Schlafzimmer ging.

Kenny Stuggans beobachtete die Verschlechterung in Craigs geistigem Zustand ebenfalls. »Eines Abends rief Craig an und sagte: ›Ich muß mit jemandem reden.‹ Er besuchte mich und erzählte etwa eine Stunde lang davon, was für Depressionen er hatte. Dann schaute er mich an und sagte: ›Ich bin zu feige, Selbstmord zu begehen. Wie sieht's aus, Kenny? Gehst du irgendwo mit mir hin und erschießt mich?‹« Stuggans hielt dies für einen schlechten Witz und versuchte, seinen Freund zu beruhigen.

Als Stuggans einige Wochen später mit Craig und Michael an der Tankstelle arbeitete, schlug Craig mit einem Hammergriff auf Michaels Kopf ein, weil der Junge eine Glasscheibe zerbrochen hatte. Wie immer schlich Michael sich still mit gesenktem Kopf davon.

Als Michael außer Hörweite war, wandte Craig sich wieder an seinen Freund und klagte: »Ich wünschte, ich könnte mich selbst umbringen, aber ich habe nicht den Mut dazu. Wie sieht's aus, Kenny?« Kenny wußte keine Antwort.

Michaels Leiden verschlechterten sich auch durch seine zunehmende Isolierung, da er jene, die versuchten ihm zu helfen, nicht mehr sehen durfte. Craig hatte Michael nicht nur verboten, Rob und seine Familie zu sehen, auch Jennifers Eltern, die Angst hatten, daß die Beziehung ihrer Tochter zu Michael zu eng wurde, hatten das Mädchen gebeten, die Beziehung zu beenden.

»Du bist alles was ich habe«, schrieb Michael ihr später, »und sie haben dich mir weggenommen, so als ob das nicht weh tun würde, und, nein, es hat auch weh getan, es war viel schlimmer. Denn ich liebe dich, und ohne dich fühle ich mich wie ein ungelesenes Buch, das ganz allein irgendwo in einem Regal steht.«

Acht Wochen später tötete Michael seinen Vater.

Die Psychologin Dr. Marci Flanigan, eine Expertin, die sich besonders mit mißhandelten Jugendlichen beschäftigt, schrieb kurz nach Michaels Verhaftung ein Gutachten. Obwohl Elternmorde natürlich nicht vorhersehbar sind, war sie keineswegs überrascht, daß Michael seinen Vater getötet hatte. Der entscheidende Faktor für die Tat waren ihrer Meinung nach die langjährigen körperlichen Mißhandlungen und die Beherrschung durch Craig. Michaels eigenen Aussagen und den Beobachtungen von etwa vierzig Zeugen zufolge, bestand Dr. Flanigans Meinung nach keine Frage, daß Michael schon fast von Geburt an körperlich und durch Beschimpfungen mißhandelt worden war.

»Angesichts der fortgesetzten Geschichte von Drohungen und Verletzungen«, schrieb Flanigan, »gibt es Hinweise zuhauf, die belegen, daß sich bei Michael die ehrliche und begründete Meinung entwickelte, daß er sich gegen eine drohende Gefahr für sein Leben verteidigen mußte.«

Obwohl Dr. Flanigans Schlüsse bemerkenswert sind, waren sie in bezug auf die Gewalttätigkeiten eigentlich offensichtlich. Tatsächlich hatte eine Schwester von Craig schon früher einmal vorhergesagt, daß die Angriffe ihres Bruders Michael eines Tages so sehr provozieren würden, daß er sich zur Wehr setzen würde. Was ich jedoch als viel tiefgehender und zwingender empfand, war Flanigans Analyse der Rolle der Familie in dieser Tragödie.

Flanigan meinte, daß der Vatermord vermutlich *nicht* stattgefunden hätte, wenn einige Familienmitglieder entschlossen für Michael eingetreten wären. Da sie jedoch angesichts der offensichtlichen Tatsachen und der kritischen Situation passiv blieben, zwangen diese Verwandten Michael, die Situation für sich selbst zu lösen.

Dr. Flanigans Analyse half uns auch zu verstehen, was Craigs Drohung, Peggy zu töten, für Michael bedeutete und wie dies möglicherweise später seine Handlungen beeinflußte. Über die Jahre hinweg sah Michael zu, wie seine Familie, seine Freunde und Nachbarn alle Craigs offensichtliche Mißhandlungen von Peggy ignorierten. Selbst Peggys Eltern, wußte Michael, waren nie eingeschritten, um ihrer

Tochter schon vor ihrer Heirat mit Craig zu helfen. Und der Junge wußte, daß das Scheidungsurteil nur ein Blatt Papier war, kein fester Schild, der seine Mutter schützen konnte. Wenn man die Brutalität seines Vaters bedachte, die früheren Drohungen, die wahrgemacht worden waren, und Michaels Hoffnungslosigkeit, daß niemand jemals eingreifen würde, war es für ihn eine logische Folgerung, daß in jener Nacht, als er seinen Vater erschoß, dieser zuerst ihn und dann seine Mutter töten wollte.

Das Versagen der Schule und des Jugendamts, ihn zu schützen (tatsächlich verschlimmerten sie die Situation noch), und seine Isolierung von Jennifer und seinen anderen Schulfreunden verstärkten sein Gefühl, ausgeliefert zu sein, noch weiter, wie Dr. Flanigan anmerkte.

Nachdem ich alle Beweismittel durchgesehen und viele Abende damit verbracht hatte, mit Marty Griffin eine Strategie aufzustellen, hatte ich das Gefühl, daß wir eine gute Chance hatten, einen Freispruch aufgrund von Notwehr zu erzielen oder schlimmstenfalls eine Verurteilung wegen Totschlags. Vorsätzlicher Mord schien ganz außer Frage zu stehen. Es gab jedoch zwei ernste Probleme.

Erstens schien die Anzahl der Kugeln und die Anordnung der Wunden *hinter* dem linken Ohr anzudeuten, wie Aton behauptete, daß Michael seinen schlafenden Vater von hinten überfallen und später die ganze Geschichte, in der es um Leben und Tod ging, erfunden hatte. Außerdem schien Michaels Verhalten nach dem Verbrechen ebenfalls darauf hinzudeuten, daß es vorsätzlich geplant war.

Was die Wunden anbelangte, bestand die erste Hürde darin, die Geschworenen davon zu überzeugen, daß es zu einem Streit gekommen war. Wir hatten nicht nur Beweise für verbale Mißhandlungen und Drohungen, die mindestens zehn Jahre zurückreichten, sondern wir hatten auch Berge von hieb- und stichfesten Beweisen, daß Craigs Verhalten sich in den beiden Monaten vor der letzten Auseinandersetzung radikal verändert hatte. Beweise, von denen ich glaubte, daß sie die Geschworenen ohne jeden Zweifel davon überzeugen würden, daß er gedroht hatte, Michael zu töten. Die Tatsache, daß die Wunden sich hinter und unter dem linken Ohr befanden, war schon ein etwas komplizierteres Problem, für das ich auch keine Erklärung hatte.

Glücklicherweise kannte Griffin sich in der Ballistik besser aus als ich. Seine Theorie, die wir auf der Couch in seinem Büro ausprobierten, wobei ich Craig spielte und er Michael, sah folgendermaßen aus: Als der erste Schuß fiel, hatte Craig sich auf eine Lehne der Couch aufgestützt, wobei der Kopf leicht nach links gedreht war. Die Wirkung des ersten Schusses, den er nur aus etwa dreißig Zentimeter Entfernung abgegeben hatte, war so stark, daß er Craigs Kopf nach oben und wieder nach links drückte. Die anderen fünf Kugeln, die in den nächsten zwei bis drei Sekunden in schneller Folge abgefeuert wurden, drangen im Bereich des ersten Kugeleintritts in den Kopf ein.

Griffins Theorie war überzeugend, aber sie beantwortete nicht die Frage, warum Michael das ganze Magazin geleert hatte. Hätte nicht ein Schuß gereicht, wenn er tatsächlich in Notwehr handelte?

Die Staatsanwälte stellten einen »Overkill« häufig als Beweis für eine vorsätzliche Handlung sowie für besondere Brutalität dar. Der moralischen Hierarchie des Mordes zufolge ist ein Mensch, der seinem Opfer einmal ins Herz schießt, irgendwie weniger schlecht als ein anderer, der fünfundzwanzigmal auf sein Opfer zielt. Wie wir bei Tim gesehen haben und wie es auch auf die meisten Fälle von Elternmord zutrifft, scheint Overkill häufig zu sein und viel mehr mit der Angst des Kindes vor dem Elternteil zu tun haben als mit der Absicht des Kindes, eine Verletzung beifügen zu wollen. Hier war Flanigans Gutachten für uns von unermeßlicher Hilfe.

Sie schrieb, wobei sie eine neue Untersuchung über jugendliche Mörder zitierte: »Overkill scheint ... die Angst und Panik widerzuspiegeln, daß das Opfer, das von dem Jugendlichen als allmächtige Figur wahrgenommen wird, aufsteht und sich rächt. Er ist nicht das Ergebnis explodierenden Zorns.« Sie unterstützte ihr Argument, indem sie darauf hinwies, daß Michael seinen Vater hinterher nicht berühren wollte,

weil er Angst hatte, daß er aufwachen würde, wie Billy Eck-
hardt bezeugen konnte.

Den Geschworenen eine überzeugende Erklärung dafür
zu geben, warum Mike Craigs Leichnam versteckt hatte,
würde sich schon schwerer finden lassen. Wenn Michael
ernsthaft glaubte, daß er in Notwehr gehandelt hatte, warum
versuchte er dann, seine Tat so geschickt zu vertuschen,
würde sich wahrscheinlich jeder Geschworene fragen. Wenn
man unschuldig ist, hat man doch nichts zu verbergen, oder?

Außer den Dingen, die Michael selbst zugesagt hatte – daß
er ängstlich und verwirrt gewesen war – hatten wir keine Erklärung. Für einen außenstehenden Beobachter mag dies
eine lahme Entschuldigung sein, aber sie wird von Kindern
unter diesen Umständen häufig gegeben. Wir konnten nur
hoffen, daß die Geschworenen Michael glauben würden.

So blieb noch ein isoliertes Problem, mit dem Griffin und
ich noch am Vorabend der Geschworenenwahl kämpften,
ein Problem, an dem wir im Grunde nichts ändern konnten.
der Staatsanwalt wollte Michaels Verurteilung.

Aton war intelligent und einer der cleversten Staatsanwälte, denen ich je begegnet bin; er hatte sicherlich genug Erfahrung, um voraussagen zu können, wie die Geschworenen
die Tatsachen bewerten würden. Trotz seiner Beweise
konnte ich einfach nicht glauben, daß selbst der Staatsanwalt
Michael nicht zumindest teilweise als sympathischen Angeklagten sehen würde. Atons Selbstvertrauen war so grenzen-
los, daß wir der Meinung waren, er müsse etwas wissen, was
wir nicht wußten oder irgendeinen Starzeugen aufweisen,
der Michael vernichten würde. Möglicherweise hatte er irgendeinen festen Beweis für etwas, das Michael getan oder
gesagt hatte, und würde damit unsere Verteidigung aus den
Angeln heben.

Hinter seiner Maske der Freundlichkeit schien Aton bereit,
uns von unserer ersten Begegnung im Gericht am Tag vor der
Wahl der Geschworenen an anzugreifen. Aton trug das mit-
tellange Haar gerade zurückgekämmt. Er war untadelig gekleidet: ein dunkler Anzug über einem gestärkten Hemd mit
spitzem Kragen.

Wenn die Anzahl der Gesetzesbücher und Akten, die er neben sich aufgestapelt hatte, ein Zeichen für seine Vorbereitungen war, saßen wir in der Klemme. Wie erwartet, bekämpfte er uns von Anfang an bis aufs Messer und stellte alles in Frage, angefangen bei der Zulassung der meisten Beweismittel, die für Mikes und Craigs Verhalten vor der Mordnacht wichtig waren, bis zu dem Einsatz psychologischer Gutachten. Da es in dem Fall in erster Linie um körperliche Mißhandlung ging, war es unser Ziel, bei der Geschworenenwahl nach der »häuslichen Strafpolitik« zu fragen, wie ich es bezeichnen möchte. Die Jury würde täglich Bericht aus erster Hand hören, in denen es um einige sehr beunruhigende Formen von körperlichen Mißhandlungen ging. Daher war es bei der Wahl nicht nur wichtig, herauszufinden, wie die Geschworenen den unterschiedlichen Formen der Züchtigung gegenüberstanden, sondern auch, wie sie als Kinder behandelt worden waren.

Ohne irgendeine Frage zu stellen, wußte ich, daß fast jeder der zukünftigen Geschworenen als Kind körperlich gezüchtigt worden war oder irgendeine Form der körperlichen Strafe bei seinen eigenen Kindern angewandt hatte. Dr. Murray Straus, ein Experte für Gewalt in der Familie, erklärte dazu: »Es besteht fast die Verpflichtung, ein Kind zu schlagen, wenn es sich schlecht benimmt... Die körperliche Züchtigung beginnt bei einem von vier Kindern bereits im Säuglingsalter, erreicht einen Höhepunkt von 97 Prozent bei dreijährigen Kindern und nimmt danach beständig ab.«

Da wir wußten, daß die körperliche Züchtigung weit verbreitet ist, bestand unser Ziel darin, eine Geschworenenjury zu wählen, die aus Menschen bestand, die sich bei der Bestrafung der eigenen Kinder strenge Grenzen setzte. Meiner Erfahrung nach sind Frauen in derartigen Fällen die besten Geschworenen, da sie im allgemeinen der Gewalt in der Familie sensibler gegenüberstehen als Männer. Außerdem werden die meisten Gewalttaten von Männern gegen Frauen ausgeführt, so daß es viel wahrscheinlicher ist, daß die Frauen selbst Opfer von Mißhandlungen waren oder eine Freundin oder Verwandte haben, die mißhandelt wurde.

Nach einem dreitägigen Gerangel mit Aton hatten wir eine Jury, die aus sechs Männern und sechs Frauen bestand. Sie waren alle etwa um die Vierzig und hielten es im allgemeinen für richtig, irgendeine Form der körperlichen Züchtigung einzusetzen. Acht waren der Meinung, daß sich derartige Strafen auf einen Klaps auf den Po beschränken sollten, während drei meinten, Eltern hätten das Recht, eine Rute oder einen Gürtel zu verwenden, aber wieder nur für Schläge auf den Po. Kopf und Gesicht waren tabu, erklärten alle, und ein Kind mit der geschlossenen Faust zu schlagen, galt als Mißhandlung. Interessanterweise gaben mehrere zu, daß sie mit Riemen und Ruten geschlagen worden waren, aber sie hielten derartige Strafen für ungeeignet. Schließlich hatten wir noch einen Geschworenen, der jede Form der körperlichen Züchtigung völlig ablehnte.

Als die Verhandlung an einem frischen, klaren Frühlingsmorgen begann, standen die Leute, die in den Gerichtssaal wollten, auf den Fluren des ultramodernen Gerichtshauses Schlange. Die meisten, die geduldig warteten, waren Freunde von Mike und Verwandte, und einige von ihnen würden als Zeugen der Verteidigung auftreten. Obwohl Mordfälle in diesem ruhigen Vorort selten waren, lenkte dieser Fall nicht die intensive Aufmerksamkeit der Gemeinde auf sich, wie ich es in anderen Fällen erlebt hatte. Niemand wollte Vergeltung, im Gegenteil – die Wartenden schienen sich alle unwohl zu fühlen und sahen zweifellos den Kummer und die Häßlichkeit voraus, die diese Verhandlung unausweichlich ans Tageslicht bringen würde.

Aton präsentierte den Fall, so wie ich es vorausgesehen hatte. In seinen Eingangsbemerkungen vor dem vollbesetzten Gerichtssaal portraitierte er Michael als einen zügellosen Teenager, der es müde war, den vernünftigen Anordnungen seines Vaters zu folgen, und der ihn daher hingerichtet hatte.

Griffins Eingangsbemerkungen begannen mit einem Satz, den ich Anwälten in derartigen Fällen oft empfehle: »Mißhandlung ist ein mildes Wort für das, was Michael Alborgeden über die Jahre hinweg durch seinen Vater erleiden mußte.« Sofort hörten die Geschworenen aufmerksam zu.

Aton war mit seinen Zeugen in zweieinhalb Tagen fertig. Es handelte sich hauptsächlich um Polizisten und einige der Jungen, die Michael beim Vertuschen des Verbrechens behilflich gewesen waren. Die ganze Zeit über wiederholte er die Thesen seiner Eingangsbemerkungen.

Wir konnten es uns ersparen, die meisten Zeugen der Staatsanwaltschaft ins Kreuzverhör zu nehmen, da sie im Grunde nichts wirklich Schädigendes zu sagen hatten. Es bestand kein Zweifel, daß Michael seinen Vater getötet und anschließend versucht hatte, das Verbrechen zu vertuschen. Unser einziges Ziel bestand nur darin zu zeigen, warum er seinen Vater umgebracht hatte.

Aton wiederholte während seiner direkten Befragungen und während seiner Kreuzverhöre eine Sache immer wieder: Michael übertreibe und erzähle Lügen, was die Behandlung durch seinen Vater betreffe. Unabhängig davon, wie Craig Michael behandelte, hatte keine Notwendigkeit bestanden, dieses Verbrechen zu begehen. In der besagten Nacht hatte er auch eine andere Wahlmöglichkeit. Er hätte von zu Hause weglaufen und bei Verwandten oder Freunden Unterschlupf finden können.

Mit Griffins umfangreichen Akten, aus denen wir die klarsten, am wenigsten fragwürdigen Aussagen herausgesucht hatten, machten wir uns daran zu zeigen, daß die körperlichen Mißhandlungen schwer gewesen waren und über einen langen Zeitraum stattgefunden hatten. Obwohl etwa zwei Dutzend Zeugen aussagten, war Michael selbst bei weitem sein eigener, bester Zeuge. Er blieb recht stoisch, als er die schrecklichen Einzelheiten seiner Qualen offenbarte – die langen Jahre, in denen er die Mißhandlungen ertragen hatte, hatten ihn gelehrt, nicht zu weinen, nicht in der Öffentlichkeit zusammenzubrechen.

In allen Einzelheiten erzählte er seine schreckliche Leidensgeschichte. Im Zeugenstand legte er seine Kleidung bis auf die Unterhose ab, um die körperlichen Folgen der vielen Prügel vorzuführen. Vom Kopf bis zu den Fingerspitzen und entlang der Rückseite der Beine zeigte er auf vierzehn unregelmäßig geformte Beulen und Narben. Während Michael ganz ohne Emotionen sprach, blieben die Geschworenen nicht so ungerührt. Viele zuckten zusammen und ein paar wandten sich ab, weil sie den Anblick der Narben nicht ertragen konnten.

Am Ende half uns ironischerweise Atons grenzenlose Leidenschaft, Michael verurteilen zu wollen – die Sache, die Griffin und mir die größten Sorgen bereitet hatte. Als der Staatsanwalt während des Kreuzverhörs seine Theorie weiter belegen wollte, lockte er aus Michael weitere anschauliche und schreckliche Einzelheiten heraus. Je stärker er versuchte, »den Zeugen zu brechen«, desto mehr verlieh er der schrecklichen und unvermeidlichen Realität Substanz. Die Zeugen beantworteten die Fragen mit größerer Leidenschaft, weil sie so sehr herausgefordert wurden. Michaels Zwangslage wurde offensichtlich: die Geschworenen konnten sich die Mißhandlungen fast bildlich vorstellen und Michaels stille Schreie hören.

Als Aton den Jungen ins Kreuzverhör nahm, ging er dabei auf brutalste Weise vor. Der folgende Dialog ist ein kleiner Auszug aus dem zweiten Tag von Michaels Kreuzverhör:

Aton: . . . Die Tatsache, daß dein Vater davon sprach, sich selbst umbringen zu wollen, hatte also nichts damit zu tun, daß du ihn an diesem Abend erschossen hast?

Michael: Er hatte davon gesprochen, mich und meine Mutter und dann sich selbst umzubringen.

A: Aber das hat dich nicht nur wütend gemacht, nicht wahr?

M: Ich bekam Angst. Und ich war wütend, daß ich sterben sollte.

A: Einen Augenblick mal. Du hast doch vorher gesagt, daß du ihn getötet hast, weil du wegen der Worte, die er benutzt hatte, sehr wütend auf ihn warst.

M: Ich fürchtete auch um mein Leben.

A: Du hattest Angst?

M: Ja, ich hatte Angst.

A: Wann bekamst du Angst zu sterben?

M: Ich hatte immer Angst zu sterben.

An diesem Punkt der Befragung verlor Michael die Fassung. Tränen traten ihm in die Augen, und schluchzend beantwortete er die nächsten Fragen.

A: Ich verstehe. Aber hattest du keine Angst zu töten?

M: Doch, die hatte ich. Ich hatte nie daran gedacht, einen Menschen zu töten. Ich glaube, jeder hat Angst davor.

A: Ich verstehe. Wie hast du dich also gefühlt, Michael? Als du deinen Vater erschossen hast, warst du da wütend und zornig auf ihn, oder hattest du Angst vor ihm?

M: Ich hatte alle möglichen Gefühle. Ich war beides. Ich hatte Angst, und ich war auch sehr durcheinander und wütend.

A: Vor jenem Abend hat er schon mehrmals gedroht, dich zu töten, stimmt das?

M: Das stimmt.

A: Wie oft?

M: Daß er mich töten wollte? Dreimal.

A: Dreimal?

M: Ja.

A: Und jedesmal, wenn er drohte, dich zu töten, hat er es nicht getan. Stimmt das?

M: Das stimmt.

A: Jedesmal, wenn er sagte, daß er dich töten würde, schlug oder trat er dich dann auch?

M: Bei den drei Gelegenheiten, als er sagte, daß er mich töten würde, benutzte er es als eine Drohung, falls ich ihn wegen Kindesmißhandlung anzeigen würde...

A: Er hat dich dabei also auch nicht geschlagen ... er hat nur gesagt, daß er dich töten würde?

M: Ja, das hat er.

Obwohl der Staatsanwalt Michael dazu brachte zuzugeben, daß sein Vater schon früher gedroht hatte, ihn zu töten, aber seine Drohung nie wahrgemacht hatte, dramatisierte er damit eigentlich Michaels verzweifelte Situation. Michael verließ den Zeugenstand nicht als kaltherziger, böser Killer, sondern als verirrter, verzweifelter junger Mann.

Nach vier quälenden Tagen der Beratung kamen die Geschworenen zu ihrem Schuldspruch. Erschöpft und durcheinander betraten sie den Gerichtssaal. Mehrere Männer und Frauen hatten bei Michaels Aussage geweint; jetzt machten sie den Eindruck, daß sie während der gesamten Beratung geweint hatten. Richter Grassly, ein stattlicher Mann über sechzig, der von Anfang der Verhandlung an wenig Sympathien für Michael gezeigt hatte, befahl dem Angeklagten, sich zu erheben, wandte sich dann an die Geschworenen und sagte: »Sehr geehrte Sprecherin, sind Sie zu einem Urteil gekommen?«

Die Sprecherin, eine zierliche, großmütterlich wirkende Frau, erhob sich und sagte leise: »Ja, wir sind zu einem Urteil gekommen.« Mit unsicherer Stimme und mühsam die Tränen unterdrückend, sagte sie: »Wir, die Geschworenen, sind der Meinung, daß der Angeklagte Michael Alborgeden der fahrlässigen Tötung schuldig ist.« Michaels Mutter, die in der letzten Reihe gesessen hatte, eilte nach vorn und umarmte ihren Sohn. Während Verwandte und Freunde sich um ihn drängten und vor Freude weinten, weil er nicht des Mordes schuldig war, bemühte sich Michael, die Fassung zu bewahren.

Nach den gesetzlichen Bestimmungen bedeutete dieses Urteil, das minderschwere Tötungsdelikt, daß die Geschworenen zu dem Schluß gekommen waren, daß Michael nicht einmal die *Absicht* hatte, seinen Vater zu töten.

Tatsächlich war das Urteil, wie es häufig in derartigen Fällen vorkommt, das Ergebnis eines Kompromisses. Wie ein Geschworener Griffin später berichtete, war die Jury genau geteilt: sechs waren für eine Verurteilung wegen vorsätzlichen Mordes; sechs für einen Freispruch. Erstere waren durch das Wegschaffen der Leiche und Michaels Bemühungen, seine Spuren zu verwischen, beunruhigt. Die anderen sechs waren gleichermaßen überzeugt, daß Michael in reiner Notwehr gehandelt hat.

Die Geschworenen hatten natürlich nicht das letzte Wort in diesem Fall.

Richter Grassly verwarf Griffins Vorschlag, die Strafe zur

Bewährung auszusetzen, auf der Stelle. Statt dessen folgte er Atons Empfehlung: Michael wurde zu der Höchststrafe, die das Gesetz zuließ, verurteilt – vier Jahre für fahrlässige Tötung und weitere zwei Jahre für den Gebrauch der Schußwaffe bei der Ausführung des Verbrechens. Als der Richter sein Urteil erläuterte, erklärte er fest, daß er sich »keinen schlimmeren Tötungsfall als diesen vorstellen könnte . . . »Ich hoffe, wir werden dich nicht wiedersehen.«

Michael, der zur Zeit des Verbrechens siebzehn war, sollte seine Strafe in einer Jugendvollzugsanstalt verbringen. Ich besuchte ihn dort nach etwa einem Jahr. Abgesehen von dem Doppelzaun mit dem Stacheldrahtabschluß und der Gegenwart eines bewaffneten, uniformierten Beamten am Eingang, wirkte die Besserungsanstalt wie ein kleiner Collegecampus. Neben den zweistöckigen, gelben Backsteingebäuden, in dem jeweils etwa achtzig junge Männer im Alter von sechzehn bis dreiundzwanzig Jahren leben, gibt es noch eine Schule, eine Werkstatt und eine große Freizeiteinrichtung.

Michael war einer der wenigen Insassen, die hier wegen Totschlags einsaßen; die meisten hatten Straftaten begangen, die im Zusammenhang mit Drogen und Eigentumsdelikten standen. Von jenen, die getötet hatten, waren die meisten Mitglieder von Jugendbanden; nur ein anderer Insasse, ein Zwanzigjähriger, der seine Mutter umgebracht hatte, saß hier ebenfalls wegen Elternmord ein.

Ich sprach in einem sonnigen, grüngefliesten Raum, der normalerweise für Therapiesitzungen reserviert war, mit Michael. Er trug locker sitzende, hellblaue Anstaltskleidung und braune Arbeitsstiefel. In dem Jahr seit der Verhandlung hatte er sich sehr verändert. Er hatte etwa dreißig Pfund an Muskeln zugenommen. Jetzt war er fast so kräftig wie sein Vater, aber seine sanften Augen zeigten, daß er einen weicheren Charakter besaß.

Die andere Veränderung machte sich in seinem Verhalten bemerkbar. Er lächelte und schien insgesamt entspannter. Es machte ihm keinen Spaß, im Gefängnis zu leben, erzählte er mir, aber das Leben hier war weniger stressig als sein früheres Leben mit seinem Vater, was kaum verwundert. Zu meiner Überraschung berichtete er mir jedoch auch, daß die Kontroverse um sein Urteil ihn auch ins Gefängnis verfolgt hatte.

Kurz nach seiner Ankunft war Michael vor der Kommission für bedingte Haftentlassungen erschienen. Dabei handelte es sich um fünf Vollzugsbeamte, die genau festlegen würden, wie lange er seine Strafe absitzen mußte und wann er einen Antrag auf bedingte Haftentlassung stellen konnte. Für Michael war diese Erfahrung eine höhnische Wiederholung des Besuchs von ihm und seinem Vater in Mr. Hastings Büro und von Atons Kreuzverhör.

Michael saß den fünf Männern auf einem Holzstuhl mit gerader Rückenlehne gegenüber. Er war blaß, als er mir die Geschichte erzählte.

»Dieser eine Typ sagte: ›Du zeigst keine Reue. In diesem Fall steckt mehr, als offensichtlich ist... Ich glaube einfach nicht, daß du ihn so erschossen hast, wie du vor Gericht ausgesagt hast... Es handelt sich nicht um fahrlässige Tötung, sondern um vorsätzlichen Mord. Du hast einfach nur Glück gehabt‹.«

»Ich war furchtbar wütend«, fuhr Michael fort, »aber sie versuchten, mich in Rage zu bringen (damit ich länger würde sitzen müssen). Ich saß einfach da und beantwortete ihre Fragen mit Ja und Nein.«

Was Michael jedoch wirklich wütend machte, war die Schlußbemerkung eines der geschätzten Kommissionsmitglieder, nachdem er Michael erklärt hatte, daß er nach drei Jahren einen Antrag auf bedingte Haftentlassung stellen konnte.

»Ich glaube, dein Vater war hart zu dir«, sagte der Mann gönnerhaft, »mein Vater war auch hart zu mir... aber ich bin froh, daß ich ihn nicht umgebracht habe. Schließlich stellte sich heraus, daß er ein ganz netter Kerl war.« Michael biß sich nur auf die Lippen und sagte nichts.

Genau wie es bei einigen Geschworenen der Fall gewesen war, gab es einige, die echtes Mitleid mit Michael hatten. Ihre Gefühle, glaube ich, wurden von Anne, Jennifers Mutter, die folgenden Brief an die örtliche Zeitung schrieb, gut zusammengefaßt:

Mir tut es leid, daß Craig Alborgeden tot ist..., aber ich glaube, daß er die volle Verantwortung für das trägt, was in jener Nacht geschah. Denn als Michael und Craig sich zum letztenmal zusammen in diesem Raum befanden, erkannten sie gemeinsam, vielleicht sogar im selben Augenblick, wie erfolgreich Craig gewesen war. Er hatte mit all seinen Drohungen, seinen Mißhandlungen und seiner emotionalen Erpressung schließlich dafür gesorgt, daß Michael daran glaubte.

All die Diskussionen darüber, was Michael hätte tun und nicht tun sollen, verlieren eine mitleiderregende Tatsache aus den Augen: Michael liebte seinen Vater wirklich und wandte all seine Kraft dafür auf, daß sein Vater ihn ebenfalls liebte.

Etwa ein Jahr, bevor er Craig erschoß, schrieb Michael seinem Vater ein Gedicht:

> Vater und Sohn
> Vater und ich sind uns näher
> als der Wind, der durch den Baum bläst
> näher als die Fische dem Meer.
> Denn ohne Vater gäbe es mich nicht. Und ich hoffe,
> daß mein Vater erkennen kann, daß meine Liebe
> stärker ist, als wenn wir
> zu dritt wären. Vater. Ich sag' dir dies,
> weil ich möchte, daß du mich liebst.
> Denk daran, Vater, daß diese Worte
> von mir kommen: »Ich liebe dich so sehr
> und hoffe, daß du das spürst.«
>
> Für immer in Liebe
> Michael

Als Craig dieses Gedicht erhielt, vertraute er einem Freund weinend an: »Ich wünschte, daß ich Michael meine Zuneigung zeigen könnte, statt ihn zu schlagen... Ich weiß nicht, wie ich ihm meine Liebe zeigen kann. Ich bedaure das. Aber so hat mein Vater mich eben erzogen. Niemals hat er je zu mir gesagt: ›Ich liebe dich‹.«

George

Die acht Streifenpolizisten waren völlig verblüfft. Sie hatten erwartet, daß der Jugendliche, den sie gerade nach einer wilden Verfolgungsjagd in die Enge getrieben hatten, ihnen eine wilde Schießerei liefern würde. Mit ihren Revolvern und halbautomatischen Gewehren auf die Fahrertür zielend, befahlen sie dem dunkelhaarigen Teenager langsam aus dem alten, zweitürigen Ford auszusteigen. Bevor sie ihm befehlen konnten, die Hände hochzunehmen, war George McHenry auf der Straße zusammengebrochen und stieß mit weinerlicher Stimme hervor: »Ich war's. Ich habe meinen Vater umgebracht.«

Wenn sie George gekannt hätten, wären sie über diesen Ausbruch von Ehrlichkeit nicht überrascht gewesen – George haßte Lügner. Er wartete nicht einmal darauf, daß sie ihn auf sein Recht, die Aussage zu verweigern, aufmerksam machten, sondern begann gleich, nachdem ihm die Handschellen angelegt worden waren, ein Geständnis abzulegen. Kriminalbeamte beten um Verdächtige wie George, die reden wollen, denn Geständige erleichtern ihre Arbeit ungemein. Georges Wunsch, sich zu offenbaren, hatte jedoch auf David Blount, den Anwalt, den man ihm zugeteilt hatte, genau die gegenteilige Wirkung.

Blount war dieser Fall nicht übertragen worden, weil er ein Spezialist für Mordfälle war. Sein Fachbereich war eigentlich nicht das Strafrecht, sondern medizinische Kunstfehler. Sein Mandat als Pflichtanwalt hatte sogar etwas Ironisches an sich, denn das Spezialgebiet des dreiundvierzigjährigen Anwalts waren Kunstfehler in der Geburtshilfe: Er verklagte Ärzte und Krankenhäuser im Namen von Kindern, die während der Geburt schweren Schaden genommen hatten.

Blount wurde Georges Fall zugeteilt, weil der zuständige Richter ihn für einen hart arbeitenden Anwalt hielt, der an mühselige Kämpfe gewöhnt war, ein Mann, der diesen Jungen fair verteidigen konnte, denn die Allgemeinheit würde sicherlich feindselig eingestellt sein. Ken McHenrys Tod hatte die große Stadt im Mittleren Westen, in der die Familie lebte, tatsächlich schwer erschüttert. Obwohl Ken keinesfalls stadtbekannt war, lenkte sein Tod die Aufmerksamkeit auf das, was nach Meinung vieler mit der Jugend von heute nicht in Ordnung war. Die Kaution von 250000 Dollar, die für George festgesetzt wurde, spiegelte diesen Zorn wider.

Blount schien recht entspannt, als er sich mir am Telefon vorstellte. Er hatte ein Interview mit mir in einem Nachrichtenmagazin gelesen und wollte meinen Rat zu Georges Fall hören. Er leitete das Gespräch mit den Worten ein, daß er zur Zeit kein Geld habe, um mich zu bezahlen, aber versuchen wollte, über das Gericht ein Honorar für meine Mithilfe zu erhalten.

Da Teenager selten die finanziellen Mittel haben, sich privat einen Rechtsanwalt zu nehmen, sind Fälle, in denen es um Elternmord geht, meistens Fälle für die Rechtsbeihilfe und aus diesem Grund stellt die Bezahlung meiner Dienste meistens ein Problem dar. Selbst wenn die Familie wohlhabend ist, kann das Kind normalerweise kein Geld aufbringen, weil das Erbe bis zur Entscheidung eingefroren ist oder weil der überlebende Elternteil aus tiefem Zorn und Groll dem Kind gegenüber sich einfach weigert, für seine Verteidigung aufzukommen.

Ich gebe den Anwälten immer einen ersten Rat, ohne daß schriftlich ein Honorar festgelegt wurde, da ich weiß, daß es schließlich immer irgendwie klappen wird. Außerdem weiß ich, daß gute Absichten oft nicht ausreichen; aus diesem Grund helfe ich in etwa einem Viertel meiner Fälle kostenlos.

Ich akzeptierte Blounts Versicherung, und er fuhr fort, mich mit den Tatsachen vertraut zu machen. Kläglich erklärte er mir, daß sein erster Gedanke nach seinem Gespräch mit George gewesen war: »Die alte Verteidigungsleier ›Ich habe es nicht getan‹ oder ›ich wollte es nicht tun‹ würde diesmal nicht funktionieren. Das Opfer hatte geschlafen, und George hatte Wochen vorher von seinem Plan erzählt.«

»Willkommen in der Welt des Elternmordes«, sagte ich.

Aber Blount plagte ein viel unmittelbareres Problem als eine Verhandlungsstrategie – Georges Schuldbekenntnis. »Ich habe ihm den Rat gegeben, unter *keinen* Umständen mit der Polizei zu reden«, berichtete Blount ärgerlich. »Aber selbst nach seinem Geständnis erhielt ich einen Anruf von einem der Beamten, der mir sagte, daß George mit ihnen redete. Insgesamt fünfzehnmal hat er ausgesagt. Die Beamten erklärten ihm, daß er einen Anwalt habe und nicht mit ihnen reden solle. Aber George war das egal. Ich suchte ihn auf und erklärte ihm, daß er nicht mit der Polizei reden solle, und er nickte zustimmend, aber als nächstes höre ich, daß er wieder aussagt.«

Jugendliche wie George sind eifrig darum bemüht, Autoritäten zufriedenzustellen. Sein Eifer zu gestehen, erinnerte mich an einen anderen Elternmordfall, bei dem ein Teenager, der sich in seiner Freizeit mit Elektronik beschäftigte, sich freiwillig erbot, eine Videokamera zu reparieren, die bei der Aufnahme seines Geständnisses kaputt gegangen war. Die Kriminalbeamten waren sprachlos, als der fünfzehnjährige Junge – der gerade seine ganze Familie getötet hatte – das Gerät reparierte.

Natürlich begreifen diese Kinder nie, daß die Kriminalpolizei die Informationen nutzen wird, um sie so lange wie möglich ins Gefängnis zu bringen. Sie teilen sich den vernehmenden Beamten mit, weil diese meistens die ersten sind, die echtes Interesse an ihrer Geschichte zeigen. Bei dem Gespräch mit dem Beamten können sie sich außerdem abreagieren, was hilft, den enormen Druck der Schuld abzubauen, die viele nach dem Mord empfinden.

Natürlich sorgen sich die Rechtsanwälte, daß das Gerede ihres Klienten dazu führen könnte, daß das Kind den Mord an den Eltern zugibt, aber diese Sorge bestand hier nicht. Die Verteidigung beruhte nicht auf der Tatsache, ob das Kind die Tat ausgeführt hat oder nicht, sondern warum. Außerdem gibt das Kind selten etwas zu, das ihm weh tut, und manchmal nutzt seine Offenheit sogar der Verteidigung, da sie ein logisches Motiv offenbart.

Ich riet Blount, mit George zu einem Kompromiß zu kommen: er könne mit den Kriminalbeamten so oft reden, wie er wolle, solange er Stillschweigen über die Gespräche mit seinem Anwalt bewahre.

Bei allen seinen Geständnissen unternahm George keinerlei Versuch, seine Rolle bei dem Mord zu beschönigen: tatsächlich lieferte er den Untersuchungsbeamten sogar spezifische Einzelheiten. Obwohl er gleich nach seiner Verhaftung hysterisch reagiert hatte, war er bei der Polizei ruhig und rational und gab zu, daß er seit mehreren Wochen mit dem Gedanken gespielt hatte, seinen Vater umzubringen. Er erzählte sogar von den verschiedenen Plänen, die er geschmiedet hatte. Obwohl George das ›Wie‹ präzise beschreiben konnte, machte er seine Sache bei dem ›Warum‹ nicht so gut.

Der alte Kriminalbeamte Harry Anders war Georges Beichtvater. In seinem formellen Geständnis vor Anders konnte George nur sagen: »Es war wegen der Hausaufgaben und... wegen mir im allgemeinen.« Anders bat George, dies näher zu erläutern, aber der Junge konnte es nicht.

Am Ende des Verhörs fragte Anders: »Möchtest du deiner Aussage noch *irgend etwas* hinzufügen?« George dachte einen Augenblick lang nach. »Ja«, antwortete er fest entschlossen, »es war ziemlich dumm und kindisch von mir, das zu tun. Wenn ich die Zeit zurückdrehen könnte, hätte ich alles anders gemacht.«

Anders fühlte sich nicht wohl dabei. Ihn störte die Tatsache, daß ein Siebzehnjähriger, wie er aufgrund seiner Erfahrung wußte, seinen Vater nicht wegen der Hausaufgaben umbrachte. Es störte ihn so sehr, daß er etwas für einen Polizisten sehr Ungewöhnliches tat; er versuchte, dem Kind einen Ausweg aufzuzeigen.

»Hat dein Vater dich jemals geschlagen?«

»Nicht als ich dort lebte, nein«, antwortete George.

»Hat er dich jemals davor geschlagen?«

»Als ich jünger war, aber das war auch alles«, lautete die Antwort.

Nachdem ein Sprecher der Polizei vor der gespannt wartenden Presse mit Nachdruck erklärte, daß es sich um eins der kaltblütigsten Verbrechen handelte, die in der Geschichte dieser Stadt je begangen worden waren, fügte er hinzu, daß der »Junge und sein Vater sich über das Verhalten des Jungen gestritten hatten, aber daß dies normalerweise nicht zu einer solchen Tat führen würde.« Die Stadt war in Aufruhr, und Georges Nachbarn waren ebenfalls völlig überrascht.

»George war zu allen sehr freundlich, ein richtiger Gentleman«, berichtete ein Nachbar einem neugierigen Reporter, »und seinen Vater behandelte er immer respektvoll.«

Auch Blount gegenüber erklärte George sein Motiv nicht besser als gegenüber der Polizei. Zu Anfang sagte er nur, daß Ken ein strenger Vater gewesen sei und daß er es haßte, mit ihm unter einem Dach zu leben. Aber trotz all seiner Feindseligkeit verneinte er eisern, daß er zur Zeit des Mordes oder davor körperlich mißhandelt (und schon gar nicht sexuell mißbraucht) worden war. Verwirrend jedoch war die Tatsache, daß George nur etwa acht Monate bei seinem Vater gelebt hatte, bevor er ihn umbrachte.

Vor diesem Fall war ich mir bei Elternmordfällen sicher gewesen, daß es nur in Situationen dazu kam, in denen das Kind sein Leben lang bei dem Elternteil gelebt hatte. Aber dieser Siebzehnjährige hatte neun Jahre lang nicht bei seinem Vater gewohnt. Es ging einfach über meinen Verstand, wie sich die enorme Gefühlsintensität, die derartige Verbrechen immer begleitet, in so kurzer Zeit hatte aufbauen können.

Es war Blount und mir klar, daß wir nicht die ganze Geschichte kannten. Und George hielt nicht bewußt irgend etwas zurück; er war einfach nicht in der Lage, uns mit Tatsachen aus seiner frühen Kindheit zu helfen. Er hatte nur vage Erinnerungen an seine Kindheit und wußte auch sehr wenig über die Geschichte seiner Familie. Die Antworten würden wir nicht in den letzten acht Monaten oder acht Jahren finden; dafür müßten wir viel weiter zurückgehen.

Als ich schließlich Barbara Moran, Georges Mutter, kennenlernte, arbeitete sie als Maniküre in einem Kosmetikstudio.
Obwohl ich nie ein Bild von ihr gesehen hatte, konnte ich sie
in der Gruppe der Frauen sofort erkennen – nicht weil sie wie
ihr Sohn aussah, sondern weil ihr Gesicht von Trauer ge-
zeichnet war. Als wir uns in dem Aufenthaltsraum setzten,
merkte ich, daß die Verhaftung ihres Sohnes sie arg mitgenommen hatte. Sie war eine zierliche Frau mit dünnen Lippen und dünnem braunen Haar, die durch die dunklen
Ringe um die müden, blauen Augen herum viel älter als sie-
benundvierzig wirkte. Obwohl sie schon seit über zehn Jahren geschieden war und wieder geheiratet hatte, klang ihre
Stimme schwer, als sie sich an das Leid in den Jahren mit Ken
erinnerte.

»Ich lernte ihn beim Tanzen kennen, als ich neunzehn
war... Er war ein großer Mann, über einsachtzig, und er
wirkte sehr selbstsicher, wissen Sie, sehr ausgeglichen«, begann sie.

»Ich fand heraus, daß seine Mutter geschieden war und er
dabei half, seine Brüder und Schwestern großzuziehen. Ich
bewunderte ihn deshalb, wissen Sie, weil jemand, der so
jung war, die Verantwortung eines Vaters übernehmen
konnte...« Er behandelte seine Brüder und Schwestern sehr
liebevoll, erklärte sie.

Als Barbara jedoch länger mit Ken zusammen war, merkte
sie schnell, daß es an seinem Leben wenig Bewunderns-
wertes gab. Im Gegensatz zu der stabilen und unterstützenden Umgebung, in der sie aufgewachsen war, war Kens
Kindheit unbeständig und gewalttätig gewesen.

Sein Vater war geschieden und heiratete mehrere Male,
so daß Ken viele Stiefmütter hatte. Wenn es zu Streitigkeiten
kam, hielt sein Vater immer zur Stiefmutter – immer. Die Kinder hatten immer unrecht, besonders Ken. Ken und sein Vater schrien sich oft an, und sein Vater hatte ihn ein paarmal
heftig geschlagen, wie Ken mir erzählte... Als andererseits
seine Mutter wieder heiratete, mißhandelte der Stiefvater
Ken und die anderen Kinder ebenfalls. Ken erlebte in seinem
Leben immer nur völlige Ablehnung.

Als Tommy, ihr erstes Kind, 1966 geboren wurde, gab es nichts, das der neunzehnjährige Vater für seinen Sohn nicht tat. »Ich habe ihn geboren«, erzählte Barbara mir, »aber er war Kens Kind... er ließ es nicht einmal zu, daß jemand für den kleinen Tommy den Babysitter spielte.« Als Tommy ein Jahr alt war, war Barbara mit ihrem zweiten Kind schwanger, und während des ersten Schwangerschaftsmonats wurde Ken nach Vietnam eingezogen.

Als Ken aus dem Krieg zurückkehrte, war Tommy immer noch sein kleiner Liebling. Unerklärlicherweise lehnte Ken seinen anderen Sohn, George, völlig ab. Barbara schüttelte weinend den Kopf, als sie mir davon berichtete. »Schon als ich mit George aus dem Krankenhaus kam, wollte er nichts mit ihm zu tun haben... Wenn Ken seine beiden Söhne vorstellte, sagte er: ›Dies ist mein Sohn Tommy, und das ist George‹.«

Tragischerweise wurde Tommy im Alter von sieben Jahren bei einem Verkehrsunfall getötet. Barbara reagierte darauf, indem sie sich noch mehr an George klammerte. Ken dagegen lehnte George noch stärker ab. »Am Anfang tolerierte Ken George, aber als Tommy nicht mehr lebte, hatte er keinerlei Gefühle mehr für ihn«, klagte Barbara. George war verloren, sein Vater schloß ihn völlig aus seiner welt aus... Er versuchte immer, die Aufmerksamkeit seines Vaters zu erregen, und Ken sagte dann: ›Mach, daß du rauskommst, ich habe keine Zeit für dich. George schaute mich dann an und fragte: ›Mom, was ist los?‹ Dies ging weiter so, bis George seinen Vater aus seinem Leben ausschloß... George mußte immer für alles büßen, egal, was es war... zum Beispiel, wenn ein Teller kaputtgegangen war oder so etwas.«

Wenn Tommy nicht auf so tragische Weise aus seiner Familie gerissen worden wäre, wäre dann alles anders verlaufen? Wäre Tommy in der Lage gewesen, seinen jüngeren Bruder vor dem Zorn seines Vaters zu schützen, oder hätte er die Schläge zumindest abfedern können, indem er George moralische Unterstützung gab? Ich neige dazu, dies mit Ja zu beantworten. Es wäre für George sicherlich besser gewesen, aber wieviel besser, das weiß ich einfach nicht. Ich erfuhr jedoch, daß Barbara und Ken schließlich noch vier weitere Kinder hatten und Ken ein guter Vater für sie war. Aber seine Einstellung zu George blieb kalt und distanziert. »George stand immer ganz unten, obwohl er der älteste war.«

Körperlich bestrafte Ken George etwa zwei- bis dreimal pro Woche, indem er ihn mit der bloßen Hand auf den Po schlug – »für Dinge, die ein kleiner Junge normalerweise tut, wie draußen auf dem Hof mit Autos spielen.« Obwohl diese Schläge oft Handabdrücke auf Georges Po hinterließen, war Barbara nicht der Meinung, daß es sich bei Kens Verhalten um Kindesmißhandlung handelte.

Kens Rute war seine Zunge. Als George zur Schule ging, bezeichnete Ken seinen Sohn ständig als ›Bastard‹ oder ›blöd‹, aber die schlimmste Kritik, die George sich sein ganzes Leben lang anhören mußte, lautete: »Du bist ein Feigling, und du wirst *nie* etwas darstellen.«

Mehrere Wochen, nachdem der Fall Blount übertragen worden war, erhielt er einen Anruf von Stan Lertner, einem Nachbarn von Ken, der von einem beunruhigenden Zwischenfall erzählen wollte, der ihm seit über zwölf Jahren Sorgen bereitet hatte.

»Eines Tages war ich draußen in meinem Garten«, berichtete er Blount, »und sah, wie Ken an seinem Wagen arbeitete. Die Motorhaube war geöffnet, und George stand direkt neben ihm. Er war etwa fünf Jahre alt. Ken rief mir zu: ›Hallo, Stan, komm doch mal her, ich will dir etwas zeigen.‹ Ich dachte, daß Ken mir etwas am Motor zeigen wollte. Als ich dort war, schaute Ken George an und sagte: ›Hast du je ein dümmeres Kind gesehen? Schau dir seine Augen an... verdammt, bist du blöd!‹ George saß nur ruhig mit einem verletzten Gesichtsausdruck im Gesicht da. Zu seinen anderen Kindern war er nicht so streng wie zu George.«

Einige, die Kens Beschimpfungen mit anhörten, versuchten einzugreifen, aber es nutzte nichts. Barbara erinnerte sich schaudernd an einen Vorfall ganz ähnlich dem, der Mike Alborgeden widerfuhr und der seine Zukunft ahnen ließ. George war erst fünf Jahre alt. Er und seine Familie besuchten Verwandte in den Ferien.

»Georges Onkel Harry versuchte ihm beizubringen, auf einem kleinen Fahrrad zu fahren«, begann Barbara, »und Ken sagte: ›Nein, ich werde es ihm zeigen!‹ Ken ging also zu ihm und jedesmal, wenn George einen Fehler machte, sagte er: ›Mein Gott, bist du blöd!‹ oder Was ist denn jetzt schon wieder mit dir?‹ Und dann stieß er ihn einfach vom Fahrrad. Als Ken wieder über den Hof ging, sagte Onkel Harry zu ihm: ›Der Junge gibt sich alle Mühe, aber für dich scheint er nicht einmal zu existieren... Irgendwann einmal wird er sich für deine Behandlung rächen.‹ Ken lachte nur.«

Georges Verhalten gegenüber Ken war bei weitem nicht das einzige Problem im Haushalt der McHenrys. Ken hatte seine Frau, bevor er nach Vietnam eingezogen wurde, gelegentlich geschlagen; nach seiner Rückkehr steigerten sich jedoch die Gewalttätigkeiten und Beschimpfungen drastisch. Obwohl der Krieg und Kens Drogen- und Alkoholmißbrauch nicht für alle Probleme, die Ken nach seiner Rückkehr hatte, verantwortlich sein konnten, forderten sie ihren Tribut.

»Als er aus Vietnam zurückkam«, berichtete Barbara, »mußte ich mich oft mitten in der Nacht aus dem Bett rollen und mich darunter verstecken, weil er Alpträume bekam und zu schreien begann... Damals nahm er oft Drogen... Er schlug mich ziemlich häufig und... ich hatte einfach die falsche Einstellung. Ich war der Meinung, wenn... also, er behandelte mich wie einen Mann, und ein Mann schlägt zurück, also begann ich zurückzuschlagen... Wenn er mich schlug, wehrte ich mich, obwohl er zweimal so kräftig zuschlug, wenn er mich wieder verprügelte.«

Unzählige Male hatte Barbara nach derartigen Auseinandersetzungen Schnittverletzungen und blaue Flecken. Wütend berichtete sie von ihren vergeblichen Versuchen, Hilfe von der Polizei zu erhalten. »Sie standen in meinem Vorgarten und sagten, daß sie nichts tun könnten, weil sie nicht gesehen hätten, wie er mich schlug, obwohl ich mit einem geschwollenen, blauen Auge dastand.« Wenngleich diese Vorfälle sehr schlimm waren, waren es nicht die eigenen Leiden, an die sie sich besonders lebhaft erinnerte.

»Wenn Ken mich schlug«, schluchzte Barbara, »versteckte

George sich unter seinem Bett oder in einem Schrank. Manchmal stand er einfach nur mit einem ganz verlorenen Blick da.«

Obwohl George ständig ignoriert und herabgesetzt wurde, reagierte er nie wütend und zeigte keinen Groll gegenüber Ken. Ganz im Gegenteil – ständig versuchte er, ihm einen Gefallen zu tun. Er konnte jedoch nicht immerzu mit einem Lächeln auf dem Gesicht herumlaufen, und als er in der dritten Klasse war, schottete George sich leider emotional völlig ab, lehnte alle Liebesbeweise ab und ließ nicht einmal zu, daß seine Mutter ihn an sich drückte. Und mit diesem Rückzug kam der Zorn, ein Zorn, der ihn schließlich zerstörte. Barbara schien sein Verhalten zu sagen: »Ich erhalte keine Aufmerksamkeit, wenn ich etwas richtig mache, also werde ich alles falsch machen.«

Georges häusliche Probleme machten sich auch bald in der Schule bemerkbar. Obwohl er überdurchschnittlich intelligent war, waren seine Leistungen meistens schlecht. Selbst wenn er gute Leistungen zeigte, verblaßten sie neben seinen Verhaltensproblemen. Er war sehr unkonzentriert und wurde oft von den Lehrern zur Ordnung gerufen, weil er den Unterricht störte. Da er besonders empfindlich reagierte, wenn er geneckt wurde, kam es auf dem Schulhof oft zu Prügeleien mit anderen Kindern.

Ken und Barbara ließen sich scheiden, als George in der vierten Klasse war. Obwohl Ken wenig Kontakt zu seinem Sohn hatte – er besuchte die Familie selten, oft nicht mal einmal pro Monat –, wurde Georges Verhalten nicht besser. Unter den Zeugnissen der nächsten beiden Jahre standen immer wieder dieselben Bemerkungen: »Muß sich besser beherrschen lernen. »Sehr sprunghaft in seinen Leistungen« und »Bitte kommen Sie zu einem Gespräch«. Als er älter wurde, wurden auch seine Schulprobleme größer.

Weil er oft die Schule schwänzte und sehr schlechte Leistungen zeigte, mußte George die siebte Klasse zweimal wiederholen. In dieser Zeit und auch noch in der achten Klasse kam es in der Schule ständig zu Auseinandersetzungen mit anderen Kindern.

Er konnte einfach nicht die geringste Bemerkung oder den kleinsten Witz auf seine Kosten hinnehmen, ohne zu explodieren und einen Streit vom Zaun zu brechen. Damit hing zusammen, daß er es zu Beginn der neunten Klasse darauf anlegte, »immer stärker zu werden«, wie ein Freund berichtete. Er nahm Eisenpräparate und brachte sich körperlich in Form. Auch Barbara bemerkte diese Besessenheit und führte sie darauf zurück, daß »sein Vater ihm immer gesagt hatte, er sei schwach, ein Feigling.«

Trotz seiner Einstellung wich George doch von der Norm ab. Er war nicht der klassische Rüpel auf dem Schulhof, der mit vierzehn Jahren wegen Körperverletzungen und ähnlichen Anklagen ständiger Gast der Besserungsanstalten war. Er schlug niemals einen Lehrer und verletzte nie ein anderes Kind ernsthaft oder mit Absicht bei einer Prügelei, auch wurde er nie wegen Gewalttätigkeiten festgenommen.

Als George in die Highschool kam, war er clever genug zu wissen, daß er sein aufbrausendes Temperament zügeln mußte. Er vermied Streitigkeiten, die unweigerlich zu einer Bestrafung führen würden, und rächte seine Frustrationen an sich selbst, indem er die Wände mit Fäusten bearbeitete und mit Dingen um sich warf. Nach einem Streit mit seiner Freundin von der Highschool zerbrach er eine Fensterscheibe mit der Faust. Da er vorhersehen konnte, wann er »explodieren« würde, vereinbarte er mit dem Leiter der Highschool (der sicherlich ein aufgeklärter Mann war), daß er in die Turnhalle gehen dürfte, um sich dort abzureagieren. Nachdem er zehn Runden gelaufen war oder Gewichte gehoben hatte, kehrte er in den Unterricht zurück.

Trotz Barbaras unermüdlicher Bemühungen, bei der auch Einzel- und Familientherapien durchgeführt wurden, war sie nicht in der Lage, ihrem Kind zu helfen. Die Familienzwistigkeiten wurden unglücklicherweise durch die Tatsache verschärft, daß George auch nicht mit Elton, Barbaras zweitem Mann, auskam. »George wußte, daß Elton ihn liebte«, sagte Barbara, »aber er war durch seinen Vater programmiert worden, von Männern eine negative Reaktion zu erwarten, so daß er verwirrt war. Er kannte meine Liebe, aber nicht die

Liebe eines Mannes. Mein Mann versuchte alles, aber schließlich gab er frustriert auf.«

Elton und Georges Beziehung, die immer bitterer wurde, war kurz nach Georges siebzehntem Geburtstag völlig am Ende. Die täglichen Streitereien und Beschimpfungen zogen die ganze Familie in Mitleidenschaft, und um ihre Ehe und die anderen Kinder zu schützen, erklärte Barbara ihrem Sohn, daß er ausziehen müsse.

Mehrere Wochen lang lebte George bei zwei älteren Freunden, bis Ken, der während der letzten neun Jahre insgesamt nur zwei Monate mit dem Jungen verbracht hatte, ihn einlud, bei ihm zu wohnen. Warum Ken dieses Angebot machte und warum George es annahm, verstand im Grunde niemand.

Mehrere Freunde und Verwandte von Ken erklärten, daß er seine Beziehung zu George verbessern wollte, da er sein Leben nach der Scheidung von Barbara wieder in Ordnung gebracht hatte. Er hatte seinen Alkoholkonsum unter Kontrolle, hatte einen Job als Vorarbeiter in einer Fabrik für Autoersatzteile gefunden, hatte wieder geheiratet und war Vater einer kleinen Tochter, Felicia. Ken gestand ein, daß er bei seinem Sohn Fehler gemacht hatte, aber er war, so glaubte er, jetzt besser darauf vorbereitet, ihm zu helfen. Was ihm am meisten Sorgen bereitete, war, daß sein Sohn sich in die falsche Richtung entwickelte – er versagte in der Schule und machte keine Pläne für die Zeit nach dem Schulabschluß. Vielleicht sah Ken in seinem Sohn einen Menschen, den er vor zwanzig Jahren gekannt hatte und der unbedingt Hilfe brauchte.

Ein paar Freunde von George waren der Meinung, daß er das Angebot, bei seinem Vater einzuziehen, aus gutem Grund angenommen hatte; er hatte kein Geld und kein Zuhause. Barbara und andere waren der Meinung, daß seine Motive komplizierter und tiefgründiger waren. Obwohl George jahrelang von seinem Vater schlecht behandelt worden war, hatte er dennoch ungeheuren Respekt für ihn, auch wenn dies unglaublich klingt. Er sehnte sich nach seiner Liebe und Bestätigung und hoffte, daß dies die Chance sein würde, sich zu beweisen. Das wahre Motiv liegt wahrscheinlich irgendwo in der Mitte, aber eins ist sicher: In dem Augenblick, als George das Haus seinen Vaters betrat, nahm das Verhängnis seinen Lauf.

In den ersten Wochen war das Verhältnis zwischen Vater und Sohn harmonisch, da beide versuchten, sich von der besten Seite zu zeigen. Aber die Flitterwochen dauerten nicht sehr lange: Bald erkannten sie, daß sich im Vergleich zu früher kaum etwas geändert hatte.

Leider war das Bild, das Ken sich von seinem Sohn machte, eingefroren. »Er wußte nicht, wie er mit einem erwachsenen Sohn umgehen sollte«, sagte ein Verwandter nach seinem Tod. »Er behandelte ihn wie einen Dreijährigen.« George war immer noch ein Verlierer, der ihm nichts recht machen konnte. Und hinter all seinen guten Absichten hatte George nicht vergessen, wie sein Vater ihn als Kind behandelt hatte. Obwohl er jetzt fast so groß wie Ken war, gab sein Vater ihm immer noch das Gefühl, daß er fünf Jahre alt sei.

Als George mir die ersten Wochen bei seinem Vater beschrieb, sagte er: »Ich paßte von neun Uhr morgens bis nachmittags fünf Uhr auf Felicia auf. Wenn mein Vater nach Hause kam, machte er mich an, weil das Haus völlig in Unordnung war. Nachdem ich lange versucht hatte, Sachen aufzuheben, ließ ich das Kind einfach gewähren... und räumte anschließend alles auf.« Es war nicht nur die Haushaltsführung, die zu Streitigkeiten zwischen Vater und Sohn führte.

»Wir stritten uns über alles, worüber man sich nur streiten kann, dumme Auseinandersetzungen für alberne Sachen. Dinge wie: ›Wer hat den Klodeckel oben gelassen?‹ Oder es ging darum, wieviel Lärm ich in der Dusche machte oder wieviel Zeit ich am Telefon verbrachte. Er stoppte die Zeit.« Es gab sogar Streitereien beim Bowling. »Wenn ich gewann, meinte er: ›Du hast mich nicht geschlagen! Ich habe verloren.‹« Egal worum es in dem Streit ging, endeten die Auseinandersetzungen meistens damit, daß Ken George als Lügner bezeichnete, eine Anschuldigung, die George jedesmal durch und durch ging.

Wie in der Vergangenheit trat George seinem Vater niemals gegenüber und forderte ihn nicht heraus. Obwohl Ken seinen Sohn in dieser Zeit nie schlug, lebte George in ständiger Angst, daß sein Vater sich körperlich rächen würde, falls er seine wahren Gefühle zeigen würde. Ständig erzählte er Freunden, daß er Angst habe, sein Vater werde ihn schlagen, genau wie vor fünf Jahren, als Ken erfuhr, daß George seine erste Fünf geschrieben hatte. Ken hatte seinem Sohn einen solchen Fausthieb verpaßt, daß »ich gegen die Wand flog«.

Aber jetzt war George älter und hatte mehr Gelegenheit, aus dieser unerträglichen Lebenssituation zu fliehen. Obwohl er wußte, daß er während des letzten Schuljahres bei seinem Vater leben mußte, mußte er nicht den ganzen Sommer dort verbringen. Der Besuch eines Trainingscamps der Nationalgarde versprach Erleichterung von dem Druck, unter dem er stand. Gleichzeitig konnte er seinem Vater beweisen, daß er ein Mann war. George meinte, daß das mörderische Trainingsprogramm sich lohnen würde: sein Vater würde stolz auf ihn sein. Er hatte unrecht. Sich der Nationalgarde anzuschließen, war wie Öl in die Flamme zu gießen.

Schon bevor sein Sohn überhaupt an dem Programm teilnahm, bezeichnete Ken es als »Dienst von feigen Hunden in schnieker Uniform«. Das Training, das sein Sohn dort erhalten würde, ließ sich seiner Meinung nach nicht mit seinem Training in der Armee vergleichen. Georges Freunde berichteten, daß Ken unzählige Male gesagt hatte: »Du bist dumm, daß du dort mitmachst, und es wird dir überhaupt nichts nützen. Du bist vielleicht mein Sohn, aber du wirst es nicht schaffen. Du bist nicht zäh genug. Du bist ein Feigling!«

Als George nach der zweimonatigen Übung zurückkehrte, behauptete Ken, daß der neue Haarschnitt die einzige Veränderung sei, die er an seinem Sohn wahrnehme. Er erkannte nicht, daß Georges Selbstwertgefähl sich erheblich gesteigert hatte. George hatte mit Erfolg acht harte Wochen Grundausbildung hinter sich gebracht, was nach Meinung seines Vaters nie möglich gewesen wäre, und das allein machte ihn stolz und selbstbewußt.

In der nachfolgenden Zeit verschlechterte sich die Beziehung weiter. Neal, einer von Georges engsten Freunden, hatte gehört, wie er sich über seinen Vater beklagt hatte, aber er hatte nie gewußt, wie schwierig es für George war, bis dieser wieder einige Wochen zu Hause war.

»Eines Abends kam George zu mir«, erzählte der sechzehnjährige Neal, »er sagte, daß er um elf wieder zu Hause sein müsse, daher begleitete ich ihn nach Hause. Wir alberten ein bißchen herum, und er kam ein paar Minuten zu spät. George geht hinein und sein Vater stößt ihn an die Wand und sagt: ›Du kommst fünf Minuten zu spät.‹ Er hatte ihn *mit aller Gewalt* gestoßen. Ich versuchte, seinem Vater zu erklären, warum wir zu spät gekommen waren, aber er ließ mich nicht zu Worte kommen. Ich war völlig verblüfft. Ich wußte nicht, was ich tun sollte. Mein Vater würde so etwas *nie* tun.«

Daß er in den acht Monaten, die er bei seinem Vater lebte, unter großem Druck stand, war auch für andere offensichtlich. Die Mutter einer seiner Freundinnen damals merkte sofort, daß in seinem Leben etwas nicht stimmte.

Leona Hampton, eine freundliche Hausfrau in den mittleren Jahren, Mutter dreier Töchter im Teenageralter, beschrieb den höflichen jungen Mann, der zu ihr ins Haus kam, als »jemand, der nicht genug Liebe bekam. Er suchte jemanden, der ihn beachten würde.« George sehnte sich so sehr nach Zuneigung, daß er Mrs. Hampton »Mom« nannte. »George kam zu uns und sagte: ›Wo gibt's was zu essen, Mom‹ oder ›Mom, soll ich dir beim Zusammenfegen des Laubs helfen?‹ Es amüsierte mich immer, weil er wie der Sohn war, den ich nie hatte.«

George, der immer zurückhaltend war, machte seinen starken Frustrationen über sein Leben zu Hause gegenüber Mrs. Hampton nicht Luft. Aber Mary, ihrer Tochter, erzählte er, daß sein Vater und seine Stiefmutter ihn zum Wahnsinn trieben. Mehrere Male ging er sogar so weit zu sagen, daß er die beiden eines Tages erschießen würde. Niemand nahm ihn ernst, denn so war George eben. Es war typisch für ihn, Phrasen zu dreschen und zu wettern, aber die Erfahrungen in der Vergangenheit hatten gelehrt, daß er zwar jähzornig war, aber nie jemandem wirklich wehtat.

Aber George wurde immer verzweifelter und suchte sogar zweimal Captain Emil Jervis auf, seinen Rekruteur bei der Nationalgarde, und erklärte ihm, daß er seinen Vater töten wolle. Bevor er sich für das Trainingsprogramm im Sommer meldete, sprach George mehrere Stunden lang mit Jervis über seine Probleme zu Hause. Jervis sagte später: »George erklärte, daß er seinen Vater, der ihn nicht mochte, am liebsten töten möchte, und daß es ihm ohne Vater besserginge... vielleicht würde er ihn tatsächlich umbringen.« Jervis, der annahm, daß George der typische Teenager war, der seinem Frust zu Hause Luft machen wollte, tat nichts und erzählt niemandem von diesem Gespräch.

Kurz nach dem Mord erklärte Captain Jervis in einem Interview, daß George seine Sache bei dem Training recht gut gemacht habe, »aber nach seiner Rückkehr merkte ich, daß er unter Streß stand. Man hatte das Gefühl, daß er überwältigt war... George war stolz, daß er das Training abgeschlossen hatte, aber sein Vater war nicht stolz auf ihn.«

Etwa drei Wochen vor dem Mord suchte George Jervis auf und brachte seine kleine Schwester mit. Zum erstenmal erlebte Jervis es, daß ein Jugendlicher ein Baby mit in sein Büro brachte. Es war auch zum erstenmal, daß ein Rekrut sich während des Gesprächs kurz entschuldigte, um die Windeln zu wechseln. Bevor George ihn an diesem Tag verließ, erklärte er Jervis erneut, daß er seinen Vater umbringen wolle. Aber Jervis betrachtete die Drohung einfach als Wunschfantasie eines frustrierten Teenagers.

Die Sorge und Liebe, die George für seine kleine Schwester aufbrachte, illustrierte perfekt die Komplexität seiner Persönlichkeit. Bei ihm brannte leicht die Sicherung durch, er explodierte bei der geringsten Kritik, und wegen seines Vaters war er andauernd so wütend und irritiert, daß er häufig seine mörderischen Absichten kundtat. Andererseits war er im Vergleich zu den meisten Gleichaltrigen, besonders im Vergleich zu Jungen, außergewöhnlich warmherzig und sensibel. Es gab nichts, das er für seine kleine Schwester nicht tat. »Ich mag Babys«, sagte er. »Sie sind wirklich klasse. Man kann kaum glauben, daß sie so hilflos sind.« Vielleicht gerade weil er einen so extremen Charakter hatte, verstand ihn im Grund niemand, nicht einmal er selbst.

Ken, der hoffte, die Noten seines Sohnes verbessern zu können, forderte George auf, seine Hausaufgaben zu machen, sobald er aus der Schule nach Hause kam. Genau wie jede andere Regel führte diese zu einem ständigen Kampf zwischen Vater und Sohn und indirekt zu dem Streit, der mit Kens Tod endete.

»Ich hatte meine Hausaufgaben am Freitagabend nicht gemacht«, berichtete George später. »Ich wartete bis zum Sonntagabend, weil ich nur fünf Matheaufgaben machen mußte.« Aber Ken war das egal, er war wütend, daß der Junge bis zum Ende des Wochenendes gewartet und ihm wieder nicht gehorcht hatte.

»Ich habe bis jetzt gewartet, weil ich nur fünf Aufgaben machen muß«, sagte George.

»Dann solltest du sie jetzt machen!« schrie Ken seinen Sohn an.

»Ich möchte mich nur noch etwas ausruhen, eine Tasse Kaffee trinken, eine Zigarette rauchen, und dann mach' ich sie«, erwiderte George wütend.

Ken reichte es: »Das ist typisch für dich. Schon als Kind warst du unmöglich, und du bis es immer noch. Aus dir wird nie etwas werden.« George konnte nicht antworten, er hörte nicht einmal, was sein Vater sagte, da er an seinem eigenen Zorn erstickte und wie blind war. »Ich wollte aufspringen und ihn mir packen und ihm die Gurgel zusammendrükken... Eigentlich war dieser Abend nicht anders als andere Abende, aber diesmal war es einfach zuviel«, sagte George später. Der Streit dauerte zehn Minuten, und bevor Ken mit seiner Frau und der kleinen Tochter einen Freund besuchte, forderte er George noch einmal auf, seine Hausaufgaben vor ihrer Rückkehr fertigzustellen.

»Ich machte meine Hausaufgaben, aber dann weiß ich nicht mehr, was mich trieb.« Zu diesem Zeitpunkt nahm George sich ein Gewehr, das ein Freund ihm gegeben hatte, und versteckte es draußen im Gebüsch vor dem Haus.

Ken, Madge und die kleine Felicia kehrten etwa eine Stunde später zurück. George legte sich schlafen, und Ken und seine Frau schauten noch etwas fern. Gegen drei Uhr morgens zog George sich an und ging nach draußen, um eine Zigarette zu rauchen. Dann kam er leise wieder mit dem Gewehr ins Haus. Als erstes zog George die Stecker der beiden Telefone heraus, schlich in Kens Schlafzimmer und stellte sich ans Fußende des Bettes. George legte die Waffe an und zielte auf den Kopf seines schlafenden Vaters.

Magde sagte später aus, daß sie einen lauten Knall vernahm und spürte, daß etwas Warmes auf ihren Körper floß – es war das Blut ihres Mannes. Auf der Stelle wachte sie auf und sah seinen Gewehrlauf, der sich nur etwa sechzig Zentimeter von ihrem Kopf entfernt befand.

»Was ist los? Was passiert hier?« schrie sie. Sie schaute auf ihren Mann, sah, was gerade geschehen war, und schrie: »Nein, bitte nein...«

George, der von Kopf bis Fuß zitterte, hatte den Finger am Abzug, aber er konnte nicht schießen. Er war wie erstarrt.

»Ich konnte es nicht... ich hatte nur furchtbare Angst«, erklärt George später. Ein Kriminalbeamter vermutete, daß George durch seine Tat wie gelähmt war. »Er hatte nicht damit gerechnet, was ein Jagdgewehr, aus der Nähe abgefeuert, bei einem menschlichen Schädel anrichten kann.«

Nach der Tat floh George nicht sofort. Zuerst wärmte er eine Flasche Milch für seine kleine Schwester, um sie zu beruhigen. Nachdem er das Baby zu Madge gebracht hatte, nahm er sich ihre Autoschlüssel aus der Tasche. Bevor er wegfuhr, steckte er sogar die Telefonstecker wieder ein, so daß Madge sofort die Polizei anrufen konnte, was etwa eine halbe Stunde später zu seiner Verhaftung führte.

Für den Staatsanwalt bestand kein Unterschied darin, daß Opfer und Täter miteinander verwandt waren. Georges Geständnis ermöglichte eine hieb- und stichfeste Anklage wegen vorsätzlichen Mordes. Es waren alle Elemente vorhanden, die für Absicht und Vorsatz nötig waren. George hatte seinen Wunsch, seinen Vater zu töten, in den beiden Monaten vor der Tat vor vielen Menschen erwähnt – vor seiner Mutter, seinem Stiefvater, mehreren Freunden und Captain Jervis. Einer von Georges Freunden berichtete der Polizei, daß er in der Nacht vor dem Mord mitangehört hatte, daß George einem Freund sinngemäß folgendes erzählt hatte: »Ich weiß, wo sein Gewehr ist, wenn mein Vater Ärger macht, und ich habe keine Angst, es zu benutzen.« Der Polizei lag außerdem Georges eigene Aussage vor, daß er bereits die Ausführung des Mordes früher geplant hatte.

Mordfälle wie dieser sind zweifellos besonders schwer zu verteidigen, da in erster Linie Georges Seele verletzt wurde. In unserer Gesellschaft betrachten wir psychologische und verbale Mißhandlungen als weniger ernsthaft als Schläge oder sexuellen Mißbrauch, wahrscheinlich, weil sie keine äußerlichen Narben hinterlassen. Der alte Spottreim: »Stöcke und Steine mögen meine Knochen brechen, aber Beschimpfungen tun mir nicht weh« gibt die vorherrschende Meinung noch immer gut wieder. Eine solche Denkweise zeigt jedoch nur unser Unwissen, denn psychologischer Mißbrauch kann genauso lähmend sein wie körperliche Gewalt und hat ähnlich langfristige und schwächende Folgen.

Bei allen Formen des Mißbrauchs wissen wir über den emotionalen Mißbrauch am wenigsten, was auch unsere Bemühungen, ihn zu definieren und zu identifizieren, kompliziert. Die meisten von uns akzeptieren beispielsweise im allgemeinen, daß Eltern schreien oder fluchen dürfen, wenn ein Kind etwas Gefährliches tut oder sich töricht verhält. Aber kein Gesetz verlangt, daß Eltern zu ihrem Sohn sagen: »Ich liebe dich, du bist das Wertvollste in meinem Leben.« Auch heißt es irgendwo, daß ein Elternteil nicht zu seiner Tochter sagen darf: »Ich hasse dich, ich wünschte, du wärst nie geboren.« Trotz der Probleme bei der Definition des verbalen und emotionalen Mißbrauchs sind bestimmte Verhaltensformen eindeutig schlimmer als andere. Wenn ein Kind ungeachtet seiner Handlungen ständig geschlagen und kritisiert wird und außerdem Aussagen wie: »Ich wünschte, du wärst nie geboren« oder »Ich hasse dich, du bist nicht mein Kind« zu hören bekommt, handelt es sich eindeutig um psychologischen Mißbrauch.

Genau wie diese Kinder körperlich zerbrechlich und noch nicht voll entwickelt sind, sind sie emotional und psychologisch unreif und noch nicht geformt. Aber während ein gebrochener Arm heilt und blaue Flecken verblassen, kann schwerer, über längere Zeit andauernder psychologischer Mißbrauch die sich entwickelnde Psyche angreifen, sie entstellen und ihr normales Wachstum für immer stören. Die spezifischen Auswirkungen auf die Persönlichkeit des Kindes lassen sich schwerer voraussagen, aber zu ihnen zählen ein schlechtes Selbstwertgefühl, mangelndes Selbstvertrauen und selbstzerstörerisches Verhalten.

Straus und Gelles charakterisieren den emotionalen Mißbrauch folgendermaßen:

Es handelt sich um die geheimste, heimtückischste, kaum erforschte und auf lange Sicht vielleicht schädigendste Form intimer Schikane... Körperlicher und sexueller Mißbrauch läßt sich im Vergleich zu emotionalem Mißbrauch relativ leicht erklären... Es besteht wenig Zweifel, daß direkte oder indirekte Angriffe auf das Selbstwertgefühl tiefe, lang anhaltende Narben hinterlassen... emotionale Wunden, die für immer unter der Oberfläche gären. Wir nehmen an, daß die Tatsache, warum so wenig Forschung in bezug auf emotionalen Mißbrauch betrieben wurde, damit zusammenhängt, daß viele von uns gelegentlicher oder häufiger emotionaler Angriffe auf uns nahestehende Menschen schuldig sind, so daß uns dieses Verhalten viel zu vertraut ist, als daß man es objektiv erforschen könnte.

Ein weiteres Problem bei der Entscheidung, ob ein bestimmtes elterliches Verhalten einen emotionalen Mißbrauch darstellt, hängt nicht nur davon ab, was der betreffende Elternteil sagt oder tut, sondern auch von der emotionalen und geistigen Gesundheit des Kindes. Aus Gründen, die im großen und ganzen noch unbekannt sind, sind einige Kinder in der Lage, mit verbaler Gewalt besser fertigzuwerden als andere. Einige haben sich dagegen gewappnet, indem sie starke Bindungen zu anderen Familienmitgliedern oder Freunden geschmiedet haben. Diese äußeren Beziehungen ermöglichen es diesen Kindern, sich den Angriffen der Eltern zu widersetzen, weil sie von anderen Menschen geliebt werden und daher verstehen, daß der Fehler für den Mißbrauch nicht bei ihnen liegt. Wieder andere werden durch innere Kraft damit fertig, die sie durch eine außerfamiliäre Aktivität in der Schule oder beim Sport gewinnen.

Die Bedeutung all dieser Probleme bei Elternmordfällen liegt darin, daß sie die Möglichkeiten der Verteidigung stark einschränken. Ohne die zugrundeliegende Geschichte schwerer und lang anhaltender körperlicher und oder sexueller Angriffe ist es fast unmöglich, auf Notwehr zu plädieren. Dies ist eine bittere Ironie, denn im Grunde geht es ja um eine »Verteidigung des Ichs«. Dieselbe Logik trifft bei einer Verteidigung von Totschlag zu, da in diesem Fall der Täter durch das »Opfer ausreichend« provoziert worden sein und es dann in der Hitze der Leidenschaft umgebracht haben muß. Während die Geschworenen einen Schädelbruch und ein gebrochenes Bein oder anale Vergewaltigung als ausreichende Provokation verstehen würden, haben unbedeutende Beschimpfungen und Herabsetzung über zehn Jahre hinweg nicht dieselbe Kraft.

Georges Fall wurde weiter dadurch kompliziert, daß Ken schlief, als er erschossen wurde. Außerdem konnte die Schelte wegen nicht fertiggestellter Hausaufgaben kaum als lebensbedrohende, provozierende Handlung gelten. Trotz seiner ständigen Angst, daß sein Vater ihn verprügeln würde, hatte George selbst zugegeben, daß sein Vater ihn während der acht Monate, die er bei ihm gelebt hatte, weder berührt noch irgendwie bedroht hatte. Das letztemal war er vor fast fünf Jahren geschlagen worden, wie George dem Kriminalbeamten Anders berichtete.

Da Notwehr und Körperverletzung außer Frage standen, konzentrierten wir die Verteidigung darauf, eine Verurteilung wegen Totschlags zu erreichen. Obwohl die juristischen Schlußfolgerungen über den Grad des Tötungsdeliktes für Außenstehende unerheblich scheinen – Mord ist schließlich Mord – sind sie für den Angeklagten und seinen Rechtsanwalt von großer Bedeutung. Die Abstufungen bei Tötungsdelikten bestehen, weil sie konkret auf größere oder geringere Schuld bei demselben Verbrechen hinweisen, wobei die Größe der Schuld der Prüfstein für das spätere Strafmaß ist.

Falls George wegen vorsätzlichen Mordes verurteilt wurde, drohte ihm eine lebenslängliche Freiheitsstrafe ohne Bewährung; eine Verurteilung wegen Totschlags konnte jedoch eine lebenslange Freiheitsstraße mit der Möglichkeit der Begnadigung nach zwanzig Jahren bedeuten. Totschlag bedeutete, daß George seinen Vater absichtlich, aber ohne Vorsatz umgebracht hatte. Vor Gericht mußten wir beweisen, daß George das Verbrechen unter verminderter Zurechnungsfähigkeit begangen hatte, daß er das Verbrechen »aufgrund einer geistigen Störung und nicht aufgrund von Geisteskrankheit oder Emotionen wie Eifersucht, Angst oder Zorn« begangen hatte, wie es im Gesetz heißt.

Offensichtlich brauchten wir die Dienste eines erstklassigen Psychologen oder Psychiaters, der uns helfen sollte zu beweisen, daß George in der Tat unter einer feststellbaren geistigen Störung litt. Zu Anfang weigerte der Richter sich jedoch, Blounts informeller Bitte um finanzielle Mittel zu diesem Zweck nachzukommen, da sie seiner Meinung nach für die Verteidigung nicht nötig waren. Ich hätte diese negative Antwort eigentlich erwarten müssen, da der Richter auch von der Notwendigkeit meiner Dienste nicht überzeugt war, so daß Blount mich aus eigener Tasche bezahlt hatte.

Aufgrund der richterlichen Weigerung mußte Blount eine vorgerichtliche Anhörung durchführen, um die Notwendigkeit eines psychologischen Gutachtens zu rechtfertigen. In einer eidesstattlichen Erklärung, die ich für die Anhörung vorbereitete, mußte ich erklären, was ich für offensichtlich hielt: »Die Verteidigung diese Mordfalles hängt zum großen Teil davon ab, den Geschworenen die Dynamik und Funktion der Eltern-Kind-Beziehung zu erläutern und wie diese das Tötungsdelikt des Angeklagten beeinflußte... Die Erklärung für die Ursache des Mordes kann nur durch die Konstruktion eines umfassenden Profils des Familiensystems erzielt werden. Die Entwicklung dieses Profils macht die Aussage eines Psychologen und Psychiaters notwendig.«

In all seiner Weisheit gewährte der Richter schließlich finanzielle Mittel für zwei Experten. Wie es meistens der Fall ist, fiel es mir anheim, die Gutachter auszuwählen. George wurde von zwei Ärzten begutachet, mit denen ich bereits in der Vergangenheit zusammengearbeitet hatte – Dr. Bill Hazeler, Psychologe, und Dr. Martin Loftus, Psychiater.

Nachdem sie ihn beide getrennt voneinander beurteilt hatten, kamen sie zu dem Schluß, daß George tatsächlich unter einer geistigen Störung litt. Beide hielten George nicht für verrückt; er hatte keine Halluzinationen und hatte ausreichenden Bezug zur Realität. George »lebte jedoch in der ständigen Erwartung, verletzt oder übervorteilt zu werden«, schrieb Dr. Hazeler. Der Junge nahm anders »als absichtlich bedrohend oder erniedrigend« wahr, so daß er fast die ganze Zeit über zornig war. »Menschen mit ähnlichen Störungen haben häufig schlechte Beziehungen zu ihren Eltern, wobei besonders die spürbare Unterstützung und Zuneigung der Elternfiguren fehlt. Ihrem aggressiven Verhalten liegen intensive und nicht erfüllte Bedürfnisse nach Aufmerksamkeit, Sicherheit und Abhängigkeit zugrunde... Das Verhalten dieses jungen Mannes wird durch eine vorherrschende Furcht, intensive und wechselhafte Launen, lange Perioden von Niedergeschlagenheit und Selbstmißachtung charakterisiert und zudem durch Episoden von introvertrierter Isolation und nicht vorherzusagendem Zorn.«

Wie beide Ärzte erklärten, war Ken vielleicht zu streng gegenüber George und hatte ihn bisweilen sogar verbal mißhandelt, doch sie waren nicht der Meinung, daß er während der Zeit, als sein Sohn bei ihm lebte, irgend etwas getan hatte, was Georges extreme Reaktion herausgefordert hätte. Sie nahmen die Wirkung der gesamten Vater-Sohn-Geschichte und die Auswirkungen von Kens früheren Mißhandlungen an Barbara, die George miterlebt hatte, zum größten Teil mit Vorbehalt auf. Statt dessen sahen sie den Mord in erster Linie als Produkt einer Dysfunktion in Georges eigenen, geistigen Prozessen. Dr. Hazelers Theorie zufolge litt George zur Zeit des Mordes unter einer »paranoiden Persönlichkeitsstörung mit Zügen einer Borderline-Persönlichkeitsstörung.«

Dr. Loftus stimmte größtenteils mit Hazelers Erkenntnissen, daß George wahrscheinlich paranoid war und seit mindestens sechs Jahren ernsthafte Probleme hatte, sein Leben zu bewältigen, überein. Georges Probleme waren so offensichtlich, berichtete Dr. Loftus mir, daß er »bestürzt« war, daß die Schule nicht eingegriffen hatte.

Es war Georges innewohnende Persönlichkeitsstörung, schloß Hazeler, und nicht Kens Behandlung seines Sohnes, die für den »andauernden Konflikt«, der schließlich zur Tat führte, verantwortlich war. »Als Folge dieser Störung«, schrieb Dr. Hazeler, »fühlte George sich durch seinen Vater stärker körperlich bedroht, als wahrscheinlich objektiv gerechtfertigt war. Bedeutsam ist hier nicht, ob Mr. McHenry ein bedrohlicher Mensch war, sondern daß Georges subjektive Erfahrung der Bedrohung als Ergebnis seiner Störung wahrscheinlich größer war, als durch die Umstände gerechtfertigt war.«

Ähnlich beeinträchtigte Georges Paranoia »seine Fähigkeit, mit der Härte und Zurückweisung durch seinen Vater zurechtzukommen... Da George seine persönliche Autonomie durch seinen Vater bedroht sah, konzentrierte sich seine Aufmerksamkeit allein und beschränkt auf seinen eigenen Zorn über diese spürbar schlechte Behandlung und auf sein Bedürfnis, sie durch die nötigen Mittel zu beenden... Die seit langer Zeit bestehende Natur dieser Störung verringerte Georges Fähigkeit, auf diesen Konflikt mit seinem Vater anders als durch Gewalt zu reagieren. George hatte in der Tat einen großen Teil seines Lebens damit verbracht, sich für den Kampf vorzubereiten, und war dadurch in seiner Beurteilungsfähigkeit, ... andere Optionen bei der Bewältigung dieses Konflikts zu finden, erheblich eingeschränkt.«

Insgesamt besaß George nach Meinung der Gutachter nicht die Fähigkeit, das Verbrechen vorsätzlich zu planen, da die Paranoia seine Fähigkeit, die Konsequenzen seiner Handlungen zu verstehen und an andere, nicht gewalttätige Lösungen und Handlungen zu denken, um die schlechter werdende Beziehung zu seinem Vater zu bewältigen, eingeschränkt hatte.

Obwohl ihre Gutachten die Beweise lieferten, um das Element des Vorsatzes zu widerlegen, war ich mit dem Ergebnis ihrer Untersuchungen nicht zufrieden. Ich bin kein Psychologe und konnte nicht sagen, ob George unter einer Paranoia litt, aber die Erfahrung sagte mir, daß Kens Behandlung eine wichtige Rolle bei der Beeinflussung von Georges Gesamtverhalten gespielt haben mußte. Um die Geschworenen von der geistigen Störung, die den Vorsatz ausschloß, zu überzeugen, war es wichtig für uns, den Ursprung der Störung mit der Behandlung durch den Vater in Zusammenhang zu bringen, um zu zeigen, daß Ken zumindest zum Teil für die Probleme seines Sohnes verantwortlich war. Dies war nicht weithergeholt, denn Untersuchungen der letzten Zeit zeigen, daß langjähriger Kindesmißbrauch bei bestimmten Menschen zu feststellbaren psychischen Störungen führen kann. Aus Gründen, die zum größten Teil noch unbekannt sind, bleiben manche mißbrauchten Kinder geistig gesund, während sich bei anderen eine Vielfalt an ernsten geistigen Störungen entwickelt, beispielsweise die posttraumatische Störung der Streßreaktion (die am häufigsten auftritt), die multiple Persönlichkeitsstörung und die Borderline-Persönlichkeitsstörung. Untersuchungen haben auch gezeigt, daß bestimmte, vorher bestehende Geisteskrankheiten, etwa Paranoia und Schizophrenie, durch Mißbrauch verschärft werden.

Obwohl unsere Gutachter anderer Meinung waren, war allen, die George kannten, klar, daß sein geringes Selbstwertgefühl und sein starker Zorn in nicht geringem Maß auf die Behandlung durch seinen Vater zurückzuführen waren.

Joey Danforth, Georges zwanzigjähriger Freund, hatte keinen Abschluß in Psychiatrie oder Psychologie, aber er hatte große Einsicht in Georges Verhalten. Nach dem Mord sagte Joey: »Sein Vater gab ihm nie Zeit... er akzeptierte ihn nie... er wünschte sich so sehr, daß sein Vater ihn akzeptierte. Er wollte seinen Vater eigentlich nicht töten. er versuchte, seinem Vater nur etwas klarzumachen, damit er sehen würde, daß er da war.«

Trotz meiner abweichenden Meinung wußte ich, daß Hazeler ein scharfsichtiger Arzt war. Hazeler erklärte, daß George durch den Mord in eine große Depression verfallen könnte und daß das »Risiko bestand, daß er unter erhöhtem Streß dekompensieren würde«, das heißt, noch gestörter und selbstmordgefährdeter werden würde. Hazeler hatte sicher recht. Obwohl George während seines ersten Monats im Gefängnis relativ ruhig blieb, verlor er gegen Ende des zweiten Monats den Appetit, konnte nicht schlafen und dachte an Selbstmord. Sechs Wochen vor der Verhandlung erhielt Blount eine Nachricht mit der Post:

Lieber Mr. Blount,
    der Gedanke an den Tod macht mich ganz friedlich, denn ich bin der festen Überzeugung, daß unser sterblicher Geist ein Wesen von unzerstörbarer Natur ist... Das Gefängnis und der Druck fressen mich auf, und ich verliere einen Krieg gegen mich selbst. Das gefällt mir nicht... Bitte sagen Sie meiner Mutter, daß ich sie liebe und vermissen werde.
    Mr. Blount, ich habe mich für die geeignete Strafe für mein Verbrechen entschieden, und die Methode, die ich einsetze, ist barbarisch, aber wirkungsvoll und langsam. Ich möchte, daß meine Leiche als Haiköder dienen soll, denn sie wird zu nichts nutze sein... ich habe es mir nicht ausgesucht, geboren zu werden, daher werde ich diese Welt verlassen... Denn der Lohn der Sünde ist der Tod. Römer 6.23.

P.S. Auf Wiedersehen

Blount eilte sofort ins Gefängnis, um George zu besuchen, aber dieser war teilnahmslos und reagierte nicht. Als Blount ihn wegen des Briefes befragte, schwieg George eine Weile. »Ich habe es nicht so gemeint«, sagte er schließlich mit weit entfernter Stimme. Blount bat den Beamten, seinen Klienten vierundzwanzig Stunden pro Tag wegen Selbstmordgefahr zu überwachen, was bis zum Tag der Verhandlung aufrechterhalten wurde.
    Da Blount mich aus eigener Tasche bezahlte, waren wir übereingekommen, daß ich bis zum Beginn der Gerichtsver-

handlung helfen würde. Daher war ich nicht anwesend, als Blount diese Verhandlung als »einen der traurigsten Fälle, an denen ich je mitgearbeitet habe« beschrieb – diese Bemerkung stammt von einem Mann, der normalerweise routinemäßig für verkrüppelte Babys eintritt.

Es ist für Elternmordfälle typisch, daß das Kind der Hauptzeuge für die Verteidigung ist. In der Verhandlung gegen George McHenry hörten die Geschworenen jedoch nicht, was der Angeklagte zu sagen hatte. Blount und ich hatten viele Male darüber gesprochen, George in den Zeugenstand zu rufen. Da George sich von seinen Depressionen nicht wieder erholt hatte, machte Blount sich Sorgen, daß seine Aussagen zu unvorhersehbar sein würden. Schließlich entschied er, daß es klüger sein würde, andere seine Geschichte erzählen zu lassen.

Georges Hauptzeugin war seine Mutter. Drei herzzerreißende Stunden lang erzählte sie weinend Georges tragische Geschichte vor dem überfüllten Gerichtssaal. Natalie, Georges vierzehnjährige Schwester, trat als nächste in den Zeugenstand.

»Wie hat dein Vater George behandelt?« fragte Blount das junge Mädchen in dem einfachen Kleid mit dem blauen Druckmuster.

»...Anders als uns übrige Kinder... Ständig bezeichnete er ihn als dumm.«

Neben den Familienmitgliedern traten Stan Lertner, Captain Jervis und Georges Freunde Neal und Joey als Zeugen für die Verteidigung auf.

Nach fünf Tagen der Beweisaufnahme und nur fünf Stunden Beratung kamen die Geschworenen zu ihrem Urteil. George stand ausdruckslos vor den Geschworenen, als ihr Sprecher das Urteil verlas – er wurde des Totschlags schuldig gesprochen.

Trotz der bändefüllenden Beweise, die die Staatsanwaltschaft über Georges Pläne, Ken umzubringen, präsentiert hatte, verwarfen die Geschworenen die Vorsätzlichkeit des Verbrechens völlig. Sie taten dies nur aufgrund der Sachverständigengutachten. Als sie den Gerichtssaal verließen, erklärten mehrere Geschworene den Reportern, daß sie aufgrund der Aussagen der Gutachter zu dem Schluß gekommen waren, daß George den Mord nicht vorsätzlich hatte begehen können.

Vier Wochen später wurde George zu einer Mindeststrafe von mindestens sechsundzwanzig Jahren Gefängnis verurteilt. Er sagte nichts zum Abschluß, sondern starrte mit überkreuzten Händen teilnahmslos auf den Richter.

Mit einem Anflug von Stolz rollte George den Ärmel seiner ordentlich gebügelten, tannengrünen Gefängniskleidung hoch und ließ seine Muskeln spielen. Er sagte: »Ich mache jetzt fünfzehnhundert Liegestütze pro Tag am Montag, Mittwoch und Freitag.« Jahrelang hatte George trainiert und Gewichte gehoben, um sich auf den *endgültigen* Kampf vorzubereiten, den Kampf mit seinem Vater, zu dem es nie kam. Jetzt mußte er trainieren, um sich verteidigen zu können. Er würde bald ins Staatsgefängnis überführt werden, wo die Chancen von Angriffen sehr groß waren.

Wir unterhielten uns etwa sechs Monate nach dem Urteilsspruch in dem Untersuchungsgefängnis in einem grell erleuchteten Zimmer, dessen Wände mit weißer Farbe frisch gestrichen waren. Georges kohlschwarze Augen waren klar und ruhig, aber man merkte ihm seine Nervosität an. In vier Wochen würde er in ein Gefängnis der höchsten Sicherheitsstufe überführt werden, wo er mit abgebrühten, erwachsenen Verbrechern zusammentreffen würde. Obwohl er in Topform war und bei der Nationalgarde ein Selbstverteidigungstraining absolviert hatte, bestand noch immer ein großes Risiko, daß er hauptsächlich wegen seines Alters und seiner Unerfahrenheit angegriffen wurde.

Trotz der offensichtlichen Gefahren einer neuen Art von Mißhandlung, die auf ihn wartete, blieb George eisern dabei, keine Angst zu haben. Er war fest entschlossen, es allein ohne jegliche *fremde* Hilfe zu schaffen. »Ich glaube an Gott und so, aber ich will ihn um nichts bitten. Ich halte mich zurück.«

Nach einer Weile lenkte ich das Gespräch auf das Thema,

das mich am meisten interessierte – darauf, wie er seine früheren Phantasien, die er über die Tötung seines Vaters gehabt hatte, und die tatsächliche Tat auseinanderhielt.

»Als du deinen Freunden und anderen erzählt hast, daß du deinen Vater umbringen wolltest, dachtest du da, daß du die Fähigkeit hättest zu töten?«

»Nein«, antwortete er schnell, und seine erstaunte Reaktion sagte mir, daß ich eine lächerliche Frage gestellt hatte. Es war eine Kindheitsphantasie. – »Sie wollten doch auch Ihre Eltern töten, als Sie jünger waren, oder? Sie waren frustriert, wütend, bisweilen sogar zornig, nicht wahr?«

»Ich ... ich war zornig, ja«, stammelte ich. Der plötzliche Rollenwechsel behagte mir nicht. Bei meiner Arbeit wurde ich oft aufgefordert, die Spannungen und Bitterkeit, die zwischen Jugendlichen und Eltern besteht, zu diskutieren, aber einem Klienten von den Problemen, die ich mit meinen Eltern gehabt hatte, zu berichten, erwies sich aus verschiedenen Gründen als äußerst schwierig.

Obwohl ich zugab, daß ich bisweilen zornig und frustriert war, sagte ich ihm nicht, daß es mir nie in den Sinn gekommen war, meine Eltern zu töten, selbst in den schlimmsten Zeiten nicht, denn ich hatte Angst, daß er dies falsch interpretieren und glauben würde, daß auch ich ihn nur verurteilen wollte. Die Gesellschaft hatte ihm bereits eine strenge Strafe auferlegt, ich wollte es nicht noch schlimmer machen. Andererseits schwieg ich, weil ich wußte, daß er recht hatte.

In den turbulenten Jahren der Pubertät, wenn unsere Emotionen auf einer scheinbar endlosen Achterbahn-Fahrt sind, denken viele hin und wieder oder sprechen es sogar laut aus: »Ich wünschte, meine Mutter wäre tot«, »Ich könnte meinen Vater dafür umbringen, daß er das getan hat« oder »Ich wünschte, ich wäre Waise oder beide würden weggehen und mich für immer in Ruhe lassen.« Für fast alle Menschen blieben diese Grübeleien genau das, was sie sind – Phantasien, die am nächsten Tag vergessen sind. Fachleute sagen, daß diese vulkanartigen Ausbrüche normal sind und sogar eine therapeutische Wirkung auf das Kind haben. Es ist eine Möglichkeit, die Gefühle von Zorn und Groll, die ein gesunder

Auswuchs des Familienlebens sind, zu entladen. Tragischerweise wird für einige, wie George beispielsweise, die Fantasievorstellung zur Realität.

Während ich noch immer nach einer Antwort auf seine Frage suchte, warf George ein: »Genauso habe ich mich auch gefühlt, zornig. Der Unterschied bestand nur darin, daß ich die Tat ausgeführt habe. Ich war einfach zu zornig. Im Grunde bin ich ein netter Kerl. Ich bin dumm, aber eigentlich ganz normaler Durchschnitt. Als ich ihn erschoß, dachte ich nicht darüber nach, was für Folgen das haben würde. Wenn ich daran gedacht hätte, hätte ich es nicht getan... Was ich hätte tun sollen und was ich eigentlich tun wollte, war, ihn zu erschrecken. Ich wollte ihn mit dem Gewehrlauf an seinem Kopf aufwecken«, erklärte er, wobei er den Abstand mit Daumen und Zeigefinger, die sich beinah berührten, andeutete, »und sagen: ›Wenn du dich rührst, bring ich dich um.‹ Und dann wollte ich ihm befehlen, ins Wohnzimmer zu gehen, sich hinzusetzen und mich nicht zu unterbrechen.«

An diesem Tag unterhielten wir uns sieben Stunden lang, und mit jeder Minute wurde mir die Tragödie seines Lebens und von Kens Tod immer stärker bewußt. Als ich an diesem Nachmittag das Gefängnis verließ, dachte ich an einen Film, den ich vor vielen Jahren gesehen hatte, einen Film über Springfluten.

Springfluten sind nicht einfach große Wellen, die aus einigen Meilen Entfernung von der Küste aus heranrollen. Sie werden durch starke Erdbeben und Vulkane ausgelöst, die in Hunderten, bisweilen Tausenden von Kilometern Entfernung auf dem Boden des Ozeans ausbrechen. Die Welle bewegt sich über das Meer, wird größer und mit jeder Stunde schneller. Sie kann tagelang, oft sogar wochenlang unterwegs sein, bevor sie schließlich Land erreicht und ihre katastrophale Stärke entlädt.

Vielleicht werden wir nie mit Sicherheit wissen, warum der junge George McHenry seinen Vater umgebracht hat. Fremde würden wahrscheinlich sagen, daß er seinen Vater haßte, aber das stimmt nicht. Unter seinem Zorn war er wie die meisten Jungen – er bewunderte seinen Vater und versuchte sein Leben lang verzweifelt, von ihm anerkannt zu werden. Wenn die meisten Jungen es bei ihrem Vater aufgegeben hätten, kehrte George zu ihm zurück, um zu sehen, ob er das bekommen konnte, was er immer wollte – die Bewunderung und Liebe, die sein Vater für Georges älteren Bruder Tommy empfand. Er wußte, daß er in früheren Jahren Fehler gemacht hatte; als er George bat, bei ihm einzuziehen, unternahm er den Versuch, den Schaden wiedergutzumachen. Leider wurden die Visionen beider Männer durch die Tragödien in ihrer Vergangenheit verschleiert. Kens Vision wurde durch die schmerzhaften Erfahrungen in seiner eigenen Kindheit verdunkelt, durch den schrecklichen Verlust des kleinen Tommy und durch den Krieg, den er mit nach Hause brachte. Georges Vision wurde durch den Zorn, die Verwirrung und durch den Schmerz, daß er von dem Mann, der ihn gezeugt hatte, abgelehnt wurde, getrübt. George lenkte sein Leben lang seine Traurigkeit und Bitterkeit auf alle außer seinen Vater, während sich die ganze Zeit über der Druck in ihm aufbaute.

II.
Mädchen, die ihren Vater töten

»In unserer Kultur wird davon ausgegangen, daß Frauen
nicht gewalttätig sind«, erklärte Dr. Lenore Walker, eine der
führenden amerikanischen Expertinnen über mißhandelte
Frauen, die töteten. »Selbst wenn es darum geht, sich gegen
einen potentiell tödlichen Angriff zu wehren.«

Einer Kriminalstatistik des FBI zufolge begehen Frauen nur
etwa zehn Prozent der jährlich circa zwanzigtausend Morde
in den USA. Wenn es um Tötungsdelikte in der eigenen Familie geht, trifft dasselbe zu – Töchter führen nur zehn Prozent aller Elternmorde aus.

Stellen Sie sich vor, daß ein Mädchen auf dem Nachhau-
seweg von der Schule von einem Fremden gezwungen wird,
in seinen Wagen zu steigen. Er reißt ihm die Kleidung vom
Leib, zwingt es dazu, ihn mit dem Mund zu befriedigen und
vergewaltigt es dann auf brutalste Weise. In der nächsten
Woche sieht dieses Mädchen den Fremden in der Nähe seiner Schule und erschießt ihn. Die Reaktion der Gesellschaft
würde wahrscheinlich so aussehen, daß man die Erschie-
ßung für eine noch zu geringe Strafe für den Vergewaltiger
halten würde. Viele Menschen würden vielleicht sogar so
weit gehen zu sagen, daß die Gesellschaft Glück gehabt hat,
daß das Mädchen ihn vor der Polizei erwischt hat, da diese
ihn nur ins Gefängnis stecken würde; derartige Menschen
sollten erhängt oder zumindest kastriert werden.

Eine Frau, die ihren Vergewaltiger erschießt, würde zu einer Art Heldin werden, besonders in den Augen des Durch-
schnittsmannes, denn Männer reagieren besonders zornig
auf *andere* Männer, die »ihre« Frauen vergewaltigen und angreifen, ob es sich nun um Kinder, Frauen oder Freundinnen
handelt.

Ironischerweise ist es jedoch unabhängig von ihrem Alter
wahrscheinlicher, daß eine Frau von einem männlichen Fa-

milienmitglied oder von einem Freund sexuell oder körperlich angegriffen wird und nicht von einem Fremden. Und ungeachtet der Tatsache, daß Väter und andere männliche Verwandte für junge Mädchen ein viel größeres Risiko darstellen, hat die Gesellschaft historisch gesehen die strengsten Strafen für Fremde reserviert. Rachegefühle kommen schnell an die Oberfläche unseres kollektiven Gewissens, wenn es darum geht, mit Fremden fertigzuwerden, aber wenn es sich bei dem Täter um den Vater handelt, sieht unsere Reaktion ganz anders aus. »Zu diesen Typen sind wir schon fast höflich«, sagte ein Freund, der bei der Kripo arbeitet, einmal zu mir.

Diese Doppelmoral offenbart sich schon in der Sprache. Neben der Blutsverwandtschaft wird in der juristischen Fachsprache grundsätzlich zwischen »Inzest« (sowie sexuellem Mißbrauch) und »Vergewaltigung« unterschieden, da man davon ausgeht, daß es beim Inzest nicht zur Gewaltanwendung kommt. Aus diesem Grund sind auch die Strafen nicht so streng.

Bis 1977, als das Oberste Gericht das Verfahren für gesetzeswidrig erklärte, konnte bei Vergewaltigung in vielen Staaten noch die Todesstrafe ausgesprochen werden. Es ist jedoch nicht weiter überraschend, daß Inzest in denselben Staaten *nie* mit dem Tod oder einer ähnlich strengen Strafe geahndet wurde.

Obwohl sexueller Mißbrauch abscheulich und verletzend ist, leisten nur wenige Mädchen jemals Widerstand; die meisten berichten ihrer Mutter, Geschwistern, Lehrern oder anderen, die helfen können, nicht von dem Inzest. Und die Zahl, die den dramatischen Schritt unternimmt und den Vater tötet, ist so gering, daß sie fast als unbedeutend bezeichnet werden könnte. Die überwältigende Mehrheit der Mädchen, die sexuell mißbraucht werden, reagieren mit äußerster Passivität. Sie leiden still und sind für den Rest ihres Lebens durch emotionale Probleme wie gelähmt. Einige reißen sich zusammen, aber ihre Wunden heilen wahrscheinlich niemals. Vielleicht setzt sich durch sie der Kreislauf des sexuellen Mißbrauchs sogar in die nächste Generation fort, indem sie Männer heiraten, die das Ebenbild des mißbrauchenden Vaters sind. Ein ganz geringer Anteil stellt den Vater überhaupt je zur Rede, und noch viel weniger töten ihn. Fast alle betroffenen Frauen nehmen ihr Geheimnis mit ins Grab.

Cindy

Cindy Baker führte ein Leben wie im Märchen. Sie trug immer ein Lächeln zur Schau und hatte einen traumhaften Lebensstil. Sie lebte in einem riesigen Haus in dem schönsten Viertel einer großen Stadt im Südwesten, besaß eine Brieftasche voller Kreditkarten von teuren Kaufhäusern und besuchte eine der besten Privatschulen. Ihr Vater Henry war ein wohlhabender Geschäftsmann, der wie ein Filmstar wirkte; ihre Mutter Elaine war eine erfolgreiche Innenarchitektin. Cindy hatte außerdem zwei intelligente und hübsche Schwestern, Nancy und Kerri.

Obwohl Henry durch seine vielen beruflichen Aufgaben und Verpflichtungen in der Gemeinde äußerst beschäftigt war, stand seine Familie für ihn an erster Stelle – und er achtete darauf, daß niemand dies jemals vergaß. Die meisten Väter tragen ein Foto ihrer Kinder mit sich in der Brieftasche herum oder haben es auf dem Schreibtisch stehen. Nicht Henry – er widmete ihnen eine ganze Wand in seinem riesigen, mahagoniverkleideten Büro: die Mädchen vor dem Eiffelturm, Nancy und Kerri beim Skifahren in Aspen, Henry und Cindy vor dem Strandhaus der Familie in Texas.

Seine Kinder bewunderten ihn nicht – sie beteten ihn an. Er liebte seine drei Töchter sehr, aber Cindy war sein Liebling. »Meine kleine Prinzessin«, nannte er sie. Beide waren groß und schlank, hatten gerade Nasen, die an der Spitze etwas nach oben gingen, meergrüne Augen und helles, rotblondes Haar, so daß Vater und Tochter sich wie ein Ei dem anderen glichen.

In Wirklichkeit hatte Cindys Leben absolut nichts Märchenhaftes. Es war ein absonderlicher Horrorfilm, in dem sie die Doppelrolle der Lieblingstochter und der Sexsklavin spielte. Fast ihr ganzes Leben über lebte sie wie alle anderen Inzestopfer ein alptraumhaftes Leben voller Widersprüche und Irrsinn in der Hand eines Menschen, der sie angeblich inbrünstig liebte. Mit sechzehn Jahren schließlich warf die kleine Prinzessin das Märchenbuch in die Ecke und tötete ihren Ritter in der glänzenden Rüstung mit zwei Schüssen aus einer Remington-Schrotflinte, die mit grobem Schrot geladen war.

Fünf Wochen nach dem Mord erhielt ich einen Telefonanruf von John Halpern, einem Anwalt der Familie Baker, der meinen Namen irgendwo aufgeschnappt hatte. Aufgrund seiner strengen, feierlichen Stimme und seiner äußerst korrekten Art nahm ich an, daß es sich um einen dieser großen alten Männer einer erstklassigen Kanzlei handeln mußte, und hatte recht. Leidenschaftslos skizzierte Halpern mir das grobe Gerüst des Falles und erwähnte nur kurz, daß seine Klientin immer wieder vorbrachte, daß sie sexuell mißbraucht worden sei, und ich teilte ihm meine ersten Eindrücke mit. Er und seine Klientin hätten Interesse daran, mich für den Fall zur Hilfe zu ziehen, aber zuerst wolle er meine Referenzen überprüfen. Nach etwa einer Woche rief er zurück und bat mich, Ende des Monats in die Stadt zu kommen, um den Fall durchzusprechen und »natürlich, um Miß Baker kennenzulernen«.

Halpern holte mich an einem sonnigen Sonntagnachmittag am Flughafen ab. Obwohl er jünger war, als ich ihn mir vorgestellt hatte (er war um die Fünfzig), hatte er durch seinen dunkelblauen, dreiteiligen Nadelstreifenanzug und die glänzend schwarzen Schuhe das Aussehen eines honorigen Anwalts. Seine frühzeitig ergrauten Haar saßen perfekt. Obwohl ich dachte, daß er durch meine weniger formelle Kleidung, die aus verwaschenen Jeans, einem T-Shirt und Turnschuhen bestand, schockiert sein würde, hieß er mich herzlich willkommen.

Merkwürdigerweise erwähnte er den Fall auf der Fahrt in mein Hotel mit keinem einzigen Wort; er sprach statt dessen von dem großartigen Wetter und Baseball, seiner großen Leidenschaft. Da ich seit 1966, als mein Vater mich zu einem Spiel der New York Mets mitgenommen hatte, kein ganzes Spiel mehr gesehen hatte, wußte ich wenig beizutragen. Obwohl ich während der halbstündigen Fahrt versuchte, die Diskussion auf den Fall zu lenken, sagte er nur: »Ja, das wird ein verdammt schwieriger Fall werden, ein verdammt schwieriger Fall.«

Den nächsten Morgen verbrachte ich in Halperns Büro und sah den Polizeibericht, die medizinischen Untersuchungen und die verschiedenen Zeugenaussagen durch. Beim Mittagessen unterrichteten Halpern und einer der jüngeren Anwälte mich in der Kanzlei über den Fall.

Halpern störten zwei Dinge: Obwohl Cindy angab, mißbraucht worden zu sein, gab es keine körperlichen Beweise. Schlimmer noch war, daß der Fall der kompromißlosesten Staatsanwältin der Region, Arlene La Platta, zugeteilt worden war. Mit angespannter Stimme berichtete er mir von seinem ersten Gespräch mit ihr nach der Anklageerhebung. »John«, erklärte La Platta kalt, »ich möchte Ihnen gleich sagen, daß es mir völlig egal ist, ob Sie beweisen können, daß das Mädchen sexuell mißbraucht wurde. Sie hat ihrem Vater den Kopf weggeblasen. Er war kein schäbiger Unhold; er war ein kluger, fürsorglicher Mensch. Mir ist es egal, was er mit ihr angestellt hat – sie mußte ihn nicht töten. Einer Absprache werde ich auf keinen Fall zustimmen.«

Ich sagte ihm, er solle sich wegen der Beweise keine Sorgen machen – die Verhandlung würde erst in zehn Monaten stattfinden, es gab noch einige Bereiche, die genauer untersucht werden mußten. Was jedoch Mrs. La Platta betraf, so konnte ich ihm kein Wort der Ermutigung anbieten. Es würde ein heftiger Kampf vor den Geschworenen werden.

Nach diesem Gespräch fuhr ich zu dem Untersuchungsgefängnis für jugendliche Straftäter, einem modernen, eingeschossigen Gebäude aus Beton, das quadratisch und häßlich fünf Meilen entfernt in der Wüste stand. Die Mädchen bewohnen den Ost- und die Jungen den Westflügel. Bei den Insassen handelt es sich in erster Linie um Kinder aus armen Familien, von denen etwa 60 Prozent hispanischer Abstammung sind, 25 Prozent indianischer und die übrigen afroamerikanisch und weiß. Die meisten waren wegen Drogenhandels und Drogenmißbrauchs verhaftet worden oder wegen geringfügiger Eigentumsdelikte wie Autodiebstahl; mehrere saßen wegen Körperverletzung und tätlichen Angriffen. Als ich das Gefängnis besuchte, saßen vier Teenager wegen Mordes dort – drei Jungen und Cindy.

Sie saß in einem winzigen, schlecht erleuchteten Besucherzimmer. Ihre Augen starrten auf die nackte Wand vor ihr, während ihre Hände ordentlich gefaltet auf dem Tisch vor ihr lagen. In den einfachen Jeans und der weißen Bluse sah sie ganz wie das Schulmädchen aus, das sie war. Ich schüttelte den Kopf.

Cindy erhob sich, als ich eintrat, und schüttelte fest meine Hand. Sie fragte, ob ich irgendwelche Wünsche hätte, bevor wir anfingen. Trotz ihrer schrecklichen Situation war ich beeindruckt, daß sie die Geistesgegenwart hatte, mich so zu behandeln, als ob ich bei ihr zu Hause zu Gast sei.

»Nein danke, ich möchte nichts«, antwortete ich verständnisvoll.

»Ich weiß, warum Sie hier sind«, sagte sie in geschäftsmäßigem Ton, nachdem sie Platz genommen hatte. »Sie sollen meinem Rechtsanwalt bei der Verteidigung helfen. Stellen Sie ruhig Ihre Fragen.« Dann wandte sie den Blick ab.

Sofort erkannte ich, daß die detaillierte Fragenliste, die ich vorbereitet hatte, nutzlos war. Es gibt keinen einzig richtigen Weg, um einen sexuell mißbrauchten Jugendlichen zu befragen, wie ich oft erfahren habe, aber unzählige falsche Möglichkeiten. Selbst fürsorglichen Eltern fällt es oft nicht leicht, mit ihren normalen, gesunden Kindern in der Pubertät über sexuelle Dinge zu reden; man stelle sich also die ungeheuren Schwierigkeiten für mich als männlichen Anwalt vor, ein Mädchen wie Cindy davon zu überzeugen, mir intime Details von ihrer Beziehung mit ihrem Vater zu erzählen.

»Ich weiß, wie schwierig es für dich ist, über das Geschehene zu sprechen«, begann ich. »Ich habe viele Jungen und Mädchen vertreten, die ähnliche Erfahrungen gemacht haben. Ich werde versuchen, die Fragen so zu stellen, daß sie möglichst wenig weh tun«, versicherte ich ihr.

Sie drehte sich auf ihrem Stuhl um und starrte mich verächtlich an. »Scheiße«, stieß sie hervor. »Sie verstehen gar nichts. Sie würden *nie* verstehen, was ich durchmache«. Sie hatte recht.

Cindy kochte vor Zorn auf alle Menschen um sie. Halpern hatte mir erzählt, daß sie auf ihre Mutter und Schwestern wütend war, weil diese ihr niemals geholfen hatten, auch wenn sie ihnen nie von dem Mißbrauch erzählt hatte. Tief in ihrem Innern glaubte sie, daß sie wußten, daß ihr Vater sie sexuell belästigte. Zumindest hätten sie ihrer Meinung nach merken müssen, daß etwas an ihrer Beziehung zu ihm nicht stimmte.

Cindy wollte es auch nicht glauben, daß die Polizei ihre Geschichte nicht glauben wollte und war wütend darüber. Was sie noch mehr verletzte, war die Tatsache, daß einer der Beamten gleich nach ihrer Ankunft sagte: »Alle behaupten heute, sie seien mißbraucht worden, und du machst es ihnen nur nach.« Aufgrund dieses ganzen widerlichen Prozesses war sie auch auf mich zornig.

Wir saßen etwa fünf Minuten lang da, ohne ein Wort zu wechseln.

»Ich möchte einen Vorschlag machen«, sagte ich schließlich. »Im Augenblick möchte ich nichts über deine Probleme mit deinem Vater hören. Erzähl mir einfach ganz allgemein etwas über deine Familie. Vielleicht fallen mir ja sogar ein paar gute Dinge über ihn ein.«

Sie hielt eine Sekunde lang inne, stand auf und reckte sich. Dann griff sie in ihre Tasche und holte ein Foto hervor. »Das ist ein Bild von ihm«, sagte sie gleichmütig. »Es wurde in Paris aufgenommen, als ich vierzehn war.« Das abgegriffene Foto, das sie offensichtlich überall mit sich herumtrug, zeigte nur sie beide. Vater und Tochter, wie sie in einem kleinen Straßencafé saßen. Sie hielt ein Glas Rotwein in der Hand, und er hatte seinen Arm um ihre Schultern gelegt. Sie schaute mit einem gewinnenden Lächeln in die Kamera; ihr Lächeln war offen und breitete sich über ihr ganzes Gesicht aus. Die beiden wirkten wie eine Werbung für das ›gute Leben‹.

»Ich werde Ihnen ein Beispiel dafür geben, was für eine Art Mensch mein Vater war«, sagte sie mit derselben lustlosen Stimme, während ich das Foto betrachtete. »Als ich auf der

Schule war, sagten meine Freundinnen immer, sie wünschten, daß sie so einen Vater hätten... Mein Vater war viel mehr als ein Vater. Er war auch unsere Mutter. Wenn meine Schwestern oder ich irgendein Problem hatte, egal, was es war, gingen wir zu unserem Vater – niemals zu unserer Mutter. Meine Mutter ist ganz in Ordnung, aber irgendwie war sie... unsichtbar, als ich heranwuchs... Sie lebte in ihrer eigenen Welt – und das tut sie immer noch. Wenn Sie sie kennenlernen, werden Sie verstehen, was ich meine. Sie ist ein wenig seicht, aber nett. Sie ist nicht dumm oder so... Meine Schwester Nancy sagte einmal, daß unsere Mutter das College besucht habe, um unseren Vater kennenzulernen. Wahrscheinlich hat sie recht.«

Cindy kam wieder auf mich zu und setzte sich dann selbstbewußt hin, als ob sie sagen wollte: »Lassen Sie uns zur Sache kommen.«

»Mein Vater war ein sehr moralischer Mensch«, erklärte sie mit einem Anflug von Stolz. »Das klingt wahrscheinlich merkwürdig, wenn man alles bedenkt... Er sagte uns immer, daß es unsere Verantwortung sei, anderen zu helfen. Ständig trat er bei gesellschaftlichen Anlässen auf, und oft erschien sein Bild in der Zeitung, weil er irgendeiner Organisation geholfen hatte. Und von uns erwartete er immer dasselbe. Als ich klein war, sagte er: ›Ihr Kinder habt alles. Ein großes Haus, schöne Kleidung... ihr könnt alles haben, was ihr wollt. Aber viele Kinder haben nicht so viel Glück wie ihr. Ich möchte, daß ihr immer daran denkt.‹ Wir leisteten alle drei freiwillige Arbeit im Krankenhaus, und an jedem Weihnachtsfest gingen wir in der Nachbarschaft von Tür zu Tür und sammelten Lebensmittel für arme Kinder.«

Cindy redete viel länger über die gute Seite ihres Vaters, als ich erwartete. Je mehr sie über ihn erzählte, desto entspannter wurde sie. Bisweilen weinte sie aufgrund ihrer Erinnerungen leise, aber genauso oft lächelte sie auch. In ihrem Bewußtsein war Henry Baker offensichtlich immer noch ihr Held.

»Als ich die Grundschule besuchte, gab er mir immer das Gefühl, daß ich wichtig sei, daß ich alles erreichen könnte.

Dasselbe traf auch für meine Schwestern zu«, erzählte sie weiter, während sie sich die Tränen aus den Augen wischte. »Er scheute keine Kosten, wenn es um Dinge ging, die wir lernen wollten. Als Nancy Klavierstunden nehmen wollte, kaufte er ein Klavier. Nach ein paar Monaten hatte sie keine Lust mehr, aber das war ihm egal. Und als ich Ballettstunden nehmen wollte, stellte er einen Privatlehrer an. Ich war erst sieben Jahre alt. So war eben seine Art.«

Unser Gespräch an diesem Tag endete ohne eine einzige Frage über den Inzest oder den Mord. Ich würde am nächsten Tag wiederkommen, und früher oder später würden wir auf diese Dinge zu sprechen kommen. Es war ein guter Anfang, und ich spürte wieder diesen grundsätzlichen Widerspruch, auf den ich bei diesen Fällen immer wieder stieß – egal, wie sehr der Elternteil das Kind verletzt hatte, liebte es ihn immer noch, würde ihn immer lieben und wünschte sich nur Zuneigung von seinem Vater oder seiner Mutter.

Nach dem Abendessen an diesem Tag lernte ich die übrigen Familienmitglieder in Halperns Kanzlei kennen. Als ich mich dem Konferenzzimmer näherte, konnte ich sie durch die Vorhänge sehen: Die beiden Schwestern gingen in dem Zimmer auf und ab, während eine ältere Frau, ihre Mutter, schweigend an dem langen, glänzend polierten Eichentisch saß. Ihnen schien unbehaglich zumute zu sein. Nancy und Kerri ähnelten stark ihrer Mutter – sie waren groß, hatten hellbraunes Haar mit einer rötlichen Tönung, haselnußbraune Augen und hohe Wangenknochen.

Nachdem wir uns einander kurz vorgestellt hatten, merkte ich selbst, was Halpern mir bereits vorher gesagt hatte – weder Cindys Mutter Elaine, noch ihre Schwestern hatten irgendeine Vorstellung davon, daß sexueller Mißbrauch stattgefunden hatte. Alle drei behaupteten, daß Cindy, soweit sie es beurteilen konnten, eine großartige Beziehung zu ihrem Vater hatte.

»Das einzige, was wir wußten«, erklärte Elaine vorsichtig, »war, daß die Beziehung zwischen Hank und Cindy enger geworden war, nachdem Nancy und Kerri eine außerhalb gelegene Schule besuchten. Cindy war Hanks Liebling. Er behandelte sie wie eine Königin. Wenn es ein Problem gab, bestand es darin, daß er sie zu sehr verwöhnte. Er gab ihr alles, was sie wollte.« Die beiden Töchter nickten zustimmend.

Kerri und Nancy lebten beide in anderen Städten. Nancy besuchte das College und Kerri war berufstätig. Beide hatten mir wenig zu sagen, und ich wußte warum. Sie waren durch die Ereignisse nicht nur völlig am Boden zerstört, sondern hegten offensichtlich auch starken Groll gegenüber Cindy. Kerri, die älteste, schien für Nancy zu sprechen, als sie weinend gestand: »Wir wissen nicht, was passiert ist, aber sicherlich war es nichts, was Dad getan hat... Vielleicht hatte sie es zu gut, vielleicht war sie verrückt, wer weiß. Was auch immer – Dad hätte *niemals, nie* getan, was sie ihm vorwirft. Niemals.«

Obwohl die Familie mich bezahlte, war offensichtlich, daß diese drei Frauen mich ablehnten, besonders die Schwestern. Sie wußten, daß es meine Aufgabe sein würde zu beweisen, daß ihr Vater ein lüsterner Mann gewesen war, der an seinem eigenen Untergang die Schuld trug, und damit wollten sie nichts zu tun haben. Obwohl sie es nicht aussprachen, war offensichtlich, daß es sie nicht weiter störte, wenn das jüngste Familienmitglied für den Rest seines Lebens ins Gefängnis wandern würde.

Das Treffen dauerte nur etwa fünfundvierzig Minuten, und ich wußte anschließend nur wenig mehr als vorher.

Jedes Jahr werden Zehntausende von Mädchen von ihrem Vater oder erwachsenen Verwandten sexuell mißbraucht; doch es ist unmöglich, genaue Zahlen zu nennen. Sigmund Freud betrachtete die Beschreibungen seiner Patientinnen über sexuellen Mißbrauch in der Kindheit ursprünglich als reine Fantasien oder Wunscherfüllung. Als er jedoch von immer mehr Frauen dieselben Geschichten über sexuellen Mißbrauch durch den Vater und andere männliche Verwandte hörte, begann er zu akzeptieren, daß diese Vorfälle keine Fantasieprodukte waren. Als er 1895 vor der Wiener Gesellschaft für Psychoanalyse sprach, stellte er vor seinen Kollegen die Theorie auf, daß sexueller Mißbrauch in der Kindheit der Neurose bei erwachsenen Frauen zugrunde liegt. Die medizinische Gemeinschaft war über diesen Hinweis auf den überall grassierenden Inzest so empört, daß Freud fürchtete, er würde von seinen Kollegen geächtet werden. Einige Jahre später widerrief er einigen Kritikern zufolge seine Theorie, weil seine berufliche Glaubwürdigkeit bedroht war.

Die Zeiten haben sich geändert, aber nur zögerlich beginnen wir, das Ausmaß dieses Problems anzuerkennen. »Als ich 1971 anfing, kam angeblich ein Fall von Inzest auf eine Million Menschen«, erklärte Henry Giaretto, ein Psychologe aus Kalifornien, der eins der ersten Therapieprogramme für Inzestopfer und ihre Familien gegründet hat. »In jenem Jahr hatte ich sechsundzwanzig Fälle. Heute beschäftigen wir uns mit über tausend Fällen pro Jahr in einem Großstadtgebiet mit einer Million Menschen. Das könnte man eigentlich schon als epidemisches Ausmaß bezeichnen.

In den Statistiken umfaßt der Begriff *sexueller Mißbrauch von Frauen* alle Verhaltensformen, angefangen bei Penetration oder Berührung der Scheide oder des Afters mit Penis oder Mund, wenn sie auch noch so gering ist, bis zum absichtlichen Berühren der Brüste, des Genitalbereichs, der Leistengegend oder des Pos zum Zweck der sexuellen Befriedigung. Weder die Dauer noch die Häufigkeit der Angriffe ist für die Feststellung, ob ein sexueller Mißbrauch vorgelegen hat oder nicht, relevant. Dem Nationalen Komitee zur Verhinderung von Kindesmißhandlungen und Vernachlässigung zufolge handelte es sich bei den zwei Millionen gemeldeten Fällen im Jahr 1988 bei über 270000 um sexuell mißbrauchte Mädchen. David Finklehor von der Universität von New Hampshire, der führende Forscher, der sich mit Gewalt in der Familie beschäftigt, sagt, daß eine von drei Frauen vor Vollendung des achtzehnten Lebensjahres von einem Familienmitglied oder Verwandten sexuell mißbraucht wurde oder werden wird; und in einer nationalen Umfrage, die 1985 von der *Los Angeles Times* durchgeführt wurde, gaben 27 Prozent der befragten Frauen zu, daß sie als Kinder sexuell mißbraucht worden waren.

Inzest ist kein zufälliges Ereignis, er ist selten spontan und tritt häufig mehr als einmal auf. Obwohl der mißbrauchende Elternteil oder Verwandte häufig unter ernsten psychologischen Problemen leidet und speziell seine sexuellen und emotionalen Impulse nicht kontrollieren kann, geschieht die sexuelle Ausbeutung der Kinder nicht impulsiv oder planlos. Ganz im Gegenteil – die sexuelle Schikane von Kindern findet über einen längeren Zeitraum in absichtlichen, eskalierenden Stufen statt. Um das Ganze zu verstehen, muß man begreifen, wie der Elternteil seine fundamentale Rolle als wichtigste Autorität im Leben des Kindes mißbraucht.

Die meisten sexuell mißbrauchenden Väter wissen, daß ihre Sicherheit durch das Schweigen des Kindes gewährleistet wird. In den frühen Stadien (Grundschule oder davor) wird das Stillschweigen durch das Vertrauen des Kindes und seinen Respekt für den Elternteil garantiert. In jungen Jahren (bis zum zehnten Lebensjahr) verlassen Kinder sich für ihr Überleben auf ihre Eltern. Erst wenn das Kind zwölf oder dreizehn Jahre alt ist, beginnt es, für sich selbst zu denken, und stellt das Verhalten der Eltern und die Autorität, der sie gehorcht haben, in Frage.

Später wird die Passivität des Kindes durch seine Verlegenheit und Selbstbeschuldigung sowie durch direkte Drohungen sichergestellt. Obwohl Cindy schließlich eine radikal andere Lösung für ihr schreckliches Dilemma wählte – Fälle wie den ihren kann man jedes Jahr an einer Hand abzählen –, folgte das inzestuöse Verhalten ihres Vaters und die krankhafte Beziehung, die er ihr aufzwang, dem klassischen Muster von sexuellem Mißbrauch.

Am nächsten Morgen traf ich um acht Uhr in dem Untersuchungsgefängnis ein. »Hast du gut gefrühstückt?« fragte ich Cindy.

»Wahrscheinlich haben Sie noch nie im Gefängnis gesessen«, erwiderte sie. »Das Essen hier schmeckt grauenhaft.« Sie hatte recht – die Frage war albern. Dennoch sagte mir ihre gutgelaunte Antwort zumindest, daß sie heute entspannter war.

Nachdem wir uns über das Verhalten ihres Vaters im allgemeinen unterhalten hatten, fragte ich sie, ob sie sich an das erste Mal erinnere, als er sie auf eine Art und Weise berührt hatte, die nicht richtig war. »Das erste Mal?« fragte sie ungläubig. »Daran kann ich mich nicht erinnern, denn es fing wahrscheinlich an, bevor ich mich überhaupt daran erinnern kann ... Ich glaube, ich war etwa neun Jahre alt. Ich hatte eigentlich nicht das Gefühl, daß er irgend etwas Schlimmes mit mir machte, weil er uns immer körperlich seine Zuneigung zeigte ... Er schlich sich immer von hinten an mich oder Nancy oder Kerri heran und kitzelte uns und solche Sachen.

Ich saß also im Wohnzimmer und schaute fern, und meine Mutter und meine Schwestern waren irgendwo einkaufen. Er kam herein und sagte, daß er Kopfschmerzen habe oder so was, und ›würdest du so lieb sein, und Daddys Hals etwas massieren‹.

Das tat ich, und er fragte, ob er meinen Hals massieren solle, und ich sagte ja. Er begann, meinen ganzen Körper zu streicheln und nicht nur den Hals.«

Cindy hielt einen Augenblick lang inne und starrte in die Ecke des Zimmers. War sie zornig? Traurig? Vielleicht auch nur emotional erschöpft? Ich konnte es nicht sagen. »Möchtest du eine Pause machen? Vielleicht eine Limonade trinken?«

»Nein«, sagte sie. »Es ist schon in Ordnung, ich habe nur an etwas anderes gedacht.«

»Woran?« fragte ich.

»Ach, nichts. Es war nichts weiter.«

Ich drängte sie nicht weiter.

»Egal«, fuhr sie fort. »Er fuhr mit seiner Hand in meinen Schlüpfer und rieb zwischen meinen Beinen herum. Ich dachte, daß das einfach zu der Rückenmassage gehörte. Ich kann mich nicht daran erinnern, daß es weh tat ... Diese Rückenmassagen wurden zu einer normalen Sache zwischen uns. Ich wußte nicht, ob er meinen Schwestern auch den Rücken massierte ... Wir taten es immer nur, wenn niemand zu Hause war ... Und manchmal streichelte er mich, wenn er mir gute Nacht sagte.

Eines Tages fragte er mich, ob ich irgend jemandem von

den Rückenmassagen erzählt habe. Ich sagte nein. Dann meinte er, ich solle niemandem davon erzählen und daß es ein Geheimnis zwischen mir und ihm bleiben solle. Daran kann ich mich sehr gut erinnern, weil ich auf meine älteren Schwestern immer eifersüchtig war. Nancy war vierzehn und Kerri sechzehn, und sie machten natürlich die Dinge, die Teenager eben so tun. Ich fühlte mich immer zurückgesetzt, wenn sie mich nicht mitnehmen wollten. Als Dad mir daher sagte, daß wir vor allen anderen Familienmitgliedern ein Geheimnis haben würden, fühlte ich mich als etwas ganz Besonderes.«

Diese ›Rückenmassagen‹ verliefen immer auf dieselbe Weise, bis Cindy in die siebte Klasse kam. An einem Spätsommerabend »massierte ich seine Schultern, und er drehte sich um und sagte, daß er mir zeigen wolle, wie ich ihn noch auf andere Art entspannen könne. Er öffnete den Reißverschluß seiner Hose, und ich erinnere mich daran, daß ich Angst bekam, als ich seinen Penis sah«, erzählte Cindy. »Er sagte, ich solle ihn anfassen und massieren. Ich wußte nichts vom sexuellen Höhepunkt, und als dieses weiße Zeug herauskam, nachdem ich ihn massiert hatte, dachte ich, ich hätte ihm weh getan. Nachdem er es weggewischt hatte, nahm er mich in den Arm und sagte, daß er mich sehr liebe, weil ich ihm ein so gutes Gefühl gegeben habe.« Zu ihrer großen Erleichterung war sie vorübergehend von den ständigen Berührungen ihres Vaters befreit. Obwohl es ihr zuwider war, ihn zu masturbieren, war es nicht so unangenehm wie seine Berührungen ihrer Brustwarzen oder das Einführen seiner Finger in ihre Scheide. Die Atempause war jedoch nur sehr kurz.

»Als ich vierzehneinhalb war, tat er es«, berichtete Cindy zornig. Vater und Tochter waren gegen Ende des Sommers in das Strandhaus der Familie gefahren; er war in ihr Schlafzimmer gekommen, um ihr gute Nacht zu sagen. »Er sagte mir, daß er jetzt etwas anderes ausprobieren wolle als die normalen Dinge, da ich jetzt älter sei. Ich wußte, was er sagen würde, und ich hoffte, daß ich unrecht hätte. Aber ich hatte recht. Nachdem er mir befohlen hatte, im Bett rüberzurutschen und mich auf den Rücken zu legen, sagte ich ihm, daß ich Angst hätte. Er meinte: ›Du weißt doch, daß ich dir nicht weh tun würde, meine Prinzessin, nicht wahr?‹ Ich kann noch immer hören, wie er dies sagte – ›Du weißt doch, daß ich dir nicht weh tun würde.‹ Ich wußte nicht, was ich tun sollte. Er knöpfte mein Nachthemd auf und legte sich auf mich und tat es einfach.«

Wie es häufig bei Inzestfällen vorkommt, zahlte Henry am nächsten Tag ein Bestechungsgeld – er ging in ein Schmuckgeschäft und kaufte seiner Tochter ein Paar Goldohrringe für 300 Dollar. Er feierte nicht nur seine ›neue‹ Beziehung mit Cindy, sondern hoffte auch, ihren Unwillen zu mildern und ihr Schweigen zu erkaufen. Cindy war von dem Schmuck genau wie von dem Abendessen bei Kerzenlicht an diesem Tag wie geblendet. Da er das Gefühl hatte, daß er sie für sich gewonnen hatte, suchte er sie später an diesem Abend wieder in ihrem Zimmer auf und zwang sie erneut zum Geschlechtsverkehr. »Als wir am nächsten Tag nach Hause fuhren«, sagte Cindy, »erklärte ich ihm, daß ich mich wegen der Sachen, die wir taten, schlecht fühle. Er meinte, daß ich mich nicht schlecht fühlen sollte, weil wir einander auf diese Weise nur unsere Liebe zeigten. Dann sagte er mir, daß er sich wirklich großartig dabei fühle und daß ich mich ebenfalls gut fühlen solle. Er fragte mich, ob ich mich gut dabei fühle, und ich antwortete ja, weil ich wußte, daß er dies hören wollte. Aber die ganze Zeit über war mir schrecklich zumute.

An diesem Abend ging Cindy mit ihren Eltern zusammen zum Essen und sagte natürlich nichts Negatives über das Wochenende, sondern nur, wie großartig es gewesen sei. An diesem Abend schlief Cindy sehr verwirrt ein. »Wissen Sie, er hatte einfach immer mit allem recht«, sagte sie nachdrücklich. »Und er tat mir niemals weh. Er schlug mich kein einziges Mal, als ich klein war, und die Gelegenheiten, bei denen er mich anschrie, kann ich an zehn Fingern abzählen.«

Nach dem Ausflug an die Küste berührte Henry Baker sie längere Zeit nicht mehr. Cindy glaubte, daß ihrem Vater ein Licht aufgegangen war und er diese Besuche am späten Abend in ihrem Zimmer nicht wiederholen würde. Niemand wird je wissen, was passiert war: Vielleicht hatte er es sich noch einmal überlegt, möglicherweise hatte er sogar Angst. Egal welchen Grund er hatte – es reichte nicht, um ihn für immer abzuhalten. Die nächtlichen Überfälle im Schlafzimmer seiner Tochter begannen kurz nach dem Erntedankfest in diesem Jahr wieder. »Meine Mutter arbeitete immer oder mußte irgendwelche Konferenzen besuchen, also war ich mit ihm immer allein. Es wurde so schlimm, daß ich es kaum noch wagte, nach der Schule nach Hause zu kommen… Nachdem ich darüber nachgedacht hatte, versuchte ich, vernünftig mit Dad darüber zu reden.«

Cindy dachte sich, daß sie mehr Erfolg haben würde, wenn sie das Thema anschnitt, während er arbeitete, als wenn er gerade mit ihr schlief. »An einem Abend ging ich nach dem Essen hinauf in sein Büro. Ich stand eine Weile in der Tür und beobachtete ihn bei der Arbeit. Und dann sagte ich: ›Dad, es ist nicht richtig. Das, was wir tun, ist nicht in Ordnung.‹ Ich konnte die Sache nicht einmal beim Namen nennen. Er schaute mich an, als ob ich ihm weh getan hätte. Dann sagte er, er habe gedacht, ich hätte Spaß an der Zeit, die wir miteinander verbrachten. Ich sagte ihm, daß mich nicht die gemeinsam verbrachte Zeit störe, sondern die Dinge, die wir nachts taten. Da wurde er wütend, aber er schrie mich nicht an. Er versuchte, die Kontrolle über sich zu bewahren. Er fragte mich, ob ich ihm vertraue, und ich sagte ja… Ich wußte nicht, was ich sonst hätte sagen sollen… Ich verließ sein Büro, und damit war mein Gespräch mit Dad beendet.«

Cindy machte eine Pause, dann fuhr sie fort: »Als er an diesem Abend in mein Zimmer kam, um mir gute Nacht zu wünschen, fragte er mich, ob ich vorhabe, irgend jemandem davon zu erzählen, was *wir* miteinander taten. Ich sagte nein. Dann sagte er, daß es andernfalls für alle in der Familie schreckliche Folgen haben würde. Und wenn die Polizei etwas erfahren würde, würde er ins Gefängnis gesteckt werden und ich würde das Haus verlassen müssen. Dann begann er zu weinen und sagte, wie sehr er mich liebte und brauchte. Ich hatte ihn noch nie weinen sehen, daher begann ich auch zu weinen. Ich hatte das Gefühl, daß ich ihm weh getan hatte, und er tat mir leid.« Wie vorauszusehen war, begann der erzwungene Sex nach ein paar Tagen wieder.

Obwohl er vielleicht diese Reaktion auf ihre Klage nicht bewußt geplant hatte, hätte er keine perfektere Antwort finden können. Es würde nicht länger funktionieren, die Unwissenheit und Unerfahrenheit seiner Tochter auszunutzen, daher drehte er die Flamme auf. Indem er Gefängnis und Familie in einem Atemzug nannte, verband er ihr Überlegen und das Überleben ihrer Mutter und Schwestern mit ihrem weiter andauernden Schweigen. Noch hinterhältiger war, daß er die psychologische Last der Beziehung geschickt auf seine Tochter übertragen hatte, indem er ihr das Gefühl gab, daß der Inzest jetzt ihr Problem sei – ein Problem, das sie ihrer Meinung nach mitgeschaffen hatte. Ein Muster, dem man in diesen Fällen oft begegnet, ist der Doppelprozeß von körperlicher Vergewaltigung und psychologischer Einschüchterung, der die Gefühle des Kindes völlig durcheinanderbringt, so daß das junge Mädchen dazu getrieben wird, genau das zu tun, was der Vater verlangt.

»Ich konnte Mom nichts davon erzählen. Sie wäre einfach nicht in der Lage gewesen, es zu handhaben. Ihr ist es am liebsten, wenn alles nett und ordentlich ist. Sie wäre völlig verrückt geworden. Außerdem hätte sie wahrscheinlich gesagt, daß alles meine Schuld war. Und ich nehme an, daß das ja auch stimmt. Daher versuchte ich, mit der Sache fertig zu werden, indem ich an andere Dinge dachte, wenn er es gerade mit mir tat... mein Geist befand sich außerhalb meines Körpers. Angefangen bei dem Augenblick, in dem er auf mir drauflag, bis er fertig war, versuchte ich, an etwas anderes zu denken. Ich habe einfach gedacht, daß ich jemand anders an einem anderen Ort bin... Ich tat *es* für meine Familie.«

Ihre Augen wurden ganz glasig, und ihre Stimme wurde bei diesen letzten Worten leiser. Offensichtlich erlebte sie einen besonders schlimmen Vorfall in ihrem Innern erneut. Es war Zeit für eine Pause.

Als wir etwa zwanzig Minuten später wieder im Besucherzimmer zusammensaßen, war meine erste Frage eine, die man ihr auch im Zeugenstand stellen würde. »Du bist ein sehr intelligenter, redegewandter Mensch«, sagte ich. »Hast du jemals einem anderen Menschen von den Dingen erzählt, die dein Vater dir angetan hat?«

Bei dieser Frage fuhr sie zusammen. »Es wäre *schrecklich* gewesen, irgend jemandem davon zu erzählen«, antwortete sie abweisend. »Außerdem, wer hätte mir schon geglaubt?... Ich habe von Stellen gehört, an die man sich wegen Kindesmißbrauchs wenden kann, aber ich wußte nicht genau Bescheid und hatte keine Ahnung, was sie unternehmen würden, falls ich anrief. Mein Vater ist ein kluger Mann und hat sehr gute Anwälte. Nichts hätte funktioniert... Ich wußte, daß im Grunde nichts geschehen würde, wenn ich irgend jemandem davon erzählen würde.«

Überrascht, daß Cindy an diesem einen Morgen bereits soviel erzählt hatte, wollte ich sie nicht weiter bedrängen. Bevor ich ging, fragte sie mich: »Sie kommen doch wieder, ja? Ich meine, Sie sind nicht sauer auf mich, oder?«

»Warum sollte ich sauer auf dich sein?« fragte ich.

»Weil ich Sie angeschrien habe.«

»Mach dir keine Sorgen – natürlich komme ich wieder.«

Sie deutete ein Lächeln an und winkte zum Abschied.

Den restlichen Tag verbrachte ich damit, in meinem Hotelzimmer das Material zu überprüfen, das Halpern mir über Henry Baker zur Verfügung gestellt hatte. Obwohl viele Täter bei inzestuösen Beziehungen bestimmte Charakterzüge gemein haben, etwa narzißtische Persönlichkeiten, sind diese in ihrem öffentlichen Auftreten oder Verhalten nicht wahrnehmbar. John Crewdson bemerkte in *Sexual Abuse of Children in America:* »Bis vor wenigen Jahren glaubte man, daß Inzest sich, wie Tennyson sagte, hauptsächlich auf ›der übervollen Matratze in den Mietskasernen der Armen‹ abspielte, in den städtischen Gettos oder bei isoliert lebenden Familien auf dem Land in Südkentucky.« Der meteorhafte Anstieg bei Berichten über Kindesmißbrauch im gesamten Land während der achtziger Jahre zerstörte diese Vorurteile.

Die Täter besuchen die Kirche, spielen im Volleyballteam ihrer Firma und haben juristische Ämter inne. Sie können arm wie Kirchenmäuse sein oder schwerreich. Sie zahlen ihre

Steuern, gehen zur Wahl und haben selten ein Gesetz übertreten, es sei denn, daß sie hin und wieder zu schnell fahren. Sie sehen aus wie du und ich. Selbst in Ihrem Viertel könnte ein solcher Mensch leben.

Henry Baker jedoch war mehr als »irgendein« Mensch. Mit seinen fünfzig Jahren war er ein erfolgreicher Unternehmer, der Einkaufspassagen und Eigentumswohnungen baute. Trotz seines Reichtums hatte er nie vergessen, wo er herkam, spendete großzügig für wohltätige Zwecke und nahm aktiv am Gemeinwesen teil. Am bemerkenswertesten war Bakers Lieblingsprojekt, eine Organisation, die Spielzeug, Zirkuskarten und andere Überraschungen für schwerkranke Kinder zur Verfügung stellte. »Niemand wird etwas Negatives über meinen Vater sagen«, hatte Cindy gegenüber Halpern während ihres ersten Gesprächs geäußert, und sie hatte recht.

Wie ich erwartet hatte, meldete sich niemand, der den geringsten Verdacht hatte, daß ein sexueller Mißbrauch stattgefunden hatte. Kein einziger Verwandter, Freund, Nachbar oder Geschäftskollege sagte bei den Befragungen der Polizei irgend etwas aus, das in irgendeiner Weise negativ ausgelegt werden konnte. Es gab nur einhelliges Lob.

Die Zusammenfassungen der Vernehmungen, die von den Kriminalbeamten vorbereitet worden waren, lasen sich wie blumige Lobreden auf einen gefallenen Helden.

»Ich habe Henry, Elaine und die Mädchen seit mindestens fünfzehn Jahren gekannt, und man konnte sich keinen hingebungsvolleren Ehemann und Vater vorstellen. Elaine hat nicht nur ihren Mann verloren, sondern die Gemeinde ist um einen wichtigen Mann ärmer.«

»Ich war mit ihrer ältesten Schwester Kerri befreundet. Sie schienen ein perfektes Familienleben zu haben. Ich kannte ihn schon als kleines Mädchen. Er war der ideale Vater.«

Unglücklicherweise wußten auch Cindys Klassenkameraden nichts über ihr schweres Los. Es überraschte nicht, daß keine der Freundinnen etwas über ihr Problem wußte, denn Cindy war eine Einzelgängerin. Es hatte jedoch eine Zeit gegeben, in der Cindy so beliebt war und so viele Freundschaften pflegte, daß Henry ein Telefon in ihrem Zimmer installieren ließ.

In der Grundschulzeit war Cindy mitteilsam und lebhaft gewesen. Eine besonders enge Freundschaft verband sie mit vier Mädchen, die in demselben Viertel lebten. Sie aßen jeden Tag an demselben Tisch zu Mittag und verbrachten die Nachmittage zusammen bei Spielen im Garten oder kostümierten sich mit den Kleidern ihrer Mütter.

Dierdre, die jetzt sechzehneinhalb Jahre alt ist, dichtes, pechschwarz gefärbtes Haar hat, einen Ohrring in der Nase trägt und Rockstar werden will, war eins dieser Mädchen in der Gruppe. Wir unterhielten uns an dem Morgen nach meinem zweiten Gespräch mit Cindy. Dierdre hatte sich nicht mit mir in der Kanzlei treffen wollen, daher unterhielt ich mich mit ihr an einem Imbißstand, der ein Treffpunkt der Schüler der örtlichen Highschool war.

»Was ich bei dieser Sache absolut nicht verstehen kann, ist, daß wir alle Cindy bewundert haben«, sagte sie, während sie an ihrer filterlosen Zigarette zog. »Ich mein, ihr Vater war wirklich toll. Unsere Väter waren... nun ja, so, wie typische Väter eben sind... Mr. Baker fuhr uns zum Einkaufszentrum, zum Bowling, alles, was wir uns wünschten. Mein Vater hätte es nicht einmal erlaubt, daß fünf zwölfjährige Mädchen in seinem geparkten Wagen gesessen hätten!«

»Wenn ihr in der Grundschule so gute Freundinnen wart, warum seid ihr dann später eigene Wege gegangen?« fragte ich.

»Wir sind keine eigenen Wege gegangen«, erklärte Dierdre. »Sie zog sich von uns zurück. Schließlich sind wir ja nicht auf verschiedene Schulen gegangen oder weggezogen oder so. Aber gegen Ende des siebten Schuljahrs war Cindy eben nicht mehr mit uns zusammen.«

»Hast du irgendeine Vorstellung, warum das so war?«

»Nein, eigentlich nicht. Wir dachten, sie wollte eben mehr für die Schule tun. Aber einige waren der Meinung, daß Cindy plötzlich hochmütig geworden sei, so als ob sie sich zu gut für uns wäre.«

Am Tag zuvor hatte Cindy etwas offenbart, das zumindest

teilweise erklärte, warum sie sich von ihren engen Freundinnen zurückzog. »In der siebten Klasse begannen meine Freundinnen über Sex zu reden«, hatte Cindy gesagt, als ob sie das ärgerte. »Nicht, daß sie schon mit Jungen schliefen. Sie redeten einfach darüber, wie gut dieser oder jener Junge aussah. So das typische Zeug, das uns alle zum Kichern brachte... Ich nehme an, daß ich zu denken begann, daß das, was ich mit meinem Vater tat, wahrscheinlich wie Sex war... Wenn meine Freundinnen darüber sprachen, versuchte ich meistens ruhig zu sein, weil ich Angst hatte, daß ich mich irgendwie verraten würde. Meine Freundinnen glaubten, daß ich einfach nur verlegen sei... Wenn die gewußt hätten.«

»Cindy hätte eine Million Freundinnen in der Schule haben können, wenn sie es gewollt hätte, aber sie wollte ganz für sich sein... Von allen Mädchen in unserer Gruppe war sie diejenige, die am längsten den Kontakt zu ihr aufrechterhielt«, berichtete Dierdre. »Das hörte erst zu dem Zeitpunkt auf, als sie versucht hatte, von zu Hause fortzulaufen. Nicht, daß ich meinte, daß das, was sie getan hatte, schlecht gewesen sei, aber sie schien sich jetzt völlig abzuschotten.«

Als wir unser Gespräch beendet hatten, rief ich Halpern von dem Telefon in der Imbißstube an: »Was, zum Teufel, ist los mit Ihnen? Warum haben Sie mir nicht erzählt, daß sie versucht hatte, von zu Hause fortzulaufen?«

»Wovon reden Sie?« fragte er abwehrend.

»Ich habe gerade mit einer ihrer alten Freundinnen gesprochen, und sie hat mir erzählt, daß Cindy versucht hat, von zu Hause wegzulaufen«, erklärte ich irritiert.

»Ach ja, davon habe ich gehört. Cindy machte kein großes Aufhebens darum und sie ist nicht weit gekommen«, antwortete er. »Nach allem, was sie mir darüber berichtet hat, war es im Grunde kein ernsthafter Versuch.«

Egal ob Cindy eine oder hundert Meilen weit gekommen war, war die Tatsache, daß sie versucht hatte wegzulaufen, von großer Bedeutung, besonders da wir so wenige erhärtende Beweise hatten. Die Tatsache, daß sie von zu Hause weggelaufen war, war zwar an sich kein positiver Beweis, daß Cindy sexuell mißbraucht wurde, aber sie bewies, daß *ir-*

gend etwas an Cindys Beziehung zu ihren Eltern nicht in Ordnung war.

Später an diesem Nachmittag traf ich wieder im Untersuchungsgefängnis ein. »Es wird ein langes Gespräch werden. Du hast für heute abend doch keine wichtigen Pläne, oder?« frage ich.

»Soll das ein Witz sein?«

»Ja«, antwortete ich, »aber du mußt nicht darüber lachen.« Sie schüttelte den Kopf, als ob sie andeuten wolle, daß ich verrückt geworden sei.

»Deine alte Freundin Dierdre hat mir gesagt, daß du versucht hast, von zu Hause fortzulaufen. Kannst du mir erzählen, was passiert ist?«

»Ach, Sie haben mit Didi gesprochen«, sagte sie plötzlich, neugierig geworden. »Was hat sie über mich erzählt?«

»Nichts Schlechtes, falls du das meinst. Sie sagte nur, daß du einmal versucht hast wegzulaufen.«

»Ja, sie hat recht... aber es war keine große Sache«, erwiderte Cindy. »Ich war fünfzehn. Mom war wieder einmal auf einer ihrer Einkaufsreisen. Ich saß in meinem Zimmer, machte meine Hausaufgaben und dachte darüber nach, was an diesem Abend passieren würde. Er und ich würden allein sein, dreieinhalb Wochen lang. Ich wußte, daß er an diesem Abend nach Hause kommen würde, und ich wollte nicht da sein. Ich meine, egal wie ich die Sache auch sah, mein Vater hatte mit mir Geschlechtsverkehr.«

Cindy dachte kurz daran, zu Kerri zu gehen, verwarf die Idee aber wieder, da sie ihrer Schwester hätte sagen müssen, warum sie weggelaufen war. Statt dessen ging sie zum Busbahnhof und kaufte sich eine Fahrkarte nach Kalifornien. Nach zwei Stunden im Bus war die Angst, allein zu sein, stärker; sie stieg aus, rief ihren Vater an und bat ihn, sie abzuholen. »Ich wartete über fünf Stunden... ich wurde von Typen angequatscht, die mich aufreißen wollten. Als er durch die Tür hereinkam, konnte ich sehen, wie bestürzt er war. Er sagte, daß er sich Sorgen gemacht hätte und daß ich ihm eine Entschuldigung schuldig sei für das, was ich getan hatte. Ich entschuldigte mich, aber das schien nichts zu bewirken. Die ganze Rückfahrt über schwieg er. Als ich an diesem Abend ins Bett ging, fühlte ich mich so elend wie noch nie… Am nächsten Morgen kam er in mein Zimmer, als ob nichts geschehen sei. Er sagte, daß er nicht mehr böse auf mich sei. Dann kam er zu mir ins Bett.«

Aber dies war nicht das letztemal gewesen, daß Cindy versuchte zu fliehen, wie ich wußte. »War diese Busfahrt das einzige Mal, daß du zu zeigen versuchtest, daß du in Schwierigkeiten stecktest?« fragte ich vorsichtig. Sofort schaute sie weg, weil sie merkte, daß ich um ihren ernsthaftesten Fluchtversuch wußte.

»Ich möchte nicht darüber sprechen«, sagte sie schnell und legte ihr Gesicht in ihre Hände. Schließlich schaute sie wieder auf. »Okay. Es passierte Anfang des letzten Jahres. Ich war wütend auf mich, daß ich gegen das, was passierte, nichts tun konnte. Und ich war wütend und verletzt, weil niemand mir half… Jeden Tag schien ich mich schlechter zu fühlen. Es schien völlig egal zu sein, ob er es mit mir tat oder nicht. Ich haßte mich dafür, weil ich es zuließ.«

Weinend fuhr sie fort, während die Wut in ihrer Stimme langsam anstieg: »Nach außen hin mußte ich ein intelligentes, glückliches junges Mädchen sein, aber dieses Bild stimmte überhaupt nicht. Ich brauchte ungeheure Energie, um morgens überhaupt aufstehen zu können. Außerdem wurde ich jetzt ständig krank. Ich war immer sehr gesund gewesen, und plötzlich litt ich dauernd unter Durchfall. Mir war immer so übel, daß ich mich oft übergeben mußte. Oft mußte ich während des Schulunterrichts zur Toilette, um mich zu übergeben… Das erste, was ich dachte, war jedenfalls: ›Jetzt ist alles zu Ende, ich bin schwanger.‹ Ich erzählte Dad nichts davon, sondern ließ einen Test machen. Glücklicherweise fiel er negativ aus. Der Arzt erklärte mir, daß all meine Schmerzen und die Übelkeit wahrscheinlich darauf zurückzuführen seien, daß ich unter zu großer Spannung stand. Damit hatte er recht, nicht wahr?« sagte sie mit einem Anflug von einem Lächeln.

»Jedenfalls war er sehr nett und versuchte, mir zu helfen«, fuhr sie fort. »Er fragte mich, ob ich nervös sei oder mir wegen irgend etwas Sorgen mache. Ich konnte ihm nicht die Wahrheit sagen... An einem Freitagabend war ich in meinem Badezimmer und übergab mich. Ich konnte nicht aufhören und begann zu weinen. Ich fühlte mich einfach schrecklich... Ich ging in das Badezimmer meiner Schwester, das auf der anderen Seite des Flurs lag und holte eine alte Pakkung Schmerztabletten und nahm alle Tabletten, die sie enthielt. Das nächste, an das ich mich erinnere, war, daß ich mit meinem Vater im Krankenwagen saß.«

Wegen ihres Selbstmordversuchs brachten Henry und Elaine ihre Tochter in eine exclusive, private, psychiatrische Klinik. Die Ärzte diagnostizierten eine Depression, konnten aber keine spezielle Ursache feststellen. Sie führten die Krankheit auf Angstgefühl zurück, weil Cindy im nächsten Jahr von Zuhause ausziehen würde, um das College zu besuchen. In all den Stunden der Gespräche und der Therapie wurde das Thema Mißbrauch in irgendeiner Form mit keinem Wort erwähnt.

Obwohl Cindy nicht freiwillig mit der Information herausrückte, ist das Versagen der Ärzte meiner Meinung nach ein Hinweis auf das Versagen der Medizin insgesamt, einen Mißbrauch zu erkennen und damit so umzugehen, wie man heute beispielsweise andere soziomedizinische Probleme wie Drogenmißbrauch und Geschlechtskrankheiten verstehen und behandeln kann. Trotz der großen Fortschritte, die seit Beginn der siebziger Jahre beim Erkennen von sexuellem Mißbrauch gemacht wurden, steckt die Forschung hier noch in den Kinderschuhen. Aus diesem Grund fehlt vielen Fachleuten im Sozial- und Gesundheitswesen Verständnis für dieses Problem.

»Die Hauptrichtung der Psychiatrie«, schreibt Van der Kolk in *Psychological Trauma*, »hat die Menschen gewöhnlich als unabhängige Einheiten untersucht, die von dem sozialen Kontext, in dem sie heranreifen und sich entwickeln, relativ getrennt sind. Trotz einer Fülle von Untersuchungen der Familie und der Bedeutung der sozialen Psychiatrie in den sechziger Jahren hat die Ärzteschaft die eigentliche Untrennbarkeit des Menschen von seinem sozialen Rahmen nicht durchweg anerkannt.« In knapper Form ausgedrückt liegt hier ein grundlegendes Problem, das ein größeres Verständnis des Mißbrauchs in unserer Gesellschaft zunichte macht. Außerdem, erklärt er weiter, ist die Diagnose des sexuellen Mißbrauchs schwieriger, weil dieser »oft durch chronische Depression, selbstzerstörerisches Verhalten und Drogen- und Alkoholmißbrauch verborgen wird.«

Cindy blieb fünfundvierzig Tage lang in der psychiatrischen Klinik und zwar in einer geschlossenen Abteilung. Obwohl ihr bei ihrem Problem nicht geholfen wurde, gefiel ihr ein Aspekt an der Einrichtung: »In dem Krankenhaus gab es einige sehr merkwürdige Leute, aber es war besser, dort zu sein als bei ihm zu Hause. Wenn ich abends ins Bett ging, mußte ich mir zumindest keine Gedanken machen, daß er später in mein Zimmer kommen würde.«

Cindy beschrieb die Zeit, die gleich auf die Entlassung aus dem Krankenhaus folgte, als die beste Zeit seit ihrer Kindheit. »Alles war so, wie es eigentlich die ganze Zeit über hätte sein sollen, so wie es normal ist«, erklärte sie sehnsüchtig. Henry war plötzlich ein ganz normaler Vater, und er berührte sie nicht mehr. Ich nehme an, daß er reumütig war und einsah, daß er Schuld an dem Selbstmordversuch hatte. Seine Angst, entlarvt zu werden, trug möglicherweise zu diesem Sinneswandel bei, aber das bezweifle ich. Hatte Cindy nicht gerade schlüssig bewiesen, daß sie sich eher selbst das Leben nehmen würde, als die Wahrheit zu offenbaren?

Unglücklicherweise dauerte diese Idylle nicht lange an, sondern endete abrupt nach mehreren Monaten, als Cindys Mutter wieder eine längere Geschäftsreise unternehmen mußte.

»Seit mehreren Monaten war nichts zwischen mir und meinem Vater passiert, daher machte ich mir keine Sorgen, daß sie eine Weile nicht da sein würde«, erzählte Cindy.

»Ein paar Tage lang lief es auch großartig... Der Sonntagabend begann ganz normal. Es war sogar richtig schön. Wir gingen gemeinsam essen und redeten über das College, da ich meine Abschlußprüfung an der Schule ein Jahr früher ablegen würde. Ich machte mir Gedanken darüber, wo man mich annehmen würde. Als wir nach Hause fuhren, erzählte er mir, daß er ein besonderes Abschlußgeschenk für mich hätte – ein Auto. Ich war so glücklich, daß ich weinte... Als wir zu Hause waren, ging ich ins Wohnzimmer, um fernzusehen. Er kam herein und setzte sich ganz nah zu mir auf die Couch. Er sagte, daß er mich sehr vermissen würde, wenn ich zum College gehen würde. Dann nahm er mich in die Arme und begann, meinen Hals zu küssen. Ich versuchte, mich von ihm zu befreien, aber er hielt mich noch fester. Dann fuhr er mit seiner Hand unter meinen Rock.

›Bitte, tu's heute abend‹, sagte er. Es war, als ob er bettelte. Er sagte, daß es das letztemal sein würde und solche Sachen... Ich sagte immer wieder nein und versuchte, seine Hand zwischen meinen Beinen wegzuziehen... Er versuchte, sie in meinen Schlüpfer zu stecken. Ich begann zu weinen, und dann versetzte ich ihm einen Stoß und konnte mich befreien. Ich kann mich nicht mehr genau erinnern, aber sinngemäß sage ich: ›Kannst du mich nicht in Ruhe lassen? Ich will nur fernsehen.‹ Als ich die Treppe hinaufrannte, schrie er mich an und sagte Dinge, die er noch nie gesagt hatte. Er nannte mich ›Miststück‹ und ›Hure‹ und noch Schlimmeres. Er sagte, ich hätte keinen Respekt vor ihm... ich würde ihm nicht dafür geben, wie er mich behandelte.«

Bis zu diesem Zeitpunkt hatte Cindy Haltung gezeigt, Aber jetzt begann sie zu weinen, und ihr Schluchzen hallte in dem kleinen Raum wider. Ein Beamter klopfte an die Tür und fragte, ob alles in Ordnung sei. Ich nickte und schaute auf meine Uhr. Schockiert stellte ich fest, daß wir über viereinhalb Stunden miteinander gesprochen hatten.

»Wir wollen eine Pause machen«, sagte ich und schob ihr ein Glas Wasser hin.

»Nein!« erwiderte sie trotzig. »Ich bin in Ordnung.«

Mit dem linken Ärmel wischte sie sich die Tränen aus den Augen. »Ich gebe zu«, begann sie wieder, »ich war wütend, als ich die Treppe hinaufrannte. Wirklich wütend. Ich wußte, daß ich es nicht mehr tun konnte. Ich kam an dem Schrank vorbei, in dem wir das Gewehr aufbewahrten, holte es heraus und ging in mein Zimmer. Wenn er heimkommen sollte, würde ich ihm sagen, daß er damit aufhören müßte. Ich dachte, daß ich ihm Angst einjagen könnte, damit er mich in Ruhe ließ. Etwa zehn bis fünfzehn Minuten später, vielleicht auch etwas länger, hörte ich ihn die Treppe heraufkommen. Als ich sah, wie die Klinke sich bewegte, legte ich das Gewehr an. Ich wollte doch *nur*, daß er mir zuhörte.

Er tat einen Schritt ins Zimmer und drehte sich zu mir um. Ich drückte ab, bevor er irgend etwas sagte. Ich kann mich nicht daran erinnern, daß ich ein zweites Mal abdrückte, aber ich muß es wohl getan haben.«

Cindy holte tief Luft und fuhr fort: »Ich stand bei ihm und konnte nicht glauben, daß er es war, der dort lag. Ich begann zu schreien: ›Steh auf! Bitte steh auf!‹ Dann schüttelte ich ihn und sagte, daß es mir leid täte. Er bewegte sich nicht... Ich ging wieder an den Schrank, um nach weiteren Patronen zu suchen, aber es waren keine mehr da. Ich wollte mich selbst erschießen... Ich ging wieder zu ihm und hielt ihn lange Zeit in den Armen. Dann wählte ich den Notruf und sagte, man solle einen Krankenwagen schicken. ›Ich glaube, mein Vater ist tot. Ich habe ihn umgebracht.‹«

»Ich habe meinen Daddy umgebracht«, hatte Cindy tatsächlich gejammert, als die Polizeibeamten versuchten, sie vom Boden aufzuheben. Obwohl sie keineswegs stark war, mußten zwei kräftige Männer sie gewaltsam von der Leiche ihres Vaters wegreißen.

Cindy wurden Handschellen angelegt, und sie wurde in die Notaufnahme des Krankenhauses gefahren. Ihr Körper war so blutverschmiert, daß die Polizei glaubte, sie sei ebenfalls verletzt.

Als Cindy zur Vernehmung im Polizeipräsidium war, berief sie sich nicht auf ihr Recht, die Aussage zu verweigern, sagte aber schließlich wenig zu den beiden Beamten. »Es war ein Unfall, ich habe ihn nicht erschießen wollen«, erklärte sie.

»Aber warum hattest du dann das Gewehr?« fragte der Beamte. »Hattet ihr einen Streit?«

»Nein, eigentlich nicht. Ich weiß nicht, was passiert ist. Ich habe es nur herausgenommen, um es mir anzusehen«, erzählte sie ihnen. »Er kam in mein Zimmer, um mit mir zu reden und es ging los.«

Al Trubo, ein freundlicher, stämmiger Kriminalbeamter, hatte Geduld mit Cindy. »Es war offensichtlich, daß sie uns nicht alles erzählte«, sagte er später. »Aber ich hatte dieses Gefühl, daß sie wirklich das Richtige tun wollte.«

Zweieinhalb Stunden nach ihrer Festnahme erzählte Cindy, die jetzt vor Trauer und Zorn hysterisch war, den Beamten, daß sie ihren Vater getötet habe, weil er sie vergewaltigen wollte, und daß er sie etwa seit ihrem dreizehnten Lebensjahr gezwungen habe, mit ihm zu schlafen.

Trubo rief sofort die Abteilung für Kindesmißbrauch und Sexualdelikte an, und Cindy wurde auf der Stelle ins Krankenhaus gebracht.

Eine gründliche gynäkologische Untersuchung ergab keinen Hinweis auf eine Vergewaltigung in letzter Zeit oder auf irgendeinen sexuellen Angriff. In Scheide, After oder sonst an ihrem Körper, an ihrer Unterwäsche oder Kleidung fanden sich keine Spermaspuren, und beim Kämmen der Schambehaarung fand man keine fremden Haare, wie man es erwarten würde, wenn sie vor kurzem vergewaltigt worden wäre. Ebenso fand der Gerichtsarzt später keinen Hinweis darauf, daß Henry kurz vor seinem Tod ejakuliert hatte.

Cindy wies keine Kratzspuren oder Blutergüsse an der Innenseite ihrer Schenkel oder in der Schamgegend auf. An ihrem Körper befand sich nur ein Bluterguß; die linke Schulter war durch den Rückstoß des Gewehrs geschwollen und verfärbt.

Nach der Routineuntersuchung, wie sie in Fällen sexueller Angriffe üblich war, machte ein Polizeibeamter detaillierte Fotos von Cindys nacktem Körper, um mögliche Verletzungen zu dokumentieren. Als nächstes wurden Cindys Schlüpfer, Rock und andere Kleidungsstücke sorgfältig auf Risse hin untersucht; man fand nichts.

Als Cindy von ihrer Festnahme berichtete, klang ihre Stimme träumerisch, so als ob sie aus weiter Ferne kam. Ihre letzten Worte an diesem Abend lauteten: »Ich hatte das Gefühl, daß dies alles einem anderen Menschen passierte...

Erst als man mich hierher brachte und ich mich schlafen legte, merkte ich, daß es tatsächlich mir passierte.«

An meinem letzten Morgen in der Stadt nahm Halpern mich in das Gericht mit, damit ich Richter Denton und die Staatsanwältin Mrs. La Platta kennenlernte. Das Gespräch fand im Geschäftszimmer des Richters statt.

Als ich eintrat, kam der Richter um seinen Tisch herum und begrüßte mich herzlich. Denton war etwa fünfundvierzig und hatte sein Amt erst seit knapp zwei Jahren inne. Er war eine erfrischende Abwechslung von all den spießigen Richtern, die ich oft kennenlerne. Richter, die das Bedürfnis haben, verehrt zu werden. Denton erklärte mir, daß er noch nie einen Anwalt aus einem anderen Staat in seinem Gericht gehabt hätte, und bot freundlich an, mögliche Fragen über die örtlichen Vorschriften zu beantworten.

La Platta stand nicht einmal auf, als Halpern und ich das Zimmer betraten und streckte mir auch nicht die Hand zum Gruß hin. Als ich ihr die Hand schüttelte, schaute sie weg.

»Sie werden doch einen formellen Antrag stellen, um an diesem Fall teilzunehmen, nicht wahr?« fragte sie kalt. Dies war ihr einziger Kommentar während des gesamten Treffens.

»Natürlich«, antwortete ich lächelnd, um die Fronten nicht zu verhärten.

Als wir das Gericht verließen, sagte ich zu meiner freundlichen Gegnerin: »Ich habe von John erfahren, daß Sie eine Absprache bereits abgelehnt haben. Hat sich Ihre Haltung inzwischen geändert?«

»Nein.«

»Würden Sie mir sagen, warum nicht?«

»Hören Sie«, sagte sie plötzlich in hartem Ton, »die Anklagejury hat sie des Totschlags angeklagt. Persönlich bin ich der Meinung, daß es eine Anklage wegen vorsätzlichen Mordes sein sollte. Darunter werden wir nicht gehen, und ich bezweifle ernsthaft, daß Sie oder Mr. Halpern auf Totschlag plädieren wollen... Ich bin nicht der Meinung, daß sexueller Mißbrauch irgendeine Rolle spielt in dem Fall, denn sie wurde nicht mißbraucht. Schauen Sie sie doch nur an. Sie war intelligent, hatte eine Menge Geld – alles. Wenn es so schlimm für sie war, warum hat sie sich dann nicht um Hilfe bemüht, hat irgend jemandem davon erzählt oder ist einfach weggelaufen? Tausende von Kindern werden jedes Jahr sexuell mißbraucht, und sie finden andere Möglichkeiten, mit dem Problem fertig zu werden. Wir haben jeden Tag in unserem Büro damit zu tun.«

Halpern zog an meinem Ärmel, damit ich mit ihr keinen Streit begann. Jetzt erkannte ich, warum er sich wegen La Platta Gedanken machte. Aber es war nicht ihre Kompromißlosigkeit, die mir Sorgen bereitete: ich bin daran gewöhnt, Staatsanwälten zu begegnen, die streitlustig und unnachgiebig sind. Was mich störte, war ihre Anspielung, daß Cindys Reichtum und Intelligenz es irgendwie wahrscheinlicher machten, daß sie Hilfe gefunden hätte.

Ich war wütend über diese herablassende Annahme, die unter Staatsanwälten so häufig ist. Ich kann verstehen, wie ein Mensch, der die schädlichen Auswirkungen von Kindsmißbrauch nicht kennt, glauben könnte, daß kluge, reiche Jugendliche irgendwie in einer viel besseren Position sind, sich selbst zu helfen als arme Kinder. Aber Distriktstaatsanwälte, die zu irgendeinem Zeitpunkt ihrer Karriere Kindesmißhandler strafrechtlich verfolgt und mißbrauchte Kinder verteidigt haben, sollten es eigentlich besser wissen.

Jeder, der sich schon einmal zehn Minuten lang mit einem mißhandelten Kind unterhalten hat, weiß, daß Intelligenz und Logik wenig mit der Fähigkeit des Kindes, den Mißbrauch anzuzeigen, zu tun haben. Cindy war eine gute Schülerin, aber selbst wenn sie die Klassenbeste gewesen wäre, hätte dies in bezug auf ihre Fähigkeit mit der Verwirrung, Verlegenheit und Einschüchterung durch den Mißbrauch fertigzuwerden, keinen Unterschied gemacht. Die Tatsache, daß ein Jugendlicher die Infinitesimalrechnung beherrscht oder die *Ilisas* auf griechisch lesen kann, bedeutet nicht, daß er besser verstehen oder seinen Vater anzeigen kann. Die logischen Fähigkeiten, die es einem Kind gestatten, gute Prüfungen abzulegen, sind nutzlos, wenn es darum geht, mit einem mißbrauchenden Elternteil fertig zu werden. Schließlich basiert die Entscheidung zu bleiben, wegzulaufen oder Anzeige zu erstatten auf Emotionen, nicht auf Logik.

Zweitens besteht kein Zusammenhang zwischen der wirtschaftlichen Lage eines Kindes und seiner Fähigkeit, sich mit irgendeiner Form des Mißbrauchs positiv auseinandersetzen zu können. Kindesmißbrauch setzt sich über alle Klassengrenzen hinweg, und es ist einfach lächerlich anzunehmen, daß Reichtum ein Kind vor seinen verheerenden Auswirkungen schützen könnte. Tatsächlich glaube ich, daß es ein besonders grausames Paradoxon unserer Zeit ist, daß Jugendliche aus der Mittelklasse und reiche Kinder sich *am wenigsten* vor Mißbrauch durch die Eltern schützen können.

Je mehr Geld eine Familie besitzt, desto mehr ist sie in der Lage, ihr Leben und besonders die Privatsphäre zu kontrollieren und sich auf diese Weise vor der Überprüfung durch andere zu schützen. Mittelklasse- und wohlhabende Familien leben meistens in größerer Isolation als andere Mitglieder der Gesellschaft. Die Wände ihrer Wohnhäuser sind dicker, die Zäune höher, so daß andere nur schwer Zugang zu ihrem Leben haben. In einer solchen Umgebung lassen sich familiäre Probleme leichter verstecken.

Geld ist eine metaphorische sowie physische Schranke vor Überwachung, denn Lehrer, Jugendamt und Polizei sind weniger geneigt, sich einzumischen oder Maßnahmen zu ergreifen, wenn die Familie reich und daher respektiert und mächtig ist. Außerdem funktionieren diese Behörden in armen Gebieten ganz anders als in reichen. In Gegenden, in denen Menschen mit niedrigem Einkommen leben, geht es der Polizei beispielsweise in erster Linie darum, die Aktivitäten der Bewohner zu überwachen, sie voreinander zu schützen, während in Vierteln, in denen die oberen Einkommensgruppen leben, ihre Funktion in erster Linie darin besteht, die Bewohner vor Eindringlingen von außerhalb zu schützen. Entsprechend sind die meisten Sozialbehörden speziell auf die Bedürfnisse von Menschen mit geringem Einkommen ausgerichtet. Plakate mit Informationen zu Kindesmißbrauch erscheinen in Gemeinschaftsschulen und öffentlichen Krankenhäusern viel häufiger als in den Schulen der Reichen und in Privatschulen oder in den getäfelten Wartezimmern von Kinderärzten und praktischen Ärzten, die vorwiegend Patienten aus der Mittelklasse oder aus der oberen Klasse zu ihrer Klientel zählen.

Ich habe außerdem die Erfahrung gemacht, daß Menschen mit niedrigem Einkommen viel besser mit der Polizei und den Sozialbehörden umzugehen wissen als andere Gruppen. Der Durchschnittsbürger aus der oberen Einkommensgruppe lebt ein Leben, das von den Sozialbehörden so weit weg ist, daß es ihm schwerfällt, dort um Hilfe zu bitten, selbst wenn dies dringend erforderlich wäre.

Die Widersprüche bei der Anzeige von Mißbrauch (besonders bei sexuellem Mißbrauch) scheinen diese Annahme zu bestätigen: auf nationaler Ebene sind bei diesen Anzeigen hauptsächlich Menschen mit niedrigem oder mittlerem Einkommen betroffen. Dennoch sind sich die Fachleute einig, daß sexueller Mißbrauch in der Bevölkerung recht gleichmäßig verteilt ist. Dies wird dadurch unterstrichen, daß es sich bei den Erwachsenen, die von sexuellem Mißbrauch in ihrer Kindheit berichten, in unverhältnismäßig großem Ausmaß um weiße Frauen aus der Mittel- und Oberschicht handelt.

Seltsamerweise sind die betroffenen Kinder aus der Mittel- und Oberklasse vielleicht *verletzlicher* als andere mißbrauchte Kinder. Obwohl sie in anderer Hinsicht ein besseres Leben haben als Kinder, deren Eltern weniger verdienen, werden ihre Hilfeschreie am wenigsten gehört. Ich glaube, daß es diese Unterschiede zwischen den sozioökonomischen Gruppen sind, die teilweise erklären, warum meine Klienten zum größten Teil aus der Mittel- und Oberklasse kommen. Da sie ein isolierteres Leben führen und die öffentlichen Sozialdienste weniger nutzen, sind die Möglichkeiten zur Intervention stark eingeschränkt, so daß es schließlich viel eher zu einer Explosion kommt als in einer Familie mit niedrigerem Einkommen.

Nachdem wir sechs Monate lang an ihrem Fall gearbeitet hatten, lagen uns immer noch keine definitiven Beweise vor,

S: Ich hätte ihnen gesagt, daß es mir zu Hause nicht gefiel.

P: Und was hätten die Polizisten deiner Meinung nach gesagt?

S: Wahrscheinlich hätten sie gelacht und mich in ihrem Wagen wieder zurückgebracht... Jedenfalls bekam ich zehn Tage Jugendarrest... Ich mochte es nicht, wenn die Tür hinter mir zugeschlagen wurde, aber irgendwie war es wie ein Urlaub.

P: Es war also gut?

S: Ja, schließlich war ich vor meiner Mutter sicher.

Wie Cindy und viele andere Klienten war Steven davon überzeugt, daß eine Fluchtmöglichkeit nur darin bestand, sich zu töten, wenn er schon nicht von zu Hause weglaufen konnte. Obwohl er nur einen Selbstmordversuch mit einer Überdosis Schmerztabletten unternahm, wovon ihm jedoch nur übel wurde, dachte er in der Pubertät ständig daran, sich zu töten. Die beiden Alternativlösungen, die er in seinem Kopf durchspielte, bestanden darin, von einem hohen Gebäude zu springen oder ein Gewehr so aufzubauen, daß »ich nur noch einen Faden ziehen mußte«.

Ein Teil der Bewährungsstrafe für den Autodiebstahl bestand darin, daß Steven aufgefordert wurde, sich psychologisch beraten zu lassen. Man war der Meinung, daß er einfach weiterhin die Ärztin aufsuchen sollte, bei der er jetzt seit zwei Jahren nach der Rückkehr von seinem Vater in Behandlung war. Diese Phase der Therapie war bemerkenswert, weil sie völlig dabei versagte, die immer größer werdenden Probleme von Steven aufzudecken. Die Psychologin, die stark an empiristische Maßnahmen glaubte, führte einen Test nach dem anderen mit ihm durch. Wie es in Arlo Guthries Song ›Alice's Restaurant‹ so schön heißt, wurde Steven entlarvt, inspiziert und auf alle erdenkliche Weise getestet. Kein einziges Mal wurde er jedoch direkt gefragt, warum er von zu Hause weggelaufen war.

In ihrem zusammenfassenden Bericht konzentrierte die Psychologin sich auf die oberflächlichen Aspekte von Stevens Problemen: »Ihm [Steven] gefällt es nicht in der Schule.

Er verschwendet sein Geld. Er hat das Gefühl, daß niemand ihn versteht, und es fällt ihm schwer, über seine Probleme zu sprechen.« Der Bericht schloß ab mit der Bemerkung, daß Steven »in seiner Gefühlswelt blockiert, aber nicht übermäßig aufgebracht oder zornig ist«. Am erstaunlichsten war, daß diese Frau meinte, »Stevens Probleme können, ohne die Sache vereinfachen zu wollen, auf seine Fernsehsucht zurückgeführt werden. Steven ist in seiner Entwicklung kindlich geblieben, da er weiter große Mengen von Zeichentrickfilmen konsumiert, speziell Action-Cartoons. Man hat fast das Gefühl, daß Steven nicht erwachsen werden will«.

Obwohl die klinischen *Beobachtungen* der Psychologin absolut korrekt waren, d. h. Steven fehlte Selbstachtung, er war unreif usw., war ihre Schlußfolgerung, daß sein Fernsehkonsum die Wurzel allen Übels war, naiv und tragischerweise falsch. Steven sah fern, um seiner Welt zu entfliehen. Es ist erstaunlich, daß in all den Berichten und Briefen, die seine Therapeutin schrieb, Stevens persönliche Probleme nicht einmal angesprochen wurden. Selbst seine Entscheidung, von zu Hause fortzulaufen, wurde nicht mit seinem Leben zu Hause in Zusammenhang gebracht. Der Beziehung zu seiner Mutter wurde wenig Bedeutung beigemessen.

Leider ist es selbst für den kompetentesten und gründlichsten Arzt nicht ungewöhnlich, bei der Einschätzung jugendlicher Klienten den möglichen emotionalen Mißbrauch zu übersehen. Dies trifft besonders dann zu, wenn Mütter ihre Söhne mißbrauchen. In Stevens Fall mag es für die Therapeutin besonders schwierig gewesen sein, die wahre Situation zu erkennen. Steven war nicht nur völlig unfähig, über den Mißbrauch zu sprechen, sondern Ruth, die die Psychologin bezahlte, macht nach außen hin den Eindruck, daß sie sich um das Wohlergehen ihres Sohnes sorgte, ja, im weiteren Bekanntenkreis galt Ruth für viele als besorgte, aufmerksame Mutter.

Dennoch sind ihre Zeugnisse und Bewertungen überraschend in ihrer Annahme, daß alle Probleme von Steven ähnlich einer Medusa seinem eigenen Kopf entsprungen seien. Die Unfähigkeit der Therapeutin, Stevens Probleme zu verstehen, wurde vielleicht am besten durch ihren Schlußbericht illustriert:

»Ich wünschte, daß alle jungen Leute, die ich behandle, denselben Fortschritt zeigen würden wie Steven im letzten Jahr. Ich habe keinen Grund anzunehmen, daß diese Fortschritte sich nicht fortsetzen werden.« Sechs Monate später schoß der Modellpatient der Therapeutin seiner Mutter eine Kugel in den Kopf.

Ironischerweise war der einzige Mensch, der auf Stevens Leiden hätte Licht werfen können, jemand, den es niemand nötig hielt zu fragen, weil es eben nur Burt war – Stevens bester Freund.

Wenn es den durchschnittlichen amerikanischen Teenager gibt, dann ist es Burt. Er trägt eine rote Baseballmütze mit dem Ford-Firmenzeichen und spielt im Baseballteam der Highschool. Die Beziehung zu seinen Eltern ist gut, er übt nach der Schule einen verantwortungsvollen Aushilfsjob aus und wurde noch nie festgenommen. Am wichtigsten jedoch ist, daß er auch ein treuer Freund ist.

Steven und Burt lernten sich drei Jahre vor der Tat kennen, als sie vierzehn Jahre alt waren, und bis auf den heutigen Tag ist das Band der Freundschaft nicht zerrissen. Es war Burt, den Steven anrief, um nach den ›Einbrechern‹ zu suchen, die Ruth angeblich getötet hatten. Burt wußte einiges über Stevens Leben, und noch wichtiger war, daß er Dinge über Steven offenbarte, die dieser vergessen hatte oder über die er einfach nicht sprechen konnte.

Burt wußte, was vielen verborgen war: Stevens Problem war seine Beziehung zu seiner Mutter. Während meiner Gespräche mit ihm betonte er eins immer wieder: Die Mutter-Sohn-Beziehung zwischen Ruth und Steven erinnerte in nichts an ein normales, fürsorgliches Verhältnis.

»Man sah sie niemals miteinander schmusen oder so. Nie hörte man, daß sie einander sagten, daß sie sich gern hatten und solche Dinge. Bei meiner Mutter zum Beispiel sage ich, wenn ich rausgehe, daß ich zur Kirche gehe oder so, dann geb' ich ihr einen Kuß und verabschiede mich – sage ihr, daß ich sie liebe und so. Aber die beiden machten das nie . . . Ständig kritisierte sie Steven in meiner Gegenwart... Und bei der geringsten Gelegenheit kochte sie über. Sie beschimpfte ihn, so daß er wie ein Idiot aussah.«

Selbst nach der Tat versuchte Steven immer noch, den Mißbrauch vor Außenstehenden zu bagatellisieren. »Leisetreter« und »Lügner« waren seiner Aussage zufolge die schlimmsten Worte, die seine Mutter zu ihm sagte, aber Burt (und ein anderer Freund) bestätigten, daß Ruth ihn regelmäßig als »Bastard«, »Arschloch« und »Scheißkerl« bezeichnete.

Burt war erstaunt, wieviel Kritik und Strafen Ruth ihrem Sohn auferlegte, was Arbeiten im Haushalt und in der Schule betraf. Während er dies berichtete, schüttelte er ungläubig den Kopf: »Jeden Morgen vermerkte sie auf kleinen gelben Notizzetteln, was für Dinge zu erledigen waren... Einmal ließ sie zwei Listen für ihn da. Die eine fand er, aber nicht die andere, und sie wurde richtig wütend auf ihn... Es war überhaupt nicht wie eine Beziehung zwischen Mutter und Sohn, es war wie eine Beziehung zwischen Arbeitnehmer und Arbeitgeber... Es war einfach nicht richtig.«

Trotz der schlechten Behandlung widersprach Steven seiner Mutter nie und zeigte auch nie die geringste Respektlosigkeit, wie Burt berichtete. Selbst wenn er nicht in ihrer Nähe war, weigerte er sich, etwas gegen sie zu sagen oder über seine Gefühle zu reden. Burt versuchte mehrmals, Steven zum Reden zu bringen, aber sein Freund gab nicht einmal zu, daß es Probleme gab. »Ich hatte Steven oft gesagt, daß ich mir das nicht gefallen lassen würde... und er sagte einfach gar nichts. Ich versuchte, ihm folgendes klarzumachen: ›Warum unternimmst du nichts? Warum änderst du dein Leben nicht?‹... Ich jedenfalls wäre ganz schön sauer auf meine Mutter gewesen... man hatte das Gefühl, daß einen niemand mochte, als ob das Leben auf der Erde keinen Sinn hätte... Aber Steven beklagte sich nie... Er sagte nie etwas zu ihr, das sie in Wut versetzen würde. Sie wissen schon, wenn man älter wird, beginnt man plötzlich, den Eltern zu widersprechen... Alle tun das, aber nicht Steven.«

In den sechs Monaten vor der Tragödie beobachtete Burt,

daß Steven unter ungewöhnlich starkem Streß stand, obwohl Steven niemals selbst andeutete, daß irgend etwas nicht in Ordnung war. Burts Eltern erklärten, daß Steven in dieser Zeit immer häufiger ›niedergemacht‹ wurde. Alles, was er tat, schien Vorwürfe seiner Mutter nach sich zu ziehen. Aber Burt und seine Familie sahen nur die Spitze des Eisbergs, obwohl sie dem Jungen in dieser Zeit näher waren als alle anderen.

Damals begann Stevens Tag normalerweise um sechs Uhr morgens. Nachdem er geduscht und sich angezogen hatte, ging er zu Burt, um zu frühstücken, weil seine Mutter ihn anschrie, wenn er sie aufweckte, während er das Frühstück zubereitete. Steven freute sich auf das Frühstück bei Burt nicht nur, weil er dem Zorn seiner Mutter entfliehen konnte, sondern auch, weil es die einzige Mahlzeit im Kreis einer Familie war, die er einnehmen würde.

Steven mußte direkt nach der Schule nach Hause kommen. Dort fand er verschiedene kleine, gelbe Notizzettel im ganzen Haus verteilt vor, die ihn zu verschiedenen Aufgaben hindirigierten. Wenn er rechtzeitig mit den Arbeiten fertig war, versuchte er fernzusehen, aber er achtete darauf, daß er das Gerät immer ausschaltete, bevor seine Mutter nach Hause kam.

Bis zu ihrem Tod glaubte Ruth genau wie übrigens die Psychologin auch, daß Steven in der Schule schlechte Leistungen zeigte, weil er zuviel fernsah. Aus diesem Grund verbot sie ihm im Alter von dreizehn Jahren, morgens oder direkt nach der Schule fernzusehen. Aber Steven liebte Fernsehsendungen, speziell Abenteuerprogramme. Aufgrund seiner Leidenschaft für das Fernsehen wurde die Umgehung der Regeln, die seine Mutter aufstellte, zu einem merkwürdigen Spiel.

Wir hatten einen alten Fernseher, der noch eine Zeitlang warm war, nachdem er ausgeschaltet worden war. Wenn meine Mutter nach Hause kam, fühlte sie immer an der Rückseite des Gerätes, ob es noch warm war, und wenn das der Fall war, wußte sie, daß ich ferngesehen hatte. Daher nahm ich (etwa im Alter von fünfzehn Jahren) Eiswürfel und ließ sie an der Rückseite des Fernsehers schmelzen, um ihn abzukühlen. Ein paarmal klappte das, und sie wußte nicht, daß ich ferngesehen hatte. Aber ein andermal hatte sie den Sender markiert, der gerade eingestellt war, als sie aus dem Haus ging, und da ein anderer Sender eingeschaltet war, wußte sie, daß ich ferngesehen hatte, und ich bekam Fernsehverbot.

Obwohl Ruth es ihrem Sohn zutraute, die Hausarbeiten zu erledigen, wenn sie zur Arbeit ging, bestand sie darauf, daß er seine Hausaufgaben erst erledigte, wenn sie nach Hause kam. »Sie mußte immer da sein, um mich zu beobachten«, sagte er böse. »Ich begann etwa um acht Uhr abends und arbeitete bis zehn Uhr.« Dann machte Steven etwas für sich zu essen, meistens Makkaroni mit Käsesoße, weil sie während der Woche nur selten mit ihm gemeinsam aß. Gegen 23 Uhr oder 23 Uhr 30 ging er zu Bett.

Ein ungewöhnlicher und aufschlußreicher Umstand war, daß Steven in seinem Leben nie ungestört war. Er lebte mit seiner Mutter in einem sehr großen Haus mit einem Schlafzimmer. Ruth schlief in dem Schlafzimmer und Steven im Wohnzimmer. Offensichtlich hatte er keine Möglichkeit, sich zurückzuziehen oder einfach mal für sich allein zu sein. Wichtiger ist vielleicht noch, daß er ein Jugendlicher war, bei dem die sich entwickelnde Sexualität durch dieses Arrangement stark gestört wurde.

»Das Haus war schön möbliert«, erzählte Steven später, »aber ich war irgendwie ein wenig gehemmt. Ich zog mich in einer Ecke des Wohnzimmers an, und meine Mutter kam immer herein, wenn sie sich zur Arbeit fertigmachte.« Verlegen gab er zu, daß er in dieser Zeit seine Mutter oft nur teilweise bekleidet sah.

In einem seiner ersten Gutachten über Steven hatte unser Psychiater, Dr. Lester, angemerkt, daß »Stevens Mutter ihn mit sexuell provozierenden und stimulierenden Situationen konfrontierte, die er emotional besonders schlecht verarbeiten konnte«. In seinem letzten Bericht bemerkte Dr. Lester, daß derartiges Verhalten »in hohem Maß unbewußte sexuelle Konflikte mit ihrem Sohn provozierte. Im wesentlichen behandelte sie ihn in dieser Hinsicht, als ob er ein unbedeutender Mensch war ohne jede Fähigkeit, Gefühle zu zeigen.«

Wir hatten keine Beweise, daß Ruth ihren Sohn in den Monaten vor der Tat in irgendeiner Weise anders behandelt hatte als in der Vergangenheit. Sie setzte ihre strenge Kritik fort und ohrfeigte ihn gelegentlich. Zu dem letzten ernsten Vorfall körperlicher Bestrafung war es etwa ein Jahr vor der Tat gekommen, als Ruth ihren Sohn während eines Streits gewürgt hatte. Aber was sich wirklich änderte, war Steven selbst.

Wie jeder Sechzehnjährige hatte Steven in den beiden vorhergehenden Jahren begonnen, sich als eigenständiger Mensch zu verstehen und zu definieren. Plötzlich spürte er den Wind der Freiheit und konnte sich ein gutes, normales Leben außerhalb seines Zuhauses vorstellen. Am meisten sah er es bei Burt, der mit seiner Mutter und seinem Vater zu einer Art Ersatzfamilie für Steven wurde. Burts Vater Earl nahm die beiden Jungen gelegentlich zu Wochenendausflügen mit und ließ Steven bisweilen für sich arbeiten. Earl und seine Frau Darlene mochten Steven nicht nur, sie vertrauten ihm auch. »Er war ein wenig unreif«, bemerkte Earl, »aber er war ein guter und sehr zuverlässiger Arbeiter.«

Trotz dieser positiven Momente fühlte Steven sich völlig machtlos, sich aus seiner Situation zu befreien. Aus der Vergangenheit wußte er, daß er nicht weglaufen konnte; und er schämte sich, irgend jemanden um Hilfe zu bitten. »Ich schämte mich wirklich, weil meine Mutter nicht so war wie andere Mütter ... Wenn Freunde mich besuchten, fragten sie mich immer, wann meine Mutter nach Hause kommen würde. Ich sagte dann ›So gegen sechs‹, und sie sagten dann: ›Dann geh' ich besser vorher.‹«

Seine Lösung bestand darin, sich noch tiefer zu vergraben und sich von der übrigen Welt zu isolieren. Aber trotz seiner Gefühle war Steven ein pflichtbewußter Sohn. Bis zu ihrem Todestag legte er sich krumm für sie.

In jenem letzten Jahr, als Steven ein eigenständigerer

Mensch wurde und sich Gedanken über seine eigene Zukunft machte, änderte sich noch etwas anderes. »Ich bot ihr die Stirn, und sie schlug mich einfach, wenn ich ihr eine freche Antwort gab... Früher begann ich immer zu weinen, aber als ich älter war, blieb ich einfach stehen. Ich tat nichts, und das machte sie nur noch wütender. Ich sagte einfach: ›Na gut, wenn du meinst.‹ Und da merkte ich, wie schlimm es war... daß andere Eltern anders waren als meine Mutter. Burts Familie zum Beispiel – eine ganz alltägliche, normale amerikanische Familie, in der sich die Familienmitglieder liebten. Sie haben zwar auch Probleme, aber... nicht die ganze Zeit über.«

»Na gut, wenn du meinst« war das Credo, nach dem Steven sein Leben lang gelebt hatte. Obwohl er diese Einstellung offensichtlich kurz nach seinem siebzehnten Geburtstag in Frage zu stellen begann, war bei seiner Persönlichkeit bereits zuviel Schaden angerichtet worden, als daß er seine enormen Probleme erkennen und Hilfe suchen konnte.

Zu Anfang hatten Dr. Lester wie Cassidy und andere Steven als emotional unstabil bezeichnet und Ruth als eine beherrschende, aber nicht mißbrauchende Mutter. Nachdem Dr. Lester viele weitere Gespräche mit Steven geführt und sich mit der entsprechenden Literatur beschäftigt hatte, änderten sich seine Überlegungen. Er erkannte, daß Stevens Situation viel komplexer war, als er ursprünglich angenommen hatte. Die Tatsache, daß Dr. Lester mit seiner großen Erfahrung mit gestörten Jugendlichen zu Beginn Stevens psychologische Probleme unterschätzt hatte, betont einfach meine eigenen Beobachtungen der Schwierigkeiten, die die Gesellschaft und die Justiz hat, Jungen, die ihre Mutter töten, zu verstehen und fair und gerecht mit ihnen umzugehen.

Ruth war, wie Dr. Lester feststellte, viel mehr als eine strenge, beherrschende Mutter:

Sie war... eine imposante, starke, dominierende und kontrollierende Frau, die ihren Sohn sein Leben lang beherrschte und ihm das Gefühl gab, ihr machtlos gegenüberzustehen. Im Grunde hatte sie ihm seine Identität genommen, indem sie es nicht zugelassen hatte, daß sie sich entwickelte ... Steven war sich seiner fehlenden Identität immer stärker bewußt geworden, als die Verdrängung seines seit langem bestehenden Zorns gegenüber seiner Mutter zurückging. Gleichzeitig baute sich in seinem Innern ein immer stärkerer Druck auf, »es ein für allemal hinter sich zu bringen«. Er lebte in einer Umgebung, in der er gezwungen war, seine normale psychosexuelle Entwicklung zu unterdrücken, [was zu weiterer Verwirrung mit seiner Identität führte]. Stevens dreifacher Versuch, von zu Hause wegzulaufen, und ein halbherziger Versuch, Selbstmord zu begehen, drückten dies nach außen hin aus. Er war der Meinung, daß er nur die Möglichkeit hatte, entweder Selbstmord zu begehen oder seinen Unterdrücker zu zerstören.

Zum Schluß war der Psychiater der Meinung, daß bereits in dem Augenblick, in dem Ruth ihren Sohn zum erstenmal sah, bei Steven Schaden angerichtet wurde. Babys brauchen nicht viel: warme Milch, ab und zu eine neue Windel, einen sicheren Schlafplatz, aber vor allen Dingen eine liebevolle Bindung an die Mutter. Leider wurde dieses letzte, wichtige Bedürfnis in Stevens Leben nie erfüllt. Aufgrund von Gesprächen mit Roger und den anschaulichen Berichten von früheren Freunden und Nachbarn scheint klar, daß Ruth Steven von dem Augenblick an abwies, als er in ihr Leben trat. Dies mag auf ihre eigenen emotionalen Probleme zurückzuführen sein, aber dies werden wir niemals wissen.

Was auch immer der Grund war, kam Lester zu dem Schluß, daß zwischen Mutter und Sohn die Bindung fehlte. Diese Abweisung von Anfang an wurde zum Leitstern von Stevens verhängnisvoller Beziehung zu seiner Mutter.

Wahrscheinlich kann man davon ausgehen, daß Roger seinem Sohn hätte helfen können, wenn Stevens Beziehung zu seinem Vater nicht ein Scherbenhaufen gewesen wäre. Aber Roger, der sich immer noch von Ruth einschüchtern ließ und das Sorgerecht nach der Scheidung abgegeben hatte, war nicht in der Lage, seinen Sohn zu beschützen. Mit jedem weiteren Jahr geriet Steven immer mehr unter die Kontrolle seiner Mutter und entfremdete sich gleichzeitig immer mehr von seinem Vater. »Steven beschrieb, wie Ruth seinen Vater bei jeder sich bietenden Gelegenheit schlechtmachte, wenn er ihn anrief, um mit ihm zu sprechen«, bemerkte Dr. Lester in seinem Bericht. »Sie wollte wissen, worüber sie gesprochen hatten und hörte an dem zweiten Telefon mit. Anschließend befragte sie ihren Sohn dann wegen des Gesprächs und kritisierte seinen Vater.«

»Sie erreichte, was sie wollte«, erzählte Roger mir. »Sie trieb einen Keil zwischen uns. Ich konnte mich meinem Sohn gegenüber einfach nicht normal verhalten, selbst wenn er mich besuchte.« Aber nichts, was Roger sagte, offenbarte mir seine Gefühle für seinen Sohn besser als der Brief, den er Steven schrieb, nachdem er von der zwei Tage zuvor begangenen Tat erfuhr:

Lieber Steven

ich habe mich dir nie näher gefühlt als jetzt. Es ist bedauerlich, daß es einer Tragödie bedurfte, um uns einander näherzubringen, aber Gottes Wege sind oftmals merkwürdig und unverständlich... Wie ich dir bereits am Telefon gesagt habe, versteht niemand besser als ich, warum du diese Tat begangen hast. Sie hat dein Leben völlig beherrscht und kontrolliert, und dagegen hast du revoltiert. Ich konnte auch nicht mit ihr leben, und da ich erwachsen war, konnte ich gehen. Unglücklicherweise konntest du das nicht. Steven, du darfst niemals vergessen, daß das, was du getan hast, falsch war – vor dem Gesetz und vor Gott. Niemand hat das Recht, das Leben eines anderen Menschen zu nehmen. Aber ich verstehe, daß die jahrelangen körperlichen Mißhandlungen als Kind und der ständige verbale Mißbrauch, der niemals aufhörte, dazu führen konnte.

Schließlich stellte Dr. Lester die formelle Diagnose, daß Steven unter einer posttraumatischen Störung der Streßreaktion litt, aber er merkte an, daß man Stevens Zustand besser als ›traumatisiertes Identitätssyndrom‹ bezeichnen könnte. Damit meinte Lester, daß Steven unter einem schweren Mißbrauch seiner Identität litt. »Schließlich war Steven nur in der Lage, sich auf die völlige Kontrolle durch seine Mutter und die Beherrschung seiner Identität zu konzentrieren. Ständig dachte er an Selbstmord, kam aber zu dem Schluß, daß er seine Freiheit nur gewinnen konnte, indem er seine Mutter und damit seine Unterdrückerin zerstörte... Er sah keinen anderen Ausweg; der Druck wurde so stark, daß er nicht mehr damit leben konnte. Ein anderer Mensch hätte es vielleicht fertiggebracht, seine Mutter zu handhaben, aber nicht Steven.«

Stevens psychologische Reaktion auf die Behandlung durch seine Mutter war nicht ungewöhnlich. Zwei Jahre zuvor hatte ich beispielsweise an dem Fall des fünfzehnjährigen Morgan gearbeitet. Wie Ruth übte Morgans Mutter eiserne Kontrolle über ihren Sohn aus. Sie kritisierte und beschimpfte ihn nicht nur ständig, sondern durchsuchte auch regelmäßig sein Zimmer. Und wie Steven tötete Morgan seine Mutter, indem er sie in den Kopf schoß. Erstaunlicherweise hätte man Morgans psychologisches Gutachten durch Stevens ersetzen können.

Morgans Identität – sein Ichbewußtsein – wurde offensichtlich von Geburt an mit Füßen getreten und unterdrückt. Er wuchs in einer Familie auf, in der er lernte, daß er niemals etwas richtig machte... Sein Charakter und sein Wesen wurden von Geburt an mißhandelt. Vor der Tat entwickelte Morgan schwere Identitätsprobleme... Er behält seine Gefühle für sich und weiß nicht, wie er sie mitteilen kann. Oft wird er von seinen Gefühlen überwältigt und in hohem Maß durch seine Emotionen geschwächt.

Obwohl die beiden Verbrechen und die psychologischen Gutachten fast identisch waren, wurde Morgan ganz anders als Steven behandelt. Da er erst fünfzehn war, wurde er vor ein Jugendgericht gestellt und zu drei Jahren Behandlung in einer therapeutischen Einrichtung verurteilt. Steven dagegen kam für eine solch milde Strafe nicht in Frage. Da das Jugendstrafrecht in seinem Staat nur bis zum sechzehnten Lebensjahr galt, wurde er als Erwachsener behandelt. Und trotz Dr. Lesers Diagnose, die Stevens geistigen Zustand definitiv mit der Behandlung durch seine Mutter in Verbindung brachte, war die Entwicklung einer überzeugenden Verteidigungsstrategie eine beängstigende Aufgabe.

Unser Hauptproblem, das bei den meisten Muttermorden vorhanden ist, bestand in der Tatsache, daß die einzelnen Fälle von schlechter Behandlung trivial klingen, wenn man sie für sich betrachtet. Diese Morde sind auf die ständige, schonungslose Flut relativ moderater Mißhandlungen zurückzuführen, die selbst insgesamt betrachtet wahrscheinlich nicht sofort zu Mitleid bei Richter und Geschworenen führen würden.

Das zweite Problem bestand darin, daß das staatliche Gesetz über Tötungsdelikte nicht viel Raum für Manöver gab. Anders als in anderen Staaten, in denen unter verschiedenen Tötungsdelikten unterschieden wird (meistens zwischen Mord und Totschlag), gab es in dem Gesetz dieses Staates nur eine Kategorie: Mord, also die Anklage, unter die Steven gestellt worden war.

Als ich das erstemal mit Cassidy gesprochen hatte, schloß er Notwehr völlig aus. Ich mußte ihm gezwungenermaßen zustimmen. Selbst wenn man außer acht ließ, daß Ruth schlief, als sie getötet wurde (was an sich eine Notwehrhandlung nicht ausschloß), gab es keinerlei Umstände, die darauf hinwiesen, daß Steven Angst um sein Leben haben mußte. Trotz dieser Probleme war ich der Meinung, daß vielleicht die Möglichkeit bestand, aufgrund von Lesters Diagnose von mißbrauchter Identität auf ›psychologische Notwehr‹ zu plädieren.

Für eine traditionelle Notwehrtheorie muß man beweisen, daß ein Mensch sich gegen die *körperlichen* Handlungen eines anderen verteidigt, die wahrscheinlich den sofortigen Tod oder eine schwere Körperverletzung verursachen würden. Psychologische Notwehr bedeutet, daß ein Mensch sich gegen die Handlungen eines anderen zur Wehr setzt, die schwere psychologische Verletzungen verursachen können. Extremer verbaler und psychologischer Mißbrauch kann zu dem metaphorischen Tod der Persönlichkeit führen (beispielsweise, wenn das Opfer geistesgestört wird) und bisweilen zum Selbstmord.

Charles Ewing, Psychologe und Professor für Jura an der Universität des Staates New York in Buffalo, beschreibt diesen Tod der Persönlichkeit bei mißhandelten Frauen recht eindrucksvoll.

Obwohl diese Frauen wahrscheinlich nicht Gefahr laufen ... getötet zu werden, stehen viele vor einem Dilemma, das genauso schrecklich ist. Unfähig, aus der Beziehung, in der sie mißhandelt werden, zu entfliehen, haben sie die Wahl, ... auf einen psychologischen Zustand reduziert zu werden, in dem ihre weitere körperliche Existenz wenig oder gar keinen Wert hat. Egal, wie man diesen Zustand bezeichnen will – ›ein Leben, ohne sich lebendig zu fühlen‹, ›teilweiser Tod‹, ›äußerste Hoffnungslosigkeit‹, ›chronische pathologische Depressionen‹ oder ›psychologischer Infantilismus‹ –, ist das Nettoergebnis für die mißhandelte Frau ein Leben, das kaum lebenswert ist.

Wenn Stevens geistiger Zustand zur Zeit der Tat in solcher Unordnung war, daß eine völlige Desintegration seiner Persönlichkeit kurz bevorstand, hätten wir auf psychologische Notwehr plädieren können. Aber stand Steven *tatsächlich* vor einer solch ernsten psychologischen Verletzung? Er war eindeutig selbstmordgefährdet gewesen, wurde immer erregter und isolierter und hatte schließlich keine Hoffnung mehr, daß er mit achtzehn Jahren würde zu Hause ausziehen dürfen. Dennoch hatte er seine Verzweiflung noch niemandem offenbart und kurz vor der Tat sogar eine Liste für Geburtstagsgeschenke an seinen Vater geschickt, was darauf hindeutete, daß er Pläne für die Zukunft machte. Insgesamt betrachtet, hatten wir höchstens die faire Chance, daß dieses Argument verständlich sein würde. Aber nachdem ich darüber nachgedacht hatte, wußte ich, daß ein Erfolg in einem derart konservativen Justizbezirk (oder auch in einem liberalen) höchst unwahrscheinlich war.

Auch ein Plädoyer auf Totschlag schien mir nicht sehr hoffnungsvoll. Dazu mußten wir beweisen, daß die Tat Ergebnis einer »plötzlichen gewaltsamen und unwiderstehlichen Leidenschaft war, die durch eine ernste Provokation hervorgerufen wurde, die ausreicht, um eine solche Leidenschaft in einem vernünftigen Menschen hervorzurufen«. Burt war der letzte gewesen, der Steven und seine Mutter zusammen gesehen hatte. »Die Atmosphäre schien sehr entspannt«, sagte Burt hinterher. »Seine Mutter sagte, daß er an diesem Abend weggehen könne, wenn er einige Aufgaben für sie erledigt habe. Er trank zwei Bier [als wir unterwegs waren] und schien gut gelaunt zu sein. Gegen elf Uhr dreißig ging er nach Hause.«

Steven erzählte der Polizei, daß seine Mutter vor dem Fernseher saß, als er nach Hause kam. Etwa fünfzehn Minuten später gingen beide schlafen. »Morgens um fünf wachte ich ohne ersichtlichen Grund auf. Ich holte das Gewehr [das er etwa eine Woche zuvor unter seinem Bett versteckt hatte] hervor, ging ins Schlafzimmer, beugte mich über sie und drückte ab.« Alle akzeptierten Stevens Version außer Burt – er wollte nicht glauben, daß Steven einfach aufgewacht war und seine Mutter erschossen hatte.

Burts Theorie zufolge war es viel wahrscheinlicher, daß Steven durch einen Streit bald nach seiner Rückkehr mit seiner Mutter provoziert worden war. Burts Auffassung war viel logischer als Stevens, aber sie war irrelevant, da Steven auf seiner Geschichte beharrte. Er behauptete steif und fest, daß es an diesem Abend nicht zu einem Streit gekommen war. Ende der Geschichte.

Ich stimme mit Burt überein: Bis auf den heutigen Tag bin ich überzeugt, daß etwas geschehen war, das Steven nicht offenbarte. Entweder weigerte er sich bewußt oder konnte sich wie an andere schreckliche Erfahrungen nicht erinnern. Wie in Tims Fall schweigen diese Täter absichtlich über bestimmte Ereignisse, die für sie äußerst peinlich sind, selbst wenn sie wissen, daß die Offenbarung möglicherweise ihre einzige Verteidigung ist.

Wenn es einen großen Zeitraum kurz vor der Tat gibt, der

nicht erklärt werden kann (in diesem Fall elf Uhr dreißig bis fünf Uhr morgens), ist es meiner Erfahrung nach wahrscheinlich, daß etwas passiert ist, wie es bei Tim der Fall war. Ich glaube, daß Ruth wach war, als Steven nach Hause kam, und daß sie sich gestritten haben. Vielleicht erniedrigte Ruth ihren Sohn wegen irgendeines trivialen Verstoßes, vielleicht ohrfeigte sie ihn auch.

Obwohl ich es nur zögerlich zugab, hatte Cassidy recht: Die Tatsachen unterstützten Notwehr oder Totschlag nicht, und eine Absprache vor der Verhandlung war der einzige Ausweg. Nachdem der Fall abgeschlossen war, suchte ich Cassidy noch einmal auf, und er erläuterte mir, wie er zu dieser Schlußfolgerung gekommen war.

Mit Falten an genau der richtigen Stelle, das silbergraue Haar gerade zurückgekämmt, kniff er seine stahlblauen Augen zusammen, da es ihm wichtig war, daß ich jedes Wort verstehen würde. Er starrte über seine Goldrandbrille und sagte mit rauher Stimme: »Steven war siebzehn Jahre alt, und normalerweise werden die Menschen hier schnell erwachsen. Mit siebzehn ist man alt genug, auszuziehen und eine eigene Familie zu gründen oder vielleicht auch zur Marine zu gehen. Aber er *mußte nicht zu Hause bleiben und sie umbringen.* Er hätte seine Siebensachen packen und gehen können... Ich glaube nicht, daß die Gesellschaft bereit ist, zu sagen, töte einfach deine Eltern und wir vergessen die Sache, es sei denn, daß es sich um sexuellen Mißbrauch an einer Tochter durch den Vater handelt... Die Geschworenen werden die Erklärung, daß der Sohn in einem psychologischen Gefängnis lebte, nicht als Entschuldigung hinnehmen... und den Angeklagten freisprechen... Außerdem denken die Leute, die ein Verbrechen begehen, daß es nur natürlich ist, dafür bestraft zu werden. Ich glaube, Sie werden niemanden finden, der da anderer Ansicht ist.« Natürlich hatte Cassidy recht, besonders was die Einstellung in seiner Heimatstadt betraf.

Cassidy wurde in erster Linie deshalb ein Angebot gemacht, weil Stevens psychologische Probleme für alle, selbst für den Staatsanwalt, offensichtlich waren, und wegen des ausgezeichneten Rufs, den der Anwalt bei Richter und beim Staatsanwalt genoß. Natürlich muß das Angebot auch für die Gegenseite attraktiv gewesen sein: Niemand wollte, daß dieser Fall vor ein ordentliches Gericht kam, da dies unausweichlich bedeutet hätte, daß viele unangenehme Tatsachen über das Familienleben im allgemeinen in dieser ansonsten friedlichen Gemeinde ans Tageslicht gekommen wären.

Da Steven kurz nach der Tat angedroht hatte, sich zu töten, wurde er zur Beobachtung und Begutachtung in eine staatliche Nervenheilanstalt eingewiesen. Aufgrund eines staatlichen Gutachtens, in dem stand, daß Steven unter einer geistigen Störung litt, bot der Staatsanwalt eine Absprache an, in der er sich als »schuldig, aber geistig gestört« bezeichnen würde. Ironischerweise mag diese oberflächliche Diagnose (die Stevens Mißhandlungen ignorierte und nur auf einer kurzen Beobachtung beruhte, derzufolge er an einer episodenhaften Psychose litt) mehr Wirkung auf die Absprache gehabt haben als Dr. Lesters lange und wissenschaftlich begründete Diagnose, an der er so hart gearbeitet hatte.

»Schuldig, aber geistig gestört« ist eine unklare Klassifikation für einen Mord und wird hauptsächlich in den wenigen amerikanischen Staaten verwendet, in denen es nur den Mord als Tötungsdelikt gibt. Der Hauptzweck liegt darin, den Angeklagten daran zu hindern, sich auf Wahnsinn zu berufen, wenn er nur geistig gestört ist. Ein geisteskranker Angeklagter kann nicht zwischen Falsch und Richtig unterscheiden und führt die Tat unter einem eingebildeten Zwang aus, der ihn daran hindert, seine Aktionen zu verstehen und zu kontrollieren. Ein Mensch, der andererseits als schuldig, aber geistig gestört gilt, kann zumindest theoretisch zwischen Recht und Unrecht unterscheiden, leidet aber zur Zeit des Mordes unter geistiger Unfähigkeit.

Die praktische Auswirkung dieser Mischkategorie besteht darin, daß der Betroffene immer noch des Mordes schuldig gesprochen wird. Der einzige Vorteil, und es handelt sich bestenfalls um einen theoretischen Vorteil, besteht darin, daß der Betroffene eher die Chance einer Behandlung erhält, als wenn er einfach des Mordes schuldig gesprochen würde.

Nachdem Cassidy mit Steven und seinem Vater über das Angebot gesprochen hatte, entschloß Steven sich, es anzunehmen. Der Anwalt versicherte mir, daß eine Absprache der vernünftigste Weg war, um Steven die Möglichkeit zu geben, in einer Nervenheilanstalt behandelt zu werden statt in der Strafanstalt zu sitzen. Die Absprache vergrößerte zudem seine Möglichkeiten, früher begnadigt zu werden.

Ich war alles andere als begeistert, aber der Staatsanwalt blieb unnachgiebig und machte kein neues Angebot. Überdies wußte ich, daß es ein schwerer Kampf sein würde, die Geschworenen für meine Denkweise zu gewinnen, wenn der Fall vor Gericht gelangen würde. Wahrscheinlicher war es, daß sie wie der Sheriff des Ortes reagieren würden, der die Gefühle der Gemeinde in einem Satz zusammengefaßt hatte: »Egal, was deine Mutter dir antut, du kannst sie nicht einfach erschießen.« Wie es oft der Fall ist, war keine der Alternativen befriedigend.

Einen Tag bevor das Angebot angenommen werden sollte, rief Dr. Lester mich am Spätnachmittag aufgeregt an. Nach einigen Überlegungen war er zu dem Schluß gekommen, daß Steven doch geisteskrank sein könnte. Vorher hatte er mir gesagt, daß Steven trotz seines ernstlich verschlechterten geistigen Zustands nicht geisteskrank sei. Aber in den drei Wochen vor der Annahme des Angebots war Lester immer stärker davon überzeugt, daß Steven zwar zwischen Recht und Unrecht unterscheiden konnte, aber nicht in der Lage war, aufgrund dieses Wissens zu handeln. Er mußte sich von Ruths Dominanz befreien, und konnte den Zwang, sie töten zu müssen, nicht mehr kontrollieren. Dieser letzte Wechsel in Dr. Lesters Position war möglicherweise sehr wichtig.

Meiner Erfahrung nach ist eine Geisteskrankheit für die Verteidigung von Elternmordfällen nicht nützlich, da die meisten Täter zur Zeit des Verbrechens nicht nachweislich unfähig sind, zwischen Recht und Unrecht zu unterscheiden. Meistens wissen sie, daß das, was sie tun, falsch ist, aber sie sind nicht in der Lage, den Zwang zu töten, zu kontrollieren.

Ich wußte, daß es eine riskante Angelegenheit sein würde,

aber dennoch rief ich Cassidy auf der Stelle an. Ich erreichte ihn spätabends, und in dem Augenblick, als ich ihm von Lesters Theorie berichtete, wußte ich, daß er nie einverstanden sein würde. Das gut vorbereitete Angebot in der allerletzten Minute zurückzuziehen, war das letzte, das Cassidy in Betracht ziehen würde. »In diesem Fall auf Geisteskrankheit zu plädieren, war im Grunde unmöglich«, sagte er, »denn durch diese Art von Verbrechen fühlen Laien sich verletzt... Wenn ein Psychiater daherkommt und sagt, daß der Mord aufgrund eines unwiderstehlichen Impulses begangen wurde, würden die Geschworenen denken, daß sie es nicht anders verdient hatte.« Er erklärte, daß bei einer ordentlichen Gerichtsverhandlung der Staat nicht nur Bilder der Mutter mit den Schußverletzungen am Kopf zeigen, sondern auch Beweise vorlegen würde, wie Steven erfolglos versucht hatte, die Tat zu vertuschen. Er war immer noch der Meinung, daß die Absprache mit dem Staatsanwalt das Beste war, was wir für Steven tun konnten. Damit war die Sache erledigt. Am nächsten Tag wurde das Angebot um elf Uhr dreißig angenommen.

Stevens Vater reiste mit dem Flugzeug an. Ich wollte, daß Lester bei der Anhörung zumindest aussagte, aber Cassidy erklärte, daß er mit dem Staatsanwalt abgesprochen hatte, daß beide Seiten keine Zeugen aufrufen würden. Der Richter erhielt jedoch Lesters endgültiges, fünfzehn Seiten langes Gutachten zusammen mit Briefen von Familienmitgliedern und Freunden, die Zeugen von Stevens Behandlung durch seine Mutter gewesen waren.

Unsere Bemühungen waren leider vergeblich. Steven wurde zu mindestens zehn Jahren bis lebenslänglich verurteilt, obwohl dieses Urteil bedeutete, daß er irgendeine Form der Behandlung bekommen würde. Jetzt, da ich dies schreibe, hat Steven über sieben Jahre in einem Sicherheitstrakt abgesessen und hat noch nicht eine Stunde außerhalb des Strafvollzugs in psychiatrischer Behandlung verbracht.

An einem schönen Frühlingsmorgen, sechs Monate nach der Verurteilung, erhielt Roger folgenden Brief von seinem Sohn:

Lieber Dad, ich kann nicht mehr. Ich habe es versucht, aber es geht nicht mehr. Lies im Zweiten Buch Moses 21, 15 nach (dort steht: WER VATER ODER MUTTER SCHLÄGT, DER SOLL DES TODES STERBEN)

Auf Wiedersehen und alles Liebe, Steven

Roger rief sofort im Gefängnis an, so daß eine Überwachung wegen Selbstmordgefahr rund um die Uhr angeordnet wurde. Dennoch hat Steven trotz dieser Hinweise keinerlei offizielle psychologische Hilfe erhalten. Ab und zu besuchte er seinen Seelsorger – ein Privileg, das allen Gefangenen zugestanden wird. Als ich ihn im Gefängnis besuchte, wurde mir klar, daß die Klassifikation »schuldig, aber geistig gestört« so bedeutungslos war, wie ich zu Anfang gedacht hatte.

Stevens Tragödie war angesichts von Dr. Lesters letztem Gutachten, das genau vor diesem Verlauf der Ereignisse warnte, sogar noch grausamer: »Wenn seine Entwicklung verzögert wird und sich seine Identität unzureichend ausbildet, wird er schnell von den Gefängnisinsassen beeinflußt werden und schließlich eine noch gestörtere Identität annehmen, was seine Chancen, sich zukünftig der Gesellschaft anzupassen, verringern wird.«

Für mich war dieser Fall sehr frustrierend, da ich nicht in der Lage war, Steven mehr Hilfe zu gewähren, und ich empfand nicht nur mit Steven ungeheures Mitleid. Wenn Ruth ihren Sohn nicht gerade mißhandelte, versuchte sie wirklich, eine gute Mutter zu sein. Aber der starke Zwang, Steven zu beherrschen, pervertierte alles, was sie zu erreichen suchte. Ein Freund der Familie schrieb:

Ruth versucht immer, ihn mit harten Worten und körperlichen Strafen dazu zu bringen, ihren Vorstellungen, die sie sich von ihm machte, gerecht zu werden. Ich erinnere mich daran, daß Ruth Steven immer wieder sagte, er solle »zurückschlagen«, »kein Feigling sein«, »nicht so weich sein«, »für seine Rechte einstehen«. Diese Art der Hetze setzte sie ein, als er ein bis zwei Jahre alt war... Ich habe das Gefühl, daß Steven schließlich genau das tat, was seine Mutter immer von ihm verlangte – nämlich »zurückschlagen« und ein «Mann« sein. Tragischerweise... führte dies zu einem unwiderruflichen Akt der Gewalt. Ich glaube, daß Steven schließlich aus der Furcht und Gefahr heraus handelte, die in ihm von Kindheit an vorhanden war. Steven versuchte verzweifelt, sich von einem Leben voller Alpträume zu befreien.

Allen, die Steven irgendwie nahestanden, fiel es sehr schwer, den von ihm gewählten Weg zur Befreiung zu akzeptieren. »Wissen Sie, er dachte, daß er sich nie wirklich von ihr würde befreien können«, sagte Burt bedauernd. »Selbst meine Eltern sagten, daß er doch von zu Hause fortlaufen oder zu uns ziehen sollte. Sie hatten Steven vorher gesagt, daß er bei uns leben könne, falls es für ihn unerträglich würde... Steven hätte nur seine Sachen packen und zu uns kommen müssen, und er hätte bei uns wohnen können.«

Als ich Steven im Gefängnis besuchte, schien er sich mit der Situation abgefunden zu haben. Genau wie andere, die wegen Elternmord verurteilt worden waren, schien ihn die Reglementierung im Gefängnis nicht besonders zu stören. Er saß mir in seiner steifen weißen Gefängniskleidung gegenüber und spielt mit einer Packung Zigaretten. Das Nikotin schien seine einzige Therapie zu sein. »Es ist zwar ein Gefängnis, aber irgendwie gefällt's mir – ich bin für mich allein... Ich meine, ich möchte nicht im Gefängnis sein, aber so ist es eben gekommen... Ich vermisse so viel, aber es ist besser, als mit meiner Mutter zusammen zu sein. Ich bin zwar eingesperrt, aber ich bin frei.«

Konnte er mir, nachdem er vier Jahre Zeit hatte nachzudenken, erklären, warum er keine andere Möglichkeit gesehen hatte, als seine Mutter zu töten? Wußte er, daß er nur das Jugendamt anzurufen brauchte und seine Mutter anzeigen konnte?

»Ja«, sagte er, »aber ich habe es einfach nicht ernst genommen. Es kam mir einfach nicht in den Sinn, daß es Mißbrauch war. Ich dachte, es sei ganz normal... Das änderte sich erst, nachdem ich verhaftet worden war und mit Dr. Lester gesprochen hatte und von allen Leuten Briefe bekam, die mich kannten, als ich noch ein kleines Kind war.«

Dies war die klassische Antwort des mißbrauchten Kindes, des jungen Menschen, der im nachhinein erkennt, daß das, was er so lange ertrug, unnormal und mißbräuchlich war. Warum hatte er dann das Gefühl gehabt, daß er sie töten müßte? Er legte die Zigarettenschachtel hin, sah mir direkt in die Augen und sagte:

»Wahrscheinlich ist es so ähnlich, wie wenn ein Rotluchs-weibchen sieht, daß ein anderes Tier hinter seinen Jungen her ist, aber bei meiner Mutter war es genau umgekehrt. Das Junge sollte Angst vor dem Tier haben und auf seine Mutter warten, damit sie es beschützen konnte; aber ich hatte immer Angst vor meiner Mutter. Es war eben völlig verkehrt. Ich weiß nicht, ob das die Sache erklärt... Als ich abdrückte, stand ich einfach da. Ich war wie versteinert und dachte: Ich habe es tatsächlich getan. Ich hatte nicht geglaubt, daß ich es tun könnte. Ich wollte den Druck in meinem Kopf loswer-den... Ich dachte, dies sei die perfekte Lösung... Ich würde nicht mehr nach Hause kommen und dieses merkwürdige Gefühl haben müssen. Ich würde bei Burts Eltern leben oder bei meinem Vater. Ich weiß nicht, warum ich abgedrückt habe. Ich weiß, daß ich es einfach nicht mehr ertragen konnte, aber ich weiß nicht, warum ich das Gewehr genom-men und sie erschossen habe. Ich weiß es einfach nicht... Ich weiß, daß es Kinder gibt, die ihre Eltern töten, aber ich hätte nicht gedacht, daß ich zu ihnen zählen würde.«

IV.
Töchter, die ihre Mutter töten

Der Titel des Films *Terms of Endearment*, der 1983 den Oskar erhielt, war schon ironisch: über weite Strecken des Films war die Beziehung zwischen Mutter und Tochter alles andere als ›liebenswert‹. Vom Tag der Geburt an versuchte die Mutter, ihre Tochter selbstsüchtig zu kontrollieren, während die Tochter wiederum die Beherrschung durch ihre Mutter ständig übelnahm. Sie rissen einander tiefe, emotionale Wunden, die besonders schlimm waren, da sie die Verwundbarkeiten des anderen kannten, wie es nur bei Mutter und Tochter möglich ist. Dennoch berührte der Film die Zuschauer sehr, weil der Kampf so lebensecht war.

Wir alle wissen, daß der Konflikt zwischen Mutter und Tochter nicht weniger heftig ist als zwischen Vater und Sohn, aber es besteht ein bedeutsamer Unterschied. Mütter und Töchter fechten diesen Kampf meistens mit Worten aus, nicht mit Fäusten. Die Verbrechensstatistiken belegen dies, da nur 10 Prozent aller Gewalttaten von Frauen begangen werden. Kulturelle und vielleicht auch biologische Unterschiede zwischen Mann und Frau mögen dafür verantwortlich sein, aber wir wissen im Grunde nicht endgültig, warum Frauen so viel weniger häufig töten als Männer. Es ist eine Tatsache, daß der Muttermord, von der Tochter begangen, bei weitem die seltenste Form des Elternmordes ist und nur winzige vier Prozent der Fälle ausmacht.

Bevor ich begann, dieses Buch zu schreiben, hatte ich erst fünf derartige Fälle erlebt, und in jedem einzelnen Fall beging das junge Mädchen die Tat zusammen mit mindestens einer weiteren Person, von denen zumindest eine immer ein Mann war. In zwei Fällen tötete die Tochter Mutter und Vater mit Hilfe des Bruders, im dritten Fall tötete das Kind die Mutter unter Mitwirkung des Freundes, und in dem vierten Fall tötete die Tochter ihre Mutter zusammen mit ihrer Schwester, dem Bruder und mehreren Freunden. Da die Mitwirkung eines Freundes oder Bruders fast immer ein bedeutsamer Faktor ist, bleiben Zweifel bestehen, ob der Mord sich auch ereignet hätte, wenn der Mann nicht dabei gewesen wäre. Patty Claremonts Fall unterscheidet sich von all den anderen Fällen, und es handelt sich auch um den einzigen Fall in diesem Buch, bei dem mich die Familie oder der Rechtsanwalt nicht um Hilfe bat.

Patricias Geschichte war einer von mehreren Fällen in einer Zeitschrift, die über das ›unerklärbare‹ Phänomen des Elternmordes berichtete. Der Autor des Artikels schrieb wie viele andere, die sich dieses Themas annehmen, aus der Sicht, daß scheinbar normale Kinder aus irgendeinem unklaren Grund einfach ausflippen und ihre Eltern töten. Pattys Fall wurde in ein paar Absätzen abgehandelt, aber er erweckte mein Interesse, dieses Verbrechen weiter zu untersuchen, denn Patty hatte ihre Mutter ganz allein getötet.

Dies war jedoch nicht der Grund, warum ich schließlich beschloß, diesen Fall in das Buch aufzunehmen. Es war auch nicht die Art des Mißbrauchs, der zwar sehr schlimm war, aber der mir nicht besonders ungewöhnlich oder zwingend erschien. Die brutalen Prügel, die Patricia und ihre jüngere Schwester Dionne von Deborah erhielten, waren schrecklich, aber die Behandlung war nicht schlimmer als das, was unzählige von mir vertretene Kinder erlebten. Die Tatsache, daß Patricia über einen Zeitraum von zehn Jahren wiederholt von Deborahs Freund Billie Lalonde, der bei der Familie lebte, vergewaltigt worden war, war entsetzlich, aber wiederum nicht schlimmer als in anderen Fällen, bei denen es um sexuellen Mißbrauch ging.

Was diesen Fall unterscheidet ist die Tatsache, daß Patricia und ihre Schwester von ihrer Mutter nicht nur mißhandelt wurden, sondern daß das gesellschaftliche System, das sie eigentlich schützen sollte, diesen Mißbrauch weiter zuließ. Die Schlechtigkeit von Deborah und ihrem Freund und der andauernde Schaden, den sie der körperlichen und geistigen Gesundheit der beiden Mädchen antaten, verblaßte im Vergleich zu den verachtenswerten, verwerflichen Maßnahmen des Jugendamtes, der Psychologen und der Polizei, nachdem diesen der Mißbrauch bekanntgeworden war. Deborah mißhandelte ihre Kinder schwer, aber es war die schreckliche Untätigkeit der Ämter und des Staates, der schließlich den Kontext schuf, der dieses Verbrechen ermöglichte. Die wahre Tragödie dieses Falles besteht darin, daß die Tat so leicht hätte verhindert werden können.

Patty

Patricia wuchs in einer Stadt auf, die idyllisch an einem der Großen Seen gelegen war. Pattys Rechtsanwalt Eric Anston beschreibt den Ort als »eine Gemeinde, in der die Familien alle miteinander verwandt sind... diese Gemeinschaft gewinnt ihre Stärke durch die familiären Bindungen.«.

Das gesamte Leben der Stadt, in der 200000 Menschen leben, geht vom Hafen aus. In nördlicher Richtung vom Hafen fährt man durch schöne, breite Alleen. Auf beiden Seiten führen ansteigende, gut gepflegte Rasenflächen zu großen Häusern. Wenn man sich jedoch vom Hafen aus in südlicher Richtung bewegt, werden die Häuser bescheidener und die Gärten kleiner. Als ich Patricia zum erstenmal begegnete, war sie auf Kaution auf freiem Fuß und wartete auf ihre Revisionsverhandlung. Sie lebte im Osten der Stadt, nicht weit von der Gegend, in der sie aufgewachsen war, zusammen mit ihrer Schwester Dionne, ihrem Onkel Donald, ihrer Tante Sally und deren fünf Kindern in einem bescheidenen Hause.

Als ich die Einfahrt hinauffuhr, saßen Patty und ihre Cousins und Cousinen in einem Kreis und unterhielten sich. Ihre Tante und ihr Onkel, die beide auf die Sechzig zugingen, waren die ersten, die mich begrüßten als ich aus dem Wagen stieg. Patty begrüßte mich nur zögerlich und erst, nachdem ihr Onkel sie dazu aufgefordert hatte. Seit Deborahs Tod war er zu ihrem gesetzlichen Vertreter bestimmt worden. Obwohl Patty gerade ihren achtzehnten Geburtstag gefeiert hatte, wirkte sie immer noch wie ein Schuldmädchen. Sie hatte ein freundliches Gesicht, sanfte braune Augen und ein Lächeln, das sich langsam über ihr Gesicht ausbreitete.

Unbeholfen standen wir im Garten herum, während Patty es vermied, mich anzusehen. Ihr Onkel legte tröstend den Arm um ihre Schulter, drückte sie an sich und sagte leise: »Sie ist etwas schüchtern und ziemlich nervös wegen dieser

Sache. Aber sie möchte mit Ihnen sprechen. Sie müssen verstehen – dies ist das erstemal, daß sie seit der Verhandlung im letzten Winter davon erzählt. Aber es ist wichtig. Die Leute sollen wissen, was passiert ist.« Dann schaute er Patty an, in deren Augen Tränen aufstiegen, und sagte: »Wir wollen hineingehen, Patty, und uns mit dem Mann unterhalten.« Mit gesenktem Kopf legte sie den Arm um ihren Onkel und ging langsam mit ihm ins Haus.

Als ich ihnen folgte, war ich mir unschlüssig, ob ich Patty befragen sollte. Die Tränen in ihren Augen hatten mich wieder daran erinnert, was sie in dem letzten Jahr durchgemacht hatte, und ich wollte ihr nicht noch mehr Kummer bereiten. außerdem waren die schreckliche Hitze und Feuchtigkeit, die draußen herrschten, nicht gerade zuträglich. Ich zögerte einen Augenblick, bis Pattys Onkel seinen Kopf durch die Tür herausstreckte: »Kommen Sie?«

»Ja«, sagte ich, »ich habe nur etwas im Wagen vergessen, einen Augenblick.«

Er lächelte: »Okay, ich hole Ihnen etwas zu trinken.«

Wir nahmen zu viert auf der geschützten Terrasse Platz, und Patty schmiegte sich auf der abgewetzten Couch an ihre Tante. In der ersten Stunde konnte sie sich nicht überwinden, seine Fragen ausführlich zu beantworten. Sie sagte nur ja oder nein oder zuckte mit den Schultern. Ihre Tante mischte sich freundlich in das Gespräch ein, um die Familiengeschichte zu beleuchten.

Für die Außenwelt war die vierunddreißigjährige Deborah Claremont ein Ausbund an Tugend gewesen. Sie erzog ihre Kinder allein, nachdem sie sich kurz nach der Geburt von Pattys jüngerer Schwester Dionne von ihrem Mann hatte scheiden lassen. Unermüdlich bemühte Deborah sich, für ihre beiden Töchter zu sorgen. Jeden Morgen verließ sie pünktlich das Haus, um ihrer Arbeit als Bürokraft in einer Autohandlung nachzugehen. Wenn sie dort spätnachmittags fertig war, begab sie sich zu ihrer zweiten Arbeitsstelle in einem Krankenhaus, wo sie in der Rezeption arbeitete. Oft kam sie erst nach Mitternacht nach Hause, aber die Sonntage waren für den Kirchenbesuch reserviert.

Deborah war fest entschlossen, daß ihre Kinder all das haben sollten, was sie nicht gehabt hatte. Sie kaufte ihnen die beste Kleidung, die sie sich leisten konnte, und man sah die Mädchen draußen *nie* in etwas anderem als in reiner, gebügelter Kleidung. Sie lehrte die Kinder, sie und andere zu respektieren, und die Mädchen lernten ihre Lektion. Deborah legte besonderen Wert darauf, daß sie gute Schulleistungen zeigten und einen guten Beruf erlernten. Sie machte sich offenbar Sorgen, daß ihre Töchter sich den Reihen schwarzer Teenager anschließen würden, die wegen einer Schwangerschaft die Highschool verlassen mußten. Sie wußte aus eigener Erfahrung, wie schwer das Leben für eine Mutter war, die fast selbst noch ein Kind war.

Mrs. Claremonts Energie schien unerschöpflich, und sie schien niemals zu rasten. Mit ihrer Unermüdlichkeit und ihrem Perfektionismus beeindruckte sie viele Menschen in der Nachbarschaft. Sie schien von dem Verlangen überwältigt, das eigene Leben und das ihrer Kinder verbessern zu wollen. Patricias Schulleiter erklärte vor der Presse, daß Deborah beispiellose Sorge für das Wohlergehen ihrer Töchter gezeigt hatte.

Nach ihrer Ermordung waren die Kollegen an beiden Arbeitsstellen verständlicherweise schockiert und entsetzt und beteuerten lautstark, daß es zwischen Mutter und Tochter keine Probleme gegeben habe. »Sie schienen mir eine glückliche Familie zu sein...«, erklärte ein Kollege. Aber selbst ihre Anhänger mußten sich stillschweigend eingestehen, daß Deborah Claremont die Familie fest im Griff hatte. Sie stellte die Regeln auf, nach denen die Mädchen sich hatten richten müssen, und sie erwartete, daß jede peinlich genau befolgt wurde.

Alle Eltern regen sich sicherlich ab und zu einmal auf, wenn ein Kind sich schmutzig macht. Deborah machte da keinen Unterschied, aber sie war davon besessen, daß Patty und Dionne immer sauber sein und sauber bleiben sollten, was Körper und Kleidung betraf. Schmutz war etwas Böses und sich schmutzig zu machen unmoralisch.

Pattys Tante berichtete mir, was passierte, wenn die Mädchen, selbst als sie noch klein waren, ihre Kleider schmutzig machten. »Sie stellte Patty und Dionne [die damals acht beziehungsweise fünf Jahre alt waren] mitten ins Zimmer... verprügelte beide und befahl ihnen, sich gegenseitig zu schlagen; wenn sie dessen müde waren, begann sie selbst wieder, sie zu prügeln.« Die Sorge und Wachsamkeit, die Deborah draußen so viel Respekt einbrachte, verwandelte sich hinter geschlossenen Türen zu körperlichen Mißhandlungen.

Sich schmutzig zu machen, war nicht die einzige Sünde, die Deborah durch solche rituellen Prügel reinwusch. Ein Verwandter, der für kurze Zeit bei der Familie lebte, erzählte: »Wen sie den Mädchen etwas auftrug und diese den Befehl nicht schnell genug ausführten, peitschte sie sie... mit Verlängerungskabeln und Gerten, die sie zusammengebunden hatte.«

Patricia beschrieb, was einmal passierte, als sie und ihre Schwester nach einem Einkauf für ihre Mutter auf dem Rückweg eine Limonade getrunken hatten und daher etwa eine halbe Stunde zu spät kamen.

»Ich glaube, ich war etwa zehn Jahre alt«, berichtete Patty. »...Mutter war früh nach Hause gekommen, und als wir die Straße entlanggingen, sahen wir, daß sie bereits auf uns wartete... Sie schlug uns so stark ins Gesicht, daß die anderen dachten, wir hätten die Windpocken.

Es gab sogar ein regelrechtes Ritual, wenn Deborah ihre Kinder auspeitschte. Sie bevorzugte ein Verlängerungskabel, und bevor sie die Mädchen schlug, gab sie ihnen die Möglichkeit, es zu suchen und ihr zu bringen. Patty erzählte: »Wenn wir es nicht fanden, griff sie sich einfach das nächstliegende, etwa einen Besenstiel oder einen Zollstock – irgend etwas, das herumlag.« Sie befahl ihnen auch, sich immer, einschließlich der Unterwäsche auszuziehen, bevor sie sie schlug. Dazu meinte Patty: »Mutter sagte, sie würde uns nicht peitschen, wenn wir die neue Kleidung trugen, die sie gekauft hatte.«

Nachdem die Mädchen sich ausgezogen hatten, zwang Deborah sie, sich über ein Bett oder einen Schaukelstuhl zu beugen, während sie auf sie einschlug. Patricia zitierte die Litanei, die die Prügel begleiteten. Mit singender Stimme rezitierte sie die Worte, die sie nur allzu gut kannte: »Dreh dich um, damit ich dir den Hintern versohlen kann, und wenn du dich rührst, schlag' ich dir ins Gesicht.«

»Wenn wir versuchten, uns umzudrehen und die Hand zu heben, um uns zu schützen«, fuhr Patty fort, »sagte sie: ›Ich habe dir doch gesagt, daß du dich nicht rühren und die Hand unten lassen solltest.‹ Dann legte sie das Kabel oder den Stock beiseite und begann, uns mit der bloßen Hand zu schlagen. Dann sagte sie: ›Fang bloß nicht an zu heulen, oder du bekommst mehr Prügel... Und sag bloß nicht: Mutter, es tut mir leid, oder Warum hast du mich geschlagen? Wagt nicht, das zu sagen, denn dann bekommt ihr noch mehr Prügel.‹«

Diese Mißhandlungen setzten sich bis zum Abend der Tat fort. Nachdem Patty die körperlichen Züchtigungen beschrieben hatte, mischte ihr Onkel sich in das Gespräch ein. Die erste Stunde lang hatte er fast die ganze Zeit über geschwiegen, aber jetzt fühlte er sich gewungen, einem Fremden das Verhalten seiner Schwester zu erläutern.

»Vielleicht hilft es Ihnen, wenn Sie die Geschichte von Anfang an hören... meine Mutter hatte nur zwei Kinder, nämlich mich und Deborah. Wir wuchsen in einem Einfamilienhaus auf. Eines Abends, als Mutter nach Hause kam, war sie betrunken und prügelte uns. Wir wurden die ganze Zeit über geprügelt, und an diesem Abend entgingen wir ihren Schlägen nur, weil mein Onkel sich ein Gewehr griff und meiner Mutter sagte, was er tun würde, wenn sie uns noch einmal anrührte... Ja, wir wurden oft geschlagen. Im Grunde wurden wir auf dieselbe Weise geschlagen wie Patty. Mit einem Verlängerungskabel.«

Und Donald fuhr fort: »Einen Vorfall, kurz bevor dieses Kind geboren wurde«, werde ich nie vergessen. Deborah war bereits verheiratet und war mit Patty etwa im siebten Monat schwanger. Sie war damals etwa sechzehn. Ich kam herein, und Deborah und Mutter stritten sich, und Mutter befahl Deborah, sich auszuziehen... ›Ich weiß, daß du schwanger bist‹, sagte Mutter, ›aber das hindert mich nicht daran, dich zu verprügeln... solange ich nicht an deinen Bauch komme, aber ich werde dir den Hintern versohlen.‹ Und sie mußte sich ausziehen, und Mutter versohlte ihr den Hintern.«

Fast sofort nach Patricias Geburt machte Deborah da weiter, wo ihre Mutter aufgehört hatte. Verwandte und Nachbarn sahen, was der Außenwelt verborgen blieb – daß Deborah ihre Kinder mißhandelte. Jene, die der Familie nahestanden, versuchten, sich einzumischen, zumindest während der ersten Jahre, aber Deborah hörte auf niemanden. Ironischerweise wurden Deborahs Mißhandlungen von Patricia selbst ihrer eigenen Mutter zuviel. Sie war so wütend auf Deborah, weil diese die zweijährige Patty schlug [das Kind hatte sein Sonntagskleid schmutzig gemacht], daß sie Patricia etwa für sechs Monate zu sich nahm. Patty zog erst wieder zu ihrer Mutter, als ihre Großmutter starb.

Nach dem Tod von Pattys Großmutter versuchten Donald und mehrere andere Verwandte, Deborah weiterhin davon zu überzeugen, ihre Kinder besser zu behandeln. Ihre Bemühungen waren vergeblich. Nach der Tat drückten mehrere Verwandte ihr Bedauern aus, weil sie Deborah nicht schon bei den ersten Anzeichen von Mißhandlungen beim Jugendamt angezeigt hatten, damit es ›eingreifen‹ konnte. Statt dessen wurden die körperlichen Mißhandlungen von der einzigen Person gemeldet, auf die Deborah hörte – von sich selbst nämlich.

Niemand weiß, was den Prügeln vorausging. Es hatte wohl damit zu tun, daß Patricia, die damals vierzehn war, ihre jüngere Schwester eines Abend allein gelassen hatte. Als Deborah an diesem Abend nach Hause kam, warf sie ihrer Tochter vor, »Verbindung zu einem Jungen zu haben«. Patricia bestritt dies aufs heftigste. Sie war ein attraktives, gesellliges Mädchen, und andere Jungen oder Mädchen mochten sie. Sie hatte jedoch keinen Freund, und im Vergleich zu anderen Jugendlichen ihres Alters traf sie sich selten mit anderen. Deborah, die von der Idee besessen war, daß ihre Tochter in ihre Stapfen treten und als alleinerziehende Mutter enden würde, wollte Pattys Beteuerungen ihrer Unschuld nicht akzeptieren. Pattys Stimme war sehr zornig, als sie beschrieb, was als nächstes geschah.

»Sie stieß mich zu Boden und begann, mich zu schlagen. Sie sagte, daß ich Verbindung zu einem Jungen hätte, und ich sagte, daß das nicht stimme... Sie schlug mich immer weiter. Dann ging sie und holte Billie (Deborahs Freund) und sagte ihm, daß er ihr Einhalt gebieten solle, bevor sie mich töte. Sie sagte, daß sie mich auf diese Welt gebracht habe und mich auch wieder hinausbefördern könne. Sie rief die Polizei an und sagte, man solle sie holen, bevor sie mich umbringe.«

Die Sachbearbeiterin des Jugendamtes, die von der Polizei benachrichtigt worden war, schrieb in ihrem Bericht:

Mrs. Claremont gab zu, daß sie völlig die Kontrolle verloren hatte und nicht einmal mehr wußte, womit sie Patricia geschlagen hatte. Patricia beschrieb das Instrument als weiße Stange mit Drähten in der Mitte. Mrs. Claremont sagte aus, daß sie ihren Freund Billie Lalonde geholt hatte, als sie kurz davor stand, Patricia wirklich weh zu tun. Er ging mit ihr nach Hause und überredete sie, zur Polizei zu gehen... Nachdem wir uns allein mit Patricia unterhalten hatten, kamen wir zu dem Schluß, daß sie eigentlich keine Angst vor ihrer Mutter hatte, aber daß sie glaubte, ihre Mutter könnte wieder wütend auf sie werden. Wir sprachen mit Mrs. Claremont, Patricia und Mr. Lalonde darüber, wie man das Kind schützen könne. Mr. Lalonde bot an, zu der Familie zu ziehen, und Patricia und ihre Mutter stimmten diesem Plan bereitwillig zu, statt Patricia in eine Pflegefamilie zu geben... Zur Zeit dieser Untersuchung hatten wir nicht das Gefühl, daß Patricia in unmittelbarer Gefahr war, da wir keine Beweise für ständige Mißhandlungen finden konnten. Mrs. Claremont schien ihren *Fehler* (Hervorhebung vom Autor) zu erkennen und war dem Jugendamt gegenüber sehr kooperativ. Mr. Lalonde erklärte sich freiwillig bereit, der Familie zu helfen und weitere körperliche Konfrontationen zu verhindern.«

Während Patricias Gerichtsverhandlung beschrieb die Sozialarbeiterin, wie stark Deborah ihre Tochter geschlagen hatte:

An ihrem linken Unterarm hatte sie zwei Striemen von 2,5 mal 5 cm Größe, einen blutigen Kratzer von etwa 1,5 cm Länge am linken Ellenbogen und einen geschwollenen roten Striemen in der Nähe des linken Ellbogen von 2,5 mal 7,5 cm Größe, am rechten Unterarm befanden sich zwei geschwollene, rote Striemen von etwa 2,5 bis 5 cm Größe und ein kleiner Kratzer, an ihrer linken Schulter befanden sich zwei rote, geschwollene Striemen von 3,5 mal 7,5 cm Größe und am linken, vorderen Oberschenkel zwei geschwollene, rote Striemen von etwa 3,5 mal 5 cm Größe.

Die nachlässige Art, mit der das Jugendamt diesen Vorfall handhabte, war typisch. Auch für die nächsten vierzehn Monate änderte sich nichts. da es selten vorkommt, daß Eltern die Einsicht und Stärke haben, um Hilfe nachzusuchen, wenn sie merken, daß sie etwas Verzweifeltes tun werden, war dies eine ideale Gelegenheit, um den Mißhandlungen Einhalt zu gebieten und für die Familie Hilfe zu erhalten, besonders auch für Deborah. Wie es jedoch so oft der Fall ist, griff die helfende Hand des Staates mit erstaunlicher Ungenauigkeit ein, so daß Patty sich in einer schlimmeren Position befand, als wenn die Mißhandlungen nie gemeldet worden wären.

Der größte Fehler der Sozialarbeiterin bestand darin, daß sie keine umfassenden Untersuchungen über die Familiengeschichte anstellte. Wie Vertreter des Jugendamtes später erklärten, »fanden wir keine Vorgeschichte von Mißhandlungen, eins der Kriterien, nach denen wir suchen, um zu entscheiden, ob es für das Kind sicher ist, wieder nach Hause zurückzukehren«. Mit anderen Worten: Sie fanden keine Beweise für vorhandene Mißhandlungen, weil sie nicht danach suchten. Sie betrachteten Deborahs Schläge als einen isolierten Vorfall, einen ›Fehler‹, der nicht Teil eines größeren Musters war. Später nahm Pattys Verteidiger die Sozialarbeiterin ins Kreuzverhör und fragte sie, wie sie zu diesem Schluß gekommen sei.

F: Haben Sie in diesem Fall nach einer Vorgeschichte von Kindesmißhandlung gesucht?

A: Ja.

F: Haben Sie mit der Familie oder jemand anders darüber gesprochen?

A: ...Ich sprach mit Patricia und mit Mrs. Claremont darüber, ob es bereits frühere Vorfälle gegeben habe...

F: Wußten Sie damals, daß es andere Familienmitglieder gab, die die familiäre Situation kannten?

A: Nein.

So unglaublich es auch scheinen mag, sind diese Fehler keine Einzelfälle, aber sie treten auf, wenn Sozialarbeiter überarbeitet und nicht ausreichend ausgebildet sind. Leider nehmen manche Sozialarbeiter, die Kindesmißhandlungen untersuchen, die Aussagen der Eltern und Kinder für bare Münze, da sie nicht verstehen, welche Mauer des Schweigens solche Verbrechen umgibt. Sie verstehen nicht die ungeheure Angst und die Verneinung, die Opfer und Täter daran hindert zuzugeben, was sich abspielt. In Mikes Fall beispielsweise passierte dasselbe.

Diese festverwurzelten Schranken werden durch all die anderen Probleme verschärft, mit denen sich die meisten Sozialarbeiter auseinandersetzen müssen: viel zuviele Fälle, die bearbeitet werden müssen, ein niedriges Gehalt und unzureichende Anleitung durch die Vorgesetzten. Patty Claremonts Fall wurde jedoch mit außergewöhnlicher Ungeschicklichkeit gehandhabt.

Es gab unzählige Zeugen, von denen viele in der Verhandlung aussagten, als bereits alles zu spät war, und die den betroffenen Stellen hätten sagen können, daß dieser spezielle Vorfall durchaus kein Einzelfall war. Onkel Donald, Tante Sally und viele Cousins und Freunde kannten das Muster der Mißhandlungen, die fast mit dem Augenblick eingesetzt hatten, als Patty ihren ersten Atemzug tat. Aber niemand im Jugendamt befragte irgend jemand anders als die Mädchen und deren Mutter.

Trotz der positiven Schlußfolgerungen waren die Mißhandlungen selbst so ernst, daß das Jugendamt eine Akte über die Familie anlegte, was bedeutete, daß man sie einmal pro Monat besuchen würde. Der erste Kontakt kam drei Wochen nach dem gemeldeten Vorfall zustande, und zu diesem Zeitpunkt gestand Patricia der Sozialarbeiterin, daß »ihre Mutter sie körperlich mißhandelt und leicht in Wut gerät«. Trotzdem wurden aufgrund dieser neuen Informationen bei der Überwachung der Familie keine wesentlichen Änderungen vorgenommen, auch wurden keine Schritte eingeleitet, um der Familie therapeutische Hilfe zu gewähren.

Immer wieder zeigte sich, daß Patricias Worte einfach nicht ausreichten. Die Sozialarbeiterin war ohne körperliche Beweise für die Mißhandlungen nicht bereit, Maßnahmen zu ergreifen. Offenbar wußte die Sozialarbeiterin nichts von der grundlegenden Zurückhaltung von mißbrauchten Kindern, die Wahrheit zu sagen, und verstand nicht, daß es Pattys einzige Möglichkeit war, von den Mißhandlungen zu erzählen. Die ganze Zeit über drängte ihre Mutter sie, nicht mit den Sozialarbeitern zu reden, und später versteckte sie sich während der Besuche des Jugendamts im Schrank, um sicherzugehen, daß ihre Kinder nichts verrieten.

Zwei Monate nach dem ersten gemeldeten Vorfall berichtete Patricia, daß Dionne mit einem Gürtel geschlagen worden war, aber es waren keine körperlichen Spuren vorhanden. Das Jugendamt weigerte sich einzugreifen. Nur acht Wochen später berichtete Dionne, daß »sie zwei Wochen zuvor verprügelt worden war und daß Spuren sichtbar waren«, Wieder reagierte die Sozialarbeiterin nicht, da keine körperlichen Spuren mehr vorhanden waren. Statt dessen riet sie den Mädchen, die Züchtigungen zu melden, wenn sie stattfanden und die Spuren noch frisch waren. Daraus schlossen die Mädchen, daß es irgendwie ihre Schuld war, daß nichts unternommen wurde, um ihnen zu helfen. In Wirklichkeit waren die Mädchen einfach zu ängstlich, selbst Kontakt zu den Sozialarbeitern aufzunehmen; sie warteten auf die Besuche. Die Schlußfolgerung an dem Tag, als Patty von Dionnes Züchtigung berichtete, lautete: »Es schien keine ernsten Probleme zu geben.« Die Sozialarbeiterin sprach Deborah nicht einmal auf den Vorfall an.

Einen Monat später informierte Dionne die Sozialarbeiterin erneut, daß sie geschlagen worden war und daß Spuren vorhanden waren. Wieder wurde den Mädchen empfohlen, die Mißhandlungen sofort zu melden. Wieder sprach niemand Deborah auf den Vorfall an. Während der nächsten drei Monate schlug sie ihre Kinder weiterhin, aber die Sozialarbeiterin bewertete die Vorfälle nicht als ›ernst‹ genug, um Maßnahmen zu ergreifen. Trotz der Behauptungen der Mädchen war die Sozialarbeiterin, was die Situation der Familie betraf, recht zuversichtlich. Töchter und Mutter »verstanden sich jetzt besser«, schrieb sie damals.

Eine weitere rätselhafte Aktennotiz tauchte sieben Monate nach dem ersten Bericht auf. »Sie [die Mädchen] berichteten, daß ihre Lage in Ordnung sei.« Und so schloß die Sozialarbeiterin unbekümmert: »Es gibt keine Probleme mit der Mutter oder mit Bestrafungen. Die Mädchen deuteten an, daß sie sich allein zu Hause langweilten, und schienen ein wenig deprimiert.« Offenbar schienen ihr die Depressionen der Mädchen perfekt vereinbar mit einer ›guten‹ Familiensituation.

Wie vorauszusehen war, verschlechterte sich die Situation im Verlauf der nächsten Monate. Obwohl Deborah sich selbst angezeigt hatte, widersetzte sie sich den Bemühungen, Hilfe für die Familie zu erhalten, auch wenn diese noch so gering war. Ihre Drohungen, den Sozialarbeitern nicht die Wahrheit zu sagen, und die Tatsache, daß sie sich im Schrank versteckte, um dieses Verbot durchzusetzen, waren Teil dieses Musters.

Durch ihren Hilferuf zeigte sie, daß sie im Grunde wußte, daß sie ein ernstes Problem hatte. die Lösung lag ihrer Meinung nach jedoch nicht in einer Einzel- oder Familientherapie. Dieselbe Frau, die die Polizei angerufen hatte, damit sie ihre Tochter nicht umbringen würde, schien nicht der Meinung zu sein, daß ihre Fähigkeiten als Mutter zu wünschen übrig ließen. Nachdem die Krise vorüber war, sah sie ihr Problem wieder ganz einfach: Patty hatte eine Regel verletzt und Dionne allein gelassen. Um ihre Töchter daran zu hindern, das Haus zu verlassen, wenn sie arbeitete, installierte sie ein kompliziertes Schließsystem, so daß niemand die Türen von innen öffnen konnte. Und um weiterhin sicherzugehen, daß sie keinen Kontakt zur Außenwelt hatten, nahm sie regelmäßig das Telefon mit, wenn sie zur Arbeit ging.

In vielen Fällen von Elternmord hört man, daß die Kinder wie Gefangene im eigenen Heim sind, da sie aufgrund der ungeheuren psychologischen Kontrolle durch die Eltern und aufgrund ihrer Angst wie gelähmt und nicht in der Lage sind zu entfliehen. Patty und Dionne waren nicht nur im übertragenen Sinn eingesperrt, sie waren zwischen drei Uhr nachmittags und Mitternacht tatsächlich Gefangene in ihrer Wohnung. Die geringe Chance, die sie vielleicht vorher gehabt hatten, sich anderen anzuvertrauen, wurde damit zunichte gemacht.

Im Grunde schätzten die Sozialarbeiterin und das Jugendamt die Situation der Familie völlig falsch ein, Als ob der körperliche Mißbrauch nicht genug war, scheint die Behörde Exzesse ganz anderer Art, von denen Patty betroffen war, übersehen zu haben. Denn nur elf Monate nach Deborahs Selbstanzeige erzählte Patty schließlich ihrer Tante und einer Schulpsychologin, daß der Freund ihrer Mutter sie seit ihrem siebten Lebensjahr sexuell mißbraucht habe.

»Zwei Hinweise am selben Tag, denen zufolge Patricia von Mr. Lalonde sexuell mißbraucht worden sei«, notierte die Sozialarbeiterin trocken. »Patricia hatte dies dem Schulpsychologen nach einem Selbstmordversuch mitgeteilt. Besuch in Patricias Schule, um das Mädchen zu befragen. Patricia deutete an, daß Mr. Lalonde seit mehreren Jahren mit ihr Geschlechtsverkehr gehabt habe.«

Mehrere Monate vor dem Bericht über sexuellen Mißbrauch, als die Sozialarbeiterin bemerkt hatte, daß Patricia »ein wenig depressiv« schien, hatte sie tatsächlich unter so akuten Depressionen gelitten, daß sie versucht hatte, sich mit einer ganzen Packung Schmerzmitteln das Leben zu nehmen. Im Krankenhaus hatte sie sich wie viele sexuell miß-

brauchte Kinder geschämt zu gestehen, was ihr Sorgen bereitete. Jene, die sich um sie kümmerten, waren nicht kompetent oder sensibel genug, die richtigen Fragen zu stellen, was
ebenfalls typisch ist. Sie führten ihr Problem einfach auf eine
pubertäre Depression zurück.

Schließlich bedurfte es also eines Selbstmordversuchs, bevor Patty ihr Schweigen brach, aber selbst dann brach sie es
nicht willig. Ihre Tante war die erste, die die schreckliche
Wahrheit aus ihr herausholte.

»Ich telefonierte gerade mit meiner Mutter«, sagte sie,
»und meine Tochter kam herein und sagte: ›Patricia weint.‹
Also ging ich zu ihr und fragte sie, was los sei... Und sie erzählte mir, daß sie es überdrüssig sei, daß Billie ›es ständig
mir mir treibt‹... Sie sagte, daß es angefangen habe, als sie
mit sieben Jahren bei ihm war, als Mutter im Krankenhaus
lag.«

Pattys Tante war entsetzt und war sich sicher, daß ihre
Nichte die Wahrheit sagte. Am nächsten Tag begleitete sie
das Mädchen zur Schule und stellte sicher, daß es die Geschichte dort vor dem Schulpsychologen wiederholte. Sie bestand darauf, daß die Schule die Sache weiterverfolgen und
über die Beschuldigungen Bericht erstatten würde.

Mit leiser, leidvoller Stimme berichtete Patricia später am
fünften Tag ihrer Verhandlung wegen des Mordes an ihrer
Mutter den Geschworenen von dem ›ersten Mal‹.

P: Mama mußte zu einer Operation ins Krankenhaus, und sie
bat Billie, bei uns zu übernachten. Dionne und ich schliefen
in Mamas Bett. Mitten in der Nacht wachte ich auf, und er lag
auf mir drauf.

F: Wußtest du, was da passierte?

P: Ich wußte nur, daß er auf mir drauflag.

F: Sagte er irgend etwas zu dir?

P: Er sagte mir, daß ich nichts verraten sollte, und falls ich
es doch tun würde, würde er meiner Mama etwas antun...
(Später) rief meine Mutter an, und ich sagte ihr, daß Billie auf
mir draufgelegen hätte, als ich aufwachte, und sie sagte, daß
es ein böser Traum gewesen sein mußte...

F: Aber hast du versucht, ihr zu sagen, was er getan hat?

P. Ja, aber sie sagte nur, daß es ein schlechter Traum gewesen sei. Ich sagte ihr, daß ich geblutet hatte; sie meinte, daß ich mich vielleicht verletzt hätte und daß ich ein bißchen Vaseline drauftun sollte.

Patty sagte weiter aus, daß Billie sie dann etwa zweimal pro Monat zwang, Geschlechtsverkehr mit ihm zu haben, und daß sich dies während der nächsten sieben Jahre fortsetzte. Mehrmals versuchte sie ihrer Mutter zu sagen, was Billie ihr antat, aber Deborah weigerte sich, die Berichte ihrer Tochter ernst zu nehmen. Billie war schließlich »wie ein Vater für meine Kinder«, wie Deborah oft wiederholte, und über jeden Vorwurf erhaben. Fast jedenfalls. offenbar vertraute sie Billie, was ihre Töchter betraf, aber sie wußte auch, daß sie diesem Ersatzvater nicht ganz vertrauen konnte, was seine Beziehungen mit Frauen außerhalb der Familie anging.

Mehrmals pro Woche spielte sich folgende Szene ab: Billie kam um drei oder vier Uhr morgens nach Hause, und Deborah warf ihm vor, bei einer anderen Frau gewesen zu sein. Billie beteuerte lautstark, daß das nicht stimme und daß er wie immer Karten gespielt habe. Eines Nachts hatte Deborah genug. Mit der zwölfjährigen Patty im Schlepptau folgte sie Lalonde. Er spielte tatsächlich Karten, aber auf dem Rückweg besuchte er erst ein anderes Haus, wo Deborah ihn mit einer anderen Frau im Bett erwischte.

Obwohl sich ihr Verdacht bestätigt hatte, wollte sie ihn behalten. Aber wie konnte sie Billie kontrollieren und gleichzeitig ihrem Job am Abend nachgehen? Die Antwort war einfach – Patty. Ihre Tochter würde ihn begleiten, wenn er abends zum Kartenspielen ging. Sicherlich würde Billie nicht versuchen, mit einer anderen Frau etwas anzufangen, so lange Patty dabei war. Und falls er es doch tat, würde ihre Tochter ihr alles genau berichten. Noch besser war, daß Billie, während Patty ihn beobachtete, darauf achten würde, daß Patricia nicht in Schwierigkeiten geriet, während Deborah arbeitete. Es war die perfekte Lösung.

Obwohl diese Vereinbarung Deborahs persönliche Bedürfnisse perfekt erfüllte. hatte sie schreckliche Auswirkungen für Patricia. Vorher hatte Billie Patty nur mißbrauchen können, wenn ihre Mutter nicht zu Hause war und Dionne schlief. Jetzt gab es keinen Schutz mehr für sie. Er konnte über sie herfallen, wann immer er es wollte – meistens auf dem Rücksitz seines Wagens auf irgendeiner einsam gelegenen Landstraße oder in einem billigen Motel.

Bald darauf befahl Deborah ihrer Tochter, Billie auf all seinen Ausflügen auch tagsüber zu begleiten, egal wohin es ging. Da sie ein gehorsames Kind war, befolgte sie die Anordnungen ihrer Mutter, aber in ihrem Innern schäumte es. Sie haßte jeden Augenblick, den sie mit dem Mann verbringen mußte; und es war unmöglich für sie zu akzeptieren, daß ihre Mutter angeblich nicht wußte, was hinter ihrem Rücken vorging. »Jedesmal wenn er irgendwo hinwollte, sagte sie: ›Patricia, geh mit.‹ Ich sagte, daß ich nicht mitgehen wollte, aber sie zwang mich dazu, damit er keine andere Frau besuchen würde...

›Mama, wann soll ich denn meine Hausaufgaben machen oder was essen‹, sagte ich dann zu ihr; und sie antwortete: ›Das Essen wartet hier auf dich, also solltest du lieber mitgehen.‹ Und wenn er mich morgens um drei oder vier Uhr wieder nach Hause brachte, stellte sie keine Fragen, keine einzige Frage.«

Selbst wenn ihre Mutter gefragt hätte, ist zweifelhaft, ob Patty ihr die Wahrheit gesagt hätte, da ihre Mutter sich die ersten Male so standhaft geweigert hatte, ihr zu glauben. Wenn Patty spät nachts mit Lalonde nach Hause fuhr, drohte dieser, ihr weh zu tun oder sie zu töten, wenn sie etwas verriet, und erinnerte sie dann daran, daß er immer eine Waffe unter dem Fahrersitz versteckt hielt. Er würde auch »Mama etwas antun«, wenn sie irgend jemand etwas erzählen würde.

Neben den Drohungen, sagte Lalonde auch mehrmals zu Patty: »Es wird dir nichts nützen, irgend jemandem davon zu erzählen, weil man es dir nicht glauben wird.« Diese Worte sollten sich bewahrheiten, denn das, was nach der offiziellen Anzeige wegen sexuellen Mißbrauchs geschah, war so erschreckend, daß ich es zuerst nicht glauben wollte, als Eric

Anston, Pattys Verteidiger, mir davon berichtete. Erst nachdem ich die Polizeiberichte und die eidesstattlichen Zeugenaussagen gelesen hatte, ließ ich mich von der schrecklichen Wahrheit überzeugen.

Lalonde wurde aufs Polizeirevier gebracht und verneinte zu Anfang, daß er irgend etwas mit Patricia angestellt hätte. Nach mehreren Stunden der Befragung durch die Polizei änderte er jedoch seine Meinung. Die folgende Aussage vor Gericht ist seine Version der Ereignisse, wie er sie während Pattys Verhandlung darstellte. Der einzige Unterschied liegt darin, daß er der Polizei ursprünglich gesagt hatte, daß er vier oder fünfmal Geschlechtsverekehr mit ihr gehabt habe, während er vor Gericht sagte, daß es dreimal gewesen sei. Eric Anston stellte die Fragen:

F: Erzählen Sie uns, wie es (der erste Geschlechtsverkehr) passierte.

A: ich lag im Bett und Patricia kletterte einfach zu mir herein...

F: Ich glaube, Sie haben vor dem Beamten Moreau ausgesagt, daß Sie aufwachten und sie auf Ihnen herumzappelte. Ist das richtig?

A: Das ist richtig.

F: Sie konnten sie also nicht einfach abwehren?

A: Doch, ich habe sie heruntergestoßen, nachdem ich aufgewacht war und sah, daß sie es war.

F: Nachdem Sie aufgewacht waren?

A: Und gesehen hatte, daß sie es war.

F: Und trotzdem passierte es?

A: Ja, sie steckte ihn hinein.

F: Wie bitte?

A. Sie steckte ihn hinein.

(Der Gerichtsstenograph merkte an, daß es an dieser Stelle zu Gelächter im Gerichtssaal kam.)

F: Sie konnten ihr keinen Einhalt gebieten?

A:Ich habe geschlafen.

(Der Gerichtsstenograph vermerkt weiteres Gelächter.)

F: Mr. Lalonde, haben Sie zu ihr gesagt: »Patricia, das darfst du nicht tun?«

A: Ja, Sir. Ich befahl ihr, aus dem Schlafzimmer zu gehen und sie tat es.

F: Wann passierte es zum zweitenmal?

A: Beim nächstenmal saß ich in der Küche in einem Sessel und wartete auf Deborah.

F: Und was passierte?

A: Sie kam herein und setzte sich auf meinen Schoß.

F: Und es passierte wieder?

A: Ja, Sir.

F: Haben Sie gesagt: »Patricia, geh, wir dürfen das nicht tun.«

A: Ich habe sie einfach weggestoßen und ihr gesagt, daß es nicht richtig ist. Sie sagte: »Aber ich brauche es.«

F: Wo waren Sie beim nächstenmal, als es passierte?

A: Beim nächstenmal kam es einfach nicht dazu. Ich hörte auf, und damit hatte es sich.

Als Mr. Lalonde von der vierzehnjährigen Patricia ›vergewaltigt‹ wurde, war er sechsundfünfzig Jahre alt.

Was sich zutrug, als Deborah diese Neuigkeiten hörte, war ebenfalls fantastisch. Als sie auf dem Polizeirevier eintraf, unterrichtete der Beamte sie über die Anschuldigungen gegen Lalonde. Sie konnte es nicht glauben, denn Billie »war wie ein Vater zu Patricia«. Natürlich mußte es Pattys Schuld sein. Nachdem sie kurz mit dem Beamten gesprochen hatte, fragte Deborah, ob sie mit Mr. Lalonde unter vier Augen sprechen könne. Der Beamte, der das Verhör führte, sagte in Pattys Verhandlung aus, was als nächstes geschah.

F: Wie sah Mrs. Claremonts die Situation, als Sie die Angelegenheit untersuchten?

A: Nachdem sie mit Billie Lalonde gesprochen hatte, erklärte sie, sie wünsche nicht, daß er wegen irgend etwas angeklagt werden sollte. Sie war der Meinung, daß der sexuelle

Kontakt zwischen Billie Lalonde und Patricia Patricias Fehler war.

F: Sie gab Patricia die Schuld?

A: Das ist richtig.

F: Machte Mr. Lalonde vor Ihnen irgendwelche Eingeständnisse?

A: Er gab zu, daß er mit Patricia Claremont Geschlechtsverkehr hatte.

F: Gab er Patricia ebenfalls die Schuld?

A: Ja, Sir.

F: Sie haben damals keine gerichtlichen Schritte gegen Mr. Lalonde eingeleitet. Ich möchte Sie fragen, warum nicht?

A: Nun, aus zwei Gründen. Der Hauptgrund war, daß Deborah nicht wünschte, daß er vor Gericht gestellt würde; der zweite ist, daß der Vorfall als Belästigung eines Kindes gemeldet wurde. Zur Zeit des Vorfalls war Patricia vierzehn Jahre alt. Auch Billies eigenen Angaben zufolge war sie vierzehn Jahre alt, als sie Geschlechtsverkehr hatten. Daher war es keine Belästigung eines Kindes.

F: Haben Sie untersucht oder versucht herauszufinden, ob es sich auch schon zugetragen hatte, bevor sie vierzehn war?

A: Wir haben nur Billie Lalonde befragt, und... Patricias Aussage... lautete, daß Billie Lalonde während der letzten sechs bis sieben Jahre mit ihr Geschlechtsverkehr gehabt hatte.

F: Gibt es irgendeine spezielle Erklärung dafür, warum die Polizei dieser Information nicht nachging?

A: Eigentlich nur, daß nach Billies *eigener* Aussage... Das Ganze lief schließlich darauf hinaus, daß seine Aussage gegen die ihre stand.

Nach dem Gespräch mit den Kriminalbeamten nahm Deborah ihre Tochter bei der Hand und verließ das Polizeipräsidium. Billie Lalonde fuhr sie nach Hause, genau wie er es vor etwa einem Jahr getan hatte, als das Jugendamt der Meinung gewesen war, daß es die beste Lösung für die Familie sei, wenn er zu ihr zog, um weitere körperliche Auseinandersetzungen zu vermeiden. Gegen Mr. Lalonde wurde niemals

Anklage erhoben, und auch Deborah wurde nicht wegen Kindesmißhandlung oder Vernachlässigung angeklagt.

Glaubte Deborah wirklich, wie sie behauptete, daß die Vorfälle ›Pattys Schuld‹ gewesen waren? Ein Psychologe, der mit dem Fall befaßt war, fand ihre Reaktion »nicht charakteristisch für ihre Persönlichkeit. Wenn man ihre Vorgeschichte mit den Mädchen zugrundelegte, wäre es logischer gewesen, daß sie einen emotionalen Ausbruch gezeigt und Patty streng bestraft hätte. Außerdem wäre sie nach all den Jahren, in denen sie mit Billie intim war, nur ›traurig‹, als sie herausfand, daß er mit ihrer Tochter Geschlechtsverkehr gehabt hatte. Die wahrscheinliche Erklärung ist, daß sie sich der Vorgänge seit langem bewußt war und daß sie sie stillschweigend unterstützte und ermutigte.«

Wir werden niemals wissen, ob Deborah tatsächlich etwas über den sexuellen Mißbrauch wußte. Aber sie war diejenige, die fest und unverzüglich entschied, Billie nicht unter Anklage zu stellen. Offenbar wollte sie, daß der Vorfall so schnell wie möglich vergessen würde.

Was Deborah jedoch wollte, passierte offensichtlich nicht. Pattys Behauptung, daß sie vor ihrem vierzehnten Lebensjahr, der juristischen Altersgrenze in jenem Staat für diese Verbrechen, sexuell mißbraucht worden war, hätte die Polizei veranlassen sollen, eine umfassende Untersuchung in die Wege zu leiten. Aber wie es in vielen Teilen der USA der Fall ist, besteht immer noch die Neigung, das Wort eines Erwachsenen höher zu bewerten als das eines Kindes.

Patricias Alter zu der damaligen Zeit komplizierte die Sache ebenfalls. Mit vierzehn gilt man als reif genug, sexuellen Handlungen mit einem Erwachsenen zuzustimmen, so daß dies die Altersgrenze für die Belästigung von Kindern und strafbare Vergewaltigung in Patricias Heimatstaat ist. Billie hätte also für diese Verbrechen nur strafrechtlich verfolgt werden können, *wenn* die Kriminalbeamten Patricia geglaubt hätten, daß der Mißbrauch bereits Jahre zuvor eingesetzt hatte.

Das einzige anwendbare Verbrechen in den Augen der Polizei war Vergewaltigung, aber dafür hätte es Beweise geben müssen, daß Lalonde Patty zum Geschlechtsverkehr zwang oder auf irgendeine andere Weise einschüchterte. Aus irgendeinem unerklärlichen Grund glaubte die Polizei nicht nur Mr. Lalondes Version, sondern man hielt es auch nicht für nötig, Patty zu fragen, ob sie den Freund ihrer Mutter anzeigen wollte. Diese Entscheidung überließ man Deborah. Die einzige plausible Erklärung für diese Wendung der Ereignisse könnte sein, daß die Polizei zwar der Meinung war, daß Patty alt genug war, um dem Geschlechtsverkehr zuzustimmen, aber aufgrund ihres Alters nicht kompetent genug war zu entscheiden, ob Anklage erhoben werden sollte. Wahrscheinlich dachte man, daß man eine so wichtige Entscheidung der Mutter überlassen sollte, da das Mädchen noch nicht achtzehn war. Deborah wollte, wie ihr Verhalten unmißverständlich zeigte, daß der ganze Vorfall vergessen wurde, und genau das geschah.

In einem wirklich gleichberechtigten Justizsystem hätte die Entscheidung, ob *zumindest die Anzeige* der Vergewaltigung aufgenommen werden sollte. ganz bei Patty liegen sollen, auch wenn die Polizei nicht glaubte, daß Lalonde mit Patty vor ihrem vierzehnten Lebensjahr Geschlechtsverkehr hatte. Die Polizei hätte eine gründliche Untersuchung durchführen und dann einen Haftbefehl ausstellen oder den Fall an die Staatsanwaltschaft weiterleiten sollen, falls man dies für nötig hielt. Obwohl körperliche Beweise fehlten (was in diesen Fällen nicht ungewöhnlich ist), hätte schon Lalondes Alibi Pattys Version der Ereignisse Glaubwürdigkeit verleihen sollen.

Deborahs Wünsche, ihr guter Ruf – dies hätte nicht mit der Entscheidung zu tun haben dürfen, ob man einen Haftbefehl ausstellen sollte. Der Staatsanwalt kann die Wünsche des *Opfers* in Betracht ziehen, aber er muß auch das öffentliche Interesse abwägen. Was mit Patricia im Polizeipräsidium passierte, war nicht nur im Höchstmaß ein Hohn auf die Gerechtigkeit; es war auch ein typisches Beispiel für die naive und kurzsichtige Behandlung mißbrauchter Jugendlicher durch das Gesetz.

Die Gesellschaft hat durch ihren fast krankhaften Wunsch,

daß Eltern die Kontrolle über ihre Kinder behalten sollten, einen anderen Rechtsstandard geschaffen, um mit einem der dunkelsten Geheimnisse der Gesellschaft fertig zu werden. Vergewaltigung ist seit biblischen Zeiten ungesetzlich und ein Verbrechen, das historisch gesehen die strengsten Strafen nach sich zog. Selbst in unserer Zeit wurde es in einigen Staaten mit der Todesstrafe geahndet. Aber diese Höchststrafe wurde nur ausgesprochen, wenn die Frau von einem Fremden vergewaltigt wurde. Dem Gesetz zufolge wurde die Vergewaltigung durch ein Familienmitglied immer anders bewertet. Obwohl die Inzestgesetze heute strenger gehandhabt werden (*wenn* der Inzest überhaupt gemeldet und *wenn* der Anzeige Glauben geschenkt wird), war die Justiz bei der Durchsetzung bis Ende der siebziger Jahre nicht besonders streng. In den seltenen Fällen, in denen ein Vater strafrechtlich verfolgt wurde, erhielt er meistens eine vergleichsweise geringe Strafe.

Was Väter und Stiefväter betrifft, die ihre Töchter vergewaltigen, haben wir als Gesellschaft historisch gesehen immer mit zweierlei Maß gemessen, so als ob das Verbrechen sich grundlegend von einer Vergewaltigung unterschied und der Täter irgendwie unser Verständnis verdiente. Oft wird geglaubt oder zumindest behauptet, daß die Tochter zum Geschlechtsverkehr aufgefordert hat oder ihn zumindest wollte. Natürlich behaupten Vergewaltiger dies häufig. Wenn man jedoch unsere heutigen Kenntnisse über die Dynamik des sexuellen Mißbrauchs voraussetzt, scheint es äußerst unlogisch, die Kinder für den Geschlechtsverkehr zwischen erwachsenen Vätern und ihren Töchtern verantwortlich zu machen. Dennoch ist diese Einstellung so alt wie die Welt. Die Geschichte von Lot im Ersten Buch Moses ist ein altes Beispiel.

Nachdem Lot aus Zoar geflohen war, lebte er mit seinen beiden Töchtern in einer Höhle in den Bergen. Als die Töchter über ihre Isolierung von möglichen, zukünftigen Ehemännern jammerten, sagte eines Abends die ältere Schwester zu der jüngeren: »Unser Vater ist alt, und es ist kein Mann mehr auf Erden, der zu uns eingehen möge nach aller

Welt Weise. So komm, laß uns unserem Vater Wein zu trinken geben und bei ihm schlafen, daß wir Samen von unserm Vater erhalten.« Die Töchter führten ihren Plan während der nächsten beiden Nächte aus, und neun Monate später wurden zwei Babys geboren.

Die Folgerung aus der Geschichte war klar: An dem Inzest waren die Töchter schuld. Der arme, betrunkene Lot wurde durch seine intrigierenden Kinder ausgenutzt. Die Zeiten haben sich geändert, aber die Einstellung leider nicht.

Das Jugendamt ›überwachte‹ die Familie bereits seit über einem Jahr, und dort akzeptierte man Lalondes Version der Ereignisse. Wie Deborah und die Polizei betrachtete man Patricia als Ursache des Problems. Daher waren die Bemühungen oberflächlich und zum größten Teil unwirksam. Aber Deborah mußte zumindest zeitweise etwas unternehmen, um ihre Tochter von Mr. Lalonde fernzuhalten, daher schickte sie Patty und Dionne zu Verwandten in eine andere Stadt.

Die neuen Lebensumstände dauerten jedoch nur kurze Zeit an, denn zwei Monate später erfuhr Deborah, daß Patty und Dionne eine Geburtstagsparty bei jemandem besucht hatten, mit dem die Mutter nicht einverstanden war. Sie bestand darauf, daß sie wieder nach Hause zurückkehrten. Nach ihrer Rückkehr kümmerte sich das Jugendamt weitere fünf Monate um die Familie, nahm aber nur zweimal zu Patty und Deborah Kontakt auf. Offenbar schien man den Eindruck zu haben, daß sie die Dinge besserten. Neben einer Trennung von Patricia und Billie Lalonde empfahl das Jugendamt eine Therapie für Patty, die auch durchgeführt wurde. Nach den ersten Sitzungen bemerkte der Psychologe Dr. Parks in seinem Aufnahmebericht: »Die Patientin scheint traurig und hat das Gefühl, daß die Situation hoffnungslos ist – sie hat in der Vergangenheit Selbstmordversuche unternommen (auf die Frage, ob derartige Absichten zur Zeit vorhanden seien, erklärte sie jetzt, daß ihre Gefühle sich gewandelt hätten) ... die Mutter scheint der Patientin nicht zu trauen, speziell was sexuelle Dinge betrifft. Dem Bericht der Patientin zufolge sind sie und ihre Mutter beide zornig.«

Die Sitzungen, die folgten, förderten keine Überraschungen zutage, sondern nur dieselben Probleme, die Patty bereits das ganze letzte Jahr über geplagt hatten. Dr. Parks entdeckte nichts Neues, aber er war Zeuge der fortschreitenden Verschlechterung in der Beziehung zwischen Mutter und Tochter. Unglücklicherweise erkannte auch Parks genau wie die Polizei und die Sozialarbeiter nicht, wie verzweifelt Pattys Lage wurde, obwohl seine Gesprächsnotizen eine subtile, aber bedrückende Dokumentation der Situation darstellen.

Patricia scheint das Gefühl zu haben, daß ihre Mutter mißtrauisch ist und ihre Freizeit einschränkt, weil sie Angst hat, daß Patricia sexuell aktiv ist. Patricia sagt: »Ich glaube nicht, daß ich noch etwas lernen kann«, da der Freund ihrer Mutter seit ihrem siebten oder achten Lebensjahr Geschlechtsverkehr mit ihr hatte. Die Mutter meidet dieses Thema größtenteils und geht auf ihre Situation nur ein, indem sie sagt: »Warum hat sie mir nichts darüber erzählt, als es zum erstenmal passierte, wenn es überhaupt passierte.« ... Deborah hat das Gefühl, daß andere (hauptsächlich in der Familie) erwartet haben, daß sie anders [auf den sexuellen Mißbrauch] hätte reagieren sollen. Sie sagt, daß die anderen erwarten, daß sie zornig ist, aber sie empfinde nur Trauer für alle Betroffenen... Habe heute mit der Mutter gesprochen, die das Gefühl hat, daß sie ihrer Tochter nicht vertrauen kann und aus diesem Grund läßt sie es nicht zu, daß sie ausgeht oder sich verabredet. Hat Angst, daß »etwas passieren könnte«.

Später wurde Dr. Parks im Zeugenstand befragt. Der kleine Mann mit dem mausgrauen Haar und dem dünnen Schnurrbart wirkte äußerst nervös, als er seine Aussage machte. Er malte die Beziehung zwischen Mutter und Tochter in noch dunkleren Farben, als seine Anmerkungen zeigten: »Ich sprach nicht zusammen mit ihnen, denn sie hatten echte Schwierigkeiten, aber ich versuchte, darauf hinzuarbeiten, um ihnen dabei zu helfen, miteinander zu kommunizieren und einander zu vertrauen, damit sie Probleme besser handhaben konnten. Sie deutete an, daß ihre Mutter leicht zornig wurde und sie dann mißhandelte... Die Mutter verlor völlig die Kontrolle über sich und schlug dann mit allem Greifbaren auf die Kinder ein... Sie porträtierte ihre Mutter als impulsiv, wenn sie zornig war, und sagte, daß sie ihnen dann Fußtritte versetzte und sie beispielsweise mit Kabeln schlug.«

Trotz der Tatsache, daß Patricia ihm während der Sitzungen wiederholt gesagt hatte, daß sie weiterhin geschlagen wurde, unternahm er aufgrund dieser Informationen nichts und unterrichtete nicht einmal das Jugendamt, das die Claremonts an ihn verwiesen hatte. Als Anston, der Verteidiger, Dr. Parks fragte, warum er über die Mißhandlungen geschwiegen habe, antwortete Parks merkwürdigerweise, daß er sich nicht auf die Mißhandlungen konzentriert habe, sondern auf die emotionalen Probleme, die aufgrund des sexuellen Mißbrauchs zwischen Mutter und Tochter entstanden waren.

»Ich war mir bewußt, daß die Sozialarbeiter sich um die Familie kümmerten... daher überließ ich ihnen diese Sache. Nicht, daß es nicht zur Sprache gekommen ist. Wir haben darüber geredet. Aber mir war es wichtiger, wie dieses Kind sich fühlte... ich wollte ihm helfen, mit seinen Depressionen fertig zu werden.«

Die sogenannte ›Therapie‹ erstreckte sich über fünf Monate, bevor Dr. Parks die Behandlung abschloß. Vor Gericht beschrieb er die letzte Sitzung: »Patricia sah besser aus. Damit meine ich, daß sie etwas mehr lächelte. Obwohl zu Hause bei weitem nicht alles perfekt ablief, hatte sich doch einiges gebessert... Sie sagte, daß ihre Mutter immer noch mit Billie Lalonde zusammen war, aber er kam nicht mehr zu ihnen nach Hause... ich hatte jedoch nicht das Gefühl, daß sie sich völlig sicher fühlte.«

Drei Monate nachdem Dr. Parks die Therapie beendet hatte, erklärte das Jugendamt ebenfalls seinen Sieg. »Nach 18 Monaten ist das Jugendamt der Meinung, daß es in der Familie Claremont genug Fortschritte gegeben hat, so daß der Fall geschlossen werden kann« hieß es in der letzten Beurteilung.

Tragischerweise hatte sich in Pattys Leben wenig zum Besseren verändert, ja, dieselben Dinge passierten immer wieder – selbst Lalonde tauchte wieder auf. Während meines Gesprächs mit ihr berichtete Patty: »Es wurde noch schlimmer, Mama wollte nichts mit mir zu tun haben... sie verbrachte überhaupt keine Zeit mehr mit uns... und ich sagte ihr, daß ich es satt habe, daß Billie bei uns zu Hause wohnte, und sie wußte, was er mit mir tat, und dann ohrfeigte sie mich und sagte, daß ich dafür würde büßen müssen... Selbst nachdem alles aufgedeckt worden war... zwang sie mich weiter, ihn abends zu begleiten.«

Patty besuchte das zweite Halbjahr der achten Klasse, als der sexuelle Mißbrauch gemeldet wurde. Im folgenden Jahr waren ihre Leistungen recht gut, wenn man die Umstände bedachte, unter denen sie leben mußte. Sie war immer eine fleißige, höfliche Schülerin gewesen. In der zehnten Klasse wurde sie sogar von einem national anerkannten akademischen Club als die Schülerin nominiert, die ihre Leistungen in der Klasse am meisten verbessert hatte.

Wie viele mißbrauchte Kinder war Patty zu Anfang in der Lage, zu ihren Gefühlen auf Distanz zu gehen, indem sie sich auf ihre Schularbeiten konzentrierte, was ein idealer Ausweg für sie war. Als sie jedoch in die elfte Klasse kam, konnte sie nicht weiter vorgeben, daß »alles in Ordnung ist«. Immer öfter kam sie zu spät zur Schule und ihre Leistungen ließen nach. Anders als im vorhergehenden Jahr, als sie Kritik ohne Probleme einstecken konnte, wurde sie jetzt wütend und aggressiv. Im Frühling verschlechterten sich ihre Zensuren dramatisch, sie gingen von der Durchschnittsnote Gut auf Ausreichend zurück. Ein weiterer Selbstmordversuch mit Schmerztabletten fiel in dieselbe Zeit. Mit zwingender Logik erklärte sie ihre Entscheidung, ihr Leben zu beenden: »Ich tat es, weil sie es zugelassen hatte, daß er wieder bei uns zu Hause lebte. Und damit kann man einfach nicht leben. Es gibt nichts mehr, wofür es sich zu leben lohnt.«

Es war an einem Tag nach Pattys siebzehntem Geburtstag. Ein paar Wochen lang war alles einigermaßen gutgegangen, sogar so gut, daß Deborah Patty ein Dutzend roter Rosen zu ihrem Geburtstag gekauft hatte. Beide Kinder waren aufgeregt und freuten sich auf die Sommerferien, die am nächsten Tag beginnen würden, denn sie würden zum erstenmal nach New York reisen.

Etwa um zehn Uhr abends rief Cindy Gradson, eine Nachbarin, die auf die beiden Mädchen achtete, wenn Deborah arbeitete, die Mutter im Krankenhaus an und berichtete, daß Patty und Dionne eine laute Party feiern würden. Sofort eilte Deborah aus dem Krankenhaus nach Hause. Als sie ein paar Minuten später eintraf, sah sie einen fremden Wagen in der Einfahrt zu dem kleinen, grünen Holzhaus stehen. Ihre Regel, was Besucher betraf, war streng und einfach: Keinerlei Besuch – und schon gar keine Männer. Sie war blind vor Zorn, als sie die Haustür aufriß. Vor Gericht berichtete Patricia, was als nächstes geschah.

Sie sagte zu den Jungs, daß sie eigentlich die Polizei rufen sollte, weil sie sich in ihrem Haus aufhielten, während sie nicht zu Hause sei. Und sie befahl Dionne, in ihr Zimmer zu gehen und sich auszuziehen, auch die Unterwäsche, weil sie nicht die Kleidung schlagen würde, für die sie Geld ausgegeben habe... und sie befahl Dionne, ihr ein Verlängerungskabel zu holen, und sagte, daß sie zurück zu ihrer Arbeit gehen würde und dann direkt wieder nach Hause, um die Bestrafung zu Ende zu führen.

Nachdem sie gegangen war, ging ich auf und ab und dachte über all die Prügel nach, die sie uns verabreichte... Meine Schwester meinte, wir sollten uns anziehen und weglaufen. Ich sagte ihr, daß ich das bereits versucht hatte und daß es... nicht funktionierte. Wenn sie uns schnappen würde, würde sie uns wieder schlagen. Daher beschlossen wir, es über uns ergehen zu lassen. Insgeheim sagte ich mir, daß es so nicht weitergehen konnte. Das war der Zeitpunkt, als ich das Gewehr holte, das meine Mutter im Schrank aufbewahrte. Ich ging auf und ab und hielt das Gewehr und ein Schuß ging los... Dann überlegte ich es mir doch anders; ich sagte, daß ich die Prügel einstecken werde und versteckte das Gewehr...

Bald kam meine Mutter nach Hause und begann, Dionne mit dem Zollstock zu schlagen. Sie saß da und sagte zu Dionne: »Leg deinen Kopf auf das Bett und wage es nicht zu heulen... Ich werde dich bis aufs Blut schlagen.« Und sie saß da und schlug Dionne mit dem Zollstock. Ich stand herum und fragte mich, warum sie so schlug. Und ich holte das Gewehr und hielt es hoch... und dann sagte mir eine innere Stimme, daß ich es nicht tun sollte, und bevor ich wußte, was ich getan hatte, hatte ich sie erschossen... Ich hörte nicht einmal den Knall... Ich sah, wie Mama umfiel. Dionne lag noch immer mit dem Kopf auf dem Bett. Sie weinte nicht, denn Mama hatte ihr verboten zu weinen.

Anschließend rannten Patty und Dionne über die Straße und sagten einem Nachbarn, daß jemand ihre Mutter erschossen habe. Von zu Hause aus konnten sie niemand zu Hilfe rufen, da Deborah das Telefon im Kofferraum ihres Wagens verschlossen hielt.

Als die Polizei eintraf, erzählten Patty und Dionne, daß sie aus dem Supermarkt nach Hause gekommen seien und ihre Mutter im Schlafzimmer tot vorgefunden hätten. Hatten die Mädchen irgendeine Idee, wer ihre Mutter getötet haben könnte? Billie Lalonde, sagten sie. Drei Tage zuvor hatten Lalonde und Deborah eine heftige Auseinandersetzung gehabt, und Lalonde hatte seine Sachen gepackt und war ausgezogen. Die Polizei verhaftete Lalonde sofort, aber ließ ihn gleich wieder frei, nachdem sie sein Alibi überprüft hatte. Nachdem Lalonde ausgeschieden war, wandten die Kriminalbeamten ihre Aufmerksamkeit Patricia und Dionne zu, befragten die Schwestern getrennt und erhielt von beiden handfeste Geständnisse. Da Patty die älteste war und geschossen hatte, konzentrierte sich die Staatsanwaltschaft auf sie. Sie wurde unter Mordanklage gestellt und vor ein Strafgericht gestellt. Dionne, die zum Zeitpunkt des Mordes erst vierzehn war, kam vor ein Jugendgericht, das schließlich eine Bewährungsstrafe aussprach.

Onkel Donald und Tante Sally, die das Motiv hinter Pattys Handlungen besser verstanden als alle anderen, hatten ungeheures Mitleid mit ihren Nichten. Es gelang ihnen, für Patty und Dionne eine Kaution zu stellen. Sie nahmen die Mädchen in ihr Haus auf, während sie auf Pattys Verhandlung warteten.

In der Zwischenzeit bereitete die Staatsanwaltschaft die Anklage vor. Er stellte die Theorie auf, daß die Schwestern ihre Mutter töten wollten, um sich von den berechtigten Beschränkungen, die diese ihnen auferlegte, zu befreien. Deborah wurde als hart arbeitende, alleinstehende Mutter dargestellt, die nur das Beste für ihre Kinder wollte. Der Anklage zufolge mißhandelte sie ihre Töchter in keiner Weise; im Gegenteil – man hielt sie für eine gute, verantwortungsbewußte Mutter. Der Theorie der Anklage zufolge war Deborah an diesem Abend nach Hause geeilt und hatte ihre Kinder so sehr in Verlegenheit gebracht, daß diese beschlossen, sie nach der Rückkehr von ihrer Arbeit später an diesem Abend umzubringen. Das Gewehr war beim erstenmal nicht zufällig losgegangen, sondern Patty hatte einen Probeschuß abgefeuert, um festzustellen, wie stark sie würde abziehen müssen.

Auf den ersten Blick scheint diese Interpretation schockierend unfair für Patty, aber offensichtlich hatte die Staatsanwaltschaft keine ›offiziellen‹ Beweise, daß Patty mißbraucht wurde. Der ursprüngliche Bericht über körperliche Mißhandlungen wurde einfach als isolierter Fehler von seiten der Mutter bewertet. Was den Bericht über sexuellen Mißbrauch anging, war die Einstellung voraussehbar: Es war nicht zu Belästigungen gekommen, da Patty Lalonde zum Sex verführt hatte. Nachdem der Fall vom Jugendamt abgeschlossen worden war, hatte es keine Berichte mehr über körperlichen oder sexuellen Mißbrauch gegeben. Daraus schloß man, daß zu Hause alles in Ordnung gewesen sein mußte.

Die Verhandlung begann im April, und der Gerichtssaal war mit Deborahs Freunden und Kollegen, die alle erfahren wollten, warum sie aus ihrer Mitte gerissen worden war, vollbesetzt. Ein halbes Dutzend von Pattys Verwandten saß in der ersten Reihe, direkt hinter ihr und Eric Anston.

Der Staatsanwalt, Frederick Welder, ging davon aus, daß Petty ihre Mutter absichtlich erschossen hatte und versuchte, dann zu beweisen, daß Patty niemals mißhandelt worden war. Die Freunde und Nachbarn sagten bereitwillig aus, daß sie niemals beobachtet hatten, daß Deborah die Mädchen geschlagen hätte; auch hatten sie niemals irgendwelche Klagen von Pattys Seite über ihre Behandlung zu Hause gehört. Die folgende Befragung eines Nachbarn durch den Staatsanwalt war typisch:

F: Haben die Mädchen jemals angedeutet, daß es bei ihnen zu Hause nicht normal zuging?
A: Nein.
F: Und Sie waren der direkte Nachbar?
A: Ja.
F: Haben Sie jemals blaue Flecke oder ähnliches bei den Mädchen gesehen?
A: Nein.

Es war qualvoll für Patty, Tag für Tag mitanhören zu müssen, wie ein Zeuge nach dem anderen beschwor, daß ihre Mutter eine Heilige gewesen sei. Jeden Tag in dasselbe einfache gelbe Kleid gekleidet, verfolgte sie den größten Teil der Verhandlung, indem sie ihr Gesicht wie ein kleines Kind in ihren Händen verbarg. Als Billie Lalonde in den Zeugenstand trat, wurde es zuviel für sie. Es ist äußerst selten, daß ein Angeklagter den Gerichtssaal verlassen darf, weil er sich von einem Zeugen gekränkt fühlt. Patty war jedoch so außer sich, daß der Richter ihr dieses Recht zugestand. Während Lalonde seinen Eid leistete, folgten alle Augen im Gerichtssaal der weinenden Patty, die den Hauptgang hinunter und durch die schwere Eichentür hinausging.

Lalondes Aussage, von der bereits an anderer Stelle Auszüge aufgeführt wurden, spricht für sich selbst. Es sollte reichen anzumerken, daß der Richter die Zuschauer vor Gericht zweimal ermahnen mußte, nicht zu lachen, als Mr. Lalonde beschrieb, wie Patricia sich ihm zum erstenmal ›aufdrängte‹. Die Zuschauer, die gewissermaßen alle fachkundige Zeugen waren, was sexuelles Verhalten betrifft, wußten, das Lalondes Version zu fantastisch war, um wahr zu sein. Ähnlich empörend war, daß der Staatsanwalt tatsächlich einen Arzt gefunden hatte, der bereit war auszusagen, daß Patty nicht mißbraucht worden war – weder körperlich, noch sexuell.

Wie bei allen Personen in diesem Buch habe ich den Namen des Arztes geändert. Aber da seine Aussage immer noch über meinen Horizont hinausgeht, werde ich ihn Dr. X nennen. Das folgende ist ein Auszug dessen, was Dr. X zu sagen hatte – unter Eid.

Ich habe alle Dokumente, die mir zugeschickt wurden, in allen Einzelheiten überprüft, wobei ich besonders auf Beweise für einen körperlichen und sexuellen Mißbrauch geachtet habe. Ich muß Ihnen ganz ehrlich sagen, daß ich nicht der Meinung bin – und dafür werde ich Ihnen meine Gründe nennen –, daß sie körperlich oder sexuell mißbraucht wurde... Man hat mir die Gesprächsprotokolle... aller Lehrer, die sie in den letzten beiden Jahren unterrichtet haben, überlassen. Es gibt keinen einzigen Hinweis von den Lehrern auf irgendwelche körperlichen Mißhandlungen... und ich bin der Meinung, daß Lehrer sehr gut wissen, was bei ihren Schülern vorgeht. Der Direktor beschreibt die Mutter als idealen Elternteil.

... Ich möchte etwas über den sexuellen Mißbrauch sagen, denn ich bin ganz ehrlich der Meinung, daß dieser nicht passiert ist. Ich verneine nicht, daß Mr. Lalonde mit dem Mädchen Geschlechtsverkehr hatte, aber wenn man entscheiden muß, ob sexueller Mißbrauch vorgelegen hat, muß man folgende Entscheidung treffen: Will man dem Mädchen glauben oder will man Billie glauben? ... Das Mädchen war vierzehn Jahre alt. Okay... Vierzehn Jahre ist das Alter, in dem man frei entscheiden kann, Geschlechtsverkehr zu haben, denn so will es das Gesetz. Das mag einigen mißfallen. Dieser Mann war nicht ihr Stiefvater und er war nicht ihr biologischer Vater.«

Trotz der Bemühungen der Anlage zu beweisen, daß kein Mißbrauch vorgelegen hatte, gab es mehr als genug Beweise, die zeigten, daß Patty körperlich und sexuell mißbraucht worden war. Die Verteidigung stand jedoch noch vor der großen Aufgabe zu beweisen, wie ihre Mißhandlungen Pattys Handlungen in der Tatnacht beeinflußt hatten. Dr. Jean Lasty, eine Psychologin, die sich auf die Behandlung und Begutachtung von mißhandelten Ehefrauen spezialisiert hat, beschrieb in ihrer Aussage für die Verteidigung, in welchem geistigen Zustand Patty sich in der Tatnacht befand:

Patricia hatte ein Gefühl der Hoffnungslosigkeit und das Gefühl, daß die Gewalttätigkeiten sich immer weiter fortsetzen würden... Dazu kamen ihre Depressionen, die die Fähigkeit eines Menschen, für sich Wahlmöglichkeiten, speziell optimistische Wahlmöglichkeiten zu schaffen, beeinflussen... Zur Zeit der Tat herrschte in dem Haus und bei allen Betroffenen ein Wirbelsturm an Gefühlen und ein sehr schnell wechselndes emotionales Klima... Diesmal war es grundlegend anders. Die Erregung der Mutter war höher als je zuvor, und Patricias Depressionen und ihr emotionaler Zustand waren schlechter als je zuvor... Es gibt eine Reihe von Beweisen, die darauf hindeuten, daß Patricia beim Abfeuern des Gewehres stark von ihren Handlungen dissoziiert war. Ich kann dies behaupten, da sie sich nicht einmal sicher war, in welcher Hand sie das Gewehr hielt... ob es leicht oder schwer war... sie erklärte wiederholt, daß sie nicht hörte, wie das Gewehr losging. All dies bedeutet für mich, daß Patricia sich zum Zeitpunkt der Tat in einem dissoziativen Zustand befand... das heißt, daß sie keinen Anteil daran hatte. In Fällen extremer Bedrohung, etwa bei Vergewaltigungsopfern, beobachten wir ebenfalls einen dissoziativen Zustand, wenn sie das Gefühl haben, daß ihr Leben bedroht ist. Sie haben das Gefühl, das Geschehen von einer Ecke des Zimmers aus zu beobachten.

Als der Verteidiger an der Reihe war, den Geschworenen zu erklären, warum es Patty nicht gelungen war, die Aufmerksamkeit der Polizei und der Sozialarbeiter auf ihr Schicksal zu lenken, bot Dr. Lasty eine zwingende und sehr vernünftige Antwort an, so daß die Geschworenen auch verstehen konnten, warum Patty versucht hatte, das Verbrechen zu vertuschen. »Patricia war noch nie zuvor geholfen worden, wenn sie die Wahrheit sagte«, begann Dr. Lasty, »und als sie erkannte, daß ihre Mutter tot war, glaubte sie, daß die Wahrheit ihr nicht nützen könnte, weil dies auch in der Vergangenheit nicht so gewesen war... Sie erzählte von den Dingen, die ihr widerfahren waren, auf eine ihrer Meinung nach wahrheitsgemäßen Art, und die Behörden taten nichts, um ihr zu helfen oder sie zu schützen.«

Der dramatischste Teil von Dr. Lastys Aussage kam, als sie vom Staatsanwalt wegen der Frage der sexuellen Belästigungen ins Kreuzverhör genommen wurde. Welder wollte, daß Lasty zwischen ›sexuellem Mißbrauch‹ und dem, was er als ›sexuelle Aktivität‹ bezeichnete, unterschied. Ich war nicht im Gerichtssaal anwesend, aber es ist nicht schwer, sich die große Wut und Aggression in ihrer Stimme vorzustellen.

Welder: Es geht also wieder um die Terminologie. Könnte das, was geschieht (Geschlechtsverkehr zwischen einem Erwachsenen und einer Person unter achtzehn Jahren), als sexueller Mißbrauch beschrieben werden, oder könnte es sich einfach um eine sexuelle Aktivität handeln?

Lasty: Sir, selbst wenn Sie davon ausgehen, daß Patricia vierzehn Jahre alt war und daß die früheren Vorfälle, von denen sie berichtet hat, nicht stattgefunden haben, würde es sich um sexuellen Mißbrauch handeln. Ich meine, selbst wenn Sie davon ausgehen, daß sie sich einer sexuellen Handlung mit einer Person, die seit ihrem siebten Lebensjahr bei ihr zu Hause lebte und seit dieser Zeit für sie sorgte, freiwillig hingab, wäre dies nach ärztlicher Definition Mißbrauch. Unabhängig davon, ob dies der juristischen Definition entspricht und strafrechtlich verfolgt wird oder nicht, handelt es sich in jeder Hinsicht um schädigendes Verhalten... Die juristischen Verfahren, mit denen wir versuchen, menschliche Erfahrungen aufzugliedern, werden nicht dem menschlichen Schmerz gerecht, der aus derartiger Behandlung resultiert.

Der traurigste Augenblick war jedoch möglicherweise die Beschreibung von Pattys aktuellem, emotionalem psychologischen Zustand: »Sie hat sich stark zurückentwickelt«, berichtete Lasty. »Bisweilen kauert sie sich in der fötalen Position zusammen, außerdem ist sie sehr perfektionistisch und hat einen Zwang zur Ordnung. Sie spielt mit Dingen, die nicht ihrem Alter entsprechen – Puppen und Spielzeug und kleinere Kinder sind für Patricia viel angenehmere Gefährten als Mädchen ihres Alters... Patricia zeigt sich in jeder meßbaren Dimension als ein Mensch, der intensiven körperlichen und sexuellen Mißbrauch erlitten hat.«

Die Geschworenen brauchten etwa acht Stunden für ihre Beratungen und entschieden auf Totschlag. Es war keine leichte Entscheidung gewesen. Wie Anston mir berichtete, »kämpften sie mit ihrer Entscheidung. Sie schickten dem Richter Notizen; sie wollen, daß man ihnen Fragen beantwortete... Sie wollten wissen, was um alles in der Welt sie tun könnten, damit ein Gesetz erlassen werden würde, das es einem erwachsenen Mensch verbieten würde, mit einer Vierzehnjährigen Geschlechtsverkehr zu haben.

Das Urteil bedeutet nach rein juristischen Begriffen, daß die Geschworenen der Meinung waren, daß die Tat in »einer plötzlichen gewalttätigen und unwiderstehlichen Leidenschaft begangen worden war, die aus einer ernsten Provokation resultierte, die ausreichte, eine derartige Leidenschaft in einem vernünftigen Menschen zu erregen«. Anstons etwas menschlichere Einschätzung sah ein wenig anders aus: »Ein kleiner Beweis war im Grund äußerst vernichtend und hat möglicherweise dazu geführt, daß sie überhaupt verurteilt wurde – es war die Tatsache, daß die Geschworenen glaubten, sie habe das Gewehr probeweise abgefeuert.«

Obwohl Patricia des Totschlags schuldig befunden wurde, zeigten die Geschworenen Mitleid für sie und baten den Richter, Milde walten zu lassen. Pattys Schicksal berührte sogar Dr. X, der trotz seiner unglaublichen Untersuchungsergebnisse in einem Brief an den Richter bat, für Patty eine Bewährungsstrafe auszusprechen, statt sie ins Gefängnis zu schicken, selbst wenn sie schuldig gesprochen werden sollte.

Wie es oft der Fall ist, ignorierte der Richter alle Bitten, aufgrund des stattgefundenen Mißbrauchs Nachsicht walten zu lassen. »Ein Leben wurde meiner Meinung nach ohne jeden Grund und ohne Rechtfertigung genommen«, sagte er. Anschließend verurteilte er Patricia zur Höchststrafe von fünfzehn Jahren Gefängnis.

Obwohl ich Donalds Haus an jenem Sommermorgen als neutraler Beobachter betreten hatte, war ich nicht mehr unparteiisch, als ich es etwa sechs Stunden später wieder verließ. Es war nicht nur Pattys Behandlung durch ihre Mutter und deren Freund, die mich wütend machte und mein Mitleid erregten; was mein Blut zum Kochen brachte, war die Tatsache, wie Patty erneut zum Opfer gemacht und von dem System, das sie eigentlich hätte schützen sollen, verletzt worden war. Obwohl bereits Berufung eingelegt worden war, erklärte ich Patty und ihrer Familie, daß ich ihr auf jede erdenkliche Art helfen wollte.

Patty wurde auf Kaution freigelassen, während sie auf ihre Berufungsverhandlung wartete. Nachdem die Verhandlung vorüber war, begann Patty mit einer Therapie. Sie ging auch wieder zur Schule und fand einen Nebenjob. Sie schloß die Highschool ab und besuchte Kurse im College.

In dieser Zeit versuchte ihr Onkel mehrmals, den örtlichen Staatsanwalt dazu zu bringen, den Fall von Kindesbelästigung und Vergewaltigung gegen Billie Lalonde wieder zu öffnen, aber seine Bitte stieß auf taube Ohren. Er hielt unerschütterlich daran fest, daß kein Verbrechen stattgefunden hatte, da es für einen sexuellen Kontakt zwischen Patty und Lalonde vor ihrem vierzehnten Geburtstag keine Beweise gebe. Jeder sexuelle Kontakt danach hatte, dem Staatsanwalt zufolge, mit ihrer Zustimmung stattgefunden; Pattys Wort stand gegen Billies, und man glaubte eben Billie.

Acht Monate nach meinem Gespräch erhielt ich die deprimierende, aber durchaus nicht überraschende Nachricht, daß das Berufungsgericht das Urteil bestätigt hatte. Patty wurde innerhalb von zweiundsiebzig Stunden in das Staatsgefängnis für Frauen überstellt. Einige Monate später bestätigte auch das höchste Berufungsgericht die Entscheidung.

Nachdem das Urteil des höchsten Berufungsgerichts bekanntgegeben worden war, unterstützte ich einen Anwalt dabei, ein Gnadengesuch beim Gouverneur einzureichen. Während ich dies schreibe, ist das Gesuch noch nicht eingereicht worden. Patty sitzt noch immer im Staatsgefängnis.

Einige werden vielleicht sagen, daß Patty Claremont durch die Löcher im System gefallen ist. Dem stimme ich nicht zu. Man hat sie hindurchgestoßen. Und als sie fiel, gab es kein Netz, das sie auffing. Am Ende meines Gesprächs mit Patty und ihren Verwandten faßte ihr Onkel die Situation perfekt zusammen: »Meine Schwester tut mir leid, und sie fehlt mir auch. Aber sehen Sie... ich gebe Patricia keine Schuld, ich gebe dem System die Schuld. Als das System sich einmischte... wenn sie sich doch nur richtig verhalten hätten... Warum trennte man Mutter und Tochter zum Beispiel nicht für eine Weile, als man erkannte, daß sie miteinander nicht zurechtkamen?... Wissen Sie, Patty wurde regelrecht *gezwungen*, die Sache in die Hand zu nehmen. Sie versuchte es bei der Polizei; das klappte nicht. Sie versuchte wegzulaufen, aber das klappte auch nicht... Sie hat versucht, sich das Leben zu nehmen, und das funktionierte nicht. Was hätte sie noch tun können?«

V.
Kinder, die Mutter und Vater töten

»Lizzie haßte Mrs. Borden, plante, sie zu töten und führte diesen Plan aus. Aber als Lizzie… die Treppe hinunterkam und ihren Vater sah, kam es ihr in den Sinn, daß er wahrscheinlich entdecken würde, was sie getan hatte, und dies mißbilligen würde. Daher mußte sie ihn, einer Eingebung des Augenblicks folgend, ebenfalls töten, obwohl sie es nicht gerne tat.« Aus dem Schlußplädoyer von Hosea Knowlton, dem Distriktstaatsanwalt, der Lizzie Borden ohne Erfolg angeklagt hatte.

Einmal vertrat ich einen fünfzehnjährigen Jungen, der seine Mutter, seinen Vater und einen zweijährigen Cousin umgebracht hatte. Den Psychiater, der an dem Fall arbeitete, respektierte und bewunderte ich sehr, da er so ehrlich war.

»Zweifellos wurde der Junge von seiner Mutter auf sadistische Weise mißbraucht, und das Motiv für die Tat liegt direkt in der Beziehung, die sie zu ihrem Sohn hatte, begründet«, sagte er mir Wochen vor der Verhandlung. »Aber was die Erklärung des Mordes an seinem Vater (der im Grunde ein freundlicher, zurückhaltender Mensch war) und an seinem Cousin betrifft, bin ich mir absolut nicht sicher. Im Grunde flippte Ihr Klient aus, ihm versagten die Nerven, nachdem er seine Mutter getötet hatte… Vielleicht machte er eine akute psychotische Episode durch… Aber zum gegenwärtigen Zeitpunkt kann ich keine Denkanstöße ausmachen.«

»Doktor, wenn ich Sie in den Zeugenstand rufe, werden Sie doch nicht sagen, daß er ausgeflippt ist, oder? Sie werden doch sicherlich präziser sein?« fragte ich ängstlich.

»Natürlich werde ich das. Ich habe eine medizinisch begründete Meinung, aber im Grunde kann ich Ihnen nicht genau sagen, was in seinem Kopf vorging, nachdem er seine Mutter umgebracht hatte.«

Obwohl es nur wenige Statistiken über die relative Zahl von Doppelmorden an den Eltern oder ›Familienmorden‹, wie ich sie bezeichne, gibt, kommt es doch so häufig dazu, daß ich mit etwa drei bis fünf Fällen pro Jahr zu tun habe. Diese Fälle sind viel schwieriger zu begreifen (und somit auch zu verteidigen) als ein Vater- oder Muttermord, weil es hier um mehrfachen Mord geht, so daß diese Verbrechen von vornherein mehr schockieren als ein einzelner Todesfall. Meistens hat das Kind nicht nur beide Eltern, sondern auch Schwester oder Bruder getötet.

Wenn man die Entsetzlichkeit einer solchen Situation betrachtet, kommt der durchschnittliche Bürger (einschließlich des Staatsanwalts) zu dem Schluß, daß das Kind geisteskrank gewesen sein mußte oder zumindest unter einer vorübergehenden Psychose hat leiden müssen. Obwohl bei diesen Fällen ein höherer Prozentsatz an geisteskranken Kindern eine Rolle spielt als bei anderen Elternmorden, ist es doch so, daß die Mehrzahl dieser Jugendlichen nicht im juristischen Sinne geisteskrank ist.

Diese Fälle richten sich nach einem recht vorhersehbaren Muster, wobei ein Elternteil, meistens ist es der Vater, den größten Teil der Mißhandlungen durchführt, während die Mutter häufig eine Mitverschwörerin ist. Obwohl die Mutter in den schlimmsten Fällen ihre Kinder auf ihre Weise auch selbst mißhandelt, ist es meistens so, daß sie den Mißbrauch des Vaters verzeiht. Sie verrät das Kind und unternimmt keinerlei Schritte, um es vor dem Zorn des Vaters zu schützen.

Für diese Kinder gibt es nicht einmal vorübergehend Schutz vor dem Sturm.

Byron

Heute lebt er in einem riesigen, fünfstöckigen Gebäude aus dunklem Klinker etwa zwei Meilen außerhalb eines schläfrigen kleinen Ortes im Süden. Das Gebäude, das aus der Zeit um die Jahrhundertwende stammt, liegt in einem hunderttausend Quadratmeter großen Areal, das einst zu einem der reichsten Ländereien für den Baumwollanbau gehörte. Wenn man genau hinsieht, entdeckt das Auge schnell den schweren Maschendraht, der jedes Fenster bedeckt; selbst am Nachmittag wird auf diese Weise das Sonnenlicht im Innern auf ein Minimum reduziert. Der riesige Hof im Vordergrund ist von einem Doppelzaun von ein Meter achtzig Höhe umgeben und mit Rollen von rasiermesserscharfem Stacheldraht versehen. Davor stehen in regelmäßigen Abständen Türme, die dreimal so hoch sind und auf denen je ein Beamter mit einem halbautomatischen Gewehr steht. Seine Aufgabe besteht darin, auf jede erdenkliche Weise alles und jeden daran zu hindern, aus dem Gebäude herauszugelangen – oder hineinzugehen.

Nachdem ich die schwere, hölzerne Eingangstür aufgedrückt hatte, betrat ich die Eingangshalle und reichte einem Beamten in einer frisch gestärkten Uniform meinen Anwaltsausweis durch die kleine Öffnung des kugelsicheren Glasfensters. Mein Ausweis wurde überprüft und dann von dem Vorgesetzten des Beamten erneut kontrolliert. Ich ging zu einem weiteren Kontrollpunkt, an dem meine Aktentasche inspiziert wurde. Anschließend wurde eine Leibesvisitation vorgenommen, bevor ich durch ein Metallspürgerät wie im Flughafen ging und an eine vergitterte Tür trat, die sich vor mir öffnete.

Schließlich ging ich einen weiteren, schlecht erleuchteten Flur entlang und kam an die letzte Tür, die an eine Zellentür erinnerte. Ich drückte einen orangefarbenen Knopf, und die Tür öffnete sich quietschend langsam nach links. Vor mir tat sich ein großes Zimmer auf, das in einem widerlichen Gelb-grün gestrichen war und das ein Dutzend kleiner Plexiglas-kabinen enthielt. Hier empfängt mein Gastgeber seine weni-gen Besucher.

Ich war mir bewußt, daß jede meiner Bewegungen von zwei Fernsehkameras und einem Beamten auf einer zwei Meter vierzig hohen Plattform auf einer Seite beobachtet wurde, während ich zu der kleinen Kabine am Ende ging. Ich setzte mich auf einen der beiden billigen Plastikstühle und wartete auf ihn.

Er lebt in einem Raum mit etwa zwanzig anderen Män-nern, und sein Bett ist mit nur etwa sechzig Zentimeter Ab-stand zwischen zwei andere gezwängt. Seine persönlichen Habseligkeiten bewahrt er in einem Schrank am Fuße seines Bettes auf und in einem größeren, der neben dem Kopfende steht. Die Oberflächen beider Schränke dienen ihm als Bü-cherregal.

Es gibt einen Waschraum in diesem Schlaftrakt mit vier Waschbecken und vier Toiletten. Er ißt in einem höhlenarti-gen Speisesaal zusammen mit dreihundert anderen: Früh-stück von vier Uhr bis sechs Uhr morgens, Mittagessen von zehn Uhr morgens bis ein Uhr nachmittags und Abendessen von drei Uhr nachmittags bis sechs Uhr abends.

Er hat etwa eintausend ›Hausgenossen‹, die mit zu den ge-fährlichsten Menschen in diesem Staat zählen. Sie haben Verkäufer in Lebensmittelgeschäften umgebracht, alte Rent-ner ausgeraubt und zusammengeschlagen, Kinder gekid-nappt und kleine Jungen und Frauen vergewaltigt. Viele sind Mitglieder gewalttätiger Banden, die Drogen verkaufen und Morde gegen Bezahlung ausüben. Einige dieser Männer zäh-len zu seinen Freunden, aber er weiß, daß es hier insgesamt sehr brutal zugeht: Sein Leben kann für nur eine Schachtel al-ter Zigaretten gekauft und verkauft werden.

Er sieht nicht wie ein gefühlloser, gerissener Krimineller aus. Seine Arme und Brust sind nicht von Tätowierungen übersät, die an irgendeine lang vergessene Freundin oder ein Verbrechersyndikat erinnern. Er ist ein kräftig gebauter jun-ger Mann, der seine Kleidung ordentlich bügelt und mit leiser, emotionsloser Stimme spricht. Als ich ihm an diesem Tag zum erstenmal begegnete, sah ich einen durchschnittlich aussehenden Jungen mit kurzem, welligem, kastanienbraunem Haar und einer Haltung, die so gerade wie die eines Soldaten war. Er erinnerte mich an diese ernsten Kinder, die immer im Schulorchester die Tuba spielen.

Ihm mißfällt es, daß er hier die nächsten dreißig Jahre über leben soll, aber er akzeptiert es. Aber trotz *allem*, trotz des Lebens, das er hier führt, zögert er keine Sekunde, als ich Byron Grant, Häftling Nr. 423769-H55A7, darum bat, sein Leben im Staatsgefängnis für Männer mit dem Leben zu vergleichen, das er mit seinen Eltern in der 3682 Milton Lane führte.

»Hier habe ich mehr Freiheiten als früher zu Hause. Die Regeln sind weniger streng, und ich habe mehr Freunde. Aber in erster Linie spüre ich nicht diese ständige Bedrohung, daß mir etwas passieren wird, und daher kann ich hier im Grunde ziemlich ruhig herumlaufen. Manchmal gibt es brenzlige Situationen, aber die meiste Zeit über geht alles ganz entspannt zu.«

Obwohl er vor dem Ereignis, das ihn ins Gefängnis brachte, nie an einer Schlägerei teilgenommen und nie eine Nacht im Gefängnis verbracht hatte, ist er vielleicht besser als die meisten anderen Häftlinge in der Lage, mit dem gefährlichen Leben hier zurechtzukommen. Denn in seinem Innern trägt er ein Frühwarnsystem mit sich herum, das er bereits in seiner Kindheit entwickelt hat.

Byron kann es riechen, wenn ihm ein Angriff droht. Die Psychiater bezeichnen dies als übergroße Wachsamkeit – die Fähigkeit, bei anderen ein Verhalten wahrzunehmen, das einer Aggression vorausgeht. Byrons Vergangenheit hat ihn gelehrt, aus bestimmten Verhaltensformen abzulesen, daß ein anderer Mensch ihm Böses will. Es war diese Sensibilität gegenüber drohender Gewalt, die ihm mehrere Monate, bevor ich ihn besuchte, das Leben gerettet hatte.

»Ein Typ sagte Dinge und machte Gesten, die andeuteten, daß er irgend etwas probieren wollte«, sagte Byron. Der Häftling war etwa einen Meter fünfundsechzig groß, was Byrons Größe entsprach, aber viel schwerer und stärker.

»Mehrere Tage lang beobachtete ich ihn sehr genau. Dann geschah es«, berichtete Byron erregt. »Ich ging den oberen Gang entlang und sah aus dem Augenwinkel, daß er sich von hinten auf mich stürzen wollte. Ich zweifelte nicht daran, daß er versuchen würde, mich hinunterzustürzen.«

Mit dem Mann zu kämpfen, hätte das Risiko zu stürzen oder neun Meter auf den darunterliegenden Betonboden zu fallen, noch vergrößert. Statt dessen ließ Byron sich, wie geplant, auf den Boden fallen und umfaßte das Stahlgeländer. Der Angreifer tat genau das, was Byron vorausgesagt hatte.

»Er versuchte auf jede erdenkliche Weise, mich hinunterzustürzen«, sagte Byron. »Er hieb auf meine Finger ein und boxte mich überall, aber ich klebte an dem Geländer.« Nachdem der Häftling Byron an Kopf und Körper fürchterlich zugerichtet hatte, gab er auf.

Byron überlebte den Angriff und noch einen weiteren, weil er bereits durch die Hölle gegangen war, bevor er ins Gefängnis kam. Bevor er in das Staatsgefängnis eingewiesen wurde, hatte er im Grunde bereits seit siebzehn Jahren im Gefängnis gelebt.

Erst nachdem Byron bereits wegen Mordes verurteilt worden war und sein Fall für das Bundesgericht zur Berufung vorbereitet wurde, rief man mich zu Hilfe.

Tom Alan, Byrons vom Gericht bestellter Pflichtverteidiger, rief mich etwa zwei Wochen vor dem Termin an. Er hatte von meiner Arbeit gelesen und fragte, ob ich bereit sei, bei der Berufungsverhandlung für einen Elterndoppelmord mitzuwirken. Umsonst? Von staatlicher Seite würde es kein Geld für mich geben, und er hatte bereits vor langer Zeit die ihm zur Verfügung stehenden Mittel aufgebraucht. Aufgrund meiner finanziellen Umstände zu der damaligen Zeit mußte ich ablehnen, was für mich immer der schlimmste Aspekt bei meiner Tätigkeit als privat praktizierender Anwalt ist.

Am nächsten Morgen wachte ich mit Schuldgefühlen auf. Ich dachte, daß ich es gelernt hatte, Fälle ohne allzu große Gefühlsanwandlungen abzulehnen, aber es war schwer, diesen

Fall fallenzulassen. Normalerweise machte ich mir Vorwürfe, weil ich das Kind im Stich gelassen habe. Hier war es anders. Obwohl mir das Schicksal von Byron sehr am Herzen lag, wurde ich von Tom Alans großer Leidenschaft bei diesem Fall angezogen, von seiner Hingabe für den Jungen, eine Sache, die ich vorher so noch nie erlebt habe.

Die meisten Rechtsanwälte haben eine antiseptische Beziehung zu ihren Klienten, was ihnen lieber ist. Zuallererst kümmert es sie, ob sie gewinnen oder verlieren; erst in zweiter Linie geht es ihnen darum, was dieser Sieg oder die Niederlage für den Klienten bedeutet. Gegenüber der Außenwelt wollen Rechtsanwälte den Eindruck erwecken, daß sie das Königreich der Justiz verteidigen; in Wirklichkeit (wie wohl allen Amerikanern bekannt sein dürfte) bewerten die meisten ihr Ego und ihre Brieftasche höher als die Interessen ihrer Klienten. Aber Tom Alan ist anders.

Alan, der etwa fünfundvierzig Jahre alt ist, wirkt freundlich, fast zurückhaltend. Er ist ein sehr gütiger Mann, der durch seine stechenden, intensivgrauen Augen, die buschigen dunkelblonden Augenbrauen und das gerötete Gesicht einen ganz anderen Eindruck erweckt. Er ist ein Arbeiterkind und lebt noch immer in der Stadt, in der er geboren wurde. Er hat zwei kleine Kinder, die ihm alles bedeuten, und ein drittes Kind, das er alle drei Monate einmal in der Enge einer Plexiglaskabine besucht.

Von unserem ersten Gespräch an war offensichtlich, daß dieser Fall ihn auf dramatische Weise berührt hatte. Anders als die meisten Rechtsanwälte sprach er mit brutaler Offenheit über seine Gefühle. Da Alan erst in zwei Mordfällen die Verteidigung übernommen hatte, nicht genug Geld hatte, um einen Privatdetektiv anzustellen, und sich, was Kindesmißbrauch betraf, nicht auskannte, war er völlig überfordert, als die Verhandlung schließlich stattfand.

»Es war eine der schlimmsten Erfahrungen meines Lebens, sehr emotional . . . Das Ergebnis hat mich ungeheuer erschüttert. Ich war wirklich körperlich und emotional krank«, gestand er. »Byron hat . . . mir ein paar schöne Briefe geschrieben, weil er nicht möchte, daß ich mir wegen ihm zu viele Sorgen mache... Es ist schon erstaunlich – mit all den Menschen in meinem Leben, die immer nur nehmen und mir keinen Raum zum Atmen lassen. Aber wenn es jemanden gibt, der das Recht hat, etwas zu nehmen und zu fordern, dann ist er es, und trotzdem sagt er, ich solle mir keine Sorgen machen.«

Einige Tage nach unserem ersten Gespräch rief ich Alan an und sagte, daß ich ihm einiges an Material zuschicken und seine Revisionsschrift durchsehen würde. Als wir in der folgenden Woche mehrmals miteinander telefonierten, wurde ich in diesen juristischen und emotionalen Mahlstrom immer stärker hineingezogen. Selbst nachdem die Berufung eingelegt worden war und wir nur noch auf die mündliche Verhandlung warten konnten, blieben Tom und ich in regelmäßigem Kontakt.

Nachdem ich den Fall gründlich durchgesehen hatte, war mir klar, daß Byron nirgendwo einen anderen Anwalt hätte finden können, der seinen Job besser getan hätte als Tom Alan. Byron saß nicht im Gefängnis, weil sein Verteidiger unfähig gewesen war, sondern weil wie in Pattys Fall die Gesellschaft versagt hatte.

Hier handelte es sich nicht um einen Fall, in dem irgendwelche Zweifel bestanden, daß Byron und Anne mißbraucht worden waren. Die Frage war nur, wie sehr und welche Auswirkungen die ständigen Schläge und Drohungen auf Byrons junge Psyche gehabt hatten.

Stanley Grant war ein brutaler Kerl, und seine Frau Juliette half aktiv bei der Unterdrückung der Kinder mit.

Stanley, ein stämmiger Lastwagenfahrer mit kurzem, dichtgekraustem, dunklem Haar und einem bulligen Gesicht, war etwa einen Meter fünfundsiebzig groß und brachte 270 Pfund auf die Waage. Selbst mit siebzehn Jahren wog Byron mindestens 150 Pfund weniger als sein Vater. Juliette war wie ihr Mann gebaut, aber sie wog mehr. Sie war klein, untersetzt und trug das dünne kastanienbraune Haar streng zurückgekämmt in einem Knoten. Sie hatte dieselbe Highschool besucht wie ihr Mann und war Hausfrau.

Stanley hatte in Vietnam gedient und schien ein ganz normaler Bürger, der zur Kirche ging, seine Steuern bezahlte und dafür sorgte, daß seine Familie ein Dach über dem Kopf hatte. Er gehörte einem Verein an und spielte dort im Sommer im Softballteam mit. Er lebte mit seiner Familie in einem bescheidenen Haus, das an einer Landstraße lag.

Grant war kein Jekyll und Hyde – selbst unter Freunden galt er als aggressiver, zügelloser Mensch. Ein Mann, der ihn seit seiner Kindheit kannte, beschrieb ihn später folgendermaßen in einem Brief an Tom Alan:

»Die meisten, die ihn kannten, wußten um sein gewalttätiges Naturell und die emotionale Unterströmung, die wie eine Zeitbombe ständig drohte hochzugehen... Er war der gewalttätigste Mensch, den ich je kennengelernt habe. Als Jugendlicher hatten die meisten Jungs Angst, mit Stanley Fußball zu spielen; als er erwachsen war, wurde seine gewalttätige Natur sogar noch bedrohlicher.«

Bill Dix, Byrons Großvater mütterlicherseits, hatte möglicherweise mehr Kontakt zu seiner Tochter und zu ihrem Mann als alle anderen Verwandten. Als er zur Verteidigung seines Enkels in den Zeugenstand trat, malte er ein düsteres, unversöhnliches Bild von den Zuständen im Haus der Familie Grant. Mit schmerzbeladener und ungläubiger Stimme erzählte der weißhaarige alte Farmer in dem vollbesetzten Gerichtssaal folgendes: »Sie müssen meinen Schwiegersohn verstehen, um wissen zu können, was geschah. Ich weiß nicht, ob es die Sache in Vietnam war oder etwas anderes, aber in dem Haus lief es wie in einer Militärkaserne ab... er schrie die Kinder an, und sie mußten alle für ihn springen, auch meine Tochter. Und dann gab er ihnen den nächsten Befehl, den sie für ihn erfüllen mußten.«

Dix' andere Tochter, Byrons Tante Denise, bestätigte den militärischen Vergleich. »Stanley war wie ein General«, sagte sie aus. »Und alle standen unter seiner Kontrolle... Er brauchte nur einmal ihren Namen zu rufen, und aus allen Ecken des Hauses kamen sie angelaufen, stellten sich vor ihm auf, um seine Befehle entgegenzunehmen... Wenn sie ein Glas Milch trinken wollten, mußten sie ihre Eltern darum bitten . . . Im Badezimmer hatten sie Namensschilder, an denen jeweils ihr Handtuch hing. Und auch auf den Zahnputzbechern stand ihr Name, und sie durften keinen anderen nehmen.«

Seine Enkel *versuchten* niemals unter irgendwelchen Umständen, sich ihren Eltern zu widersetzen, berichtete Dix dem Gericht. Unterwürfigkeit, Schweigen und Isolation standen auf der Tagesordnung, seit sie geboren waren. Ungehorsam zu sein, wäre Byron niemals in den Sinn gekommen.

»An einem sehr regnerischen Nachmittag fuhr ich die Straße entlang und sah Byron (der damals dreizehn Jahre alt war)«, erzählte Großvater Dix. »Ich hielt an und fragte, was er dort draußen suchte. Er sagte, daß er vergessen hatte, eine Zeitung auszuliefern. Sein Vater hatte gesagt: ›Zur Strafe wirst du dorthin und wieder zurück laufen.‹« Dix befahl seinem Enkel einzusteigen und sagte, er würde ihn hinfahren. Obwohl sein Vater nicht in der Nähe war, weigerte Byron sich eisern, das Angebot seines Großvaters anzunehmen; der völlig durchnäßte Junge stieg erst ein, nachdem er eine Viertelstunde lang darum gebeten worden war. Nachdem Byron die Zeitung abgeliefert hatte, nahm Dix seinen Enkel mit zu sich nach Hause, trocknete ihn ab und gab ihm eine Tasse heißen Kakao zu trinken. Da er wußte, daß sein Schwiegersohn dazu neigte, bei dem geringsten Verstoß harte Strafen auszuteilen, wußte er, daß es besser sein würde, Byron nicht an Stanleys Haustür abzuliefern: »Ich ließ ihn etwa fünf Häuser von zu Hause entfernt aussteigen, damit er weiterlaufen konnte, so daß er wieder naß war, als er zu Hause ankam.«

Wie bei den meisten Kindern, die ihre Eltern töten, ist Byrons Geschichte die bekannte Mischung aus unablässiger Gewalt und schweigenden, eingeschüchterten Zeugen. Und wie die meisten Eltern, von denen Sie in diesem Buch gelesen haben, hatten die Grants nicht das geringste Interesse am Wohlergehen ihrer Kinder, auch wenn sie lautstark von Respekt und moralischen Werten redeten, die sie ihnen eingeben wollten. Stanley und Juliette wollten keine unabhängigen, sorglosen und fürsorglichen Kinder großziehen; sie wollten nur zwei warme Körper, die alles für sie taten, Körper, an denen sie ihre Frustrationen und Ängste auslassen konnten. Stanley fiel in fast jeder erdenklichen Weise über seine Kinder her. Ihr Leben lang wurden Byron und Anne geschlagen, gezwickt und geohrfeigt, gegen den Kopf getreten, an den Haaren gezogen und mit einem der vielen Gewehre aus Stanleys Waffensammlung bedroht. Stanleys Lieblingswerkzeug jedoch war das ›Brett‹, wie die Kinder es nannten. Stolz und liebevoll bezeichnete er es als den ›Überzeuger‹.

Wenn man das Brett kannte, wußte man über Stanley Bescheid. In der Tat war das Brett die Verkörperung des Mißbrauchs, und eigentlich ist keine weitere Beschreibung seines ausfallenden Verhaltens nötig, wenn man die krankhaften Ideen kennt, die dahinterstanden. Stanley und Juliette beteten den ›Überzeuger‹ an. Er spielte eine so große Rolle im Leben der Grants, daß er fast die Bedeutung einer religiösen Ikone hatte. Alle, die die Familie kannten, wußten um seine Geschichte, und es gab sogar bestimmte Vorschriften für seinen Einsatz. Byron war etwa sieben oder acht Jahre alt gewesen, als das Brett geboren wurde. Sein Vater schnitt es mit der Stichsäge aus einem großen Stück Eichenholz. Als Byron mir die Geschichte dieses Bretts an jenem Tag im Gefängnis erzählte, waren die Qualen in seinen Augen noch offenkundig.

»Es hatte ein kleines Muster«, sagte er, »es wurde breiter und dann wieder schmaler... Er schmirgelte es ab und lackierte es... Es war eigentlich keine Bedrohung für mich, als ich beobachtete, wie er es machte, aber danach, als er begann, es zu benutzen, stellte es schon eine Bedrohung dar. Ich hatte Todesangst.«

Das Brett hatte einen geweihten Platz – sein Altar befand sich oben auf dem Kühlschrank. Obwohl Stanley das Brett oft selbst hervorholte, bevorzugte er es, wenn die Kinder es herbrachten. Byron konnte das Brett erst erreichen, als er zwölf war. Davor mußte er eine ziemlich gefährliche Kletterpartie auf den Kühlschrank unternehmen, während er die ganze Zeit über schluchzte und zitterte: »Ich öffnete den Küchenschrank einen Spalt, setzte einen Fuß hinein und kletterte auf die Arbeitsfläche; von dort konnte ich auf den Kühlschrank reichen.«

Nachdem Byron das Brett geholt hatte, reichte er es respektvoll seinem Vater, ähnlich wie ein besiegter General dem Eroberer sein Schwert übergibt. Bevor Stanley seinen Sohn schlug, sagte er lächelnd zu dem zitternden Jungen: »Die Leute sagen, daß mir dies eigentlich mehr weh tun sollte als dir, aber ich werde überhaupt keinen Schmerz spüren.«

Dann ›nahm‹ Byron ›die Position ein‹ – er beugte sich vorne über, um seine Fußgelenke zu umfassen. »Wenn ich meine Fußgelenke nicht umfaßte oder mich aufrichtete, erhielt ich noch ein paar Schläge mehr«, erzählte Byron mir schüchtern. »Er schlug mich mit aller Kraft... Er biß wohl die Zähne zusammen und hieb voller Wucht auf mich ein... Bis ich etwa sechzehneinhalb Jahre alt war, wurde ich mindestens... jeden zweiten Tag geschlagen.«

Und für welche schmählichen Sünden wurden Byron und seine Schwester mit dem Brett mißhandelt? »Wenn wir es vergaßen, rechtzeitig die Zeitung hereinzuholen. Für Aufgaben im Haushalt, die wir vergessen hatten... Wenn wir bei Tisch redeten; wenn wir eine Mahlzeit nicht in der von ihm vorbestimmten Zeit oder zusammen mit den übrigen Familienmitgliedern fertigaßen... oder mit offenem Mund kauten.«

Wenn sie eine Aufgabe nicht erledigten, bedeutete dies eine volle Woche Strafe mit dem Brett. Aber da Stanley ein aufgeklärter Vater war, durften seine Kinder entscheiden, wann sie die Prügel einstecken wollten. Wenn sie jedoch vergaßen, Stanley das Brett zur abgesprochenen Zeit zu bringen, wurde eine weitere Woche Strafe angehängt.

Wenn Stanley auch nur einen einzigen Verstoß wahrnahm, die geringste Abweichung von seinen Befehlen, weckte er die Kinder, nachdem sie zu Bett gegangen waren, um sie zu verprügeln.

Die Tante der Kinder erzählte den Geschworenen eine typische ›Brett‹-Geschichte: »Byron verschüttete etwas Saft. Und Stanley holte ihn wieder in die Küche. Er zielte auf Byrons Oberarm und holte sehr, sehr weit aus... vielleicht sechs- bis siebenmal.«

Wie es zu erwarten war, weinten und schrien Byron und

seine Schwester, wenn sie geschlagen wurden. Als Byron älter wurde, erzählte er mir, »versuchte ich, in mein Schlafzimmer zu kommen (nachdem ich geschlagen worden war), damit ich mein Gesicht im Kissen vergraben und einen Teil meiner Spannungen loswerden konnte. Ich konnte in mein Kissen weinen, und es erstickte mein Geschrei, und Dad konnte mich nicht hören.«

Stanley hatte jedoch eine unersättliche Leidenschaft, den Schmerz seiner Kinder mitanzusehen. »Wenn ich auf dem Weg nach oben war, sagte er: ›O nein, nichts da. Du kommst wieder nach unten und bleibst hier sitzen‹... Wenn ich sehr lange weinte, befahl er mir, den Mund zu halten, ›es sei denn, ich wollte wirklich heulen‹. Damit meinte er, daß er mich entweder wieder mit dem Brett schlagen oder mich auf den Hof zerren würde, um mich dort mit den Fäusten zu bearbeiten.«

Nachdem das Brett jahrelang fast täglich eingesetzt worden war, begann es rissig zu werden und zu splittern. Da Stanley den ›Überzeuger‹ so sehr liebte, konnte er ihn nicht einfach wegwerfen und einen neuen machen. Statt dessen umwickelte er das Brett mit Isolierband und setzte seine Schreckensherrschaft fort. Als das Brett schließlich in der Verhandlung gegen Byron Grant als Beweismittel zugelassen wurde, hielten die vielen Meter neues und abgenutztes Klebeband es kaum noch zusammen.

Ein großer Teil der körperlichen Strafen hing von der Durchführung von Aufgaben im Haushalt ab. Aber unabhängig davon, wie Byron die Arbeiten erledigte, wurde er ständig kritisiert: »Er trug mir etwas auf, und wenn ich es falsch machte, sagte er: ›Warum hast du nicht gefragt?‹... Und wenn ich eine Frage stellte, sagte er, ich sei dumm, weil ich es nicht wußte.«

Oft handelte es sich dabei um typische Hausarbeiten, wie das Hereinholen der Zeitung, Holzhacken oder Abspülen. Oft verwischte sich die Linie zwischen den Hausarbeiten und den Bestrafungen so sehr, daß die beiden nicht mehr zu unterscheiden waren.

Stanley hatte es gern, wenn der Garten in Ordnung war.

Daher schickte er seine Kinder stundenlang in der Hitze oder in dunklen, kalten Nächten nach draußen, damit sie die winzigen Kletten, die auf dem Rasen verteilt waren, aufhoben. Eine Nachbarin berichtete dem Gericht, daß sie die Kinder oft tief in der Nacht draußen beobachtet hatte. Anne hielt eine Taschenlampe, während Byron die Kletten vom Boden aufhob. Im Winter, wenn keine Kletten aufzulesen waren, mußten die Kinder Steine aufsammeln, die der Schneeräumungswagen in den Garten geworfen hatte, und sie zurück auf die Straße bringen.

In den meisten Familien, in denen der Vater so rücksichtslos ist wie Stanley, gelingt es der Mutter oft nicht, ihre Kinder wirkungsvoll zu schützen. Auch sie ist häufig die Zielscheibe von Mißhandlungen und daher nicht in der Lage, sich selbst zu schützen, und schon gar nicht ihre Kinder.

Obwohl Stanley seine Frau oft anschrie, waren die Mißhandlungen, die sie ertrug, gering im Vergleich zu dem, was die Kinder ertragen mußten – es gab beispielsweise keine Beweise, daß Stanley seine Frau schlug. Wenn sie sich in diesen Situationen wie die typische passive Mutter verhalten hätte, hätten die Kinder von Glück reden können. Statt dessen war Juliette am Mißbrauch ihrer Kinder selbst aktiv beteiligt.

Alle Verwandten und Freunde waren sich einig, daß Juliette sich nie für die Kinder einsetzte; tatsächlich versuchte niemand, sie je zu schützen. Juliette sah nicht nur tatenlos zu, wenn ihr Mann die Kinder wiederholt mißhandelte; oft beschimpfte sie sie ebenfalls, wenn ihr Mann sie schlug. Und wenn Stanley nicht zu Hause war, ersetzte sie ihm Augen und Ohren. Sobald ihr Mann nach der Arbeit durch die Tür trat, berichtete sie alles haarklein, obwohl sie wußte, welch schreckliche Folgen dies für die Kinder haben würde.

Als aktive und passive Beteiligte versuchte sie es ebenfalls, die Kinder zu ›überzeugen‹. Obwohl sie nicht die Kraft ihres Mannes hatte, jammerten die Kinder dennoch, wenn sie sie mit dem Brett schlug. »Meine Mutter schlug mich mit voller Wucht«, sagte Byron. »Es tat sehr weh, aber nicht so sehr wie bei meinem Vater.«

Wie ihr Mann war Juliette eher geneigt, Strafen zu verteilen, wenn nur ihr Mann und die Kinder anwesend waren. Aber es gab bestimmte Dinge, die sie Byron antat und von denen niemand etwas wissen sollte, besonders Stanley nicht.

Es begann, als er etwa vierzehn war und setzte sich über vier Jahre fast täglich fort. Wenn Byron über seine körperlichen Mißhandlungen spricht, klingt seine Stimme zornig und aufgebracht. Wenn er von dem ›anderen‹ berichtet, ist er noch immer so verlegen, daß sich seine Stimme kaum über ein Flüstern erhebt.

»Es begann im Grunde damit, daß sie meine Pickel ausdrückte... Aber dann wollte sie (nach mehreren Monaten), daß ich in ihr Schlafzimmer kam und mich zu ihr ins Bett legte. Sie zog mir das Hemd oder den Bademantel aus... Sie legte sich zwischen meine Beine, wie man es macht, wenn man – mit jemandem schlafen will. Ich lag immer auf dem Rücken, und meine Mutter öffnete meine Beine, legte sich dazwischen und begann, mein Gesicht und meine Brust zu zwicken. Sie rieb sich an meinem Körper... Manchmal streichelte und rieb sie meinen Hintern und die Innenseiten meiner Oberschenkel... Wenn sie das tat, wurde sie wütend, wenn ich nicht stillhielt. Aber es tat mir weh, (und) ich wollte nicht, daß sie mich berührte. Manchmal kam sie auch morgens in mein Zimmer, legte sich zu mir ins Bett und drückte an meinen Pickeln herum.«

Byron war durch die sexuellen Übergriffe seiner Mutter nicht nur verwirrt und wütend, sondern hatte auch Todesangst, daß sein Vater entdecken würde, was seine Mutter tat. Da der sexuelle Mißbrauch, zu dem auch gehörte, daß Juliette ihren Sohn in der Dusche beobachtete, fast täglich vor und nach der Schule stattfand, wenn sein Vater nicht zu Hause war, hatte Byron schreckliche Angst, dabei entdeckt zu werden. »Ich wollte nicht, daß mein Vater es herausfand, weil ich Angst hatte, daß er mir wehtun oder mich töten würde, denn er würde mir die Schuld geben«, sagte Byron.

Während Juliette sich mit ihrem Sohn beschäftigte, ging ihr Mann seinen eigenen, gleichermaßen absonderlichen sexuellen Abenteuern nach. Er war nicht nur ein leidenschaftlicher Sammler von harten Pornofilmen und -zeitschriften (die er für die Kinder auf dem Eßtisch herumliegen ließ), sondern verbrachte häufig die Abende und manchmal ganze Tage auf dem Strich und in Bordellen.

Als Byron mit sechzehn Jahren seinen Führerschein machte, bestand eine seiner Aufgaben darin, den ›Barchauffeur‹ seines Vaters zu spielen. »Weil er nicht betrunken Auto fahren wollte, brachte ich ihn zu einer Bar, ging zur Schule und holte ihn dann wieder ab«, erzählte Byron mir. »An den Wochenenden war ich bis drei, vier Uhr morgens mit ihm unterwegs... Manchmal kaufte er Reizwäsche für die Frauen – die Stripperinnen – in der Bar, wenn wir im Urlaub waren... Einmal kam er betrunken aus einer Bar. Er wollte mein Freund sein und so... Er fragte mich, ob ich meiner Mutter davon erzählen würde, wenn ich ihn mit einer anderen Frau sähe.« Byron, der dankbar für jeden Krümel von Zuneigung war und Angst davor hatte, seinem Vater gegenüber ungehorsam zu sein, erzählte nie von den Eskapaden seines Vaters.

Ironischerweise erinnert Byron, der kein ›normales‹ Familienleben kannte, sich gerne an die Zeiten, in denen er den Chauffeur für seinen Vater spielte. »Das waren eigentlich die besseren Zeiten«, erzählte er mir sehnsüchtig. »Manchmal nahm er mich irgendwohin in ein Café mit, wenn es sehr spät war, und dann redete er mit mir, so als ob er wirklich ein Vater für mich sein wollte.«

Was für ein Bild des Jammers, dachte ich, als er mir von diesen ›guten Zeiten‹ erzählte. Die Geschichten von dem Brett waren schrecklich genug, aber ich war daran gewöhnt, solche Berichte zu hören. Aber das Bild eines unterwürfigen Teenagers, der in einer kalten, regnerischen Nacht hinter dem Steuer eines Wagens saß, das Gesicht von den grellen Lichtern eines billigen Strichs erleuchtet, schien mir noch tragischer. Die meisten Söhne freuen sich darauf, fischen zu gehen oder mit ihrem Vater ein Baseballspiel zu besuchen. Byron freute sich darauf, daß sein Vater völlig betrunken aus einem Bordell kommen würde, damit sie irgendwo zusammen eine Tasse Kaffee trinken konnten.

Viele würden vielleicht sagen, daß Byron seinen Vater abends einfach hätte absetzen und weiterfahren sollen. Tatsächlich kam Byron selbst diese Idee. Im Alter von fünfzehn Jahren war er sogar so weit, daß er insgeheim detaillierte Fluchtpläne machte. Aber er schaffte es einfach nicht wegzulaufen. Neben der Tatsache, daß er glaubte, nicht selbst für sich sorgen zu können, fürchtete er um sein Leben.

Obwohl Byron bei seinem Vater viele Dinge nicht verstand, war er sich einer Sache absolut sicher: Sein Vater machte seine Drohungen *immer* wahr. Als Stanley daher dem vierzehnjährigen Byron sagte, daß er ihn töten würde, wenn er wegliefe, glaubte sein Sohn ihm. Byron hat noch immer die Warnung seines Vaters im Ohr: »Du kannst von Glück reden, wenn die Polizei dich zuerst findet und dich ins Gefängnis steckt, denn dort wirst du sicherer sein, als wenn ich dich zuerst finde.«

Wie die meisten Teenager wußte Byron, daß die Polizei ihn nur für kurze Zeit festhalten würde, bevor man ihn wieder den Eltern übergeben würde. Diese Annahme ist richtig: Es ist die übliche Verfahrensweise von Behörden, Kinder, die ihren Eltern weggelaufen sind, wieder nach Hause zu bringen, auch wenn der Jugendliche dagegen protestiert.

Derartige Todesdrohungen waren Bestandteil der Kontrolle, die Stanley über Byron ausübte, und wichtiger noch als das Brett. Sie begannen, als der Junge etwa acht Jahre alt war. Fast nach jeder Tracht Prügel erklärte Stanley seinem Sohn, daß er ihn das nächstemal in den Hof bringen und töten würde, wenn er sich nicht zusammenreißen würde. Die Drohungen waren sehr spezifisch und wurden mit schrecklichen Requisiten, etwa Stanleys geladener 0,357er Magnum oder einem Baseballschläger, untermauert.

Bei der häufigsten Todesdrohung, die er zu hören bekam, spielte eine Waffe jedoch keine Rolle. Mit zugeschnürter Kehle wiederholte Byron die Worte seines Vaters:

»›Wenn du meinst, ein Mann zu sein, gehen wir in den Hof, und dann gibt es keine Grenzen. Wir werden kämpfen, bis einer von uns bewußtlos oder tot umfällt.‹«

Eine andere Sache, die ihn daran hinderte wegzulaufen,

war die Sicherheit seiner kleinen Schwester. Zwischen Byron und Anne bestand eine enge Bindung, die durch den Mißbrauch an beiden noch fester wurde. Während der Verhandlung sagte Byron aus, er habe das Zimmer verlassen müssen, wenn seine Schwester mit dem Brett geschlagen wurde, weil er es nicht mitansehen konnte. »Es tat mir in der Seele weh, weil ich wußte, was sie durchmachte. Und ich hatte Angst und mein Magen zog sich zusammen... Ich war wütend auf meine Eltern und wollte mir meine Schwester packen und mit ihr weglaufen, aber ich schaffte es nicht.«

Zu Hause trug er die Hauptlast der wütenden und gewalttätigen Angriffe seines Vaters; er wußte, daß seine Schwester an der Reihe wäre, wenn er weglaufen würde. Und seine Liebe zu ihr war zu groß, als daß er dies zulassen konnte.

Obwohl Byron durch die Angst vor Strafe wie gelähmt war, unternahm er einen wirklich mutigen Versuch, sich und seine Schwester zu schützen. Leider führte dieser Versuch nur zu einer Verstärkung seines wachsenden Pessimismus und beraubte ihn aller Hoffnung, *jemals* gerettet zu werden.

»Ich hatte gerade in der siebten Klasse Literaturunterricht und konnte mich nicht konzentrieren«, erzählte er. »Meine Lehrerin fragte mich, was los sei. Ich sagte, daß ich Probleme hätte. Dann fragte sie: ›Was für Probleme?‹

›Die ganze Zeit über habe ich Probleme‹, sagte ich.

›Gestern auch?‹ fragte sie.

›Ja, gestern wurde ich ausgeschimpft und ein paarmal (mit dem Brett) geschlagen, weil ich nicht die Zeitung geholt hatte‹, sagte ich. Sie war der Meinung, daß das nicht richtig sei, daher machte sie für mich einen Termin bei der Schulpsychologin, Mrs. Deardon, aus.«

Mrs. Irene Deardon war dreißig Jahre alt und hatte vor einigen Jahren ihren Magisterabschluß in psychologischer Beratung gemacht. Neben ihrer akademischen Ausbildung hatte sie ein Examen abgelegt, das sie als ›staatliche Beraterin‹ auswies. Daneben war sie noch Pädagogin und ›zur Berichterstattung verpflichtet‹.

Einer der bedeutsamsten gesetzlichen Fortschritte bei der Feststellung und Behandlung von Kindesmißbrauch in den

USA war die Verabschiedung von Gesetzen Ende der siebziger Jahre, in denen bestimmte Personenkreise zur Berichterstattung verpflichtet wurden. Man erkannte nämlich, daß die meisten kindlichen Opfer einen Mißbrauch nicht anzeigen, genauso wenig wie Eltern, Verwandte, Freunde und Nachbarn.

Eine Person, die zur Berichterstattung verpflichtet ist, hat wahrscheinlich in ihrem Beruf direkten oder indirekten Kontakt zu mißbrauchten Kindern. Ärzte, Zahnärzte, Sanitäter, Mitarbeiter von Fotolabors und natürlich Lehrer sind nur einige Vertreter von Berufen, die in diese Kategorie fallen. Sie sind verpflichtet, den entsprechenden Behörden Fälle von Kindesmißbrauch oder Vernachlässigung zu melden, wenn sie wissen, daß diese bestehen, oder wenn sie den Verdacht hegen. Alle fünfzig Staaten haben derartige Gesetze, und wenn ein Kindesmißbrauch nicht gemeldet wird, so handelt es sich um ein Vergehen.

Byron suchte Mrs. Deardon etwa zweimal pro Woche über einen Zeitraum von dreieinhalb Monaten auf. In dieser Zeit berichtete er ihr oft und detailliert über die verbalen und körperlichen Bestrafungen, behielt aber den sexuellen Mißbrauch für sich. Bei Byrons Verhandlung las Mrs. Deardon aus den Notizen, die sie sich während der Sitzungen gemacht hatte, vor. Ihre Aussage verdeutlicht die unheimliche Geschichte von Byrons Qualen:

3. November: Der Vater hat ihn geschlagen, weil er sich nicht die Fingernägel geschnitten hat.

8. November: Der Vater hat eine zusätzliche Arbeitsstunde auferlegt, wenn Byron und seine Schwester ihre regelmäßigen Aufgaben nicht erledigen. Sechs Stunden Arbeit für fünf Dollar. Arbeitet nachts im Schein der Taschenlampe. Die Kinder arbeiten an den Wochenenden ohne Unterbrechung, mit Ausnahme des Kirchgangs oder einer anderen Aktivität... Die Mutter schlug ihn, weil er etwas vergessen hatte, woran sein Vater arbeiten wollte. Er konnte sich nicht erinnern, was es war oder wo es war, als er mir davon erzählte.

Muß im Sommer zur Strafe für sein Zeugnis um neun Uhr ins Bett gehen, statt um zehn Uhr.

14. November: Er bat darum, mich schon morgens während der Schulzeit zu sprechen. Wir hatten zehn Minuten Zeit. Er hatte vergessen, seinem Vater etwas wegen einiger Kisten auszurichten. Sein Vater sagte: »Dafür setzt es Prügel. Und zwar nicht nur mit dem Brett. Außerdem bekommst du jeden Tag der nächsten Woche Schläge.« Außerdem sollte er fünfzigmal schreiben: »Ich werde nicht mehr vergessen, Nachrichten weiterzugeben.« Der Vater wartet nur darauf, ihn bei irgendeinem Fehler zu erwischen.

15. November: Er bat erneut darum, mich zu sprechen. Er sagte, daß er die Sätze in der Schule geschrieben habe. Er zeigte sie mir. Hatte drei weitere Schläge mit dem Brett erhalten, weil er etwas anderes vergessen hatte.

18. u. 19. November: Bat darum, mich zu sprechen. Konnte ihn jedoch nicht empfangen.

21. November: Der Vater hat die Bestrafung mit dem Brett für die letzten drei Tage erlassen. Das war am Freitag. Befahl ihm, am Samstag und Sonntag die Schreibarbeiten auszuführen. Hat drei Bäume umgepflanzt. Byron hat die Löcher gegraben. Der Vater ·schimpfte mit ihm, weil er so lange brauchte. Sagte, daß er nachts mit der Taschenlampe arbeiten müsse. Sie arbeiteten beide, und die Schwester hielt die Taschenlampe. Die Arbeit wurde auch am nächsten Tag fortgesetzt.

Als Schulpsychologin war es Mrs. Deardons Aufgabe, Byron bei der Lösung seiner Probleme zu helfen. Wie Tom Alan bei der direkten Befragung herausfand, sah Mrs. Deardons Rat folgendermaßen aus:

F: Haben Sie mit Byron darüber gesprochen, wie er den Mißhandlungen zu Hause aus dem Weg gehen könne? Was er tun könne, um von zu Hause wegzukommen?

A: ... Es war recht bald offensichtlich, daß Byron eigentlich nirgendwo hingehen oder vermeiden konnte, was sein Vater ihm antat ... Er schien wirklich darüber reden zu wollen, was zu Hause passierte. Und ich betrachtete mich als seine Vertrauenslehrerin, die einfach da war und ihm zuhörte, ohne ein Urteil zu sprechen, obwohl ich an der Situation als solcher nichts ändern konnte.

F: Haben Sie mit Byron darüber gesprochen, wie man eingreifen bzw. nicht eingreifen konnte?

A: Ja. Ich erinnere mich daran, daß ich Byron erklärte, was passieren würde, wenn wir offiziell bei den Behörden Anzeige erstatten würden. Ich erklärte ihm, was meiner Meinung nach geschehen würde. Ich hatte noch nie einen Fall von Kindesmißhandlung angezeigt, daher wußte ich nicht genau, was passieren würde ... Ich sagte ihm, daß ich berichten würde, daß es sich meiner Meinung nach um einen Fall von Kindesmißhandlung handelt und daß ein Sozialarbeiter zu ihm nach Hause kommen und versuchen würde, mit den Eltern zu reden. Das tat ich aus zwei Gründen nicht. Erstens sah ich an Byrons Körper nie irgendwelche Spuren wie blaue Flecken oder Striemen ... Zweitens war ich der Meinung, daß Byron mit seinen vierzehn Jahren im Gegensatz zu einem Sechs- oder Siebenjährigen, der zudem auch Spuren von Mißhandlungen aufwies, Anteil an der Entscheidung haben sollte, weil er schließlich mit den Folgen des Berichts würde leben müssen. Und ich glaube nicht, daß ich je ohne sein Wissen und seine Zustimmung Bericht erstattet hätte, weil ich um seine Sicherheit fürchtete.

F: Sie wußten doch im Jahr 1983, daß es ein Gesetz gab, das zur Berichterstattung verpflichtete. Ist das richtig?

A: Ja ... Aber soweit ich wußte, hatte noch keiner der Vertrauenslehrer, mit denen ich zusammenarbeitete, bis zu diesem Zeitpunkt einen Fall tatsächlich gemeldet. Ich kannte das Gesetz zwar, aber ich war mir über die Einzelheiten nicht klar ... Meiner Meinung nach hätte ich es melden müssen, wenn ich irgendwelche Spuren gesehen hätte ... Dazu hätte ich mich nicht mit dem Klienten absprechen müssen ... aber aufgrund dessen, was ich über Byrons Mißhandlungen wußte, lagen mir diese spezifischen Informationen damals nicht vor, um eine Meldung zu rechtfertigen.

F: Sie kamen doch zu dem Schluß, daß Byron ein Opfer von Kindesmißhandlungen war, nicht wahr?

A: Ja.

F: Sprachen Sie mit Byron über die Gefahren bei einer eventuellen Meldung?

A: Ja... Wir sprachen darüber, daß... einige Zeit vergehen würde zwischen meinem Bericht und dem, was von den Behörden unternommen werden würde. Ich glaube, daß Byron spürte, daß er durch eine Anzeige in noch größere Gefahr geraten würde...

F: Hatten Sie selbst Angst davor, Meldung zu erstatten?

A: Ja, die hatte ich.

F: Kamen Sie aufgrund dieser Diskussionen über ein mögliches Eingreifen, einschließlich dieser Gefahren, zu einer abschließenden Entscheidung, ob Meldung erstattet werden sollte?

A: Ich glaube, wir kamen gemeinsam überein, daß ich bei den Behörden nicht offiziell Anzeige erstatten sollte...

Natürlich hätte die Meldung der Mißhandlungen beim Jugendamt Byrons Lage verschärfen können, wie es beispielsweise bei Mike der Fall gewesen war. Man kann sicher davon ausgehen, daß Stanley, der von seiner eigenen Macht besessen war und besonders von der Macht, die er über seine Kinder ausübte, jeder Untersuchung durch das Jugendamt feindselig gegenübergestanden hätte. Und wahrscheinlich hätte er Byron unter anderem mit Hilfe des Bretts gezwungen, seine Anschuldigungen zu widerrufen. Es ist auch durchaus vorstellbar, daß er, so wie ich die ›Stanleys‹ dieser Welt kenne, Mrs. Deardon bedroht hätte.

Über eins sind sich die Fachleute einig, nämlich daß pathologisch mißbrauchende Eltern wie Stanley und Juliette sich nicht von allein ›bessern‹. Im Gegensatz zu der allgemeinen Annahme wird aber bei *effektivem* behördlichen Eingreifen oder durch psychologische Beratung die Gewalt in einer Familie nicht verschärft, sondern verringert.

Diese Tatsache wurde durch Untersuchungen von mißhandelten Ehefrauen belegt, speziell durch jene, die 1982 durch die Polizei in Minneapolis durchgeführt wurde. In dieser Untersuchung fanden die Forscher heraus, daß bei Männern, die ihre Ehefrau geschlagen und eine Nacht im Gefängnis verbracht hatten, die Wahrscheinlichkeit, daß sie es nach ihrer Rückkehr nach Hause wieder tun würden, sehr viel geringer war. Aufgrund des Erfolgs dieses Experiments und anderer Forschungen wurden die Gesetze so geändert, daß die Polizei jetzt Männer, die ihre Frauen schlagen, festnehmen muß.

Ein Eingreifen setzt den Mißhandlungen jedoch nicht immer ein Ende. Eine nicht ausreichende Behandlung wie Patty sie ertragen mußte, ist häufig, und leider kommt es auch vor, daß mißbrauchende Ehemänner ihre Frauen töten, nachdem sie aus dem Gefängnis entlassen wurden. Obwohl ich keinen Fall kenne, bei dem ein Kind von den Eltern getötet wurde, nachdem Bericht erstattet wurde, ist es durchaus vorstellbar, daß eine Meldung, wie das Gesetz sie vorschreibt, zu Byrons Ermordung hätte führen können. Kindsmord ist ein ernstzunehmendes Problem in unserer Gesellschaft, denn jedes Jahr werden in den USA schätzungsweise fünftausend Kinder von ihren Eltern getötet; dies geschieht jedoch, wenn Kindesmißbrauch nicht überprüft wird, wenn niemand auf die Schreie reagiert. Dennoch ist unbestreitbar, daß die Angst vor Vergeltungsmaßnahmen bei einem mißbrauchten Kind legitim ist. Aber wenn Lehrer und andere Berater sich von diesen Ängsten einengen lassen, haben die Gesetze zum Schutz der Kinder keine Chance.

In dem reifen Alter von dreizehneinhalb Jahren hatte Byron jede Hoffnung aufgegeben, daß ihm und Anne irgend jemand helfen würde oder konnte. Er lebte mit seiner Schwester weiter sein schreckliches Leben, bis er siebzehn wurde. Mit jedem Jahr wurden die Schläge, der sexuelle Mißbrauch und die verbalen Angriffe häufiger und schlimmer. Nach Byrons Meinung kam es jedoch im Frühherbst seines letzten Schuljahrs zu der dramatischsten Steigerung seiner Qualen.

Im Oktober würde er achtzehn werden, und er freute sich bereits mit Herzklopfen darauf. In seinem Taschenkalender schrieb er eine riesige ›1‹ neben sein Geburtsdatum, was bedeutete, daß dies der erste Tag der Freiheit war, wie er später sagte. Stanley war jedoch nicht so leicht gewillt, die Zelle aufzuschließen.

Er drohte, daß er Byron aufspüren und wieder nach Hause bringen würde, falls er herausfinden sollte, daß sein Sohn entweder die Schule aufgeben würde oder irgend etwas verbrochen hätte. Danach, fuhr er fort, würde er Byrons Tür mit einem Schloß sichern und ihn mit Handschellen ans Bett fesseln, bis er mit der Schule fertig sei. Während der Verhandlung fragte Tom Alan Byron, ob er wirklich glaubte, daß seine Eltern es ihm gestattet hätten auszuziehen.

»Ich glaube nicht, nein«, antwortete er verzagt. »Wenn er es zugelassen hätte, wäre er wohl gekommen und hätte etwas gefunden, weil er jemanden brauchte, den er bestrafen oder schlagen konnte. Und ich glaube nicht, daß meine Schwester seine Bedürfnisse hätte ganz befriedigen können.«

In den Monaten nach seinem siebzehnten Geburtstag erklärte Stanley seinem Sohn sogar, daß die Sache für Anne schlimmer werden würde, wenn er auszog. Selbst im Gefängnis schauderte es Byron, als er die Drohungen seines Vaters wiederholte: »Anne wird langsam so schlimm wie du. Sie bekommt auch noch ihr Fett weg.«

Wenn es den berühmten Tropfen gibt, der das Faß zum Überlaufen bringt, war es der ›Limonaden-Vorfall‹.

Als ich eines Tages aus der Schule nach Hause kam, sagte er: »Ich möchte, daß du mir hilfst.« Ich wechselte meine Schuhe und folgte ihm nach draußen.

Als ich ihm hinten auf den Hof folgte, drehte er sich plötzlich um, als ob er etwas vergessen hätte. Dann begann er, mich wie verrückt zu schlagen... Er traf mich am Kopf, an den Schultern und am Rücken. Noch eineinhalb Wochen lang hatte ich eine schmerzende Stelle an der linken Schläfe.

»Was habe ich getan?« fragte ich.

»Das nächste Mal, wenn ich eine Limonadendose in deinem Zimmer finde, du verfluchter Kerl, werde ich dich *umbringen*!« antwortete er. Er hatte zwei Dosen in meinem Schrank gefunden, die ich nicht haben durfte.

... Wir gingen zurück ins Haus, und er begann, mich anzuschreien. Etwa zwei Stunden lang hielt er mir einen Vortrag, daß ich seinen Erwartungen nicht entsprach, daß meine Schulleistungen miserabel seien... Ich glaube, das war der Anfang... es würde immer mehr Vorfälle draußen im Hof geben, die schließlich mit meinem Tod oder meinem Verschwinden enden würden.«

Obwohl dies kaum möglich scheint, verschlimmerte sich die Situation kurz darauf noch. Stanley verstärkte den Druck, als es auf den achtzehnten Geburtstag des Jungen zuging. »Er schrieb sich den Kilometerstand auf, bevor ich losfuhr, sagte es mir aber nicht. Wenn ich irgendwo anders hinfuhr, wußte er Bescheid. Dann fuhr er die Strecke entlang, um die Kilometer zu überprüfen.«

Drei Wochen nach dem Vorfall mit der Limonadendose dachte Byron zum erstenmal daran, seine Eltern zu töten. Die Todesdrohungen, die Stanley seit Byrons achtem Lebensjahr ausgestoßen hatte, hatten plötzlich eine neue und gefährlichere Bedeutung angenommen. Dieser Vorfall hatte ihn mehr in Angst versetzt als andere, weil, wie er sagte, »es doch nur zwei Limonadendosen in meinem Zimmer waren, und er sagte: ›Das nächste Mal werde ich dich umbringen.‹ Ich wußte einfach nicht, was ihn beim nächsten Mal in Rage versetzen würde.«

Byron sprach seine zwölfjährige Schwester am Samstagmorgen an, als sie den Hof säuberten. »Ich fragte sie, was sie davon halten würde, wenn ich unsere Eltern umbringen würde. Zuerst sagte sie ja, aber ein paar Tage später dann nein. Ein paar Wochen später sagte ich ihr, daß ich mit achtzehn von zu Hause wegziehen würde und daß ich nicht wollte, daß meine Eltern mich verfolgen würden. Ich konnte sie nicht mitnehmen... und wahrscheinlich würde es schlimmer werden für sie.« Von diesem Tag an fragte Byron seine Schwester täglich, ob sie immer noch damit einverstanden sei, wenn er ihre Eltern umbrächte. Jedesmal erklärte Anne, daß sie sich wünsche, sie seien tot, und daß sie niemandem von ihren Gesprächen erzählen würde.

An einem Sonntagmorgen Mitte September kam Byron in Annes Zimmer, als diese gerade ein Buch las. »Heute werde ich es tun... Meinst du, daß ich es wirklich tun werde?«

Anne schaute auf und schob die Ponyfransen aus ihren Augen. »Ich weiß nicht. Du hast schon früher davon geredet und nichts getan«, sagte sie. »Aber wenn du es tust, werde ich nichts sagen.«

Kurz darauf half Byron seinem Vater bei den Vorbereitungen für ein Familientreffen später an diesem Nachmittag. Derartige Ereignisse fürchtete er jedesmal, weil sein Vater sie als Forum mißbrauchte, um ihn lächerlich zu machen.

Als die Familie in den Wagen stieg, um zu der Party zu fahren, merkte Stanley, daß Byron vergessen hatte, einen Kasten Limonade einzuladen.

»Du Arschloch, du kannst einfach nichts richtig machen! Der Kasten stand direkt vor deiner Nase«, schrie Stanley. Bevor sie an diesem Nachmittag losgefahren waren, hatte Byron eine zweischneidige Axt aus der Garage geholt und unter seinem Bett versteckt. Obwohl sie mehrere Gewehre zu Hause hatten, hatte er sich für die Axt entschieden, weil der Knall des Gewehrs die Aufmerksamkeit der Nachbarn erregen würde.

Gegen vier Uhr nachmittags befahl Stanley seinem Sohn, nach Hause zu fahren, um eine Flasche Whiskey zu holen. Zu Hause angekommen, holte er die Axt unter seinem Bett hervor und versteckte sie im Gebüsch vor der Küche.

Als er zwanzig Minuten später wieder bei der Familienfeier eintraf, nahm er seine Schwester zur Seite.

»Ich möchte, daß du über das, was ich heute morgen gesagt habe, nachdenkst. Sag mir, ob das, was ich tun werde, immer noch in Ordnung für dich ist«, flüsterte Byron.

»Ja«, antwortete Anne leise, bevor sie wieder mit ihren Kusinen spielte.

»Mein Vater ging etwa gegen zehn Uhr zu Bett«, berichtete

Byron später. »Dann ging ich in die Küche hinunter, um den Hund hinauszulassen.« Byron trug nur seine Unterwäsche, damit seine Mutter glaubte, daß er gleich zu Bett gehen würde.

Meine Mutter saß im Wohnzimmer, und ich bat sie, zur Küchentür zu kommen, weil ich draußen etwas gesehen hatte. Wir unterhielten uns ein wenig und ... ich ergriff die Axt und schlug damit auf ihren Hinterkopf ein, so daß sie nach hinten fiel ... Sie röchelte noch, und ich wollte nicht, daß sie so litt, daher schlug ich noch einmal auf ihren Hinterkopf. Jetzt röchelte sie nicht mehr, aber ich wollte sichergehen und hieb noch einmal auf ihren Kopf ein ...

Anschließend ging ich in mein Zimmer, um Kopfhörer für Anne zu holen, für den Fall, daß ich die Sache verpfuschte und er aufstand. Ich wollte nicht, daß sie irgend etwas hörte. Ich ließ die Axt im Flur stehen und ging zu meiner Schwester ins Zimmer.

Als ich ... hineinging und sagte, daß ich es bei Mom getan hatte, schreckte sie etwas vor mir zurück ... Ich drückte sie an mich und gab ihr einen Kuß ... Ich bat sie, die Kopfhörer aufzusetzen und etwas Musik zu spielen, damit sie nichts hören würde. Und dann ging ich langsam in sein Schlafzimmer.

»Ich sah ihn nicht. Ich richtete mich ganz nach seinem Schatten und seinem Atem ... Ich schlug siebenmal auf seinen Kopf ein. Als ich ihn erschlug, ging mir fast nichts durch den Kopf, nur der Gedanke, daß ich es tun mußte.«

Was ging nach der Tat durch seinen Kopf, fragte ich. Er seufzte tief und sagte: »Ich hatte Angst, aber irgendwie war ich erleichtert. Ich hatte Angst, weil ich irgendwie versuchen mußte, die Sache zu vertuschen, aber ich war auch erleichtert, weil es vorbei war und sie mir nicht mehr im Weg standen. Ich wollte einfach nur, daß der Teil meines Lebens abgeschlossen war.«

Gleich nach der Tat duschte er, um das Blut von seinen Armen, Beinen und von der Axt abzuwaschen. Nachdem er sich angezogen hatte, durchwühlten er und Anne das Haus, damit es nach einem Kampf oder einem Raubüberfall aussah. Dann setzten sie sich in den Wagen, um die Polizei von einer Telefonzelle an der Straße aus zu benachrichtigen. Sie wollten sagen, daß sie bei ihrer Rückkehr die Leichen der Eltern vorgefunden hätten.

»Bevor ich zu einem Telefon kam, hielt die Polizei mich wegen zu schnellem Fahren an. Meine Schwester begann sofort zu weinen, und ich erklärte den Beamten, daß ich glaubte, mein Vater habe meine Mutter getötet, aber daß ich mir nicht sicher sei.«

Obwohl Byron nervös und ängstlich wirkte, war er im Vergleich zu anderen Kindern während und nach dem Verbrechen relativ klar bei Verstand. Er brachte seine Eltern um, nachdem er seine Wahlmöglichkeiten sorgfältig durchdacht hatte. Er war der Meinung, daß sein Vater ihn getötet hätte, wenn er ihm bei einer seiner Züchtigungen Widerstand geleistet hätte.

Sechs Tage lang verneinten Byron und Anne fest, daß sie wüßten, wer ihre Eltern umgebracht hatte. Am 27. Oktober nahm die Polizei Byron fest. Den ganzen Morgen über verneinte er die Tat weiterhin. Dann ließ die Polizei Großvater Dix ins Polizeipräsidium bringen. Im Protokoll des Verhörs ist vermerkt, daß Großvater Dix um 17 Uhr 18 mit Byron in ein Zimmer ging und sie gemeinsam um 17 Uhr 33 wieder herauskamen.

»Bist du jetzt gewillt, mit uns über den Fall zu reden?« fragte der verhörende Beamte.

»Ja«, antwortete Byron.

»...Wenn es irgend etwas Wichtiges gibt, das du uns sagen mußt, müssen wir es aus deinem Mund hören«, fuhr der Beamte fort.

»Ich habe meine Mutter und meinen Vater umgebracht.«

Byron wurde des zweifachen, vorsätzlichen Mordes angeklagt. Seine Schwester Anne wurde nie vor Gericht gestellt.

Von dem Augenblick der Festnahme und des Geständnisses an war Staatsanwalt Ken Ellerbee der Meinung, daß Byron die zu Hause erlittenen Mißhandlungen übertrieben darstellte, und falls er nicht dramatisierte, so hatte er die Strafen, die sein Vater ihm auferlegte, verdient. Der Staatsanwalt ging davon aus, daß Byron gegen den Wunsch seines Vaters frühzeitig von zu Hause ausziehen wollte, um der strengen Behandlung dort zu entgehen.

Kurz vor der Verhandlung setzte Tom Alan sich mit den Anklägern zusammen, um über die Möglichkeiten einer Absprache zu reden, aber er mußte feststellen, daß sie keinerlei Mitleid mit Byron hatten. »Ellerbee erklärte mir, daß jeglicher Gedanke an mögliche Nachsicht gegenüber Byron hinfällig war, nachdem sie seine Aussage über die angeblichen sexuellen Annäherungsversuche seiner Mutter gelesen hatten...«, berichtete Alan mir später. »Sie glaubten ihm nicht. Sie waren der Meinung, daß er die ganze Sache fabriziert hätte, und sie meinten, dies zeige, was für ein Mensch er war und warum er angeklagt werden müßte.«

Neben der üblichen Ansammlung von Polizisten und Gerichtsmedizinern sagten mehrere Freunde von Stanley für die Anklage aus. Ihren Berichten zufolge war Stanley ein zügelloser und eigenwilliger Mann, der jedoch seine Kinder nicht mißhandelte. Er war sehr darum bemüht, ihnen Werte wie Fleiß und Verantwortungsbewußtsein einzugeben. Ja, er übertrug seinen Kindern unzählige Aufgaben, aber er bezahlte sie für ihre Mühe. Mehrere Freunde sagten sogar für die Anklage aus, sie hätten nie gesehen, daß Stanley oder Juliette ihre Kinder körperlich gezüchtigt hätten.

»Juliette war eine gute Mutter«, erklärte eine Freundin der Familie. »Sie achtete darauf, daß ihre Kinder alles hatten. Wenn es ein Problem gab, versuchte sie, mit ihnen darüber zu reden. Ich hatte das Gefühl, daß sie sehr liebevoll zu ihnen war.« Diese Freundin sagte auch aus, daß sie gelegentlich beobachtet hatte, daß Mrs. Grant ihrem Sohn Pickel ausdrückte, daß sie aber dabei keine sexuellen Absichten ausmachen konnte. Ellerbee rief auch Mae Simpson auf, Byrons Vertrauenslehrerin. Mrs. Deardon hatte er nach Abschluß der Grundstufe nicht mehr aufgesucht. Simpson, die über eine mehr als dreißigjährige Erfahrung verfügte, sagte vor Gericht aus, daß sie nur zweimal mit Byron gesprochen hatte und zwar zwei Monate vor der Tat.

»Er erzählte mir, daß er sobald wie möglich auf eigenen Fü-ßen stehen wollte«, berichtete Simpson. »Er sagte, daß er daran dachte, von zu Hause fortzulaufen. Ich riet davon ab, wie ich es immer tue, weil er noch nicht volljährig war. Ich warnte ihn, daß er von der Polizei erfaßt werden würde, wenn er von zu Hause fortlief.«

Dann fuhr sie fort: »Ich erklärte ihm, daß er ja bald acht-zehn werden würde und daß ich ihn dann in allem unterstüt-zen würde... Ich wollte auf jeden Fall, daß er bis zu seinem achtzehnten Geburtstag bei seiner Familie blieb.«

»Mrs. Simpson, hat der Angeklagte ihnen von irgendwel-chen Mißhandlungen berichtet?« fragte Ellerbee.

»Nein«, erwiderte sie geradeheraus.

»Mrs. Simpson, unterschied sich der Wunsch des Ange-klagten, von zu Hause auszuziehen, von den Wünschen an-derer Schüler?« fragte Ellerbee.

»Viele unter ihnen haben Konflikte mit den Eltern, und ich hatte bereits mit vielen Kindern zu tun, die von zu Hause weggelaufen sind... Es ist nichts Ungewöhnliches«, antwor-tete sie.

Es gab gute Gründe, warum Simpson nichts über die Miß-handlungen wußte. Mrs. Deardon, die sich und Byron offen-sichtlich vor den ihrer Meinung nach schrecklichen Konse-quenzen einer offiziellen Untersuchung schützen wollte, hatte ihre Notizen über Byron nie in seiner Schulakte abge-legt und auch mit keinem anderen über Byrons Probleme ge-sprochen. Byrons Geheimnis wurde zu dem ihren.

Nachdem Deardon ihm mitgeteilt hatte, daß sie nichts un-ternehmen konnte, um ihm zu helfen, suchte Byron sie nicht mehr auf, sondern beschloß, auch niemand anders davon zu berichten. Byron wollte von Simpson nur wissen, welche Rechte er hatte, wenn er achtzehn wurde, und erfahren, ob seine Eltern ihn zwingen konnten, die Schule zu beenden. Offensichtlich war Byron so verzweifelt und verwirrt, daß er die Wahrheit nicht offenbaren konnte.

Tom Alans Prozeßstrategie bestand darin zu beweisen, daß Byron in Notwehr gehandelt hatte, um sich und seine Schwester vor den lebensbedrohenden Taten seiner Eltern zu schützen. »Stanley Grant besaß einen kalten, bewußten, berechnenden, konstanten und unersättlichen Appetit auf Mißhandlungen«, erklärte er vor Gericht. Obwohl Juliette nicht so bösartig war, nahm ihr Sohn sie in jeder Hinsicht also genauso gewalttätig wahr.

Die Mißhandlungen wurden den Geschworenen durch die Aussagen mehrerer Verwandter, enger Freunde der Familie, Mrs. Deardon und Byron selbst gut dokumentiert. Leider wurden Alans Bemühungen dadurch behindert, daß man Anne geraten hatte, nicht für ihren Bruder auszusagen. Obwohl sie nicht unter Anklage stand, hatte ihr Anwalt Angst, daß sie bei einer Aussage bestimmte nachteilige Eingeständnisse machen könnte, die ebenfalls zu einer Anklage führen könnten. Aus diesem Grund riet er ihr, die Aussage zu verweigern. Hätte Ellerbee ihr Immunität garantiert, hätte sie aussagen können.

Obwohl die Grants ein recht großes Vermögen hinterließen, konnte Byron das Geld nicht für seine Verteidigung einsetzen. Da er es sich nicht leisten konnte, Sachverständige zu bezahlen, benannte das Gericht zwei Psychiater – Dr. Pernell und Dr. Voslau. Diese Psychiater arbeiteten nicht für die Verteidigung, sondern wurden vom Gericht ausgewählt. Ihre Aufgabe war begrenzt: War Byron verrückt und konnte er seinem Anwalt bei seiner Verteidigung helfen? Es war nicht ihre Aufgabe zu entscheiden, ob er mißhandelt worden war, wie die Mißhandlungen seine Handlungen am 21. Oktober beeinflußt haben könnten oder warum er seine Eltern tötete.

Nachdem ich mit Tom über diese Ärzte gesprochen und ihre Gutachten und Aussagen vor Gericht gelesen hatte, kam ich zu dem Schluß, daß sie für die praktischen Zwecke der Verteidigung fast nutzlos waren. Es verbot sich schon durch ihre Berufung, daß Alan sich ihnen anvertraute. Sie waren Gutachter des Gerichts, und aus diesem Grund konnte Alan sie nicht als Teil seines Verteidigungsteams betrachten.

Dem Gesetz zufolge ist ein Gutachter ein Zeuge, der aufgrund seiner Erfahrung und/oder Ausbildung Tatsachen und Konzepte erklären kann, die über das Verständnis der Geschworenen hinausgehen. In Fällen wie diesen suche ich nach einem Psychiater oder Psychologen, der sich auf jugendliches Verhalten spezialisiert und vorzugsweise mißbrauchte und straffällige Jugendliche behandelt hat. Und idealerweise suche ich jemanden aus, der bereits mit Teenagern gearbeitet hat, die einen Mord begangen haben. Wenn ein Gutachter diese Qualifikationen hat, ist es normalerweise nicht weiter schlimm, wenn er nicht viel Gerichtserfahrung besitzt.

Obwohl beide Männer an anerkannten medizinischen Fakultäten ausgebildet worden waren und seit über dreißig Jahren praktizierten und unter anderem an Hunderten von Gerichtsfällen mitgearbeitet hatten, waren beide keine Experten für Kindesmißhandlungen, Gewalt in der Familie oder jugendliche Mörder. Diese fehlende Erfahrung schien den Richter jedoch nicht weiter zu stören. Ich kann nur annehmen, daß er der Meinung war, daß jeder Psychiater, unabhängig von seiner Erfahrung, qualifiziert ist, als Gutachter aufzutreten. Zu ihrer Verteidigung muß ich jedoch sagen, daß beide mit Byrons Schicksal Mitleid hatten. Sie glaubten, daß er mißhandelt worden war, aber für die Geschworenen trugen sie nur wenig mehr als Byrons Tante oder sein Großvater zum Verständnis des Verbrechens bei.

Dr. Pernell zeigte offensichtlich mehr Mitleid und Verständnis für Byrons Leiden als Dr. Voslau. Tom Alan berichtete mir sogar, daß Pernell ihn bei ihrem ersten Zusammentreffen nicht einmal begrüßt, sondern gleich gesagt hatte: »Diese Leute hätten an den Zehen aufgehängt und zu Tode geprügelt werden sollen.«

Pernells Bericht bestand aus zwei zweiseitigen Briefen an den Richter (im Vergleich dazu erstreckte sich Toms psychologische Begutachtung auf über fast fünfunddreißig Seiten). Er schloß seinen ersten Brief mit der Bemerkung, daß Byron geistig gesund sei und bei der Ausführung der Tat guten Kontakt zur Realität gehabt habe. In seinem zweiten Brief schrieb er: »Zweifellos hat Byron durch die Mißhandlungen, die er jahrelang ertrug, Schaden genommen... Es handelte sich nicht um eine Tat im Affekt; ganz im Gegenteil: er führte jeden Schritt klar, berechnend und rational durch. Sein Motiv war keinesfalls absonderlich und ergab mehr Sinn als die sinnlosen Grausamkeiten, die er sein Leben lang hatte ertragen müssen. Ich glaube nicht, daß der Hauptgrund für sein Verbrechen Haß oder Rache war, sondern statt dessen die einzige Möglichkeit, mit der er sich und seine Schwester von den Mißhandlungen und der Unterdrückung befreien konnte.«

Dr. Voslaus Bericht belief sich auf drei Seiten und enthielt sechs Zeilen Analyse: »Obwohl Byron Grant (falls die vorliegenden Informationen stimmen) mit Sicherheit sehr schwer mißhandelt wurde, litt er meiner Meinung nach bei der Ausführung der Tat nicht unter einer Geisteskrankheit oder einem Defekt, durch den er entweder nicht die Fähigkeit hatte, die Unrechtmäßigkeit seines Verhaltens einzusehen oder sich dem Gesetz entsprechend zu verhalten.«

Im Zeugenstand erklärte Dr. Pernell auf die Frage, welche Erfahrung er bei der Arbeit mit mißhandelten Kindern gemacht habe, daß seine Kenntnisse »sehr gering, äußerst gering«seien. Sein Wissen über Kindesmißbrauch hatte er sich hauptsächlich angelesen. Dennoch erklärte Pernell kategorisch, daß Byron körperlich und emotional von seinem Vater mißhandelt worden sei. Er charakterisierte Stanley Grant »als einen Mann, der machttrunken sein Kind zerstören wollte«. Er erklärte auch, daß Juliettes Verhalten gegenüber Byron einer Vergewaltigung gleichkomme, da es sich »um sexuelles Verhalten gegen seinen Willen« gehandelt habe. Und er beschrieb Byron als einen unterwürfigen, passiven, ungefährlichen Menschen.

Die Geschworenen brauchten keinen Psychiater, der ihnen sagte, daß Byron mißhandelt worden war oder daß es sich um einen passiven Menschen handelte. Sie brauchten einen Gutachter, der sich bei den Auswirkungen von Mißhandlungen auf den geistigen Zustand eines Kindes auskannte. Speziell brauchten sie einen Psychiater oder Psychologen, der erklären konnte, wie der Mißbrauch Byrons Wahrnehmung von Gefahr beeinflußte. Leider stand ein solcher Sachverständiger nicht zur Verfügung.

Byron war während der vierstündigen Befragung durch Tom Alan relativ ruhig. Er beschrieb einen schrecklichen Vorfall nach dem anderen, als ob er ein Nachrichtensprecher wäre, der über das Leben eines anderen Menschen berichtete. Der vielleicht ergreifendste Teil seiner Aussage spiegelt sich in seinen Antworten auf Tom Alans letzte vier Fragen wider:

F: Byron, was empfindest du jetzt, wenn du an deine Tat denkst?

A: Es tut mir leid, daß ich es getan habe. Es tut mir leid für meine Familie und Freunde, daß ich das Gefühl hatte, es tun zu müssen.

F: Hast du jemals darüber nachgedacht, welche Alternativen du hattest, Dinge, die du hättest tun können, damit die Probleme gelöst worden wären?

A: Vorher oder hinterher?

F: Hinterher.

A: Hinterher dachte ich darüber nach, als ich hier im Gefängnis war. Und die einzige Alternative, die ich gehabt hätte, wäre gewesen, einen Brief über die Situation zu schreiben und darüber, wie schrecklich es war und daß es immer schlimmer wurde, und Kopien an meine Großeltern, Freunde und Verwandte zu schicken... und dann Selbstmord zu begehen. Ich glaube, dann wäre zumindest Anne aus dem Haus gekommen. Irgend jemand hätte sich darum gekümmert, daß Anne aus dem Haus gekommen wäre.

F: Hast du jemals daran gedacht, wie ihr, du und Anne, lebend aus dem Haus hättet kommen können?

A: Nein.

In seinem Bemühen, die Anschuldigungen von Mißhandlungen auszuräumen, stellte Distrikt-Staatsanwalt Ellerbee eine Reihe von unangenehmen Fragen im Kreuzverhör, die die Zeugen der Verteidigung zwangen, ihr Nichteingreifen zu erklären. Tante Denise, die aussagte, daß sie unzählige Male mitangesehen hatte, wie die Kinder körperlich und verbal mißbraucht wurden, stellte Ellerbee folgende Frage:

F: Haben Sie Stanley oder Juliette klargemacht, wie Sie über die körperlichen Strafen dachten?

A: Ich kann mich nur an einen Vorfall erinnern. Das war, als er Byron ohrfeigte. Ich sagte (zu Stanley): »Tu das nicht...«

F: Entspricht es nicht der Tatsache, daß diese Dinge, die Sie beobachteten, Sie nicht genug bewegten, um irgend etwas zu Stanley oder Juliette Grant zu sagen, und daß Sie möglicherweise jetzt nur rückblickend derartige Gefühle haben?

A: Nein, das stimmt nicht. Ich habe niemals –

F: Wenn Sie schon damals derartige Gefühle hatten, warum haben Sie dann nichts unternommen?

A: ... Es war nicht mein Haushalt. Ich meine, jeder erzieht seine Kinder auf seine Weise. Ich hatte ... ihre Erziehungsmethoden frühzeitig kennengelernt. Wenn ich mich eingemischt hätte, hätte man mir entweder gesagt, daß ich mich um meine eigenen Sachen kümmern sollte, oder Stanley hätte mir verboten, meine Schwester und die Kinder je wieder zu besuchen, denn was er sagte, galt.

Man kann sicherlich darüber streiten, ob Ellerbee mit dieser und ähnlichen Befragungen bei den Geschworenen Punkte machte. Durch sein hartnäckiges Kreuzverhör überzeugte er einige Geschworene möglicherweise, daß Tante Denise die Mißhandlungen übertrieben darstellte, weil sie jetzt wegen ihres Nichteingreifens Schuldgefühle hatte. Wenn sie andererseits wirklich daran interessiert war, sich zu schützen, hätte sie dann nicht gesagt, daß sie nicht eingegriffen hatte, weil die Behandlung nicht so schlimm war? Meiner Meinung nach hatte Ellerbee jedoch bei einer Sache Erfolg (obwohl er sich dessen sicherlich nicht bewußt war): Er machte eins der größten Probleme, dem wir bei der Ausrottung des Kindesmißbrauchs gegenüberstehen, deutlich: Verwandte, Freunde und selbst Menschen wie Mrs. Deardon mischen sich nur sehr zögernd in die Familienangelegenheiten anderer ein, selbst wenn sie wissen, daß das Kind mißhandelt wird. Nachdem ich die Aussage von Freunden und Verwandten gelesen hatte, fragte ich mich, welche Bestrafung abgesehen von Byrons Ermordung sie dazu gebracht hätte, überhaupt etwas zu unternehmen.

Ellerbee befragte die Zeugen weiter nach der Ernsthaftigkeit des Mißbrauchs und nahm Byron besonders schonungslos ins Kreuzverhör. Die Hauptabsicht seiner Befragung, die oft von beißendem Sarkasmus begleitet war, bestand darin zu beweisen, daß Byron seine Angst übertrieben darstellte. Obwohl die meisten seiner Fragen intelligent durchdacht waren, grenze sein Eifer, Byron zu vernichten, häufig ans Groteske.

F: Mr. Grant, gab es auch Zeiten, in denen Sie keine Angst vor Ihrem Vater hatten?

A: Nein, niemals.

F: Hatten Sie Angst vor Ihrem Vater, wenn Sie Kegeln spielten?

A: Ja.

F: Und warum hatten Sie Angst vor Ihrem Vater, wenn Sie Kegeln waren?

A: Er kritisierte mein Spiel immer, und mehrere Male packte er mich und zerrte mich dorthin, wo ich seiner Meinung nach stehen sollte, um die Kugel zu werfen.

F: Hatten Sie Angst vor Ihrem Vater, wenn Sie Rollschuh liefen?

A: Nein.

Ellerbees unversöhnliche Einstellung gegenüber Byron offenbarte sich besonders gegen Ende der Befragung, als er die Mordwaffe ergriff, die an seinem Tisch lehnte, und auf Byron zuging.

F: Wenn es das Gericht erlaubt, würde ich Mr. Grant gerne bitten herzukommen, um uns etwas zu demonstrieren.

F: Mr. Grant, ich reiche Ihnen das Beweismittel Nr. 13 und möchte Sie bitten, es zu identifizieren.

A: Ja, das ist die Axt.

F: Würden Sie sie bitte in die Hand nehmen? Würden Sie bitte Ihr Taschentuch auf den Tisch legen und hier in die

Mitte des Raumes kommen? Würden Sie bitte die Geschworenen ansehen und ihnen zeigen, was Sie in jener Nacht mit der Axt gemacht haben?

Pause)

A: Ich kann es nicht. Ich habe ausgeholt.

F: Wie haben Sie ausgeholt, Mr. Grant?

A: Ich habe auf meine Eltern gezielt.

F: Wie haben Sie die Axt geschwungen, als Sie Ihre Mutter erschlagen haben? . . . Mr. Grant, gibt es irgendeinen Grund, warum Sie die Axt nicht in die Hand nehmen können?

A: Ich bin nicht stolz auf das, was ich getan habe. Es tut mir leid. (Byron nahm seinen Platz wieder ein.)

Im Anschluß an die Zeugenaussagen unterrichtete der Richter die Geschworenen über die Einzelheiten des Gesetzes, nach denen sie sich bei ihrer Entscheidung richten konnten und erklärte im einzelnen die verschiedenen Definitionen und Nuancen jedes möglichen Urteils. Tom Alan forderte das Gericht auf, die Geschworenen über Taten, die in Notwehr begangen wurden, zu belehren. Er war der Meinung, daß Byron berechtigt gewesen war, tödliche Gewalt anzuwenden, weil er billigerweise glaubte, daß er und seine Schwester sich in unmittelbarer tödlicher Gefahr befanden. Er behauptete, daß Byron davon ausgehen konnte, daß es in unmittelbarer Zukunft zu Mißhandlungen kommen würde, da der Mißbrauch nach einem anhaltenden, chronischen und sich steigernden Muster verlief. Dies war sein ganzes Leben über der Fall gewesen, und die nächste Situation würde lebensbedrohlich sein. Der Richter verwarf diese Position völlig.

Da weder Stanley noch Juliette eins der Kinder zum Zeitpunkt ihres Todes angegriffen hatten, konnte Byron Notwehr für sich nicht in Anspruch nehmen, wie Richter Lemaster erklärte. Obwohl der Richter glaubte, daß die Kinder das Opfer von ernsten Mißhandlungen waren, lagen ihm keine Beweise für einen Angriff zum Zeitpunkt des Verbrechens vor. Daher verbot er den Geschworenen, in Erwägung zu ziehen, ob Byron in Notwehr gehandelt hatte. Aus diesem

Grund konnten sie bei ihrer Urteilsfindung nur aus folgenden Möglichkeiten wählen: Schuldspruch wegen Mordes, schuldig, aber geistig gestört, und nicht schuldig aufgrund von Geisteskrankheit.

Die Bestimmung ›schuldig, aber geistig gestört‹ war hier ähnlich wie in Stevens Fall. Und wie dort gab es aufgrund dieser Bestimmung in diesem Staat keinen Totschlag, eine Anklage, die die verminderte Zurechnungsfähigkeit als mildernden Umstand miteinbezieht, so daß eine geringere Schuldhaftigkeit vorliegt.

Was an dieser Form der Urteilsfindung merkwürdig ist, ist der Grundsatz der amerikanischen Justiz, daß die Geschworenen im Grunde nur über das Ausmaß der Schuldhaftigkeit entscheiden können. Fast jeder Staat, auch Byrons, verbietet es den Geschworenen, über das Strafmaß zu entscheiden (bis auf Fälle, für die die Todesstrafe in Betracht kommt), denn das liegt dem Gesetz zufolge in der Verantwortung des Richters.

Das Urteil ›schuldig, aber geistig gestört‹ ist heimtückisch, denn die Geschworenen glauben fälschlicherweise, daß sie über das Strafmaß entscheiden, wenn sie sich für dieses Urteil entscheiden – sie meinen, daß der Betroffene dann therapeutisch behandelt, nicht bestraft wird. Es verhält sich jedoch so, daß ein Angeklagter in diesem Staat genau wie in Stevens Staat bei einem solchen Urteilsspruch in dieselbe Institution überführt wird wie ein Verurteilter, der des Mordes schuldig befunden wurde.

Trotz der Aussagen der beiden Psychiater, daß Byron weder geisteskrank war noch unter einer geistigen Störung litt, als er die Tat beging, erklärten die Geschworenen Byron für schuldig, aber geistig gestört. Man kann nur annehmen, daß sie bei den geringen Wahlmöglichkeiten das Urteil wählten, das sie für das humanste hielten. Andererseits spiegelt das Urteil die populäre Auffassung wider, daß ein stark mißhandeltes Kind, das seine Eltern tötet, trotz Sachverständigengutachten, die das Gegenteil belegen, ein gestörter Mensch ist.

Der Sprecher der Geschworenen, ein großer, freundlicher

Mann Anfang Fünfzig, schaute nicht zu Byron oder irgend jemand anders auf, als er das Urteil verlas. Als Byron verstand, schaute er plötzlich nach unten, nahm einen langen, tiefen Atemzug und setzte sich. Er weinte nicht. Schluchzend drückte Tom Alan den Jungen an sich, bis die Polizisten den teilnahmslosen Jungen abführten. »Der einzige gelassene Mensch, den ich im Gerichtssaal sah, war Byron«, erzählte Alan mir später. »Wahrscheinlich hat er nie damit gerechnet, daß es in seinem Leben jemals eine Pause gab.«

Jeder erfahrene Strafverteidiger wird Ihnen sagen, daß es im Grunde unmöglich ist, die Gedanken eines Geschworenen zu erklären. Aber in diesem Fall wurde die Sache ein wenig erleichtert. Nach dem Urteilsspruch schickten mehrere Geschworene Briefe an den Richter und baten ihn, bei der Festlegung des Strafmaßes Milde walten zu lassen. Einer dieser Briefe offenbart zumindest teilweise die Logik der Jurymitglieder – oder vielleicht auch ihre Verwirrung:

...alle Geschworenen hatten großes Mitleid mit Byron Grant. Kein einziger Geschworener wollte, daß Byron ins Gefängnis kommt. Unser einziger Wunsch bestand darin, daß er die richtige psychiatrische Behandlung bekommt, die er braucht – aber nicht im Gefängnis. Das würde unserem Urteilsspruch völlig widersprechen. Wir kamen nur zu dieser Entscheidung, nachdem wir uns davon überzeugt hatten, daß dieses Urteil eine geringe oder gar keine Gefängnisstrafe bedeutet, aber die richtige und ausreichende psychiatrische Behandlung beinhaltet.

Nach dem Urteilsspruch wurde der Richter auch mit anderen Briefen überschüttet, die ihn drängten, bei der Bemessung des Strafmaßes Milde walten zu lassen. Die Briefe stammten nicht nur von Freunden und Verwandten, sondern auch von anderen: Schülern aus Byrons Highschool, Fremden, die die achttägige Gerichtsverhandlung miterlebt hatten, älteren Menschen, die in der Zeitung von der Verhandlung gelesen hatten.

Euer Ehren,
... ich weiß, daß es keine Lösung ist, seine Eltern umzubringen, aber man hat wirklich das Gefühl, daß niemand diesem Jungen helfen wollte... Wenn jemand in der Umgebung aufwächst, in der die Grant-Kinder leben mußten, überrascht es mich im Grunde, daß er die Eltern nicht bereits früher umgebracht hat.

Sehr geehrter Richter,
... Hat er nicht genug gelitten?... Er versuchte, Hilfe zu bekommen, aber nichts klappte. Seine Eltern scheinen in diesem Fall größere Verbrecher zu sein als die Kinder. Ich will nicht sagen, daß das, was er tat, richtig war, aber wenn man verzweifelt ist, lassen sich manche Handlungen eben nicht erklären. Ich meine, er hat für das bezahlt, was er getan hat – achtzehn Jahre lang.

Lieber Richter,
noch nie in meinem Leben habe ich so sehr das Verlangen verspürt, einen Brief zu schreiben. Ich kenne Byron Grant nicht, aber meinen Sie nicht, daß er genug gelitten hat? Es tut mir wirklich sehr leid, was er getan hat, aber meiner Meinung nach hatte er keinen anderen Ausweg... Jeder, der seine eigenen Kinder oder andere Kinder so behandelt wie sie es getan haben, verdient es, mit einer Axt erschlagen zu werden. In unserem Land werden viel zu viele Kinder mißhandelt.

Sehr geehrter Richter,
... Auch wenn Sie vielleicht sagen, daß Byron Grant seinen Eltern gegenüber keine Gnade walten ließ, muß ich sagen, daß er zu dem Verbrechen getrieben wurde, weil er ihre grausame Behandlung nicht länger ertragen konnte... Ich bin jetzt über einundachtzig Jahre alt, Witwe, lebe noch in meinem eigenen Haus und war früher Krankenschwester... Meine Mutter verstarb im letzten Jahr im Alter von einhundertzweieinhalb Jahren. Ich war das älteste von zwölf Geschwistern. Meine Mutter haßte mich vom Tag meiner Geburt an bis zu ihrem Todestag... Wenn ich bei der Erledi-

gung meiner Aufgaben etwas langsam war, faßte sie mich bei den Händen, zog mich an den Haaren und schüttelte meinen Kopf so, wie ein Hund eine Ratte schüttelt... Ich glaube, die schlimmsten Prügel waren die, als sie mich mit Vaters Reitpeitsche schlug... In jenen Jahren wußte ich..., daß ich noch viel schlimmer leiden würde, wenn ich ihr irgend etwas antun würde... Wenn Sie diesen jungen Mann bestrafen müssen, lassen Sie bitte Milde walten; wenn irgendeiner der Geschworenen solche Strafen und Ablehnung hätte ertragen müssen wie ich, hätte er ihn nie schuldig gesprochen.

Eines ist sicher: Es wurden keine Briefe geschrieben, die nach einer harten Strafe verlangten. Wenn es jemanden gab, der Stanleys und Juliettes Verhalten verteidigte, machte er es nicht offenkundig. Ken Ellerbee jedoch blieb unbeeindruckt. Er mußte das Andenken an Stanley und Juliette und alle guten Eltern verteidigen. Ellerbee forderte, Byron zu der Höchststrafe von je sechzig Jahren für jeden Mord zu verurteilen, wobei die Strafen nebeneinander abgebüßt werden sollten. Bei seiner Strafforderung erklärte er vor Gericht:

Vorsätzlicher Mord an zwei Menschen, speziell an den eigenen Eltern, ist ein schreckliches und unannehmbares Beispiel für verbrecherisches Verhalten in unserer Gemeinschaft. Eltern und Kinder in unserer Gemeinschaft schauten sorgfältig zu, als dieser Fall verhandelt wurde, und die Beweise, auf denen die Anklage beruhte, haben gezeigt, daß die Behauptung, Byron Grant sei angeblich mißhandelt worden, nur durch seine eigene Aussage und die Aussage eines weiteren Mitglieds der Familie unterstützt wurde.

Tom Alan dagegen bat leidenschaftlich um Milde. Seine treffende Charakterisierung der Möglichkeiten, die Byron offenstanden, war besonders bewegend:

Hätte er seinen Vater und seine Mutter ehren sollen, indem er von zu Hause weglief und sich der Kinderprostitution hingab? Wie hätte Byron nach Meinung der Anklage überleben sollen, speziell, wenn er mit seiner Schwester weggelaufen wäre? Diese Kinder waren keine Verbrecher; sie konnten sich nicht dadurch ernähren, daß sie gestohlene Waren oder Drogen verkauften. Sie hätten sich selbst als Prostituierte auf dem Strich verkaufen müssen. Das sind die nackten Tatsachen.

Der Richter, der durch Alans Bitte und die ungeheure Unterstützung für Byron doch etwas bewegt war, verurteilte den Jungen zu vierzig Jahren für den Mord an seiner Mutter und zu dreißig Jahren für den Mord an seinem Vater, wobei die Strafen nebeneinander herliefen. Er hätte auch den Antrag des Staatsanwalts befolgen und Byron zu der Höchststrafe von einhundertzwanzig Jahren verurteilen können.

Als Tom Kontakt zu mir aufnahm, sollte die Revisionsverhandlung in sechzehn Tagen stattfinden; als ich ihm erklärte, daß ich helfen würde, war nur noch eine Woche Zeit bis zur Verhandlung. Zu diesem späten Zeitpunkt konnte ich ihm leider nur noch beim Verfassen seines Plädoyers helfen und moralische Unterstützung anbieten. Obwohl er mir wiederholt erklärte, daß er mit seinen Bemühungen unzufrieden sei, sah ich nur ein überzeugendes und leidenschaftliches juristisches Schriftstück.

Die Hauptgründe für den Revisionsantrag lagen darin, daß die Geschworenen vom Richter auch über die Notwehrstatuten hätten unterrichtet werden sollen. Obwohl Toms Revisionsantrag fünfundvierzig Seiten lang war, bestand seine Hauptbeschwerde darin, daß der Richter die Worte ›nahe bevorstehend‹ mit *sofort* verwechselt hatte.

Wie wir bereits bei Michaels Fall gesehen haben, muß ein Mensch, der berechtigterweise tödliche Gewalt zum eigenen Schutz oder zum Schutz eines Dritten einsetzt, berechtigterweise glauben, daß er ernsthaft verletzt oder getötet werden wird und daß der drohende Angriff *nahe bevorsteht*. In seinem Antrag argumentierte Tom, daß »Angriffe und Drohungen, die ständig fortgesetzt werden, der Definition nach nahe bevorstehen... *Nahe bevorstehend* wurde definiert als ›drohend, mittelbar statt unmittelbar, nah, gefährlich‹.«

Leider nahm Byrons Verteidigung Tom sehr mit. Kurz nach Einreichen des Revisionsantrags mußte er für längere Zeit Urlaub machen. Etwa ein Jahr nach unserem ersten Gespräch erhielt ich den folgenden Brief:

Lieber Paul,
beiliegend die äußerst schlechten Nachrichten.

Tom

In seiner unermeßlichen Weisheit hatte das Oberste Gericht das Urteil und das Strafmaß bestätigt und stimmte einstimmig mit dem Richter des Strafverfahrens überein, daß bei Byron das Notwehrstatut keine Anwendung finden konnte, da *nahe bevorstehend* ›unverzüglich‹ bedeutete.

»Daß der Angeklagte das Opfer einer mißhandelnden oder gewalttätigen Beziehung war, bedeutete nicht, daß der Notwehrstatut Anwendung finden kann...«, schrieb das Oberste Gericht. »Wir sind der Meinung, daß das Fehlen einer unmittelbaren oder drohenden Gefahr durch die Opfer in diesem Fall durch den Zeitabstand zwischen dem Mord an den Opfern und der letzten körperlichen Mißhandlung und durch die Tatsache, daß der Vater schlief und die Mutter sich am Abend der Tat in einer nicht bedrohlichen Haltung befand, gegeben ist, was die Annahme, daß es sich um Notwehr oder um die Verteidigung anderer handelte, ausschließt.«

Im wesentlichen erklärte das Oberste Gericht, daß Byrons Auffassung, er habe sich in unmittelbarer Gefahr befunden, unsinnig sei. Er hätte sich *nur* auf Notwehr berufen können, wenn er direkt vor dem Verbrechen angegriffen worden wäre. Die Tatsache, daß es während der Verhandlung eindeutige Beweise dafür gegeben hatte, daß Byron in dem Monat vor dem Verbrechen regelmäßig geohrfeigt, geschlagen oder auf andere Weise brutal mißhandelt worden war, war für das Gericht irrelevant, obwohl dies bedeutete, daß der Junge sich abends mit der Erwartung schlafen legte, daß er am nächsten Tag wieder geschlagen werden würde.

Die Mitglieder des Gerichts ignorierten eine Tatsache, in

der sich alle Fachleute für Kindesmißbrauch einig sind – die Angriffe auf ein Kind sind qualitativ anders zu bewerten als Gewalttaten eines Erwachsenen gegenüber einem anderen Erwachsenen. Schwerer, lang anhaltender Kindesmißbrauch hat starke Auswirkungen auf das Realitätsempfinden des Kindes und damit auf die Tatsache, wie es Gefahr wahrnimmt. Kinder und Jugendliche wie Byron leben in einem erhöhten Zustand von Angst und Erregung, da sie nicht wissen, ob der nächste Schlag oder Hieb zu ihrem Tod führen wird, auch wissen sie nicht, ob die Eltern die oft wiederholten Drohungen, sie zu töten, wahrmachen werden.

Obwohl wenig, was die Gutachter sagten, das Gericht in bezug auf Byrons geistigen Zustand erleuchten konnte, erklärte einer der Briefe, der an den Richter geschickt wurde, Byrons Dilemma einfach, aber beredt:

Abgesehen von den engen Familienmitgliedern sah vielleicht zu der damaligen Zeit sonst niemand das gesamte Bild des Mißbrauchs... Als Erwachsene wissen wir, daß dies nicht heißt, daß die Gemeinschaft Stanleys Einsatz von Gewalt oder Strenge unterstützte. Aber ein Kind sah die Sache vielleicht anders. Wenn man bedenkt, daß Byron von Kindheit an wußte, daß weder die Nachbarn, noch die Lehrer oder Verwandten ihn verteidigen würden, ist es unrealistisch anzunehmen, daß er von außen irgendwelche Hilfe erwarten konnte.

In den Augen der Justiz ist Byrons Fall damit abgeschlossen. Das einzige Mittel ist jetzt noch ein Gnadengesuch beim Gouverneur. Obwohl ich nicht in der Lage war, Byron während seines Verfahrens zu helfen, werde ich mit Tom an dem Gnadengesuch arbeiten.

Gnadengesuch oder Strafmilderung sind im Grunde politische Lösungen für juristische Probleme. In Fällen von häuslicher Gewalt wurden sie in den letzten Jahren etwa ein dutzendmal mit Erfolg eingesetzt, um engstirnige Gerichtsurteile zu umgehen. Die Gouverneure haben speziell in Fällen, in denen staatliche Gerichte Notwehr nicht zugelassen oder den Angeklagten daran gehindert haben, Gutachter für die Auswirkungen von Mißbrauch auftreten zu lassen, Strafmilderungen gewährt. Von all diesen Fällen waren nur eine Handvoll Elternmorde betroffen, während es sich bei den übrigen um mißhandelte Ehefrauen handelte, die ihren Mann umgebracht hatten. Der erste Elternmörder war Richard Jahnke, dessen Fall in der Einleitung zu diesem Buch erwähnt wurde. Ein weiterer war James Bresnahan, dessen Fall ungeheure Ähnlichkeit zu Byrons aufweist.

Am 4. August 1964 erstach der fünfzehnjährige James Bresnahan aus Silverton, Colorado, seine Eltern William und Laurel Bresnahan, als die Familie einen Campingausflug unternahm. James, der noch nie verhaftet worden war, bekannte sich schuldig und wurde zu zweimal lebenslänglich verurteilt. Bresnahans Anwalt, John Kane, der heute Bundesrichter ist, versuchte acht Jahre lang ohne Erfolg, die Strafe seines Klienten aufzuheben, weil das Gericht in seinem Urteil nicht die Tatsache in Betracht gezogen hatte, daß Bresnahan körperlich und emotional mißbraucht worden war. Bresnahan, dessen Vater Arzt gewesen war, ließ sich durch die Ablehnung der Revisionsanträge nicht beirren. Er studierte an der Fernuniversität von Südcolorado und schloß als Klassenbester ab.

1975 kam sein Schicksal dem Gouverneur von Colorado, Richard Lamm, zu Ohren, der die Strafe auf vierundzwanzig Jahre verkürzte. Im darauffolgenden Jahr wurde die Strafe in eine Bewährungsstrafe umgewandelt, und Breshnahan schrieb sich, in die Fußstapfen seines Vaters tretend, zu einem Medizinstudium ein. Dr. Breshnahan, der sich besonders um die Bedürfnisse von Wanderarbeitern kümmert, reichte 1987 ein Gnadengesuch ein. Um seine Petition zu unterstützen, schrieb Richter Kane: »Von allen Menschen, die ich verurteilt habe oder von denen ich gehört oder gelesen habe, kenne ich niemanden, dessen Geschichte diesem Triumph auch nur im entferntesten nahekommt.«

»Die Begnadigung soll mich nicht von Schuld freisprechen«, erklärte Dr. Breshnahan. »Sie soll vielmehr der Anerkennung dessen dienen, was ich seitdem geleistet habe. Die

Begnadigung gibt mir nur alle Rechte und Pflichten eines Bürgers zurück.« Am 8. Mai 1987 gewährte Gouverneur Roy Romer Breshnahan eine volle Begnadigung.

Obwohl diese Gnadengesuche oft auf taube Ohren stoßen, bin ich überzeugt, daß Byron eine Chance hat. Zweifellos wird er die Unterstützung jener moralischen Menschen haben, die ihm nach seiner Verurteilung zur Seite standen. Außerdem hat er noch Tom Alan, einen Mann, der es bis zu seinem Tod nicht aufgeben wird, gegen das Urteil anzukämpfen. Tom Alan kämpft nicht nur für Byron Randall Grant. Er kämpft für alle mißbrauchten Kinder. Obwohl er durch das Ergebnis dieses einen Falls am Boden zerstört war, war es eine dramatische Erfahrung für ihn, die ihm die Augen öffnete. Sechs Jahre nach dem Urteil, schimpft er noch immer über die Ungerechtigkeiten durch das System, die sich bei Byrons Behandlung zeigten. »Es ist wirklich erstaunlich, wie wir Kinder in dieser Gesellschaft behandeln«, erklärte er mir, »wir behandeln sie grausam und geben nicht viel auf ihren Schmerz. Da sie klein sind, meinen wir, ihr Schmerz sei gering.«

Der stärkste Fürsprecher für sich ist Byron selbst, er kann mehr für sich ausrichten als die Menschen in seiner Gemeinde, Tom Alan oder ich.

Seit er vor vier Jahren ins Staatsgefängnis kam, durfte Byron keinen Psychiater oder Psychologen aufsuchen. Das gesamte Behandlungsprogramm bestand darin, daß er alle zwei Monate mit einem Gefängnisseelsorger spricht. Obwohl Byron eine therapeutische Behandlung verweigert wurde, ist er schon lange nicht mehr der Mensch, als den Tom Alan ihn einmal beschrieb: »Eine Null, ein Phantom, das kaum reden konnte«.

Während meines zweitägigen Besuchs verbrachten Byron und ich fünfzehn Stunden zusammen. Heute sprechen wir etwa einmal im Monat miteinander. Von unserem ersten Gespräch an war offensichtlich, daß er anders war als die meisten Menschen, die ich vertreten habe. Er ist einer der wenigen, dem es gelungen ist, sich selbst zu verstehen und seine Bedürfnisse zu artikulieren.

Die meiste Zeit meines Gesprächs im Gefängnis verbrachten wir damit, über seinen Fall zu sprechen. Gegen Ende des Abends begaben wir uns jedoch auf neues Gebiet und sprachen über Dinge, die ihn noch nie jemand gefragt hatte, wie er mir später anvertraute.

»Manche Menschen machen sich Sorgen, daß Menschen, die mißbraucht werden, ihren Kindern dasselbe antun werden«, erklärte ich geradeheraus.

»Das weiß ich«, antwortete er nickend. Obwohl ich noch nie mit Tom darüber gesprochen hatte, hatte ich das Gefühl, daß auch Stanley das Opfer seines Vaters gewesen war.

»Dein Vater wurde mißbraucht, nicht wahr?« fragte ich.

Byron hob die Augenbrauen, und sein Ausdruck sagte: Woher wußten Sie das? »Nach seinem Tod fand ich einiges über seine Kindheit heraus«, antwortete er langsam. »Er wurde von seinem Stiefvater mißhandelt... Ich glaube, er schlug meinen Vater mit einem Rohrstock und beschimpfte ihn. Ich weiß nicht, wie oft das passierte, nur, daß er mit einem Stock geschlagen wurde. Ich erinnere mich auch daran, daß er viel darüber sprach, was von ihm erwartet wurde, als er jung war... Meine Mutter berichtete mir einmal von einem Vorfall, als der Stiefvater meines Vaters betrunken nach Hause kam und meine Großmutter ein paarmal schlug. Mein Vater ging dazwischen und sagte, daß er ihn töten würde, wenn er seine Mutter noch einmal mißhandelte.«

»Sag mir, wie du es deiner Meinung nach vermeiden kannst, daß sich dieser Kreislauf bei deinen Kindern wiederholt.«

»Ich glaube, Mißhandlungen setzen sich von Generation zu Generation nur dann fort, wenn sie nicht als Mißhandlungen erkannt werden... Mißbrauchte Kinder meinen, es sei normal, und tun es dann wieder ihren Kindern an«, erklärte er.

»Was meinst du mit ›es‹?«

»Nun, viele Jahre lang meinte ich eben, daß das, was ich durchmachte, ganz normal sei, daß die meisten Kinder so erzogen werden... Nach einer Bestrafung fragte ich mich immer, was ich getan hatte, ich dachte über die Situation nach und versuchte herauszufinden, ob es wirklich mein Fehler gewesen war, ob es irgendwie hätte vermieden werden können... Jetzt weiß ich, was es ist. Heute kann ich es erkennen, ich lese darüber... Man muß erkennen, daß etwas falsch ist, bevor man etwas daran ändert oder auch am eigenen Leben etwas ändert, um damit fertig zu werden.«

Alles Gute, Byron.

VI.
Kinder, die andere beauftragen, ihre Eltern zu töten

Unsere Gesellschaft betrachtet Mord gegen Bezahlung als eins der schlimmsten Tötungsdelikte überhaupt. Die Beteiligung an einem solchen Verbrechen stellt eine der wenigen Kategorien oder ›besonderen Umstände‹ bei Mord dar, für die die Todesstrafe in jenen Staaten, in denen es diese schwere Form der Strafe gibt, vorgeschrieben ist. Die Strafe gilt für jene, die für den Mord bezahlt werden und für jene, die den Killer anstellen.

Niemand weiß, wie viele Menschen von beauftragten Mördern jedes Jahr umgebracht werden, aber man kann sicherlich davon ausgehen, daß die Zahl eine unbedeutende Prozentzahl aller Morde ausmacht. Wenn man die ungewöhnlich intensive emotionale Dynamik in Elternmordfällen zugrundelegt, ganz zu schweigen von der großen Unerfahrenheit und den mageren finanziellen Möglichkeiten des durchschnittlichen Jugendlichen, sind Elternmordfälle, bei denen die Tat von einem gekauften Killer durchgeführt wurde, in der Tat selten.

Tatsächlich wissen wir allgemein wenig über gekaufte Mörder. Die Nachrichten scheinen sich mehr auf das Ergebnis eines Auftrags zu konzentrieren – »Heute morgen wurde ein Mann über dem Steuerrad seines Wagens liegend aufgefunden, offensichtlich des Opfer eines organisierten Verbrechens... Verdächtige wurden bisher nicht identifiziert« – als auf den Täter selbst. Tatsächlich wurden die meisten Dinge, die über gekaufte Killer geschrieben wurden, von Romanschriftstellern und Drehbuchautoren erfunden. *Der Tag des Schakals*, *The Hit*, *Der Pate* und *Prizzi's Honor* – aus diesen und anderen Filmen kennen wir ihn (und im Fall von *Prizzi's Honor* sie) als Verkörperung der Worte *kalt und berechnend*. Selbst die beschönigenden Ausdrücke, die beschreiben, was der

Killer tut, haben einen mechanischen Ton – *beseitigen, aus dem Weg räumen, eliminieren*. Er ist effizient und kennt den Terminplan seines Opfers genauso gut wie das Opfer selbst. Er führt die Tat im verborgenen aus, trägt dunkle Kleidung und enganliegende Lederhandschuhe und hinterläßt keine Spuren.

Als ich zum erstenmal einen Elternmord verteidigte, bei dem der Täter einen anderen mit der Tat beauftragt hatte, dachte ich, daß dieser Fall sich durch den Mißbrauch, der ihm vorausgegangen war, von anderen unterschied. Aber nach drei weiteren, ähnlichen Fällen war ich gezwungen zu dem Schluß zu kommen, daß der Mißbrauch nicht schlimmer war als bei anderen Vater- oder Muttermorden und daß der einzige Unterschied darin bestand, daß die Kinder die Tat von einem anderen durchführen ließen.

Elternmorde, die von einem gekauften Killer ausgeführt werden, sind alles andere als sorgfältig geplante Morde, die von gewieften und skrupellosen Tätern durchgeführt werden. Statt dessen sind es, von äußerster Verzweiflung angetrieben, rührselige, chaotische Bemühungen. Dies traf sicherlich auf den berühmtesten derartigen Fall in der neueren Geschichte zu, auf den Fall von Cheryl Pierson. Was den Pierson-Fall noch faszinierender macht, ist die komplexe Wechselwirkung der Berichte in den Medien und der öffentlichen Meinung, die zu einem ganz anderen Ergebnis führte als bei den meisten anderen Fällen in diesem Buch. Der einzige Grund, warum ich ihren wahren Namen benutze, ist der, daß diesem Fall bereits sehr viel Aufmerksamkeit in der Presse geschenkt wurde.

Am 7. November 1985 drehte sich das Gespräch im Klassenzimmer 226 der Newfield High School in Selden, New York, um Beverly Wallace, eine Frau, die in einer nahegelegenen Gemeinde lebte und verhaftet worden war, weil sie jemanden beauftragt hatte, ihren Ehemann, der sie mißhandelte, zu töten.

»Wer würde wohl so etwas Verrücktes tun?« fragte die sechzehnjährige Cheryl Pierson ihren Klassenkameraden Sean Pica. Pica, ein unscheinbarer Junge mit welligem, dunkelbraunem Haar, saß schon seit mehreren Monaten hinter ihr, dennoch waren dies merkwürdigerweise wahrscheinlich die ersten Worte, die sie das ganze Jahr über mit ihm gewechselt hatte. In der Schule hatten die beiden völlig andere Freundeskreise. Cheryl war eine beliebte Mitschülerin und stellvertretende Leiterin der Cheerleader-Gruppe. Sie hatte einen Freund, der bereits das College besuchte. Sean war Einzelgänger und ein begeisterter Pfadfinder.

»Ich würde es tun, wenn die Bezahlung stimmt«, erwiderte Sean.

»Ach, wirklich? Wieviel?« fragte Cheryl, um noch eins draufzusetzen.

»Tausend Piepen«, meinte der Junge, der noch nie festgenommen worden war und dessen Vater pensionierter Polizist war.

Während der nächsten Monate gingen die Gespräche weiter, und an einem kalten Februarmorgen wurde es ernst, als Pica sich hinter einem Baum vor Cheryls Wohnung morgens um sechs Uhr versteckte. Sean war kein erfahrener Verbrecher, aber er war ein recht guter Schütze, bei dem schon die erste Kugel saß – Jim Pierson, ein wohlhabender Klempnermeister, der kürzlich verwitwet war, brach mit einer Kugel im Kopf zusammen. Um sicherzugehen, daß er seine Aufgabe wirklich erledigt hatte, ging Sean zu Pierson hinüber und schoß die restlichen Kugeln aus dem Magazin von hinten in den leblosen Körper. Anschließend ging er zur Schule. Obwohl er gerade einen Menschen getötet hatte, wollte er nicht zu spät kommen. Sean Pica war nicht der Typ, der Regeln verletzte; tatsächlich fehlten ihm nur noch wenige Punkte, um eine besondere Auszeichnung als Pfadfinder zu erhalten.

Cheryl und Sean wurden kurz nach der Tat verhaftet und nach dem Erwachsenenstrafrecht wegen Totschlags und der Verschwörung zum Mord angeklagt. Rob, Cheryls Freund, wurde angeklagt, weil er den Mord in Auftrag gegeben hatte. In ihrem Geständnis erklärte Cheryl, daß sie Sean beauftragt hatte, ihren Vater zu töten, weil dieser sie seit ihrem dreizehnten Lebensjahr sexuell mißbraucht hatte.

Die Stadt New York ist von Gewalttaten so übersättigt, daß die Nachrichtensprecher am Abend mit derselben Nonchalance über Morde von Bandenmitgliedern berichten wie über Verkehrsunfälle. Cheryl Piersons Verhaftung dagegen verursachte eine wahre Sensation in den Zeitungen und elektronischen Medien.

Die New Yorker Presse, die dazu neigt, eigene sensationelle Abkürzungen für wichtige Kriminalfälle zu schaffen (Bernhardt Goetz, der ›Schütze der U-Bahn‹, Robert Chambers, der ›Kindermörder‹), tauften den Pierson-Fall sofort in den ›Klassenzimmer-Mord‹ um. Unzählige Zeitungsartikel und Sendungen im Fernsehen offenbarten nicht nur den Plan und die Tat in allen Einzelheiten, sondern veröffentlichten auch detaillierte Beschreibungen des an Cheryl begangenen Mißbrauchs neben täglichen Berichten über die Fortschritte im Anklageverfahren. Das Interesse der Presse war so groß, daß selbst nach Cheryls Verurteilung in Zeitungsartikeln zu lesen war, wie ihr Tag im Gefängnis aussah und um welche Zeit sie ihre Mahlzeiten einnehmen würde. Schließlich wurde über den Fall sogar von Dena Kleiman, der Journalistin, die die Hintergründe des Falles für die *New York Times* beleuchtet und an einem Fernsehfilm mitgewirkt hatte, ein Buch mit dem Titel *The Deadly Silence* geschrieben.

Was hier von besonderem Interesse ist und von der Presse nicht behandelt wurde, ist die Tatsache, wie dieser Fall im wesentlichen durch die Medien selbst gelöst wurde. Cheryl war wie alle mißbrauchten Kinder und Jugendliche gelähmt von der Angst, daß ihre Leiden in der Öffentlichkeit bekannt werden könnten; dennoch trug ironischerweise das öffentliche Interesse, das durch ihre Leiden erregt wurde, zu ihrer Rettung bei.

Obwohl Cheryl intensive juristische Hilfe erhielt, wurde dieser Fall schließlich doch am stärksten durch die Berichte in den Medien beeinflußt.

Es mag vielleicht zynisch klingen, aber Cheryls Geschichte war genau das, was die Presse brauchte. Ihr Anwalt, Paul Gianelli, meinte dazu: »Sie war ein kleines Mädchen... und als sie verhaftet wurde, trug sie eine rot-weiße Cheerleader-

Jacke. Sie sah genauso wie die Jugendlichen aus, die man am Hamburgerstand an der Ecke sieht. Sie wirkte ganz normal, und dann passierten ihr diese außergewöhnlichen Dinge.«

Im Fernsehen und in den Zeitungen sah die Öffentlichkeit ein ganz normales, amerikanisches Mädchen, dem die kastanienbraunen Ponyfransen in die Augen hingen und das eine niedliche Stupsnase hatte. Sie lebte in einer ganz normalen amerikanischen Kleinstadt mit einem ganz normalen Vater. Sie besuchte eine ganz normale Highschool und war Leiterin der Cheergirls. Und ausgerechnet in dieser Highschool fand sie in Zimmer 226 einen ganz normalen amerikanischen Killer. Cheryls Geschichte mußte unbedingt erzählt werden.

Was Gianelli betraf, so fand er in Dena Kleiman eine rücksichtsvolle Journalistin, die in ihren ersten Berichten für die *New York Times* gezeigt hatte, daß sie Cheryls Qualen verstand. Später erzählte Paul mir: »Die Geschichten in den anderen Zeitungen trugen Überschriften wie ›Der Klassenzimmer-Mord‹ . . . Mir gefielen Schlagzeilen wie ›Das Mädchen in dem Klassenzimmer-Mord‹ nicht. Da lernte ich Dena Kleiman von der *New York Times* kennen. Ihre Berichte waren viel sensibler, und ich glaube, sie trugen viel dazu bei, daß die Öffentlichkeit in diesem speziellen Fall aufgeklärt wurde.«

Aufgrund der Beziehung, die sich zwischen Gianelli und Kleiman entwickelte, hatte die Journalistin bald größeren Zugang zu Cheryls Fall als andere Reporter. Das Ergebnis war ein nachdenklicher, umfassender Artikel, der in dem vielgelesenen und äußerst einflußreichen *New York Times Magazine*, das sonntags erscheint, abgedruckt wurde. Der Artikel wurde am 14. September veröffentlicht, einen Tag, bevor die Gerichtsverhandlung eigentlich beginnen sollte.

Gianelli bat mich bei der Entwicklung der Verteidigungsstrategie um meine Mitarbeit. Obwohl bereits Verhandlungen über eine mögliche Absprache im Gange waren, behandelte ich den Fall wie immer so, als ob es zur Gerichtsverhandlung kommen würde, und setzte alle Hebel in Bewegung. Rückblickend muß ich jedoch sagen, daß ein Gespräch, das ich einige Wochen, bevor ich mich mit diesem Fall befaßte, mit einer Produzentin der ABC-Nachrichtenshow ›20/20‹ führte, sich als wichtigster Beitrag erwies. Bereits einige Zeit vor dem Pierson-Fall hatte der Produzent Interesse daran gezeigt, einen tiefschürfenden Beitrag über Elternmordfälle zu drehen. Kurz nachdem ich mit der Arbeit an dem Pierson-Fall begonnen hatte, teilte er mir mit, daß er interessiert sei, eine Sendung darüber zu machen.

Die Zusammenarbeit mit den Medien ist für einen Anwalt immer eine zweischneidige Sache. Wenn man die Unparteilichkeit der Journalisten einmal beiseite läßt, kann man nur schwer ermessen, welche Richtung die Geschichte nehmen wird. Für Shows wie ›20/20‹ oder ›60 Minutes‹ müssen Videofilme, die sich über Stunden erstrecken, zu einem Beitrag von sieben bis zwölf Minuten Länge zusammengeschnitten werden. In den nationalen Fernsehsendern ist die Situation noch schlimmer, da hier bisweilen ein zweistündiger Film auf fünfundvierzig Sekunden gekürzt werden muß.

Die wichtige Frage, wer und was herausgeschnitten wurde, wird für die Interviewpartner erst beantwortet, wenn der Beitrag tatsächlich gesendet wird. Manchmal weiß selbst der Produzent, mit dem man vier bis fünf Monate lang zusammengearbeitet hat, nicht, was nach dem Schnitt übrig bleibt. Dies alles muß in Relation gesetzt werden zu dem ungeheuren erzieherischen und bewußtseinsentwickelnden Wert, den zwölf Minuten oder selbst zwölf Sekunden in einem nationalen Fernsehprogramm zur besten Sendezeit haben. Selbst eine nicht so beliebte nationale Nachrichtensendung erreicht Millionen von Menschen mehr als die populärsten Zeitungen und Zeitschriften.

Nach mehreren Gesprächen mit der Produzentin kam ich zu dem Schluß, daß sie einen objektiven, aber angemessen verständnisvollen Beitrag produzieren würde. Besonders wichtig war, daß die Sendung sich nur auf Cheryls Geschichte konzentrieren würde. Anschließend sprach ich mit Gianelli, der mit Anfragen zu Fernsehinterviews überschüttet worden war, und er erklärte sich damit einverstanden, daß ›20/20‹ Cheryl befragen würde.

Zuzulassen, daß Cheryl vor der Verhandlung, in der das Strafmaß festgelegt werden würde, für ›20/20‹ interviewt werden dürfte, war neben der Annahme der Absprache die wichtigste Entscheidung in diesem Fall. Die Fernsehinterviews fanden im Frühjahr und Sommer 1987 statt, aber der Beitrag wurde erst eine Woche vor der Verhandlung gesendet. Das erste und einzige Fernsehinterview, das Cheryl Pierson je gewährte, ging am 27. August 1987 um zehn Uhr abends auf Sendung. Der Beitrag hatte den einfachen, aber sensationellen Titel: ›Sie wollte ihren Vater tot sehen‹. Ironischerweise wurde in derselben Sendung ein anderer Beitrag mit dem Titel ›Die bisher größte Chance‹ gezeigt, der neue medizinische Techniken diskutierte, die es unfruchtbaren Paaren ermöglichen sollten, Kinder zu bekommen. Ich bin mir sicher, daß diese Programmentscheidung zufällig getroffen wurde: eine Geschichte über ein Kind, das seinem Vater das Leben genommen hatte, neben einem Bericht, der davon handelte, wie unfruchtbaren Paaren zur Elternschaft verholfen werden konnte.

Immer wenn ›60 Minutes‹, ›20/20‹ oder irgendeine andere Nachrichtensendung mit längeren Filmbeiträgen sich mit einem bestimmten Gerichtsfall befaßt, hat dies für die Öffentlichkeit in erster Linie einen erzieherischen Wert, was zu Briefen und Telefonanrufen der Ermutigung bis hin zu juristischen Hearings führen kann. Aber im Fall Des Staates New York gegen Cheryl Pierson erfüllte sich mit dem Resultat der Traum jedes Strafverteidigers.

Millionen von Amerikanern, die an diesem heißen Augustabend die Sendung ›20/20‹ im Fernsehen sahen, waren von Cheryls Geschichte bewegt. Einer der Zuschauer war Jay Fleckenstein. Er war so aufgewühlt, daß er am nächsten Morgen Gianelli anrief. Fleckenstein war nicht nur ein interessierter Zuschauer, sondern auch Cheryls Onkel mütterlicherseits.

Wie Gianelli mir später berichtete, war »Fleckenstein erschüttert davon, wie die Großmutter und Tante versuchten, Cheryl fertigzumachen«, indem sie James Pierson Sr. als friedfertigen Menschen porträtierten, »der zu einer solchen Sache nicht fähig gewesen sei«. Fleckenstein zufolge gab es keinerlei Zweifel, daß Cheryl von Jim Pierson belästigt und mißbraucht worden war. »Aus diesem Grund hatte er geschwiegen... Er meinte, daß seine Zeugenaussage und seine Erinnerungen nicht besonders hilfreich gewesen wären... Außerdem hatte Cheryls Mutter ihn zum Stillschweigen verpflichtet.«

Fleckensteins Geschichte schlug wie eine Bombe ein und lieferte wichtige, erhärtende Beweise, die der Verhandlung zur Straffestsetzung eine ganz andere Wendung geben konnten. Obwohl es unzählige Zeugen gab, die meinten, daß Jim Pierson seine Tochter möglicherweise sexuell mißbraucht habe – ein Nachbar sagte aus, daß er beobachtet hatte, wie Pierson seiner Tochter auf den Po klopfte, sie zwickte und Dinge sagte wie: »Hat sie nicht schöne Titten« –, gab es abgesehen von Cheryls Behauptungen keine genaueren Beweise. Fleckenstein berichtete nun, daß Cheryls Mutter ihn einmal angerufen und gebeten hatte, sie zum Arzt zu fahren. Unterwegs hatte sie ihm berichtet, daß Jim Pierson sie verprügelt hatte. Sie hegte den Verdacht oder hatte herausgefunden, daß er eine sexuelle Beziehung zu Cheryl unterhielt. Sie hatte gehört, wie er sich des Nachts aus dem ehelichen Schlafzimmer geschlichen hatte und in das Schlafzimmer der Tochter gegangen war. Jim Pierson hatte sie ziemlich brutal geschlagen, und sie wußte nicht, was sie tun sollte... ihren Bruder bat sie, niemandem davon zu erzählen.

Ich konnte nicht glauben, was Gianelli mir da berichtete. »Ist es ihm nie in den Sinn gekommen, um Cheryls willen Anzeige zu erstatten?« fragte ich.

»Nein. Er hatte nicht das Gefühl, daß Cheryl in Gefahr war, verurteilt zu werden, und er nahm das Versprechen, das er seiner Schwester auf dem Sterbebett gegeben hatte, ernst. Er war der Meinung, daß genug Menschen darauf achten würden, daß Cheryl beschützt werden würde. Er glaubte, daß die Großmutter und ihre Tante Marilyn dem Mädchen helfen würden. Aber als er ihre Aussagen in dem Filmbeitrag hörte, mußte er einfach anrufen.«

Zwei Wochen nachdem der Beitrag gesendet worden war, fand die Verhandlung zur Festsetzung der Strafe vor Richter Harvey Sherman statt. In den dazwischenliegenden Wochen war der Richter mit Briefen überschüttet worden. Obwohl er ihren Inhalt nicht bekanntgab, unterschieden sie sich wahrscheinlich nicht von jenen, die an Gianellis Kanzlei gerichtet waren.

Da war beispielsweise ein Brief von einer siebzigjährigen Dame, die Cheryl einen Scheck über zweihundert Dollar schickte, weil sie selbst ein schweigendes Opfer gewesen war, oder der einer anderen Frau, die schrieb, daß sie nach dem Tod ihres Onkels, der sie mißbraucht hatte, sein Grab aufgesucht und einen Eimer Urin darüber ausgeschüttet hatte. In einem anderen Brief wurde angeboten, Cheryl die Auslagen für die Munition zu ersetzen, mit der ihr Vater umgebracht worden war.

Als Cheryl in den Zeugenstand trat, erzählte sie nicht viel, was die meisten Leute einschließlich des Richters nicht schon wußten. Ihre Aussage machte jedoch Schlagzeilen im *Newsday* und in der *New York Post*. Für alle, die den Fall intensiv verfolgt hatten, gab es in der achttägigen Verhandlung eigentlich nur eine Überraschung – Jay Fleckenstein. Fleckenstein bestätigte, was die anderen gedacht, aber aus Angst oder Scham nicht gesagt hatten: Seine Schwester Cathleen wußte, daß ihr Mann zu ihrer jugendlichen Tochter Cheryl eine sexuelle Beziehung unterhielt.

Richter Sherman schloß die Verhandlung am 5. Oktober 1987. Wie die Tradition und das Gesetz es verlangen, fragte er zuerst Cheryl, ob sie vor dem Urteil etwas sagen wollte. Cheryl, die ein weißes Kleid trug, stammelte unter Tränen: »Ich weiß, daß das, was ich getan habe, falsch war, es tut mir leid.« Dann brach sie zusammen und mußte mit Riechsalz wiederbelebt werden. Cheryl, die nicht mehr stehen konnte, durfte sich setzen, während der Richter das Urteil verlas.

Da Cheryl sich des Totschlags schuldig bekannt hatte, ähnelte die Verhandlung, in der das Strafmaß festgelegt wurde, einer normalen Gerichtsverhandlung, wobei sich alle Aufmerksamkeit darauf konzentrierte, ob Richter Sherman Cheryl noch als Jugendliche behandeln würde, was eine Bewährungsstrafe möglich machen würde. Beide Seiten hatten die Möglichkeit, Eingangsbemerkungen zu machen, Zeugen aufzurufen und ins Kreuzverhör zu nehmen und ein Schlußplädoyer zu halten. Die Mehrzahl der Zuschauer kannte die wichtigen Details der Geschichte bereits. Für viele würde die Verhandlung eine erweiterte Version des ›20/20‹-Berichts sein. Der einzige Unterschied bestand darin, daß Richter Sherman das letzte Wort haben würde.

Richter Sherman behandelte Cheryl nach dem Jugendstrafgesetz, verurteilte sie jedoch zu sechs Monaten Gefängnis. Nach ihrer Entlassung sollte sie sich einer Therapie unterziehen. In seiner Urteilsbegründung erklärte der Richter, daß Cheryl seit ihrem dreizehnten Lebensjahr von ihrem Vater sexuell mißbraucht worden war. »Dieses Gericht«, schrieb der Richter, »muß die Opfer häuslicher Gewalt ermutigen, andere Alternativen zu wählen als den Weg, den Cheryl Pierson gegangen ist ... Dieses Gericht kann einen geplanten Mord nicht gutheißen, auch wenn er von Jugendlichen geplant und ausgeführt wurde, die in emotionaler Not handelten. Die Gesellschaft hat das Recht, ein solches Verhalten zu verdammen, und die Pflicht, es zu bestrafen.«

Cheryl wurde auf der Stelle in das Suffolk County-Gefängnis in Riverhead gebracht, wo sie wegen guten Betragens bereits nach einhundert Tagen entlassen wurde.

Die Zeitungen berichteten von ihrer Entlassung genau wie über den Rest des Falles in allen Einzelheiten. Das Foto im *Newsday* zeigte Cheryl beim Verlassen des Gefängnisses, wie sie sich zusammen mit ihrem Bruder und Rob Cuccio in eine weiße Limousine setzte. Cuccio, der sich der Anstiftung zum Totschlag schuldig bekannt und eine Bewährungsstrafe erhalten hatte, bat Cheryl noch am selben Tag, ihn zu heiraten.

Obwohl der Cheryl Pierson-Fall so sensationell war, war der Fall der Brüder Carter noch bemerkenswerter (wenn man diese Dinge überhaupt miteinander vergleichen kann), auch wenn er in den Medien fast gar keine Aufmerksamkeit erregte.

Die Brüder Carter

Der erfahrene Strafverteidiger Mel Taylor übernimmt so viele Pflichtverteidigungen vor Gericht, daß ihm das Rechtsanwaltsbüro im Gefängnis schon fast wie eine zweite Heimat war. Und bis zu dem Tag, an dem er mit dem siebzehnjährigen Douglas Carter gesprochen hatte, war er der Meinung gewesen, daß er bereits alles gesehen hatte. Zwei Minuten mit Carter ließen Taylor seinen Irrtum erkennen.

Bevor Taylor überhaupt die Möglichkeit hatte, sich dem kräftigen Teenager mit den hellblauen Augen und dem sommersprossigen Gesicht vorzustellen, erklärte Douglas: »Ich sollte überhaupt nicht hier sitzen, mein Vater sollte im Gefängnis sein.« Douglas war höflich, aber er ließ Taylor keine einzige Frage beenden. Das Gespräch erinnerte eher an einen zusammenhängenden Monolog. Douglas erzählte Taylor von körperlichen und psychologischen Qualen, die so grausam und absonderlich waren, daß Taylor zuerst meinte, sein neuer Klient lüge oder sei verrückt oder auch beides. Der einzige Grund, warum Taylor Douglas' Geschichte nicht völlig abtat, war die Tatsache, daß die Verbrechen, derer der junge Mann angeklagt war, so seltsam waren wie die Geschichte seiner Mißhandlungen. Taylor rief mich etwa zwei Wochen nach seinem Gespräch mit Douglas an, um mich um Mithilfe bei diesem Fall zu bitten; was er zu sagen hatte, erschütterte mich zutiefst. Obwohl ich bei meiner Arbeit oft sonderbare Geschichten höre, ging dies über meinen Horizont. Trotz meiner intimen Kenntnisse der dunklen Seite des Familienlebens waren diese Geschichten von Böswilligkeit für mich einfach unbegreiflich. Erst nachdem ich Taylor in seinem Büro kennengelernt und mir Douglas' Geständnis angehört hatte, wußte ich, daß ich einen juristischen Schattenbereich betrat. Ich spielte den folgenden Abschnitt der Tonbandaufnahme des Geständnisses dreimal ab, um sicherzugehen, daß ich richtig gehört hatte.

Douglas: Wenn mein Vater erfährt, daß ich Leute beauftragt habe, ihn zu töten, bringt er mich um... Sie erzählen ihm doch nichts?

Kriminalbeamter Glaser: Nun, er wird es erfahren müssen, aber wir werden es ihm so beibringen, daß wir ihn erwischen, wenn einem von euch beiden je etwas passiert, genau wie wir euch auch erwischt haben...

D: Ich will nicht, daß mein Vater irgend etwas herausfindet.

G: Er wird es herausfinden... Wir müssen es ihm sagen. Andererseits braucht er auch Hilfe. Er hat seine Söhne zu dieser Sache getrieben... Hier geht es um ernste Verbrechen... Ihr habt jemanden beauftragt, euren Vater zu töten. Ihr habt ihn mit einem Messer verletzen lassen. Ihr habt ihm Spritzen geben lassen. Und heute abend habt ihr einen Polizisten beauftragt. Wir wollen der Sache ins Gesicht sehen. Es hat keinen Zweck...

D: Welchen Schutz kann ich für mich erwarten?

G: Jetzt wirst du erstmal im Gefängnis bleiben. Und das wird genug Schutz für dich sein. Dort wird dir niemand etwas tun...

D: Was passiert, wenn mein Vater eine Kaution stellt?

G: Dann kannst du mit ihm gehen, wenn du willst... Willst du bis zur Verhandlung im Gefängnis bleiben?

D: Ja.

G: Das kann ich arrangieren. ich werde dafür sorgen, daß die Kaution so hoch ausfällt, daß er dich nicht herausholen kann.

Douglas Carter ist zweifellos einer der wenigen Menschen in den Annalen der amerikanischen Strafgeschichte, der darum gebeten hat, seine Kaution so hoch anzusetzen, daß sie unbezahlbar für ihn war. Der Richter legte die Kautionssumme auf eine Viertelmillion Dollar fest.

Die Bitte des Jungen klang für den Kriminalbeamten Glaser unglaublich, aber er kannte Brad Carter nicht so gut wie Douglas. Es fiel Douglas nicht schwer vorauszusagen, wie der achtundvierzigjährige ehemalige Gewichtheber auf die

Nachricht reagieren würde. Es ist unmöglich, vor dem eigenen Vater verborgen zu halten, daß man jemanden beauftragt hat, ihn zu töten. Versuchter Vatermord ist zudem eines jener Verbrechen, das den Zorn jedes Vaters erregen würde, besonders den Zorn Bradley Carters.

Carter senior gehörte, was die Kindererziehung betraf, sicherlich der alten Schule an. Wie Stanley Grant hatte Brad seinen Sohn Douglas und dessen älteren Bruder Vincent nach zwei Grundsätzen erzogen: Er war ihr unumstrittener Herr, und ihre Aufgabe bestand darin, ihm zu dienen. Körperliche Züchtigungen, Erniedrigungen und Unterwürfigkeit standen nicht nur für die Jungen an der Tagesordnung, sondern auch für ihre Mutter Elizabeth.

Am besten illustriert dies die Art und Weise, wie er auf Mitarbeiter des Jugendamtes reagierte, die ihn fünf Jahre vor dem versuchten Mord aufgesucht hatten, um sich wegen der Striemen und blauen Flecken auf Douglas' Gesicht, Hals und Armen zu erkundigen. Damals war Douglas dreizehn Jahre alt und besuchte die siebte Klasse. Brad hatte ihn verprügelt, weil Douglas ein Mädchen besucht hatte, ohne seinen Vater um Erlaubnis zu bitten. An dem Morgen danach hatte Douglas' Klassenlehrerin nicht nur die Verletzungen des Jungen bemerkt, ihr war auch aufgefallen, daß er unter starken Depressionen litt. Dennoch weigerte er sich, seiner Lehrerin zu erzählen, was passiert war.

Douglas wurde ins Büro des Direktors geschickt, und erst nachdem ihm stundenlang zugeredet worden war, begann er zu erzählen. Obwohl er darum gebeten hatte, seinem Vater nichts zu sagen, suchten eine Vertreterin der Schule und eine Sozialarbeiterin die Familie am nächsten Nachmittag auf.

»Wir möchten mit Ihnen über Ihren Sohn reden«, erklärten sie Brad, als dieser die Tür öffnete. Er ließ sie nicht einmal eintreten.

Während seine beiden verschüchterten Söhne hinter ihm standen, brüllte er: »Sie haben mir überhaupt nichts zu sagen! Dies ist mein Kind, ich habe ihn gezeugt, und ich kann ihn zerstören.«

Dann drohte Brad den beiden Frauen Prügel an, falls sie nicht sofort sein Grundstück verlassen würden. Noch bevor sie in ihrem Wagen saßen, schlug Brad seinen Sohn bereits aus Rache. Diese Prügel ließen die vorherigen Verletzungen wie einen liebevollen Stups aussehen.

Am nächsten Tag wurde Douglas aus der Schule genommen, und zwei Wochen später zog die Familie um. Weder die Schule noch das Jugendamt kümmerte sich weiter um die Angelegenheit. Und um nicht das Risiko eines weiteren Besuchs der Behörden einzugehen, verbot Brad seinem Sohn, die Schule überhaupt noch zu besuchen. Von diesem Zeitpunkt an arbeitete Douglas im Gemüseladen seines Vaters.

Douglas und Vincent waren die klassischen Opfer von extremem körperlichem und psychologischem Mißbrauch. Wie es oft der Fall ist, setzten die Schläge bereits bei ihrer Mutter Elizabeth ein, bevor die Kinder überhaupt geboren waren. Brad schlug Elizabeth bei ihrer ersten Verabredung, und auch während der beiden Schwangerschaften prügelte er sie weiter.

Die Züchtigungen bei den Jungen begannen, als sie noch in den Windeln waren. Neben den alltäglichen Schlägen und Hieben wurden ihnen Zigaretten auf den Handflächen ausgedrückt, sie wurden mit Peitschen auf den nackten Rücken geschlagen, mit Seilen, Handschellen und Ketten gefesselt und mit dem Gewehr bedroht.

Brad beherrschte seine Familie dermaßen, daß er auch Kollektivstrafen austeilte. Wie in einer Armeekaserne bestrafte er die gesamte Familie, wenn er der Meinung war, daß ein Familienmitglied etwas verbrochen hatte.

Eine der erniedrigendsten Strafen bestand dabei darin, seine Frau und die beiden Söhne zu zwingen, draußen nackt vor der Haustür zu stehen. Wenn er etwas milder gestimmt war, gestattete er es ihnen, die Unterwäsche anzubehalten. Als Douglas seinem Anwalt zum erstenmal von dieser Bestrafung berichtete, war er so verlegen, daß er die Worte nur im Flüsterton herausbrachte: »Manchmal zwang er uns alle, uns auszuziehen, und schickte uns auf den Balkon. Egal ob es kalt war, im Winter, im Sommer, im Regen, immer wieder... Als ich noch klein war, schlug er mich allein, aber später (nach dem zwölften Lebensjahr) wurden wir alle geschlagen, wenn ich etwas getan hatte. Wenn ich einen Fehler machte, wurden wir alle geschlagen, und dasselbe galt für meine Mutter und meinen Bruder... Wenn wir draußen standen, saß er einfach da, rauchte und schaute fern.«

Nach drei bis vier Stunden kam sein Vater dann nach draußen und sagte: »In Ordnung, ihr könnt jetzt alle wieder reinkommen.« Als erstes entschuldigten Elizabeth und die Kinder sich dann, selbst wenn sie nichts getan hatten, was meistens der Fall war. Als Douglas gefragt wurde, warum er sich entschuldigt habe, antwortete er: »Wir wollten nicht noch mehr Prügel einstecken.«

Zu einer der schlimmsten Bestrafungen kam es, als Douglas etwa zwölfeinhalb Jahre alt war. Es war seine Aufgabe, den Dreck, den die Hunde der Familie machten, wegzuräumen. Bradley geriet in Wut, als er auf den Hof schaute und sah, daß er nicht gereinigt worden war. Er packte den kleinen Douglas beim Kragen, warf ihn zu Boden, riß ihm die Kleider vom Leib und schrie: »Jetzt bist du an der Reihe, dort anstelle der Hunde zu wohnen.« Brad holte die Hunde aus der Hundehütte und warf Douglas hinein. Nachdem der Junge etwa sechs Stunden in der übelriechenden Hundehütte zugebracht hatte, hörte er die Fußschritte seines Vaters. Die Tür wurde geöffnet, aber statt seinen Sohn zu befreien, sperrte Brad einfach nur die Hunde dazu. Douglas saß zitternd und weinend von drei Uhr nachmittags bis zu seiner Freilassung am nächsten Morgen unter ihnen.

So abscheulich diese Gewalttaten auch sind, ist es immer ein Problem, sie auch zu beweisen. Obwohl Douglas wie andere Opfer von Mißhandlungen in jeder Hinsicht die Wahrheit zu sagen schien, war noch die Frage zu klären, wie genau seine Berichte waren. Als aufgeklärte Erwachsene weigern wir uns einfach zu glauben, daß Eltern, selbst wenn es sich um mißhandelnde Eltern handelt, bestimmte Strafen auferlegen. Dies war beispielsweise ein Hauptproblem bei der Verteidigung von Byron und Cindy. Stanley, Byrons Vater, war zweifellos ein bösartiger Mann, aber für die Todesdrohungen und die Drohungen gegen Byrons Schwester (die der Schlüssel zu Byrons Verteidigung waren) war Byron der einzige Zeuge. Auch Cindy war die einzige Zeugin des sexuellen Mißbrauchs, wie es in den meisten dieser Fälle normal ist.

Glücklicherweise gab es in diesem Fall einen Zeugen, der Douglas' Anschuldigungen bestätigte. Milos Ervin war ein ehemaliger Nachbar und hatte bisweilen für die Familie Carter gearbeitet. In Douglas' Gerichtsverhandlung berichtete er, was er gesehen hatte. Die Fragen wurden von Mel Taylor gestellt:

F: Hatten Sie jemals die Gelegenheit, irgendwelche Mitglieder der Familie draußen vor dem Haus ohne Kleidung zu sehen?

A: Ja... es waren Douglas, Vincent und ihre Mutter. Es geschah bei hellichtem Tag. Es muß etwa zwölf, ein Uhr gewesen sein... Ich kam gerade vom Laden an der Ecke zurück.

F: Aus welcher Tür kamen sie?

A: Aus der Haustür... Sie trugen Unterwäsche, aber dennoch ist es peinlich, nur mit der Unterwäsche bekleidet aus dem Haus geworfen zu werden.

F: Sie sagten, daß die Mutter ebenfalls dabei war?

A: Ja, die Mutter; sie trug einen BH und Schlüpfer... Als sie die vordere Treppe herunterkamen, rannten sie in einen anderen Eingang im Keller.

F: Waren Sie einmal Zeuge irgendeines Vorfalls, als Sie aus Ihrem Wohnungsfenster schauten?

A: Ja, ich stand gerade unter der Dusche, und aus dem Haus hörte ich eine Menge Geschrei. Ich schaute aus dem Fenster und Brad hatte seine Söhne gefesselt. Douglas trug Handschellen und Brad hatte eine Art Hundeleine an seinem Hals befestigt. Er zog ihn die Treppe hinunter und sperrte ihn in eine kleine Hundehütte... Er mußte dort die ganze Nacht zubringen.

F: Hörten Sie noch etwas, während dies passierte?

A: Ich hörte, daß er geschlagen wurde und so.

F: Hörten Sie, daß Douglas und Vincent etwas sagten?

A: Sie schrien nur.

F: Und können Sie sich erinnern, ob die Jungen angezogen waren?

A: Nein, das waren sie nicht... sie trugen nur die Unterwäsche... Ein anderes Mal kam ich an ihrer Wohnung vorbei. Es war spätabends und ich hörte Geschrei. Ich war neugierig. Die Hunde waren im Zwinger eingesperrt, daher kletterte ich über den Zaun und trat ans Fenster. Ich sah, daß Douglas gefesselt auf einem Tisch lag. Er hatte eine bunte Schnur um die Handgelenke, mit der auch seine Beine gefesselt waren... Er lag mit dem Bauch auf dem Tisch, und seine Hände und Beine waren darunter zusammengebunden, so daß er sich nicht rühren konnte... Sein Vater schlug ihn mit einem Stock. Er schlug ihn auf den Rücken, die Beine, überall hin.

F: Sie sind sicher, dies beobachtet zu haben?

A: Ja, so etwas vergißt man nicht...

F: Haben Sie sich diese Geschichten, diese Vorfälle ausgedacht?

A: So etwas kann man sich nicht ausdenken.

Unglücklicherweise setzte sich wie in vielen anderen Fällen niemand für die Jungen ein. Elizabeth akzeptierte das Wort ihres Mannes als endgültig. Sie nahm ihr Eheversprechen ernst und glaubte, daß sie nicht in der Lage war, ihre Situation zu ändern, nachdem sie ihr Jawort gegeben hatte. Ihre mißliche Lage wurde noch durch die Tatsache erschwert, daß sie selbst ebenfalls ständig verprügelt wurde, so daß sie kaum in der Lage war, sich selbst zu schützen und schon gar nicht ihre Söhne. Elizabeth hatte keinerlei Unterstützung abgesehen von ihrem alten, gebrechlichen Vater. Obwohl der fünfzehnjährige Douglas und der siebzehnjährige Vincent mit der Zeit lernten, mit ihrem Schmerz zu leben, konnten sie sich an die Mißhandlungen ihrer Mutter nie gewöhnen. Als sie älter wurden, fiel es ihnen sogar immer schwerer mitanzusehen, wie ihr Vater die Mutter prügelte und erniedrigte. Daher entschieden die Jungen an einem Samstagnachmittag, nachdem alle drei wieder mehrere Stunden in der Unterwäsche auf der Terrasse verbracht hatten, daß es genug war.

Nachdem Brad sich schlafen gelegt hatte, riefen die Jungen ein Taxi. Elizabeth, die nur eine Brieftasche mit mehreren hundert Dollar und Unterwäsche zum Wechseln mitnahm, wurde von ihren beiden Söhnen in das Taxi gesetzt. Da nur genug Geld für ein Flugzeugticket da war, blieben die Jungen zurück.

Obwohl sie am nächsten Morgen angaben, nichts von dem Verbleib der Mutter zu wissen, wußte Brad, daß die Jungen bei der Flucht geholfen hatten. Daher waren die nächsten Wochen und Monate die schlimmsten für sie, die sie je erlebt hatten. Brad hatte nicht verhindern können, daß ein Familienmitglied sich aus dem Staub gemacht hatte, aber er würde dafür sorgen, daß dies den Jungen nicht gelang.

Die beiden durften nur in dem Gemüseladen arbeiten, der direkt neben dem Haus lag. Sieben Tage pro Woche arbeiteten sie sechzehn Stunden täglich. Mehrmals pro Woche ermahnte Brad die Jungen: »Denkt daran, auch wenn ihr schneller seid als ich, werde ich euch aufspüren und umbringen, wenn ihr versucht wegzulaufen.« Vincent war dadurch so eingeschüchtert, daß er selbst nach seinem achtzehnten Geburtstag zu Hause blieb. Beide Jungen nahmen ihr Schicksal als Brads Diener an. Wenn nicht Steven Ashton zwei Jahre später in ihr Leben getreten wäre, würden sie wahrscheinlich immer noch für ihren Vater Fronarbeit leisten.

Brad stellte Steven Ashton, einen kleinen, schmächtigen Kettenraucher von zwanzig Jahren, der glanzlose schwarze Augen hatte, als Lagerverwalter an. Obwohl Ashton ein ziellos umherwandernder Mensch war, der oft nachts im Lager schlief, mochte Brad den jungen Mann, vielleicht weil er ein fleißiger Arbeiter war und Brad immer mit dem größten Respekt behandelte. Da Ashton so viel Zeit mit der Familie verbrachte, blieben ihm die täglichen Mißhandlungen der Jungen nicht verborgen. Ashton versuchte oft, mit den beiden über ihre Behandlung zu reden, aber es hatte keinen Zweck. »So ist das Leben eben«, lautete ihre stereotype Antwort.

Eines Nachmittags, etwa drei Monate, nachdem Ashton den Job bei Brad angenommen hatte, sah er, wie dieser Vincent so stark auf den Hinterkopf schlug, daß der Junge gegen die Wand flog. Der Grund dieses Angriffs: Der neunzehnjährige Vincent hatte vergessen, eine Ecke des Ladens zu wischen. Obwohl der Junge die Mißhandlungen endlos zu ertragen schien, hatte Ashton genug.

Nachdem Brad den Laden verlassen hatte, sagte Steven wütend zu Douglas und Vincent: »Wenn das mein Vater wäre, würde ich ihn umbringen, wenn er mich so behandelte.« Obwohl die beiden Jungen niemals in Betracht gezogen hatten, ihrem Vater zu widersprechen, waren beide, besonders Douglas, von Stevens Idee fasziniert.

Obwohl Douglas der jüngere Bruder war, galt er bei allen, die die Familie kannten, als klüger und im allgemeinen erfahrener als Vincent. Genau wie George in Steinbecks Stück *Von Mäusen und Menschen* sich um Lenny kümmerte, hatte Douglas von seinem fünften Lebensjahr an versucht, seinen älteren Bruder zu schützen. Leider war er dabei nicht so erfolgreich, wie er es gerne gewesen wäre. Als Vincent noch ein Kleinkind war, schlug sein Vater ihm häufig auf die Schläfen und stieß ihn mit dem Kopf gegen die Wand. Als Vincent neunzehn Jahre alt war, waren diese Mißhandlungen auf tragische Weise sichtbar. Wie bei einem Boxer, der zu lange im Ring gestanden hat, waren Vincents Denkprozesse beeinträchtigt. Er sprach undeutlich, sein logisches Denkvermögen und sein Gedächtnis waren schlecht. Aus irgendeinem unbekannten Grund erwies Douglas sich als widerstandsfähiger als sein älterer Bruder.

Douglas erklärte Ashton, daß er den Tod seines Vaters wünschte, aber ihn auf keinen Fall selber umbringen könnte. Steven, der seinen Lebensunterhalt offenbar hin und wieder auf wenig legalem Weg verdient hatte, erklärte Douglas: »Für dreitausend Dollar kann ich jemanden finden, der sich des Problems annimmt. Ich werde mich darum kümmern ... Wenn er tot ist, gibst du mir das Geld.« Es schien ein idealer Plan, aber Douglas war sich nicht sicher, ob Steven, den er kaum kannte, in der Lage war, ihn auszuführen. Douglas stimmte jedoch zu, weil er alles getan hätte, um von zu Hause wegzukommen, außer seinen Vater selbst umzubringen.

Einige Tage lang passierte nichts, da Ashton immer noch den richtigen suchte, wie er sagte. Aber seitdem die Idee sich in Douglas' Kopf festgesetzt hatte, konnte er nur noch an seine und Vincents Freiheit denken. Eines Nachmittags hatte Douglas genug von der Warterei.

Als Brad sich mittags hinlegte, holte Douglas Brads Pistole unter der Kasse hervor und warf sie Ashton zu, der gerade den Boden wischte.

»Geh nach nebenan und erschieß ihn im Schlaf. Wir können einen Raubüberfall vortäuschen.«

Steven zögerte, aber nahm die Waffe schließlich doch an sich. Er hatte nie davon gesprochen, daß er die Tat selbst ausführen würde. Trotz all seiner Prahlereien hatte er noch nie einen Menschen getötet; wichtiger noch war seine Angst, was sein launischer Chef ihm antun würde, falls er aufwachte und sah, wie Steven mit einer Waffe auf ihn zielte. Seine Angst verblaßte jedoch gegenüber den zu erwartenden dreitausend Dollar. Er legte seinen Finger an den Abzugshahn und ging leise durch die hintere Ladentür in das Haus der Carters.

Ashton stand einige lange Minuten da und beobachtete, wie Brads Brust sich lautlos hob und senkte. Er zielte mit dem Revolver auf ihn, konnte sich jedoch nicht überwinden abzudrücken.

Einige Minuten später nahm Douglas die Waffe zögernd wieder an sich und legte sie wieder an ihren Platz. Steven entschuldigte sich mehrmals und erklärte Douglas, daß dieser sich dennoch auf ihn verlassen könne und daß das Problem gelöst werden würde.

Zwei Tage später betrat um neun Uhr morgens ein hagerer Teenager mit pickligem Gesicht und einem kurzen Irokesenhaarschnitt den Laden. Brad stand hinter der Kasse, während Vincent das Lager ausfegte und Douglas damit beschäftigt war, Wurst zu schneiden.

Der junge Mann nahm eine Packung Berliner und ging dann zu dem Zeitschriftenregal hinüber. Dort stand er so lange herum, daß Brads Aufmerksamkeit erregt wurde. In dem Laden galt die Regel, daß Zeitschriften nicht durchgeblättert werden durften, und Brad achtete auf die strikte Einhaltung der Vorschrift. Er ging schnell zu dem jungen Mann hinüber und erklärte, daß er die Berliner bezahlen und sich aus dem Staub machen solle, wenn er keine Zeitschrift kaufen wolle.

Es kam zu einem Wortwechsel, aus dem schnell ein Handgemenge wurde. Der Streit lockte die beiden Jungen in den Laden. Beide unternahmen keinen Versuch einzugreifen, da sie der Meinung waren, daß ihr Vater mit dem jungen Mann leicht fertig werden würde. Blitzschnell jedoch hatte der junge Mann ein fünfzehn Zentimeter langes Klappmesser hervorgeholt und zweimal in Brads Bauch gestoßen.

Der Jugendliche rannte aus dem Laden und Brad ging fluchend zu Boden, während er sich den stark blutenden Bauch hielt. Douglas eilte ans Telefon, um die Polizei zu rufen und Vincent rannte dem Täter hinterher. Als Vincent etwa zehn Meter von dem Angreifer entfernt war, blieb er abrupt stehen, als er sah, wie der Täter in einen wartenden Wagen sprang. Vincent war völlig verblüfft, als er Steven Ashton hinter dem Steuerrad erblickte.

Nachdem Douglas und Vincent kurz mit der Polizei gesprochen hatten, begaben sie sich ins Krankenhaus. Unterwegs fragte Vincent seinen Bruder: »Was geht hier vor? Weißt du, wer das Auto fuhr?«

»Darüber reden wir später«, sagte Douglas streng. »Erst wollen wir sehen, wie es Dad geht.«

Obwohl die Verletzungen tief waren, war das Messer nicht in wichtige Organe eingedrungen. Die Jungen warteten im Krankenhaus, bis ihr Vater operiert worden war. Nachdem Brad auf die Intensivstation gefahren worden war, fuhren die Brüder zurück in das Geschäft. Als sie den Laden betraten, klingelte das Telefon. Es war Steven, der sich mit ihnen in einem Motel treffen wollte. Auf der Fahrt ins Motel erzählte Douglas seinem Bruder von seiner Abmachung mit Ashton. Douglas hatte nicht gewußt, daß der hagere Junge ihren Vater erstechen wollte. Ashton hatte ihm nie erzählt, wo oder wann es zu der Tat kommen würde. Vincent war verwirrt, aber wie immer akzeptierte er, was sein Bruder ihm erzählte.

In einem schäbigen Stundenhotel öffnete Ashton ihnen die Tür. Die Brüder sahen den jungen Mann, der ihren Vater niedergestochen hatte, auf dem Bett sitzen. Neben ihm hockte ein unscheinbar wirkendes junges Mädchen mit strähnigem, gebleichtem Haar und blassem Gesicht. Ashton stellte die beiden als Dennis Grady und Melissa Forchet vor.

Der neunzehnjährige Dennis und seine sechzehnjährige Freundin waren arbeitslos, von zu Hause weggelaufen und gerade erst aus dem mittleren Westen in diese Stadt gekommen. Steven hatte sie vor ein paar Wochen kennengelernt, als sie am Busbahnhof angekommen waren.

Die beiden Brüder setzten sich auf den Heizkörper vor dem Fenster. Douglas übernahm das Wort. »Sein Zustand ist kritisch, aber er ist nicht tot«, begann er gereizt.

Da Ashton wußte, daß er erst bezahlt werden würde, wenn Brad tot war, erwiderte: »Das ist okay, wir versuchen es noch einmal.« Douglas und Vincent hörten ohne Regung zu.

Ashtons zweiter Plan war zweifellos ehrgeiziger als der erste: Melissa würde sich als Krankenschwester verkleiden und Brad eine mit Luft gefüllte Spritze verabreichen. Nach einigem Hin und Her änderte Ashton jedoch seine Meinung und erklärte, daß Schwefelsäure, wie sie in Autobatterien verwendet wird, wirkungsvoller wäre. Melissa hatte noch nie in ihrem Leben eine Spritze gegeben, aber das machte nichts: Steven hatte Erfahrung mit Nadeln, und sie war eine begeisterte Anhängerin der Fernsehserie ›General Hospital‹.

Als erstes hielten die fünf Verschwörer an einem Geschäft für Autobedarf an. Eine Zwölf-Volt-Autobatterie würde ihnen mehr als genug Säure liefern. Als nächstes hielten sie an dem Ausstattungsgeschäft für Krankenhäuser an, das direkt gegenüber der städtischen Klinik lag, in der Brad auf der Intensivstation lag. Dort kauften sie eine gestärkte, weiße Schwesterntracht, passende Strümpfe, Schuhe und ein Namensschild. Douglas bezahlte alle Waren mit einer gestohlenen Kreditkarte, die Ashton ihm gegeben hatte. Ashton gelang es auch, eine Spritze aufzutreiben.

Anschließend fuhr Ashton Grady und Melissa zurück in

das Motel, damit Melissa mit der Spritze üben konnte. Die beiden Brüder besuchten währenddessen ihren Vater im Krankenhaus.

Brad litt nicht nur unter starken Schmerzen, sondern hatte auch schreckliche Angst. Er weinte, als die Jungen das Zimmer betraten und drückte beide an sich. Er war davon überzeugt, daß wieder ein Versuch unternommen werden würde, ihn zu töten. Zum erstenmal in ihrem Leben sahen die beiden ihren Vater hilflos daliegen, und zum erstenmal tat er ihnen leid. Douglas versicherte Brad, daß er und sein Bruder sich um das Geschäft kümmern und alles tun würden, um die Polizei bei der Suche nach dem Angreifer zu unterstützen.

Als die Jungen sich wieder auf den Weg machen wollten, bat Brad sie darum, die Nacht bei ihm im Krankenzimmer zu verbringen. »Ich habe solche Angst. Bitte bleibt und beschützt mich.« Douglas und Vincent, wie immer gehorsame Söhne, taten ihm den Gefallen: In den nächsten drei Nächten schlief Douglas zusammengerollt am Fußende des Bettes, während Vincent auf der Couch schlief.

Ashton und die beiden anderen planten den Mord drei Tage lang. Mehrmals unterwies Ashton das Mädchen in den richtigen Spritztechniken, wobei er besonders betonte, wie wichtig es sei, die Nadel direkt in die Vene an Brads Unterarm einzustechen. Dies würde für einen schnellen Tod sorgen, da die Säure direkt ins Herz gelangen würde.

Eine Aufgabe galt es noch zu erledigen, bevor die Tat ausgeführt werden konnte – sie brauchten jemanden, der Schmiere stand. Brad würde Ashton und Grady erkennen, daher mußte es ein Fremder sein. Nach mehreren Tagen löste Ashton das Problem, als er den dreiundzwanzigjährigen Jack DeVonne beauftragte. Wie zu erwarten, war DeVonnes Erfahrung in diesen Dingen so groß wie Melissas.

Ashton fuhr Melissa und Jack zum Eingang der Notaufnahme und ließ die beiden dort aussteigen. Allerdings vergaß er, ihnen eine wichtige Information mitzugeben – Brads Zimmernummer in dem dreiflügligen Krankenhaus. Da Melissa sich dachte, daß sie Aufmerksamkeit erregen würde, wenn sie als Krankenschwester einen anderen Angestellten der Klinik nach dem Zimmer eines Patienten fragen würde, wanderten sie beide eineinhalb Stunden lang umher, bevor sie Brad fanden.

Jack trieb sich am Aufzug herum, während Melissa das Zimmer betrat. Als sie die Tür aufmachte, wurde sie eines weiteren Problems gewahr: Brad war nicht allein. Ohne seine Söhne davon zu unterrichten, hatte Brad zwei Leibwächter angeheuert, die zu beiden Seiten des Bettes standen, um ihn vor einem weiteren Angriff zu schützen.

Da Melissa fürchtete, daß sie Verdacht erregen würde, wenn sie aus dem Zimmer lief, ging sie selbstbewußt an den beiden Leibwächtern vorbei und setzte all ihre Fähigkeiten ein, die sie beim Betrachten von Fernsehserien am Nachmittag erlernt hatte. In der späteren Verhandlung berichtete Melissa, was als nächstes geschah:

»Ich fragte ihn, wie es ihm ging, denn ich wollte wie eine echte Schwester wirken.

›Ich habe hier zwei Spritzen für Sie – gegen die Schmerzen‹, erklärte ich ihm. Dann wollte ich die Nadel in die Vene in der Armbeuge stechen, damit das Mittel schneller in sein Herz gelangen würde, aber er zog seinen Arm weg und sagte: ›Nicht da, stechen Sie hier rein.‹

Ich sagte: ›In Ordnung‹, und stach mit der Nadel ein. Ich injizierte die Säure aus der Autobatterie in seinen Oberarm. Dann sagte er: ›Es brennt ganz furchtbar.‹

Ich sagte: ›Ich hole einen Arzt.‹«

Mit diesen Worten verließ sie das Zimmer und eilte zum Aufzug.

Wenn Melissa die Säure in die Vene injiziert hätte, sagte ein Gutachter später aus, wäre Brad in weniger als zwei Minuten unter Qualen gestorben. Aber da sie in den Schultermuskel gestochen hatte, kam es nur zu einem schmerzenden, geröteten Arm.

Als Melissa wieder in dem Motel eintraf, wußte Douglas bereits, daß Brad nicht tot war. Da er den Angriff als reine Stümperei betrachtete, schrie er sie und Ashton an. Melissa, Grady und Ashton erwiderten den Wortwechsel. Sie waren wütend, daß keiner von ihnen bezahlt worden war, aber Douglas blieb hart. Er würde das Geld erst übergeben, wenn sein Vater tot war.

Nach Melissas Mordversuch wurde Brad vierundzwanzig Stunden am Tag bewacht. Drei Wochen nach dem Angriff mit dem Messer wurde Brad aus dem Krankenhaus entlassen, aber er konnte noch nicht wieder arbeiten. Die Jungen kümmerten sich um den Laden, und das Leben ging weiter, so als ob nichts geschehen war. Niemand erhielt Geld, und Douglas gab die Hoffnung auf, daß sein Vater je getötet werden würde. Später meinte er dazu: »Ich glaubte einfach nicht, daß es möglich war, ihn zu töten.«

Wahrscheinlich hätte nie jemand etwas von den verpfuschten Plänen erfahren, wenn Ashton nicht einen Monat später wegen einer ganz anderen Sache verhaftet worden wäre. Nach dem letzten Tötungsversuch war Steven mehrere Wochen verschwunden. In dieser Zeit wurde er, wie das Glück es wollte, verhaftet, weil er einen Wagen gestohlen hatte. Da er sich nicht unbedingt auf die zu erwartende Gefängnisstrafe freute und zudem ein erfinderischer Bursche war, wurde Steven zum Verräter. Wenn ihm Straffreiheit gewährt würde, wäre Ashton bereit, Douglas und Vincent in Zusammenarbeit mit der Polizei eine Falle zu stellen.

Douglas erhielt den Anruf sechs Wochen, nachdem Brad niedergestochen worden war.

»Ich hab' hier noch einen Typ, einen Profi«, erklärte Ashton voller Überzeugung.

»Vergiß es, ich hab' kein Interesse«, antwortete Douglas.

»Komm schon, laß uns die Sache durchziehen. Mit diesem Typ klappt es«, sagte Ashton plötzlich erregt.

»Vergiß es, ich hab' kein Interesse«, wiederholte Douglas.

Nach einigem Hin und Her erklärte Douglas sich zögernd bereit, sich mit Ashton und dem neuen Killer zu treffen. Sie verabredeten sich für den Nachmittag des nächsten Tages.

Kurz vor Stevens Ankunft nahm Douglas zehn Dollar aus der Kasse und gab sie Vincent.

»Geh ins Kino an der Ecke«, sagte er. Vincent spürte, daß sein Bruder nervös war.

»Was ist los?« fragte er.

»Nichts weiter. Geh einfach, du hast dir eine Pause verdient«, erwiderte Douglas.

Douglas machte sich Gedanken wegen der Verabredung, weil Ashton so sehr darauf zu bestehen schien. Wenn irgend etwas falsch lief, wollte er nicht, daß sein Bruder in Schwierigkeiten geriet.

Anders als das heruntergekommene Pärchen wirkte der Undercover-Agent, als ob er von einer Agentur für diese Rolle ausgesucht worden war. Er hatte dunkle, glänzende, verstohlene Augen und trug einen kleinen goldenen Ohrring im linken Ohr. Unter der glänzenden schwarzen Lederjacke und dem enganliegenden T-Shirt trug er ein Kabel, um alles aufzuzeichnen. Zielbewußt betrat er den Raum hinter dem Lebensmittelladen. Bevor Douglas überhaupt die Möglichkeit hatte, Fragen zu stellen, fragte Ashtons Killer: »Wen soll ich umbringen?«

Douglas spürte, daß es hier nicht mit rechten Dingen zuging. Er zog Ashton zur Seite und fragte: »Was ist das für ein Typ? Ist er ein Bulle? Er benimmt sich merkwürdig.«

»Bist du verrückt?« erwiderte Ashton nervös. »Er ist ein Profi!«

Später berichtete der Undercover-Agent im Verlauf von Douglas' Gerichtsverhandlung, was als nächstes passierte:

Douglas erklärte, daß er einen Auftrag für mich habe, für den er mir fünftausend Dollar zahlen würde, wenn ich für ihn jemanden erledigen würde... Wir sprachen über den Mord, und ich erklärte ihm, daß dies kein Problem darstellen würde und daß dies mein Job sei. Mit meinen Antworten schien er recht zufrieden. Dann überreichte er mir ein Bild der Person, die umgebracht werden sollte, und zeigte mir die Waffe, mit der der Auftrag ausgeführt werden sollte... Dann kam noch jemand herein. Wie ich später herausfand, war es Douglas' Bruder... Er kam herein und fragte Douglas, was hier vor sich ginge, und Douglas erklärte, daß er Geschäftliches mit mir zu besprechen habe. Dann ging sein Bruder wieder... Ich wurde neugierig und fragte ihn, wer diese Person sei, die er umbringen lassen wolle. Er sprach von dieser Person immer als einem Freund, der ihm Leid angetan hatte... Ich fragte nach, um was für einen Freund es sich handle oder was er ihm angetan habe. Schließlich erklärte er, daß es sich um ein Familienmitglied handle. Daß es sein Vater sei.

Einige Minuten nachdem der Undercover-Agent gegangen war, stürmten der Kriminalbeamte Glaser und drei weitere Beamte das Geschäft.

»Ich habe schlechte Nachrichten für dich, Doug. Ich nehme dich wegen versuchten Mordes an deinem Vater fest«, sagte Glaser. Als Vincent aus dem Kino zurückkehrte, wurde auch er verhaftet.

Beide Brüder wurden des versuchten Mordes und der Anstiftung zum Mord angeklagt. Dennis und Melissa wurden des versuchten Mordes und Jack als Komplize angeklagt. Steven, der Kopf bei den ganzen Mordplänen, entging der Anklage und kam ungeschoren davon.

Im Gegenzug für ihre Mitarbeit bekannte Melissa sich des versuchten Mordes vor dem Jugendgericht schuldig und erhielt eine Strafe von fünf Jahren in einem Gefängnis für jugendliche Straftäter. Ihrem Freund wurde ein solches Angebot nicht unterbreitet. Da Vincent nicht direkt an den verschiedenen Mordplänen beteiligt gewesen war, stimmte der Staatsanwalt zu, daß Vincent sich des versuchten Mordes schuldig bekannte, und gab die Empfehlung, eine Bewährungsstrafe auszusprechen.

Obwohl der Distrikt-Staatsanwalt Robert Vasquez sich durchaus bewußt war, daß Mißhandlungen vorgelegen hatten, weigerte er sich, für Douglas eine Absprache in Betracht zu ziehen. Er war der Meinung, daß er bereits genug Milde gegenüber Vincent hatte walten lassen, und wollte, daß Douglas die Höchststrafe von dreizehn Jahren erhalten würde. Vasquez nahm die traditionelle Einstellung des Staatsanwalts ein: Seiner Meinung nach rechtfertigte absolut nichts eine Tat, bei der der Sohn das Leben des Vaters nahm. Der Staatsanwalt war der Meinung, daß Douglas in der Lage gewesen sein mußte, die Polizei oder das Jugendamt einzuschalten, wenn er dazu fähig war, einen Killer mit der Tat zu beauftragen. Und selbst wenn man den Jungen nicht hätte helfen können, hätten sie von zu Hause weglaufen sollen. Dieser Fall enthielt jedoch noch ein weiteres Element, das Vasquez besonders störte. Douglas hatte Ashton nicht nur einmal beauftragt, Brad zu töten, sondern auch noch mehrmals.

Hätte nur ein Mordversuch vorgelegen, hätte der Staatsanwalt meiner Meinung nach wahrscheinlich nicht eine so offensichtliche Antipathie für Douglas empfunden. Obwohl Douglas zugab, daß er von den vier Mordversuchen – die Übergabe der Waffe an Ashton, der Angriff mit dem Messer, die Spritze mit der Schwefelsäure und die Beauftragung des Undercover-Agenten – wußte, glaubte die Kriminalpolizei, daß es *mindestens* noch zwei weitere Versuche gegeben hatte. Douglas verneinte kategorisch alle Anschuldigungen.

Die Polizei ging davon aus, daß Douglas oder Ashton schon vor dem Angriff mit dem Messer versucht hatte, Vincent zu vergiften, und zwar mit Amphetaminen (Speed) im Kaffee. Die einzige Wirkung bestand jedoch darin, daß Brad für etwa einen Tag desorientiert war und unter Übelkeit litt.

Der nächste Versuch fand angeblich an dem Tag, bevor Melissas Mordversuch mißlang, statt. Nach dem Versuch mit dem Messer suchte Dennis Grady das Krankenhaus mit einer Handfeuerwaffe auf, um Brad zu erschießen. Als Grady jedoch in der Tür des Krankenzimmers auftauchte, schrie Brad um Hilfe, und Grady rannte davon. Obwohl Distrikt-Staatsanwalt Vasquez zugab, daß Brad möglicherweise ein strenger Vater war, ließ er die Berichte über die Mißhandlungen völlig unter den Tisch fallen. Statt dessen bestand er darauf, daß Douglas in erster Linie von finanzieller Gewinnsucht angetrieben worden war. Er betrachtete Douglas Carter und Dennis Grady einfach als geldgierige Teenager, die keinerlei Skrupel hatten, einen Mord auszuführen. Aus diesem Grund widersetzte sich Vasquez (wie der Staatsanwalt in dem Pierson-Fall) getrennten Gerichtsverhandlungen für Douglas und Dennis. Diese Entscheidung wurde schließlich auch von Richter Anthony Hutton aufrechterhalten.

Der erste Zeuge für die Anklage war Glaser. Normalerweise wird der Beamte, der die Untersuchung leitet, immer als erster befragt, um die Elemente des Verbrechens darzustellen und das Geständnis des Jugendlichen als Beweismittel einzuführen. Obwohl Vasquez den Beamten die verschiedenen Angriffe auf Brads Leben in allen Einzelheiten darlegen ließ, war er bei seinen Fragen, die Douglas' Geständnis betrafen, vorsichtig. Vasquez befragte Glaser nur wegen jener Teile des Geständnisses, in denen Douglas zugab, daß er daran beteiligt gewesen war, Leute mit dem Mord an seinem Vater zu beauftragen. Zudem ließ er die Tonbandaufnahme absichtlich als Beweismittel aus. Die Logik von Vasquez' Taktik wurde offensichtlich, als das ganze Tonband bei Glasers Kreuzverhör abgespielt wurde.

Nachdem Douglas auf sein Recht verzichtet hatte, nur in Gegenwart eines Anwalts zu sprechen, konfrontierte Glaser ihn mit allem, was die Polizei über Dennis, Melissa und Steve und die verschiedenen Versuche wußte und darüber, daß Douglas selbst eine wichtige Rolle dabei gespielt hatte. Nachdem er einen Augenblick innegehalten hatte, damit allen die Ungeheuerlichkeit des Verbrechens bewußt wurde, sagte Glaser:

»Ich habe bereits mit deinem Bruder gesprochen, und ich weiß, daß euer Vater euch beide und eure Mutter geschlagen hat. Und ich nehme an, daß du so zu etwas getrieben wurdest, das du normalerweise nicht getan hättest. Nachdem ich mir angehört habe, was Vincent über eure Kindheit zu sagen hatte und wie ihr behandelt wurdet, muß ich persönlich zugeben, daß ich es nicht so lange ausgehalten hätte.«

». . . Niemand hat mir geholfen«, erwiderte Douglas. »Ich habe mich an das Jugendamt gewandt, und niemand hat mir geholfen. Also beschlossen wir, uns selbst zu helfen, wenn kein anderer es tat.«

Nachdem das Gericht angeordnet hatte, den Geschworenen das ganze Band vorzuspielen, erklärte Glaser, daß das Mitgefühl, das er für den Jungen ausgedrückt hatte, nur ein Schachzug beim Verhör gewesen war. Er hatte nur versucht, Douglas ein Geständnis zu entlocken, und hatte keinen Augenblick ernsthaft geglaubt, daß Douglas' Handlungen berechtigt gewesen waren. Nach Glaser und einigen anderen Polizeibeamten rief die Anklage Steven Ashton auf und anschließend Melissa. Ein Arzt sagte außerdem zu der Schwere der Verletzungen aus, die Brad mit dem Messer zugefügt worden waren, und erklärte, daß Brad auf der Stelle gestorben wäre, wenn Melissa ihm die Nadel in die Vene gestochen hätte. Als Brad in den Zeugenstand trat, war es das erstemal seit dem Abend ihrer Verhandlung, daß Douglas und Vincent ihren Vater wiedersahen. Brad starrte seine Söhne an, als Vasquez ihm die Fragen stellte, aber Douglas hielt seinen Blick auf den gelben Schreibblock vor ihm gesenkt.

In den drei Tagen der Vernehmung durch die Anklage und im Kreuzverhör verneinte Brad kategorisch, daß er seine Söhne je mißhandelt oder seine Frau geschlagen habe. Mit Tränen in den Augen bekräftigte er, daß Probleme in seinem Haus mit Diskussionen gelöst wurden, nicht mit Peitschen oder Handschellen. Brad gab zu, daß er Douglas einmal geschlagen habe, weil der damals zwölfjährige Sohn ihn angelogen hatte. Außerdem behauptete er, daß er Vincent nur *zweimal* in seinem Leben geschlagen habe.

Brad sagte aus, daß er sich überhaupt nicht vorstellen könne, warum seine Söhne ihn umbringen wollten. Er erklärte dem Gericht, daß er sein ganzes Leben seinen Söhnen gewidmet habe und der Meinung sei, daß es ihre Mutter gewesen sei, die sie zu einer solch schändlichen Tat angestiftet habe. Ständig wiederholte er während seiner Zeugenaussage: »Ich habe ihnen nie etwas angetan, und ich wollte sie nur glücklich machen.«

Die wichtigsten Zeugen der Verteidigung waren Milos Ervin und Barney Ellison. Ellison hatte früher auch einmal in dem Lebensmittelladen gearbeitet. Jetzt lebte er in einer anderen Stadt und hatte sich als Zeuge zur Verfügung gestellt, da er unter Schuldgefühlen litt, weil er der Familie nicht schon früher geholfen hatte. Der bescheidene Dreißigjährige mit dem schütteren Haar berichtete dem Gericht nervös, daß er einmal beobachtet hatte, wie Brad Douglas gnadenlos mit einem Stock auf den Rücken schlug.

»Nach den Prügeln war sein ganzer Körper blau und grün. Ich sagte Douglas, daß ich ihm helfen würde.

›Nein, tu das nicht! Wenn mein Vater das erfährt, bringt er mich um‹, erklärte Douglas mir.« Außerdem berichtete Ellison, daß er weiterhin versuchte, Douglas davon zu überzeugen, daß es das beste sei, die Polizei einzuschalten, aber der mißhandelte Junge bettelte, daß Ellison den Vorfall einfach vergessen solle. Ellison tat ihm den Gefallen. Einige Wochen später sah Ellison, daß Vincents Kopf blutete.

»›Was ist mit deinem Kopf passiert?‹ fragte ich.

›Frag nicht danach‹, erwiderte Vincent.

›Los! Sag's mir schon!‹ drängte ich.

›Mein Vater hat es getan, aber bitte verrate nichts.‹«

Ellison berichtete dem Gericht, daß er es aufgegeben habe, den Jungen zu helfen und sogar das Interesse an ihrem Schicksal verlor, weil sie seine Hilfe ablehnten.

Ervins Aussage war jedoch bei weitem die wichtigste. Neben dem Vorfall mit dem Hundezwinger und den Strafen, bei denen die Jungen und ihre Mutter draußen stehen mußten, gab der Zeuge folgenden Bericht über das Leben der Jungen:

»Sie durften sich mit niemandem treffen. Sie durften das Haus nicht verlassen... Er genoß es, wenn er die Jungen schlagen konnte. Er schrie und schimpfte viel... Er warf mit Gegenständen nach ihnen und schlug sie mit allem, was ihm in die Hände fiel. Meistens schlug er mit der Faust zu... Ständig hatten sie blaue Flecken und rote Striemen am Hals... Ich redete mit ihnen, aber sie sagten immer, daß ich nicht zur Polizei gehen solle, da ihr Vater sie dann töten würde. Dies wiederholten sie immer wieder.«

Douglas wurde von einem Psychiater und einem Psychologen begutachtet. Beide stimmten darin überein, daß er unter einer chronischen posttraumatischen Störung der Streßbewältigung litt. Die meisten Kinder, die ihre Eltern umbringen, leiden unter dieser Störung. Der Psychiater erklärte seine klinische Diagnose mit einfachen, verständlichen Worten:

»Die angeblichen Straftaten waren die unmittelbaren Folgen der lang anhaltenden Mißhandlungen, die der Ange-

klagte und sein Bruder durch ihren Vater erleiden mußten ...
Unzählige Male wurden sie mit dem Tod bedroht. Zumindest teilweise scheinen sie ihre Angst, eines Tages vom Vater getötet zu werden, durchgespielt zu haben. Über viele Jahre standen sie unter starkem, unerbittlichem Streß und erreichten schließlich die Zerreißgrenze.«

Douglas betrat als letzter Zeuge für die Verteidigung den Zeugenstand. In allen Einzelheiten berichtete er von den vielen Mißhandlungen. Es wurde nicht der Versuch unternommen, den Vorwurf des vierfachen Mordversuchs zu verneinen. Douglas erklärte, daß er so verzweifelt war, sich von seinem Vater zu befreien, daß er jeden, der ihn daraufhin ansprach, beauftragt hätte (und hatte), seinen Vater zu töten. Seine Angst war so groß, erklärte er den gespannt zuhörenden Geschworenen, daß er sich selbst jetzt im Zeugenstand noch vor seinem Vater fürchtete.

Dennis Grady konnte natürlich nicht zu seiner Verteidigung sagen, daß er mißhandelt worden war. Aber er kam der Sache sehr nahe. Gradys Rechtsanwältin, Lois Kinston, bestritt nicht, daß ihr Klient an einem Mordversuch beteiligt gewesen war. Statt dessen argumentierte sie, daß Grady allein mit der Absicht in das Geschäft gegangen sei, um den Laden zu inspizieren. Nachdem er sich mit der Umgebung vertraut gemacht hatte, wollte er später wiederkommen, um Brad zu erstechen. Man hatte Grady nichts über Brads Persönlichkeit gesagt. Als er den Laden betrat, meinte er, einen harmlosen Lebensmittelhändler vorzufinden. Statt dessen sah er einen streitsüchtigen Rohling.

Grady, so argumentierte die Anwältin, hatte nicht die Absicht, mit Brad zu reden, und wollte ihn an diesem Morgen keineswegs angreifen. Tatsächlich hatte Grady versucht, aus dem Laden zu laufen, aber Brad versperrte ihm den Weg, packte ihn am Hals und hieb ihm mit der Faust ins Gesicht. Grady blieb dabei, daß er das Messer erst in Notwehr gezückt habe, als klar war, daß Brad nicht aufhören würde, ihn zu würgen.

Das Ende der Verhandlung sollte so erstaunlich sein wie die Beschreibungen der Mißhandlungen und der Mordpläne. Die Geschworenen sprachen Douglas, der die Killer beauftragt hatte, frei, während sie Dennis Grady der fahrlässigen Tötung schuldig sprachen. Der Freispruch bedeutete, daß die Geschworenen akzeptierten, daß Douglas in Notwehr gehandelt hatte; das Urteil der fahrlässigen Tötung bedeutete, daß die Geschworenen glaubten, Grady habe *fast* in Notwehr gehandelt. Später erfuhr ich, daß Gradys Urteil ein Kompromiß zwischen jenen gewesen war, die meinten, er habe in Notwehr gehandelt, und jenen, die meinten, daß er die Absicht gehabt habe, Brad zu töten. Dieses Urteil führte zu dem ungewöhnlichen Ergebnis, daß Douglas das Gericht als freier Mann verlassen konnte, während all die anderen, die er beauftragt hatte, hinter Gitter kamen. Selbst sein eigener Bruder, der höchstens passiv beteiligt gewesen war, erhielt eine mehrjährige Bewährungsstrafe.

Auch wenn die Beschreibung der Qualen so schrecklich war, hätte man Douglas möglicherweise nicht freigesprochen, wenn einer der Killer Erfolg gehabt hätte. Das heißt, der allerwichtigste Zeuge für die Verteidigung war Brad selbst. Eins der herausragendsten Probleme der Verteidigung bei Elternmorden besteht darin, mit dem nicht ausgesprochenen, aber auf seiten der Geschworenen sehr realen Problem zurechtzukommen, daß der tote Elternteil nicht da ist, um sich selbst zu verteidigen. Auch wenn die Zeugen der Verteidigung einstimmig dasselbe sagen, ist es den Geschworenen wie allen anderen Menschen nicht angenehm, wenn schlecht über einen Toten gesprochen wird – sie wollen auch nicht glauben, daß irgend jemand sein Kind so abscheulich behandeln könnte.

In diesem Fall jedoch hatte der Vater sich selbst verteidigt, aber seine Leugnungen waren einfach nicht glaubwürdig. Es war allen Geschworenen klar, daß die anderen Zeugen die Wahrheit sagten.

Nach dem Urteilsspruch verließen Douglas und sein Bruder den Staat, um mit ihrer Mutter an einem unbekannten Ort zu leben. Beide Brüder haben seit dem Tag, an dem Douglas aus dem Gefängnis entlassen wurde, nichts mehr von ihrem Vater gehört, und sie haben auch kein Interesse daran.

Obwohl oberflächlich betrachtet die Fälle von Cheryl Pierson und den Brüdern Carter sich von den anderen Fällen in diesem Buch grundsätzlich zu unterscheiden scheinen, zeigt eine nähere Betrachtung, daß sie sich doch recht ähnlich sind. In fast allen meiner Fälle wird der Elternteil getötet, wenn er sich in einer fast hilflosen Situation befindet: er schläft, arbeitet über den Schreibtisch gebeugt, kocht das Abendessen oder kommt zur Haustür herein. Mir fallen über einen Zeitraum von fünf Jahren nur fünf Fälle ein, in denen das Kind die Tat beging, während es gerade mißhandelt wurde.

Ich erkläre dieses Verhalten damit, daß diese Kinder zwar äußerst traumatisiert sind, aber daß ihr Überlebensinstinkt noch funktioniert. Sie wissen daher, daß sie nur zuschlagen sollten, wenn die Aussicht auf den Erfolg am größten ist. Unter den meisten Umständen und sicherlich bei allen Fällen in diesem Buch wäre die Chance groß gewesen, daß der Elternteil das Kind getötet oder schwer verletzt hätte, wenn es versucht hätte, den Elternteil zu töten, während dieser das Kind gerade mißhandelte oder sich zumindest bewußt gewesen wäre, daß das Kind ihm ein Leid zufügen wollte.

Eine weitere tiefere Erklärung der allgemeinen Verfahrensweise ist, daß die Kinder nicht in der Lage sind, ihre Eltern direkt herauszufordern, selbst dann nicht, wenn sie sie töten wollen. Mindestens die Hälfte der Kinder, die ich vertreten habe, haben mir erklärt, daß sie nie hätten abdrücken können, wenn ihre Eltern ihnen direkt ins Auge gesehen hätten.

Wir brauchen nur an George zu denken, der seiner Stiefmutter gegenüberstand, nachdem er seinen schlafenden Vater erschossen hatte. Auf der Stelle war sein Finger am Abzugshahn wie gelähmt. Er konnte sie nicht töten, weil sie ihn anschaute.

Cheryl und Douglas waren so eingeschüchtert, daß sie sich am äußersten Ende der Skala befanden. Sie hatten so schreckliche Angst vor dem Vater, daß sie ihm *zu keiner Zeit* gegenübertreten konnten. Genau betrachtet, hatten beide nicht einmal die ursprüngliche Idee zu dem Mordplan. Die Idee, Jim Pierson hinzurichten, war das Ergebnis einer zufälligen Unterhaltung im Klassenzimmer über einen Bericht in der Zeitung; der Plan, Brad Carter zu töten, wurde von einem Angestellten der Familie initiiert. Im Grunde setzten Cheryl und Douglas nur eine etwas unterschiedliche Taktik ein, um den Erfolg der Angriffe sicherzustellen – sie ließen einen anderen die Tat ausführen.

Obwohl ich verstehe, warum Cheryl und Douglas diese extremen Lösungen wählten, bleiben die Motive der beauftragten Killer unklar. Besonders interessierte mich die Frage, was oder ob überhaupt etwas in ihrer Familiengeschichte und ihrer Persönlichkeit vorhanden war, das sie so willig zu einem Teil eines Mordplans an den Eltern eines anderen werden ließ. Aus ethischen Gründen war ich nie in der Lage, die Betroffenen selbst zu befragen, daher habe ich meine Schlüsse nur aus Gerichtsprotokollen und Zeitungsberichten gezogen.

Viele würden wahrscheinlich sagen, daß Gier ein einfaches Motiv für diese Auftrags-Killer ist. Wenn man jedoch bedenkt, wie diese Pläne ausgeführt wurden und mit welchem Ergebnis, ist offensichtlich, daß diese jungen Menschen alles andere als gewieft waren.

Sean tat sich unter anderem offenbar mit Cheryl zusammen, weil er sich als moderner Ritter in glänzender Rüstung sah, der einem Fräulein in Not helfen wollte. Cheryl hatte noch nie mit Sean gesprochen, bevor sie ihn um seine Hilfe bat. Sie hätte ihren älteren Freund Rob oder irgendeinen anderen Freund von der Highschool fragen können, aber statt dessen wählte sie *ihn* zu ihrer Rettung aus. Manche Jungen versuchen, eine potentielle Freundin zu beeindrucken, indem sie dem Mädchen seine Bücher tragen helfen. Sean hingegen ging noch viel weiter, um Cheryl zu beeindrucken: Er tötete ihren Vater.

Es ist jedoch auch möglich, daß Sean ein emotional gestörter Junge war, der sein eigenes Dilemma mit Cheryls verwechselte. Vielleicht empfand er den Mord an Mr. Pierson als indirekte Möglichkeit, jene zu treffen, die ihn mißbraucht hatten.

Cheryl versprach Sean eintausend Dollar, das Motorrad ihres Vaters und das Recht, in einer der Wohnungen der Familie mietfrei zu wohnen. Aber für all seine Mühe erhielt Sean nur vierhundert Dollar und eine lange Gefängnisstrafe.

Wie steht es mit den Verschwörern im Fall Carter? Ich weiß nichts über Steven Ashtons Familie, aber ich kann nur annehmen, daß die Art und Weise, wie Brad seine Söhne behandelte, bei ihm einige Alpträume ausgelöst haben muß.

»Wenn mein Vater mir so etwas antun würde, würde ich ihn töten«, sagte Steven verbittert zu Douglas. Vielleicht hatte Stevens Vater seinen Sohn geschlagen und er war nicht in der Lage gewesen, sich zu verteidigen. Könnten die Pläne, die er ausheckte, ein indirekter Weg gewesen sein, sich von den eigenen Geistern zu befreien?

Das einzige, was ich über die Familiengeschichte von Melissa und Dennis Grady weiß, ist, daß beide von zu Hause weggelaufen waren. Sie waren erst seit zwei Wochen in der Stadt, als sie sich bereit erklärten, den Vater eines anderen Jugendlichen zu töten. Und was bekamen sie für ihre Bemühungen? Steven, Dennis und Melissa sollten dreitausend Dollar erhalten. Keiner von ihnen bekam auch nur einen Pfennig. Steven wurde als einzigem Straffreiheit gewährt; Dennis, Melissa und Jack, der Junge, der Schmiere stand, wurden zu unterschiedlichen Gefängnisstrafen von zwei bis sechs Jahren verurteilt.

Auch bei Melissa und Grady stellt sich die Frage nach verborgenen Motiven. Wurde ihre Teilnahme an einem solch makabren, verrückten Plan durch das unbewußte Verlangen motiviert, gegen die eigenen Eltern auszuholen? Anders formuliert, wenn beide aus einem liebevollen, unterstützenden Elternhaus gekommen wären, hätten sie dann so bereitwillig mitgemacht?

Zusammenfassung und Ausblick

Kinder, die ihre mißhandelnden Eltern getötet haben, verstehen besser als alle anderen, wie notwendig es ist, wirkungsvolle Programme gegen den Kindesmißbrauch zu entwickeln. Während der Vorbereitungen für dieses Buch fragte ich jedes einzelne Kind genau wie seine Familien und Freunde, ob sie einzelnen oder der Gesellschaft insgesamt einen Rat anbieten könnten. Leider hatte die Mehrzahl der Betroffenen wie Patty keine Hoffnung, daß unser Sozial- und Rechtssystem die Fähigkeit hat, mißhandelten Kindern zu helfen. Patty meinte nur: »Wenn man alt genug ist, zieht man eben aus. Aber wenn die Kinder nicht alt genug sind und nicht ausziehen können, sollte man zu Gott beten, daß er einen Ausweg aufzeigt.«

»Man sollte auf seine Kinder hören«, meinte George. »Man sollte sich mit ihnen hinsetzen und mit ihnen reden, auch wenn sie nicht reden wollen. Man muß versuchen herauszufinden, was ihnen Sorgen bereitet... und wenn das Kind um eine Waffe bittet, sollte man sie ihm nicht geben.«

Barbara, Georges Mutter, meinte: »Ich wünsche mir, daß die Menschen erkennen würden, wie zerbrechlich Kinder sind, und daß sie vom Zeitpunkt ihrer Geburt an Gefühle wahrnehmen. Man muß sie immer unterstützen, egal ob sie recht oder unrecht haben, und man muß offen mit ihnen reden. Beide Eltern sollten sich um das Kind kümmern, denn ein Kind braucht das Gleichgewicht zwischen der Liebe eines Mannes und der einer Frau, damit es gesund aufwächst und stark wird.«

Tim hatte einen Rat für Kinder und Eltern parat: »Wenn man nichts sagt, tut dies mehr weh, als daß es hilft. Wenn man sagt, was los ist, hilft es, weil man eine Therapie bekommen kann.

Die Leute, die ihren Kindern so etwas antun, sollten sich um Hilfe bemühen. Ich meine therapeutische Hilfe. Sie müssen mit jemandem reden, einen Psychiater aufsuchen, einen Priester oder einen Arzt. Es kann aufgehalten werden«, erklärte Tim weiter. »Eltern, die ihre Kinder sexuell mißbrauchen, sollten schon bestraft werden, aber irgendwie sind Sexualtäter ja auch Menschen. Ich meine, man sollte ihnen helfen. Wenn sie die richtige Fürsorge erhalten, können sie wieder normal werden.«

»Was passiert, wenn sie keine Hilfe erhalten?« fragte ich.

»Dann machen sie immer weiter und machen eine Menge Leute fertig... Und dann kommt irgendwann so einer wie ich daher.«

Was man tun kann

Die vorherrschende Meinung, die den Kindesmißbrauch kaum eindämmen hilft, besagt, daß dieses Problem nur mit Hilfe der Regierung und den Jugendämtern gelöst werden könne. Das ist falsch, denn im Grunde kann jeder Mensch seinen Teil dazu beitragen. Kindesmißbrauch ist ein Bereich, in dem der einzelne sogar viel mehr erreichen kann als jede Behörde des Bundes, des Landes oder der Stadt. Dabei geht es nicht nur darum, die eigenen Kinder nicht zu mißbrauchen. Der einzelne kann auch in seiner Beziehung zu entfernten Familienmitgliedern, Freunden und Nachbarn viel tun.

Obwohl wir alle unser Recht auf Privatsphäre schätzen, sollten wir erkennen, daß unsere Ergebenheit gegenüber diesem Eckpfeiler der Demokratie jedes Jahr das Leben von Hunderten und Tausenden von Kindern und Jugendlichen unterdrückt. Mißhandelnde Eltern brauchen Isolierung und private Abgeschiedenheit. Entgegen der vorherrschenden Meinung tun Verwandte, Freunde und Nachbarn unrecht, wenn sie nicht eingreifen, da sie die Allmacht des mißhandelnden Elternteils aktiv verstärken und damit gleichzeitig die Hilflosigkeit des mißbrauchten Kindes.

Da Kinder und die meisten Jugendlichen nicht in der Lage sind, sich selbst zu helfen, ist es unbedingt nötig, daß Erwachsene, denen auch nur der geringste Hinweis für einen

Mißbrauch auffällt, sich für das Kind einsetzen. Wenn eine Anzeige bei der Polizei oder beim Jugendamt außer Frage steht, ist ein zwangloses Gespräch mit dem betroffenen Elternteil besser als nichts.

Viele mögen vielleicht davor zurückschrecken, mit einem Freund oder Verwandten so zu reden. Aber auch wenn es Ihnen noch so unbequem erscheint, sollten Sie einen Augenblick lang daran denken, wie schwer es dem Kind fällt, dieses Thema gegenüber seinen Eltern anzusprechen.

Wenn Sie Angst haben, die Eltern direkt anzusprechen oder sie anonym anzuzeigen, können Sie sich direkt an andere Gemeindemitglieder wenden, mit denen die Familie zu tun hat: Geistliche, Lehrer, Schulleiter und Kinderärzte.

Obwohl der einzelne viel dazu beitragen kann, das Leben eines mißbrauchten Kindes zu verbessern, ist es eine viel kompliziertere Aufgabe, ein mißbrauchtes Kind daran zu hindern, seinen Vater oder seine Mutter zu töten, denn Elternmorde sind so selten, daß es schwer ist, sie vorauszusagen. Es gibt jedoch einige Warnzeichen, die, für sich betrachtet, nicht wichtig scheinen, aber zusammengenommen auf eine potentiell tödliche häusliche Situation hinweisen.

Das erste Anzeichen ist natürlich der schwere, lang andauernde Mißbrauch in seinen verschiedenen, häßlichen Formen, wie wir sie in diesem Buch kennengelernt haben. Während manche Eltern den Mißbrauch geschickt verbergen können, besonders wenn es sich um sexuellen Mißbrauch handelt, sind andere recht unbekümmert. Es ist besonders wichtig, auf jene Männer und Frauen zu achten, die sich damit brüsten, strenge Zuchtmeister zu sein – Eltern, die damit angeben, daß sie alles tun, um ihren Kindern moralische, religiöse oder andere Werte mitzugeben.

In dem häufigsten Fall – der Vatermord durch den Sohn – mißbraucht der Vater auch andere Familienmitglieder, aber es ist der Sohn, der die Hauptlast der Bestrafungen trägt. Wenn eine Mutter da ist, wird sie zweifellos eine unterwürfige, nicht unterstützende Rolle spielen. Lassen Sie sich nicht von der scheinbar engen Beziehung zwischen Elternteil und Kind in die Irre führen oder durch das höfliche, respektvolle

Verhalten des Kindes. Dabei handelt es sich einfach nur um die heimtückischen Auswirkungen des Mißbrauchs.

Jugendliche werden durch das Versagen einzelner Menschen oder öffentlicher Behörden, die es versäumen, sich effektiv für sie einzusetzen, oft bis an die Zerreißgrenze getrieben. Die Situation wird besonders akut, wenn das Kind selbst Anzeige erstattet hat; die Auswirkungen eines solchen Versagens durch die Behörde steigern sein Gefühl von Hoffnungslosigkeit und Verzweiflung auf dramatische Weise.

Was die Depressionen eines Kindes betrifft, ist es wichtig, Selbstmordversuche, das Gebärdenspiel und auch Grübeleien ernst zu nehmen. Selbstmordverhalten sollte nicht einfach als Ergebnis einer allgemeinen Melancholie im Jugendalter abgetan werden. In etwa der Hälfte meiner Fälle hatte der Teenager innerhalb von sechs Monaten vor dem Elternmord einen Selbstmordversuch unternommen oder angedroht. Und obwohl dieser Punkt offensichtlich ist, sollten Drohungen, die Eltern zu töten, ernst genommen werden. George meinte dazu: »Die anderen dachten, es sei ein Witz ... Meine Mutter glaubte mir nicht und meine Tante auch nicht. Niemand glaubte, daß es mir ernst war.«

Da die Mehrheit der Eltern mit ihren eigenen Waffen oder Waffen, die sie für die Kinder gekauft haben, umgebracht wird, sollte das Vorhandensein von Schußwaffen in einem Haushalt Grund zu großer Besorgnis sein.

Informationen über Kindesmißbrauch

Obwohl das Eingreifen des einzelnen wichtig sein kann, um den Tätern und Opfern von Kindesmißbrauch zu helfen, hängt die Wirksamkeit derartiger Interventionen von der Verbesserung und in einigen Fällen von der völligen Neugestaltung der bestehenden Bemühungen im privaten wie öffentlichen Bereich ab. Die folgenden Ratschläge basieren auf meiner Erfahrung mit Elternmordfällen, sind jedoch auf die Bedürfnisse aller mißbrauchten Kinder und ihren Familien anwendbar. Ich glaube, daß sie ein Gleichgewicht zwischen dem Recht der Eltern auf Erziehung ihrer Kinder nach ihren eigenen, persönlichen Auffassungen und den Rechten der Kinder, als freie Menschen zu leben und zu gesunden Erwachsenen heranzuwachsen, darstellen.

Wenn auch das öffentliche Bewußtsein stark gewachsen ist und viele Millionen Dollar ausgegeben wurden, so erklärte eine von der amerikanischen Bundesregierung eingesetzte Kommission für Kindesmißbrauch noch 1990, daß »alle Amerikaner über die Mißhandlung von Kindern empört sein sollten. Nicht nur Kindesmißbrauch und Vernachlässigung sind falsch, sondern auch das Fehlen von effektiven Reaktionen der Nation. Beides kann nicht toleriert werden. Zusammen bedeuten sie ein moralisches Desaster.«

Da die Mehrheit der Opfer von Mißbrauch immer noch keine Hilfe suchen, sind weitere dynamische Bemühungen bei der Aufklärung von größter Bedeutung. Als erstes muß die Möglichkeit für Kinder, Informationen zu erhalten, verbessert werden.

Das Durchschnittskind hat ungeheure Kenntnisse, was Spielsachen und Videospiele betrifft. Es hat keine Schwierigkeiten, das nächstliegende McDonald's-Restaurant zu finden oder den Laden, der die beste Auswahl an Turnschuhen oder Skateboards bietet. Wenn man jedoch dieselben Kinder fragt, an wen sie sich wenden könnten, wenn sie mißbraucht werden, wird man wahrscheinlich nur nichtssagende Blicke ernten.

Obwohl viele Jugendämter, Schulen und Gemeinden sich sehr bemühen, reicht dies nicht aus. Das Fernsehen ist zweifellos das wirksamste Erziehungsinstrument der Gesellschaft, aber dennoch wird es in diesem Bereich viel zu wenig eingesetzt. Aktuelle Informationssendungen und Mitteilungen der Behörden über Kindesmißbrauch sind nicht nur schlecht gemacht, sie werden auch zu Zeiten gesendet, wenn kaum jemand fernsieht.

Genauso bedauerlich ist, daß es selbst in jenen Shows, die speziell für Kinder und Jugendliche produziert werden – angefangen bei den Zeichentrickprogrammen am Samstagmorgen bis hin zu dem äußerst populären Sender MTV –, Informationen über Kindesmißbrauch fehlen. Es ist bemerkenswert, daß selbst die allseits geschätzte Sendung ›Sesamstraße‹ sich nicht mit dem Thema Kindesmißbrauch befaßt hat. In der ›Sesamstraße‹ scheint man sich wie in anderen Erziehungsprogrammen für Kinder wohler dabei zu fühlen, Kinder vor den Gefahren beim Überqueren einer Straße zu warnen, als davor, was im eigenen Zuhause auf sie zukommen könnte.

Daneben brauchen wir bessere Bemühungen bei der Feststellung und bei der Anzeige von Kindesmißbrauch. Erzieher, Lehrer, Sozialarbeiter und andere sollten in dieser Hinsicht effektiver und genauer unterwiesen werden. Wie die Fälle von Mike, Byron und Patty deutlich machen, brauchen Lehrer und Schulbehörden – also jene, die neben den Eltern den meisten Kontakt zu den Kindern haben – besondere Hilfe. Lehrer sollten speziell darin ausgebildet werden, Kindesmißbrauch zu erkennen, und darin, wie sie das mißbrauchte Kind oder den Jugendlichen verstehen und mit ihm umgehen müssen. Schließlich sollten sich diese Bemühungen nicht wie in der Vergangenheit nur auf die Schulen konzentrieren, die von den unteren und mittleren Einkommensschichten besucht werden, sondern auch auf die Unterrichtsstätten in reicheren Gegenden.

Unterkünfte für mißbrauchte Kinder

Oftmals werden mißbrauchte Kinder mit mißhandelten Frauen verglichen. Obwohl ihnen bestimmte psychologische Züge gemein sind, besteht ein großer Unterschied: Frauenhäuser für mißhandelte Ehefrauen gibt es bereits eine ganze Reihe, während derartige Unterkünfte für Kinder fast nicht vorhanden sind.

Bei der Polizei ist es im allgemeinen üblich, Kinder, die von zu Hause weggelaufen sind, wieder an die Eltern zu übergeben, weil in allen fünfzig amerikanischen Staaten die Verordnung gilt, daß es sich dabei um eine Gesetzesverletzung handelt.

Obwohl zu diesem Thema noch keine Untersuchungen angestellt wurden, bin ich mir sicher, daß es mehr Tierheime gibt als Unterkünfte für mißbrauchte Kinder. Erst wenn Schutzprogramme wie ›Kinder der Nacht‹ für mißbrauchte Kinder angeboten werden, werden sie nicht mehr zu Hause bleiben, so daß dem Kindesmißbrauch endlich Einhalt geboten wird.

Elternschaft

Die Aufgabe der Eltern ist zweifellos eine der wichtigsten und schwersten Aufgaben in der Gesellschaft überhaupt, aber dennoch werden wir dafür wenig oder gar nicht ausgebildet. Die Tatsache, daß jedes Jahr 2,5 Millionen Kinder mißbraucht und vernachlässigt werden, sollte uns eigentlich klarmachen, daß hier etwas nicht in Ordnung ist.

Ich habe eine recht einfache Empfehlung, die die Situation verbessern könnte: Genau wie angehende Autofahrer Fahrstunden nehmen müssen, sollten Unterrichtsstunden, die sich mit der Elternschaft befassen, in der Mittel- und Oberstufe Pflicht sein.

Angesichts der Tatsache, daß den meisten dieser Elternmordfälle körperliche Mißhandlungen zugrundeliegen, ist es wichtig zu lernen, daß körperliche Züchtigung für Eltern einfach keine akzeptable Lösung ist, um Kinder zu bestrafen. Bei meinen Empfehlungen hier möchte ich mich auf Murray Straus, den Experten für Gewalt in der Familie, beziehen, der dieses Problem viel besser versteht. Der folgende Text ist ein Auszug aus einem Interview, das ich mit ihm für dieses Buch geführt habe.

Wünschenswert ist, daß es auf nationaler Ebene Bemühungen gibt, Menschen zu helfen, damit sie keine körperlichen Strafen mehr einsetzen. Im allgemeinen wollen Eltern ihre Kinder nicht schlagen. Das Leben mit Kindern macht mehr Spaß, wenn man sie nicht schlägt. Natürlich gibt es einige sadistisch veranlagte Menschen, die schlagen wollen, aber bei

99 Prozent der körperlichen Strafen, zu denen es kommt, wollen die Eltern den Kindern eigentlich kein Leid antun. Sie sind einfach der Meinung, daß es für das Wohl des Kindes das Beste ist. Sie wollen, daß ihre Kinder sich richtig benehmen. Sie kennen keine Alternativen oder haben noch nicht darüber nachgedacht. Selbst mißhandelnde Eltern wollen ihren Kindern keine Gewalt antun. Sie haben einfach das Gefühl, daß es notwendig ist, und in ihrem speziellen Fall ist die Sache eben außer Kontrolle geraten.

Das Schlimme an körperlichen Strafen ist, daß sie mit der Zeit weniger wirkungsvoll werden und daß es eine Weile dauert, bis die Eltern das endlich begreifen. Viele Eltern haben mir beispielsweise gesagt: Ich wünschte, ich könnte ihn noch übers Knie legen – aber er ist jetzt zu groß dafür.

In Schweden und in mehreren Ländern... sind körperliche Strafen ungesetzlich. In Schweden funktioniert das so, daß Menschen, die dieses Gesetz brechen, nicht bestraft werden, sondern daß ihnen Hilfe angeboten wird. Man geht davon aus, daß sie Schwierigkeiten haben, mit ihren Kindern zurechtzukommen, wenn sie sie schlagen müssen. Sie brauchen Hilfe, damit sie ihre Kinder so erziehen können, wie sie es möchten, und im allgemeinen sollten Kinder erzogen werden. Dieses Gesetz wurde anfangs bei seiner Einführung mit Spott bedacht. 1979 waren Dreiviertel der schwedischen Bevölkerung dagegen. Heute sind Dreiviertel der Bevölkerung dafür.

Anmerkung des Autors

Den Kindern, die es mir gestattet haben, ihre Geschichte in diesem Buch festzuhalten, bin ich zu großem Dank verpflichtet; ohne sie wäre dieses Werk nicht möglich gewesen. Obwohl die Interviews für einige unter ihnen besonders qualvoll waren, haben alle bereitwillig Auskunft gegeben. Ihre Erlebnisse, so glaubten sie, könnten andere Kinder vielleicht davon abhalten, die eigenen Eltern zu töten. Besonders dankbar bin ich jenen Kindern, die diese Zeilen in ihren düsteren Gefängniszellen lesen. Für die Zusammenarbeit mit ihren Familienangehörigen, mit Freunden und Nachbarn sowie mit ihren Strafverteidigern bedanke ich mich sehr herzlich. Außerdem möchte ich den Staatsanwälten, Richtern und Polizeibeamten danken, die mir ihre Zeit geopfert haben.

Dieses Buch enthält die Fallgeschichten von acht Kindern, die ihre Eltern getötet haben. Gespräche mit fünfzehn weiteren Kindern haben mir ebenfalls sehr geholfen, auch wenn ihre Berichte hier nicht erscheinen. Ihnen, ihren Familien und ihren Rechtsanwälten bin ich zu großem Dank verpflichtet, da sie mir wichtige Einsichten vermittelt haben. Dieses Buch handelt genauso von ihnen wie von den acht Kindern, deren Fallgeschichten ich ausgewählt habe.

Die Namen und die Identität der Betroffenen und besonders der Kinder wurden zu ihrem Schutz verändert. Aus diesem Grund habe ich manchmal einen Charakter auch aus mehreren zusammengesetzt. Die Daten, Schauplätze und bestimmte andere Tatsachen wurden aus ähnlichen Gründen kaschiert.

Das Material für dieses Buch stammt aus Gerichtsnotizen, Mitschriften von Gerichtsverhandlungen, Protokollen und persönlichen Gesprächen mit den Kindern und ihren Familienangehörigen, mit Freunden, Nachbarn und anderen. Die Interviews wurden während und nach den Verhandlungen geführt. Ferner stützt sich das Material auf die Polizei- und Untersuchungsberichte sowie auf Gespräche mit den Verteidigern, Polizeibeamten, Staatsanwälten und Richtern und auf Presseberichte.

Nachtrag

Tim wurde auf Bewährung entlassen. Er lebt allein und arbeitet als Verkäufer. Er setzt seine Therapie noch immer fort und hat eine Freundin.

Mike sitzt noch immer in einem Gefängnis für jugendliche Straftäter und könnte 1994 auf Bewährung entlassen werden.

George sitzt noch immer im Staatsgefängnis und kann erst im Jahr 2010 auf Bewährung entlassen werden.

Cindy lebt noch immer in der kleinen Stadt in Neuengland, in die sie nach ihrer Entlassung gezogen ist. Mit ihrer Mutter und ihren Schwestern hat sie seit ihrem Urteil nicht mehr gesprochen.

Steven sitzt noch immer im Staatsgefängnis und kann erst nach 1998 entlassen werden.

Patty sitzt noch im Gefängnis, aber für sie wurde jetzt ein Gnadengesuch eingereicht.

Byron sitzt noch immer im Gefängnis und kann erst nach 2018 entlassen werden.

Die Brüder Carter haben seit ihrer Verhandlung ihren Vater weder gesehen noch von ihm gehört.

Dank

Ich habe das Privileg, ein Leben zu führen, in dem ich vielen hochgesinnten, mitfühlenden Menschen begegne.

Paul Davidoff, meinem verstorbenen Mentor und lieben Freund, bin ich zu Dank verpflichtet, weil er mir den Willen gegeben hat, bis zum Ende für das Gute zu kämpfen.

Dieses Buch ist aus meiner Arbeit als Fürsprecher für die Rechte von Kindern hervorgegangen. Anfang 1980 begann ich meine Arbeit als Direktor der Juvenile Advocates, einem Programm, das Kindern, die in West Virginia im Gefängnis saßen, bei der Wahrung ihrer Rechte helfen sollte. Folgende Rechtsanwälte leisteten nicht nur unentbehrliche Hilfe bei der Ausführung einer wichtigen Aufgabe, sie inspirierten und motivierten mich auch durch ihre eigene Arbeit und lehrten mich, daß wahre Gerechtigkeit in unserem Land keine gegebene Tatsache ist, sondern daß sie jeden Tag erkämpft werden muß: Dan Hedges, Charles ›Skip‹ Garten, Lee Adler, Bezirksrichter Larry Starcher und Darrel McGraw, dem ehemaligen Richter des Obersten Berufungsgerichts von West Virginia, werde ich immer zu Dank verpflichtet sein.

Besonders möchte ich mich bei folgenden Menschen bedanken, die mir beim Schreiben dieses Buches geholfen haben. Den Psychiatern Dr. Dorothy Otnow-Lewis von der New Yorker Universität und Dr. Shervert Frazier von McLean's Hospital in Boston, dem Psychologen Dr. Ronald Ebert, ebenfalls vom McLean's Hospital, und dem Soziologen Dr. Murray Straus von der Universität von New Hampshire bin ich überaus dankbar. Alle haben mir viel Zeit geschenkt und geduldig meine Fragen beantwortet. Ich möchte auch Jerry Miller, dem Direktor des National Center for Institutions and Alternatives, für seine Einsichten und die wichtige Unterstützung bei der Einzelfallhilfe, die er mir während der letzten Jahre gegeben hat, danken. Der Eli Newberger vom Children's Hospital in Boston bin ich ebenfalls zu Dank verpflichtet. Seine frühzeitige Unterstützung meines Interesses an Elternmordfällen gab mir das Selbstvertrauen weiterzumachen.

Mit großer Dankbarkeit möchte ich auch die Hilfe anderer Kollegen, die sich mit familiärer Gewalt beschäftigen, erwähnen: Kirk Williams von der Universität von Colorado in Boulder, David Finkelhor von der Universität von New Hampshire und Anne Cohn Donnelly vom Nationalen Komitee für die Verhinderung von Kindesmißbrauch und Vernachlässigung für die statistische Hilfe und wichtige Anregungen. Ich danke auch der Abteilung für Verbrechensaufzeichnungen des FBI und dem Distrikt-Staatsanwalt von Los Angeles County, Scott Gordon, für seine wichtigen Einsichten.

Meiner Agentin und Rechtsanwältin Susan Grode werde ich immer zu Dank verpflichtet sein, weil ein Traum wahr wurde. Sie ist ein Mensch von ungeheurer Loyalität und hat mir die für mich neue, verrückte und sehr befriedigende Welt des Schreibens eröffnet.

Dank gebührt auch Bill Grose, dem Vizepräsidenten von Pocket Books, weil er gewillt war, einem Autor für sein Erstlingswerk eine Chance zu geben, und ihn bei der Entstehung dieses Buches sehr unterstützt hat.

Ich bin auch allen Mitarbeitern von Pocket Books und Simon & Schuster dankbar, die mir geholfen haben, dieses Buch zu dem zu machen, was es ist. Für die wichtigen Veränderungen, die vorgenommen wurden, danke ich Elaine Pfefferbilt. Sie hat mir geholfen, so daß meine ursprüngliche Vision Form annehmen konnte. Michael Sanders verlieh dem Buch Zusammenhang und bearbeitete es, und Claire Zion half bei den letzten Feinarbeiten.

Das Verständnis, das ungeheure Engagement und die moralische und emotionale Unterstützung, die mir meine Freunde Eben Rawls, Skip Reeder, Richard Saul und David Burke während der letzten drei Jahre gegeben haben, haben mir die Energie verliehen, dieses Buch fertigzustellen. Ich möchte besonders meinem lieben Freund Don Dutton danken, der mir als Professor für Psychologie wichtige Hilfe bei der Bearbeitung hat zukommen lassen, besonders beim Einfügen der psychologischen Analysen in diesem Buch.

Während meines Jurastudiums habe ich gelernt, für die Rechte anderer Menschen einzutreten, aber der Grundstein für mein Engagement, eine gerechtere und gleichberechtigtere Gesellschaft zu schaffen, wurde von meinen Eltern Ray und Gwen gelegt. Sie erklärten mir von Kindheit an, daß wir reicher werden, wenn wir uns nicht immer an erste Stelle setzen, sondern den weniger Glücklichen helfen. Ihr Beitrag zu diesem Buch zusammen mit dem meiner Schwester Lesli, die mir bedingungslose Unterstützung und Ermutigung gegeben hat für das, was ich früher einmal für ein Luftschloß gehalten habe, ist von unschätzbarem Wert.

Die Worte auf dieser Seite wären nie entstanden, wenn nicht meine Frau Niki mir das Zutrauen gegeben hätte, den Stift in die Hand zu nehmen und den Vorschlag für dieses Buch zu machen, auch wäre es ohne ihre selbstlose, unermüdliche, emotionale und herausgeberische Unterstützung in allen Stadien nie herausgegeben worden. Durch die Hilfe, die sie mir bei dem einen Absatz hat zukommen lassen, der mich eine Woche lang beschäftigte, bis zu meinen Panikanrufen, in denen ich ihr mitteilen mußte, daß wieder Überstunden fällig waren, teilte sie die Anstrengungen mit mir und kann jetzt an der Freude nach der Fertigstellung des Buches teilhaben.

Literaturnachweis